Kunst-Reiseführer in der Reihe DuMont Dokumente

Zur schnellen Orientierung – die wichtigsten Orte Hollands auf einen Blick:

(Auszug aus dem ausführlichen Ortsregister S. 393–399)

In der vorderen Umschlagklappe: Übersichtskarte von Holland

In der hinteren Umschlagklappe: Karte der Hotels und

Historische Ansicht von Delft. Stahlstich aus ›Het Koningrijk der Nederlanden‹ von J. L. Terwen

Jutka Rona

Holland

Kunst, Kultur und Landschaft

Ein Reisebegleiter durch Städte und Provinzen der Niederlande

DuMont Buchverlag Köln

Auf der Umschlagvorderseite: Die Kagerseen zwischen Leiden und Lisse gehören zu der südholländischen Seenkette – im Sommer ein beliebtes Segelsportgebiet

Auf der Umschlaginnenklappe vorn: Jacob van Ruysdael: ›Die Mühle von Wijk bij Duurstede‹. Amsterdam, Rijksmuseum

Auf der Umschlagrückseite: Der Schie, die seit 1389 bestehende Wasserverbindung zwischen Delft und Delfshaven, dem heute einzigen alten Viertel von Rotterdam

3. Auflage 1982

Farb-Reproduktion: Nefli, Holland
Schwarzweiß-Reproduktion: Litho Köcher, Köln
Druck: Rasch, Bramsche
Buchbinderische Verarbeitung: Kleins-Druck, Lengerich

Printed in Germany ISBN 3-7701-1069-2

Inhalt

Für Bözsi

Die Reiseroute durch Holland in diesem Buch beginnt im südöstlichen Zipfel von Limburg und endet im östlichsten Teil von Overijssel. Natürlich kann nicht jeder Ort auf dieser Rundreise besucht werden. Wollte unsere Fahrt der offiziellen Provinzeinteilung der Niederlande folgen (die auf der Karte vor dem Gelben Teil, S. 328, wiedergegeben ist), so wären Umwege nicht zu vermeiden gewesen und Zusammengehöriges hätte getrennt voneinander beschrieben werden müssen. Wir folgen daher einer leicht abgewandelten Provinzeinteilung, die auf Karte S. 18 und den jedem Kapitel vorangestellten kleinen Karten deutlich gemacht ist. Das betrifft insbesondere das Kapitel 'Das Flußgebiet': diese Landschaft mit den großen Flüssen Maas, Waal und Rhein gehört teils zu Noord-Brabant, teils zu Zuid-Holland, teils zu Gelderland, bildet in Wirklichkeit aber eine kulturelle und wirtschaftliche Einheit. Die neuen IJsselmeerpolder, die Flevopolder und die Noordoostpolder gehören eigentlich zu Gelderland und Overijssel, aber da sie durch einen Deich mit Enkhuizen verbunden sind und auch der Abschlußdeich, ein wichtiger Teil der Zuiderzeeanlagen, eine nordholländische Seite hat, schien es angebracht, sie im Kapitel Noord-Holland zu behandeln. Gelderland wie Overijssel sind schon geographisch recht uneinheitliche Gebiete: ersteres sehr ausgedehnt (was durch die Sonderbehandlung des Flußgebietes hier weniger ins Auge fällt), letzteres im nordwestlichen Teil sehr wasserreich (bei uns Overijssel II) und stark unterschieden von der Parklandschaft des Gebiets, das bei uns Overijssel III genannt ist.

Zum Aufbau des Buches sei folgendes bemerkt. Orte, Landschaften und geschichtliche Ereignisse, die für die Entwicklung des Landes ausschlaggebend waren oder die ein besonderes Interesse des Holland-Reisenden beanspruchen dürfen, sind im Haupttext behandelt. Haben die Orte Museen oder öffentliche Gebäude aufzuweisen, so können zusätzlich Einzelheiten, wie Öffnungszeiten usw., im alphabetisch geordneten Gelben Teil nachgelesen werden. Einige weniger wichtige Orte sind dagegen *nur* im Gelben Teil aufgeführt. Ortschaften, die im Buch überhaupt fehlen, schienen der Autorin zu wenig interessant oder auch anderen, erwähnten, zu ähnlich.

Halbfette Ziffern im Register geben die Hauptstellen an, unter denen ein Stichwort zu finden ist.

Einführung

Zur geschichtlichen und kulturellen Entwicklung der Niederlande

Was man in früheren Zeiten ›Die Niederlande‹ nannte, war in seiner Gesamtheit das heutige Gebiet von Holland und Belgien; man unterschied dabei die Nördlichen und die Südlichen Niederlande. Hervorgegangen waren sie aus einer Anzahl von Grafschaften, Herzogtümern und Bistümern, die sich im Feudalzeitalter herausgebildet hatten und nun unter Karl V., dem mächtigsten Manne Europas, vereinigt wurden. Karl V. war nicht nur Kaiser des deutschen Reiches, er herrschte auch über Spanien, die Niederlande und einen Teil Italiens. 1556 übertrug er seinem Sohn Philipp II. von Spanien die Herrschaft über die Niederlande.

Erst während des Aufstands gegen Philipp II. (1568) – er hat im Jahr zuvor Herzog Alba mit seinem Heer in die Niederlande gesandt, zahlreiche Hinrichtungen, darunter die der Grafen Egmont und Hoorn, sind erfolgt –, kommt ein gewisses niederländisches Nationalbewußtsein auf: die Südlichen Niederlande vereinigen sich in der Union von Atrecht, die Nördlichen in der Union von Utrecht (1579). Der Widerstand wurde zuerst von den wenigen Adligen des Nordens gesteuert, darunter Egmont und Hoorn. 1572 trat Wilhelm von Oranien (Willem van Oranje; Willem de Zwijger) an die Spitze der Aufständischen. Später schloß sich auch der Niedere Adel an, zu dem viele Calvinisten zählten.

Während die Südlichen Niederlande von Alexander von Farnese erneut unterworfen werden (1585 fällt Antwerpen), kämpfen die Nördlichen Niederlande nach der Ermordung des Willem van Oranje (1584) weiterhin um ihre Unabhängigkeit. Der Westfälische Friede von 1648 beendet den ›Achtzigjährigen Krieg‹. In der Folge schließen sich die nördlichen Länder zur ›Republik der Vereinigten Niederlande‹ zusammen, einem Staatenbund, der aus den sieben gleichberechtigten Partnern Holland, Zeeland, Utrecht, Overijssel, Gelre, Friesland und Groningen sowie aus den ›eroberten Provinzen‹ (einem Teil von Brabant, einem Teil von Limburg und Zeeuws-Vlaanderen) besteht. Die ausführende Gewalt liegt bei den Oraniern als Statthaltern.

1795 werden die Nördlichen Niederlande von Napoleons Truppen überrannt und zur ›Batavischen Republik‹ umgebildet; 1810 kommen sie zu Frankreich.

Der Wiener Kongreß (1815) vereinte erneut beide Niederlande, zu denen das Fürstbistum Lüttich hinzukam. So entstand aus dem Bankrott der französischen Zeit das Königreich der Vereinigten Niederlande, dessen erster König Willem I. (1813–1840) aus dem Hause Oranien, der Sohn des letzten Statthalters, wurde.

Karl V. Aus dem Atlas van Stolk

Philipp II. Aus dem Atlas van Stolk

Die Südlichen Niederlande, das heutige Belgien, waren von diesem Zusammenschluß wenig begeistert: 1830 kam es zum belgischen Aufstand, der Septemberrevolution. Die Folge war, daß sich in Brüssel eine vorläufige Regierung unter König Leopold von Sachsen-Coburg etablierte. Willem I. ging der Herrschaft über Belgien verlustig.

Damit waren die heutigen Landesgrenzen entstanden: 1839 wurde Belgiens Unabhängigkeit von Willem I. anerkannt. Er trat ein Jahr später zugunsten seines Sohnes Willem II. zurück; nach dessen Tod, 1849, folgte wiederum der Sohn, Willem III. (1849–1890). Seine Tochter, Königin Wilhelmina, regierte bis zum Jahr 1948; es folgte bis 1980 deren Tochter Juliana, seitdem ist Beatrix Königin der Niederlande.

Dem heutigen Betrachter kann die geschichtliche und kulturelle Zusammengehörigkeit Hollands mit den angrenzenden nichtniederländischen Gebieten nicht entgehen. Dennoch hat Holland seine eigene Identität. Man betont den Unterschied zwischen dem sturen, calvinistischen, sparsamen Volk im Norden und dem Überschwang und der Lebenswärme im Süden. Aber Dinge wie Volkscharakter und Temperament sind schwer nachzuweisen. Anderes kennzeichnet schon eher ein Land, wie in den (heutigen) Niederlanden der jahrhundertelange Kampf gegen das Wasser. So etwas drückt den Bewohnern seinen Stempel auf. Es wäre ein leichtes, eine Geschichte der Niederlande einzig unter dem Aspekt von Überschwemmungen, Eindeichungen, Deichbrüchen und ähn-

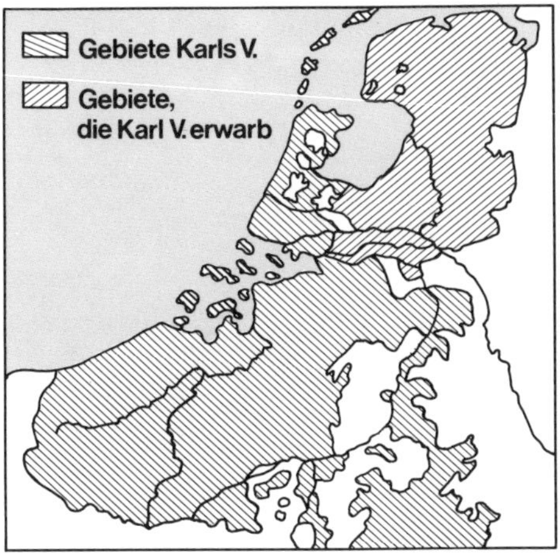

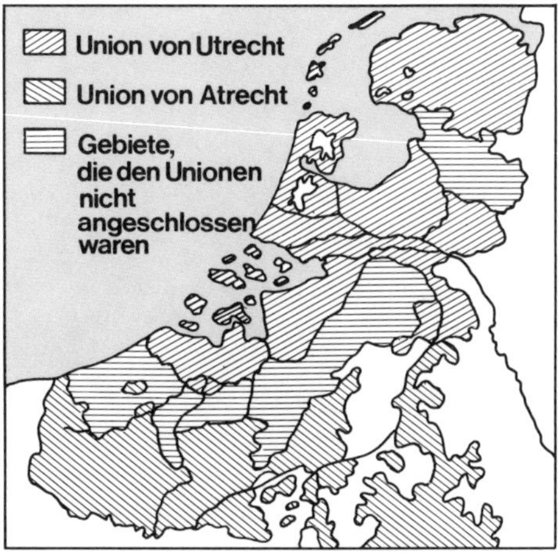

Die Niederlande zur Zeit Karls V.

Oben rechts: Die Niederlande 1579

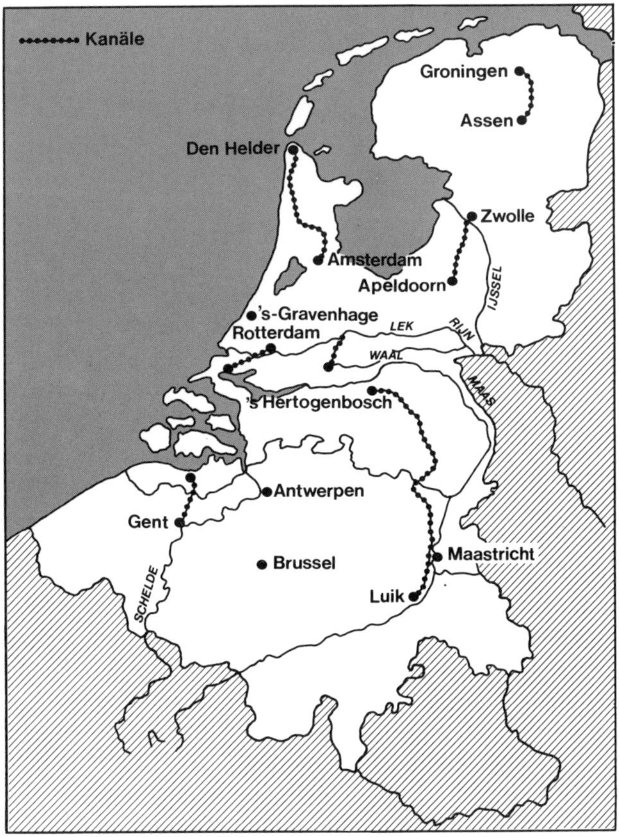

Das Königreich der Niederlande 1815–1830

Deichbruch: Aus dem Atlas van Stolk

lichem zu schreiben. Wie diese Geschichte sich bis in unsere Tage erstreckte, das bewiesen die eindrucksvollen Arbeiten an der Zuiderzee und den Delta-Anlagen.

Auch in anderer Weise noch ist das Wasser zu einem bestimmenden Faktor der Niederlande geworden: ihre Lage im Mündungsgebiet großer Flüsse hat sie zu einer seefahrenden Handelsnation geradezu prädestiniert. Bis in unsere Zeit blüht hier der Transithandel.

Ähnliches gilt für Baukunst, Bildhauerei und Malerei: Auch hier lassen sich, neben verwandten Zügen aufgrund einer gemeinsamen Historie, typische Unterschiede zwischen Süd und Nord herausstellen. Der Umschwung erfolgte gegen Ende des 16. Jahrhunderts: Nach dem Fall von Antwerpen (1585) flüchtete ein Teil der kulturellen Elite aus dem Süden in den aufständischen Norden. Auch der Handel war davon betroffen, Amsterdam übernahm nun die Rolle Antwerpens. So kam es in den Nördlichen Niederlanden zu einem allgemeinen wirtschaftlichen und kulturellen Aufschwung, der dem 17. Jahrhundert den Namen ›Das goldene Jahrhundert‹ einbrachte.

Genau besehen, hatten freilich die einzelnen Gebiete der heutigen Niederlande ihre eigenen, unterschiedlichen Blütezeiten. Die großen romanischen Kirchen im Süden des Landes bezeugen, daß in diesen Landstrichen das 11. und 12. Jahrhundert die ›goldenen‹ Jahrhunderte waren. Es gab hier zahlreiche Steinbrüche, man verfügte über dauerhaftes Baumaterial, und demzufolge sind die Steinkirchen an Maas und Rhein nicht nur älter, sondern auch reicher an Skulpturenschmuck als die Kirchen anderswo im Lande. Wo die Beschaffung von Naturstein zu schwierig oder zu kostspielig war, begann man Anfang des 12. Jahrhunderts, Backstein zu verwenden.

Infolge zunehmender Aktivität in der Tuchherstellung, dem Schiffsbau und der Bierbrauerei im Verlauf des Mittelalters wurden die Städte, und damit die Bürgerschaft, wohlhabend, ja reich. So erlangte, da ein starker Adel fehlte, der Dritte Stand hier frühzeitig eine Machtposition. Der Handel der an den Flüssen gelegenen Städte erfuhr einen glänzenden Aufschwung. Indem die Bevölkerung sich auf den internationalen Transport und Transithandel verlegte, wußte sie die Kriege zwischen England und Frankreich zu nutzen. Zum Beispiel konnten Flandern und England keine unmittelbaren Handelsverbindungen aufrechterhalten, also wurden flämisches Tuch und englische Wolle über Holland gehandelt. Die Niederlande verfügten zudem schon früh über eine beträchtliche Handelsflotte.

Das 14. und 15. Jahrhundert sah zahlreiche monumentale Kirchen entstehen – genannt seien die von's Hertogenbosch, Utrecht, Haarlem –, aber auch die weltliche Gotik begann nun eine Rolle zu spielen. Die wachsende Bedeutung der Städte äußerte sich im Bau von Stadttoren, Rathäusern, Wohnbauten. Das wohlhabende Bürgertum errichtete sich Häuser aus Stein, und die Ziegeleien an den Flüssen profitierten davon. Vor allem im südlichen Teil Hollands entstanden gotische Bauten, darunter Rathäuser mit übermäßig verzierten Giebeln wie in Middelburg (Zeeland; Farbt. 21).

Die ersten gotischen Steinhäuser in den Städten an den Flußläufen wurden noch nach mittelalterlichem Bauplan errichtet: Vorderhaus mit Wetterdach, Hinterhaus mit Küche, angrenzend ein Hofraum mit Bleiche; statt separater Schlafzimmer gab es Bettnischen; auf dem Speicher oder im Keller lagerten die Waren. Erst später wurden Häuser in der Art gebaut, wie man sie unter anderem noch an den Amsterdamer Grachten antrifft. Der Baugrund war (und ist) dort teuer, daher baute man in die Höhe. In diesen Patrizierhäusern lagen oben die Schlaf- und Prunkzimmer, während sich unten in den am Korridor gelegenen Zimmern das tägliche Leben abspielte.

In der Renaissance erlebte vor allem die Malerei eine Blütezeit. Der Maler galt freilich als Handwerker; es wurde mehr fachliches Können als künstlerisches Bewußtsein von ihm erwartet. Von der italienischen Schule unterscheidet sich die holländische durch einen ausgesprochenen Wirklichkeitssinn, der schon bei Malern wie Jan van Eyck († 1441) und Lucas van Leyden († 1533) spürbar zutage tritt. Waren die Motive der frühen Maler überwiegend religiös, mit dem Hintergrund naturgetreu wiedergegebener Innenräume oder Stadt- und Naturansichten, so wurden von den Auftraggebern des 17. Jahrhunderts neue Themen bevorzugt: die Landschaft (Albert Cuyp sowie Salomon und Jacob van Ruysdael), das Seestück (Vater und Sohn van de Velde), das Porträt (Frans Hals und Gerard Terborch), das Genrebild (Jan Vermeer, Jan Steen, Adriaen van Ostade). Das besondere Licht und der hohe Wolkenhimmel Hollands werden als darstellungswürdig entdeckt.

Amsterdam: de Ouderwetsche Burgerkamer

Eine Schulung in Italien hielt man damals für unerläßlich, doch trat in Holland eine Besonderheit in Farbe und Licht hinzu, die ihren Ursprung wohl in der flachen, weitgehend einfarbigen und oft nebelverhangenen Landschaft hat. Im Gegensatz zur Kunst in den Südlichen Niederlanden, wo z. B. Peter Paul Rubens in die italienische Spätrenaissance mit ihrer Wärme und Üppigkeit hineinwuchs, blieb der italienische Einfluß im Norden geringfügig. Rembrandt ist eigentlich der einzige nordniederländische Maler mit einem südlich anmutenden Sinn für Pracht und Üppigkeit – was die Unzufriedenheit mancher Auftraggeber erklären mag.

Wirklichkeitsgetreue Darstellungen fanden bei den reichen Bürgern (und nicht nur bei ihnen) guten Absatz; oftmals war dabei allerdings weniger die Liebe zur Kunst im Spiel als diese oder jene praktische Überlegung. Der Maler galt als besserer Dekorateur, seine Gemälde bildeten eine gute Geldanlage. Am Hof des Statthalters von Oranien neigte der Kunstgeschmack sich Mitte des 17. Jahrhunderts übrigens mehr Rubens und den anderen südniederländischen Malern zu.

Die Renaissance war zugleich die Zeit der großen Eindeichungen und Landgewinne. Durch Teilnahme an kolonialen Handelsunternehmungen wie der Vereinigten Ostindi-

schen Kompanie (Verenigde Oostindische Compagnie) waren die Kaufleute wohlhabend geworden. Nun hielten sie nach einer stabilen Geldanlage Ausschau. Grund und Boden aber war rar. So kommt es zu den technisch jetzt durchführbaren Eindeichungen, die einer wachsenden Bevölkerung Arbeit verschaffen.
Daran gemessen, hat das 18. Jahrhundert einen wirtschaftlichen Rückgang zu verzeichnen – eine Folge der wachsenden internationalen Konkurrenz. Dann schuf Napoleon durch die Anlage guter Straßen, neuer Deiche sowie durch Rationalisierung der Verwaltung die Basis für ein wirtschaftliches Wiederaufleben. Die ersten Jahre der konstitutionellen Monarchie unter Willem I. waren eine Zeit des Aufschwungs, viele wichtige Kanäle wurden damals angelegt. So erfuhr die Wirtschaft Hollands nach der Mitte des 19. Jahrhunderts eine erneute Blüte.

Auf kulturellem Gebiet setzte dies erst etwas später ein, gegen Ende des 19. Jahrhunderts. In der Malerei läßt sich eine Kontinuität aufweisen von Vincent van Gogh, über die Haager Schule, die Impressionisten bis zu Mondrian und De Stijl, den magischen Realisten und der Gruppe ›Cobra‹ und weiter bis zu den zeitgenössischen Künstlern. In der Baukunst setzte die neue Ära mit den Neo-Stilen (P. J. H. Cuypers) und H. P. Berlages Abkehr vom Historismus ein. Eine Linie verläuft von dort über die Amsterdamer Schule und den Funktionalismus bis hin zu einer Wohnauffassung, für die – in Reaktion auf das Überhandnehmen der Schaufensterwohnungen und Wohnkasernen – das menschliche Element wieder an erste Stelle trat. Die Wohnungsnot nach dem Krieg hatte manche anonyme Wohnformen zur Folge gehabt; mit dem wachsenden Widerstand gegen sie kam auch das Verlangen nach einer dem Menschen gemäßeren Architektur wieder auf. Die Architektengruppe um Aldo van Eijck (geb. 1913) gewährt den künftigen Bewohnern ihrer Projekte grundsätzlich Mitspracherecht beim Entwurf der Baupläne. Auch auf dem Gebiet des Städtebaus und der Stadtplanung ist man – nach einer Zeit des Kahlschlags zugunsten wirtschaftlicher Ausdehnung – zu einer Neubewertung des Menschlichen in der Gestaltung der Umwelt gekommen. In diesem Zusammenhang gehört das Bestreben, Baudenkmäler als Zeugen einer reichen Vergangenheit zu erhalten.

In den Niederlanden ist die kulturelle Szene in Bewegung geraten. Ob es sich um die Museen oder um Wohnungsfragen handelt, ob um Theater oder Musik, ob um individuelle künstlerische Vorhaben – stets mündet es in eine leidenschaftliche Diskussion zwischen den jungen demokratischen Kräften und einer konservativen Verwaltung. Dabei schienen die Behörden bis Ende 1981 bereit, eine größere finanzielle Verantwortung für die Künstler und deren Werke übernehmen zu wollen. Obwohl sich zur Einstellung des holländischen Staates gegenüber der zeitgenössischen Kunst gerade jetzt manch kritische Bemerkung machen ließe: Die Zeit bitterer Künstlerarmut ist vorbei. Mit ein wenig Geschmeidigkeit mag es noch dem eigenwilligsten Künstler gelingen, einen Auftrag zu bekommen und sich auf die eine oder andere Art und Weise ein menschenwürdiges Dasein zu sichern.

Die Gliederung Hollands entsprechend der Kapiteleinteilung in diesem Buch

Limburg

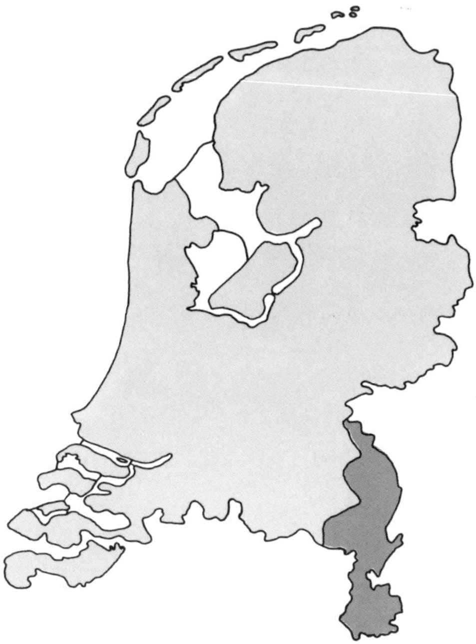

Die Provinz Limburg ist der südlichste Teil der Niederlande (Farbt. 1), eine reizvolle Gegend, durch die sich die Maas hindurchschlängelt, eine der ehemaligen ›eroberten Provinzen‹ aus dem Achtzigjährigen Krieg, ein Keil zwischen dem belgischen Limburg und dem deutschen Nordrhein-Westfalen, ein Sorgenkind Hollands in wirtschaftlicher Hinsicht, eine Schatzkammer geschichtlicher Schönheit. Vor allem Süd-Limburg stellt eine Besonderheit dar: die Holländer, sonst nur Flachland gewöhnt, kommen sich hier schon ein wenig wie im Ausland vor; für die ausländischen Besucher dagegen ist es auf der Reise in ein Land von so eigenem Charakter ein vertrauter Beginn.

Das fruchtbare Hügelland

Die Hochebene Süd-Limburgs ist ein Ausläufer der Ardennen. Kurvenreiche Flüßchen wie die Geul, die Gulp, die Geleen schneiden steile Ufer in das weiche Gestein. Die Hügel sind flach, mit Sand und Kies bedeckt, darüber eine Schicht gelblicher Lehm, der fruchtbare limburgische Flußton oder Löß, ein ausgezeichneter Ackerboden. Das stellten schon die ersten Bewohner fest, die Bandkeramiker (so genannt nach den Verzierungen ihrer Tonwaren), die sich hier vor etwa 6000 Jahren niederließen. Sie kannten noch keinen Pflug und waren daher auf fruchtbare Böden angewiesen, die sich mit einfachen Geräten bearbeiten ließen.

Bandkeramikgefäß

Es ist noch immer fruchtbares Ackerland, noch dazu eine liebliche Landschaft mit den sanft geschwungenen Hügeln, eindrucksvollen Bauernhöfen, malerischen Dörfern und den eher Landhäusern gleichenden Schlössern. Alles hat seine genau aufeinander abgestimmten Farbtöne. Bedauerlicherweise hat der Straßenbau, der Bau von Bungalows und Campingplätzen seinen Tribut gefordert, und in den größeren Wohngebieten – Maastricht, Heerlen, Geleen – häufen sich Bürohäuser und Fabriken.

Von großer geschichtlicher Bedeutung für die Entwicklung Limburgs war das Vorkommen von Mineralien, vor allem von Steinkohle. Auch nach der Stillegung des letzten Bergwerks (1975) drücken die Bergwerke – und die verarbeitende Industrie – der östlichen Berggegend ihren Stempel auf, und sei es nur durch die schwarzen Abraumberge – hauptsächlich aus Gestein –, die als schwarze Pusteln die Landschaft verunstalten.

Vom Kohlenbergwerk zur Kunststoffindustrie

Obwohl man bei Ausgrabungen in Süd-Limburg in römischen Siedlungen eine Art Kohle-Zentralheizung fand, dauerte es doch bis zum 18. Jahrhundert, ehe der Bergbau ernsthaft betrieben wurde. Bis weit ins Mittelalter hinein heizte man mit Holz, nur arme Leute verwendeten Kohle. Aber das Holz wurde knapper, und die Kohle war, zum Beispiel im Worm-Tal, wo sie an die Oberfläche tritt, leicht abzubauen. Später ergaben sich allerdings Schwierigkeiten, als man tiefer schürfen mußte und auf Grundwasser stieß.

Bis zum 20. Jahrhundert waren die Bergwerke Privatbesitz. 1903 jedoch führten soziale wie wirtschaftliche Überlegungen zur Einrichtung eines ersten staatlichen Bergwerkes. Die Aktivitäten beschränkten sich nicht auf den Abbau unter Tage, auch droben mußte Platz für Fabriken, zum Sieben und 'Waschen' der geförderten Kohle und für ihre Lagerung geschaffen werden.

Daneben gab und gibt es die verarbeitende Industrie, die schwerpunktmäßig in GELEEN ansässig ist, nahe dem Bergwerk Maurits. Was früher Kokereien waren, die aus der Fett- oder Gaskohle Koks für die ausländischen Hochöfen herstellten, sind heute riesige chemische Betriebe. So sind die DSM (Staatsmijnen), die sich kilometerweit entlang der A 2 bei Geleen hinziehen, und schon von weitem zu sehen und zu riechen sind, aus dem Zusammenbruch des Bergbaus um so größer hervorgegangen. Sie produzieren den Rohstoff für Nylon, aus dem nicht nur Textilien hergestellt werden, sondern auch die Senkstücke für die Deicharbeiten im Delta. Weiter liefern sie den Rohstoff für Kunstdünger, Kunstharz und viele Arten von Kunststoff.

Der Aufstieg des Bergbaus im 19. Jahrhundert zog viele Menschen von außerhalb nach Limburg. Die wenigen ansässigen Bergbauarbeiter konnten die Arbeit nicht mehr bewältigen, die durch den explosionsartigen Aufschwung um 1900 anfiel. Die Bauern aus Süd- und Mittel-Limburg sahen verächtlich auf die 'koelpietjes' (Kohlenkulis) herab. So mußten Arbeitskräfte von auswärts einspringen. Das Zentrum der Bergarbeitersiedlungen, die auf diese Weise entstanden, war HEERLEN, der Sitz der Staatsgruben (heute DSM) und der Bergbauschule. Die Umgebung wurde zugebaut, nicht nur mit Wohnungen, sondern auch mit Konfektionsbetrieben und dergleichen, um auch den Frauen und Töchtern der Grubenarbeiter Arbeit zu verschaffen. Im Vergleich zu den Nachbarländern war die Sozialfürsorge hier ziemlich fortschrittlich. Ab 1930 begann sich der chemische Industriezweig zu entwickeln; es war gelungen, den Wasserstoff aus den Koksöfen mit dem Stickstoff der Luft zu Ammoniak zu verbinden, einer wichtigen Grundlage für die Herstellung von Kunstdünger und Kunststoffen. Die stark schmutzende SBB in GELEEN ist die achtgrößte Kunstdüngerfabrik der Welt.

Doch war die Blütezeit des Bergbaus kurz. Die Ausbeutung der Gruben wurde immer teurer, weil man ständig tiefer schürfen mußte (die Hendrik-Grube war 950 m tief) und weil es viele Stollen anzulegen galt (die Maurits-Grube hatte deren fünf). Die Transport- und Lohnkosten stiegen auf beängstigende Weise, während die Ausfuhr vom Vordringen anderer Energiequellen bedroht wurde. Sogar in den kleinen Niederlanden wurde nach Öl und Gas gebohrt (die große Gasblase in Slochteren).

1965 entschloß sich die niederländische Regierung in Zusammenarbeit mit den Gewerkschaften und den Grubendirektoren zu einem Umstrukturierungsprogramm. Die Zechen sollten geschlossen, aber die Arbeitsplätze nicht gefährdet werden. Neue Industrien wurden geplant, die Regierung sollte einen Teil der Verwaltung nach Limburg verlegen, und Maastricht erhielt eine eigene Universität. Es waren lauter hervorragende Pläne – keine Zeche würde geschlossen, ehe nicht hinreichend neue Arbeitsplätze geschaffen wären. Aber das Ergebnis entspricht nicht den Erwartungen. In weniger als zehn Jahren verlor Süd-Limburg 45 000 Arbeitsplätze. Am schwersten war die Oostelijke Mijnstreek (östliche Grubengegend) mit 240 000 Einwohnern betroffen, hier ist die Arbeitslosigkeit doppelt so hoch wie in den übrigen Niederlanden.

Zum Glück ist Limburg nicht ausschließlich ein wirtschaftliches Katastrophengebiet. Wir erwähnten die reizvolle Landschaft und die reiche geschichtliche Vergangenheit.

Limburg ist das Land der *Schlösser:* HOENSBROEK (Abb. 1) bei Heerlen, HORN bei Roermond, der *Bauernhöfe* (die typische Querhausgruppe), der *Kirchen* (St. Servaas und Onze Lieve Vrouwekerk in MAASTRICHT) und sogar der *Mühlen* (Getreidemühlen in ROGGE, WIJLRE, BAEXEM). Im Gebiet der Kohlenzechen, an der deutschen Grenze zwischen Herzogenrath und Kerkrade, liegt der ummauerte ehemalige *Klosterkomplex* ROLDUC (Rode-le-Duc = Hertogenrade), den 1104 ein frommer Mönch und Eremit, Ailbertus aus Antoing bei Doornik (Belgien), an der Stelle gegründet hatte, an der er unterirdisches Glockengeläut zu hören meinte.

Klöster, Burgen und Bauernhöfe

Die ABTEI ROLDUC beherbergt heute ein bekanntes Römisch-Katholisches Seminar und ein *Bergbaumuseum.* 1113 erwarben die Augustinermönche von Rolduc ein Grundstück bei Kerkrade, das sie den Kohlengräbern gegen einen Teil des Ertrages verpachteten. 1741 übernahm die Abtei das Schürfen selbst, ließ Schächte graben, das Grundwasser fortpumpen, kurz, die erste richtige Grube kam zustande. Während der französischen Zeit fiel der Klosterbesitz – und damit auch die Gruben – dem Staat zu. Aber die Mönche hatten noch eine andere Tradition entwickelt: das gastfreundliche Rolduc hatte im Laufe der Jahrhunderte manchen prominenten Fremden in seinen Mauern empfangen, es genoß in früheren Zeiten internationalen Ruhm als Zentrum geistigen Lebens.

Auf dem stillen Platz hinter dem Haupttor steht die ungewöhnlich schlichte *Abteikirche,* zwischen die breiten Giebel der Klostergebäude aus dem 17. und 18. Jahrhundert eingefügt. Erhalten geblieben ist das Originalmanuskript der Klosterchronik (heute im Reichsarchiv in Maastricht); anhand dieser ›Annales Rodenses‹ können wir die wechselhafte Baugeschichte der romanischen Kreuzbasilika verfolgen. Im Laufe der Jahrhunderte wurde Rolduc durch mancherlei Katastrophen heimgesucht: Feuer, Erdbeben, Krieg, Grubensenkungen und anderes mehr; dennoch sind einige frühmittelalterliche architektonische Elemente erhalten geblieben, wie die Außenmauer des Ostteils der kleeblattförmigen Krypta, die vom Anfang des 12. Jahrhunderts stammt. Die Instandsetzungen begannen 1853 unter der Leitung des niederländischen Meisters der Neugotik, P. J. Cuypers (1827–1921), jetzt wurde das eindrucksvolle romanische Innere wiederhergestellt. Die Krypta ist eine der schönsten Westeuropas, nach Cuypers sogar der Welt. Die Kapitelle der bearbeiteten Säulen sind mit gemeißelten Menschen- und Tierfiguren zwischen Blätterranken reich geschmückt. Einige Säulen werden von kauernden Ungetümen getragen, deren Köpfe später abgeschlagen wurden (Abb. 3).

Das Vorhandensein von Schein-Querschiffen – halbe Zwischensäulen, die die Wände des Schiffes noch einmal stützen – läßt vermuten, daß schon früh in der Baugeschichte beabsichtigt wurde, die Kirche zu überwölben. Das ist an sich bei romanischen Kirchen eine Seltenheit, gewöhnlich findet man eine flache Holzdecke als Überdachung vor. In

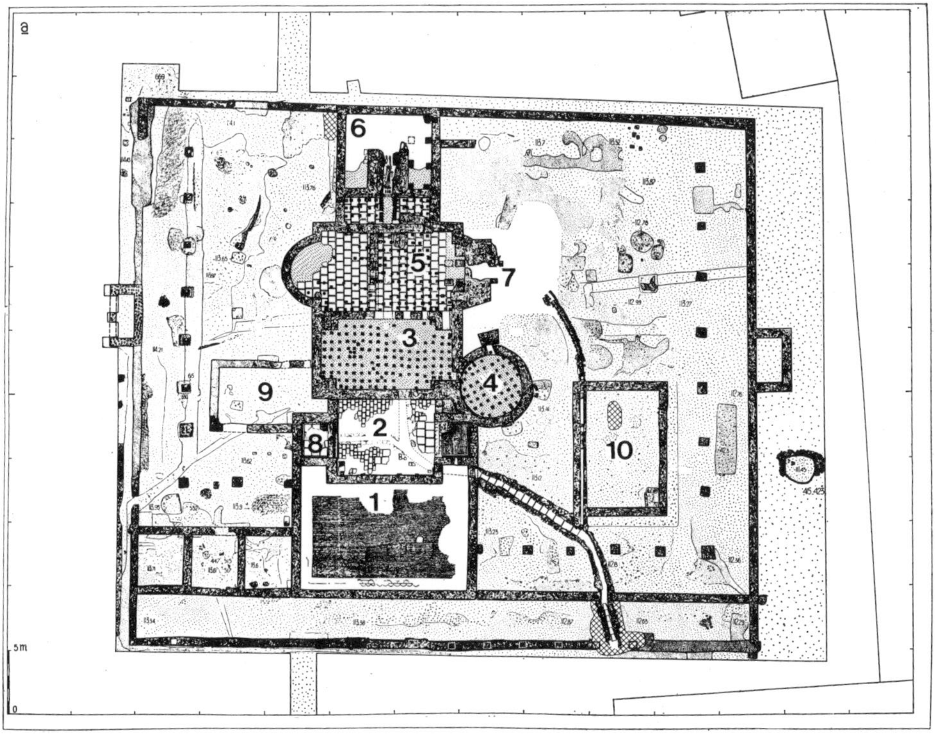

Heerlen: Grundriß der Thermen
1 Auskleideraum 2 Kaltwasserbad 3 Warmwasserbad 4 Schwitzbad 5 Heißwasserbad 6, 7 Heizräume 8 Kaltwasserbassin 9 Toiletten 10 Schwimmbad

der Ausschmückung ist norditalienischer Einfluß erkennbar. Im Schiff, unter einem Kupfergitter aus dem 17. Jahrhundert, liegt der Grabstein Walrams III. († 1226), das Relief zeigt den limburgischen Herzog in Waffenrüstung. Es handelt sich jedenfalls um eine Kopie (1687) der Originalskulptur. Walram III. gilt als einer der Vorfahren des Hauses Oranien, man weiß, daß er unter Richard Löwenherz am Kreuzzug teilnahm.

Bildet Rolduc als Oase der Stille und Gelehrsamkeit schon einen auffälligen Gegensatz zu dem stark industrialisierten Grubengebiet mit seinen ineinander verwachsenen Gemeinden, so gibt es im benachbarten HEERLEN einen anderen Gegensatz: die Überreste der Thermen, die einen Teil der römischen Festung Coriovallum bildeten. Sie stammen aus dem Jahr 50 n. Chr. und haben einen Grundriß von 50 x 50 m. Die Ausgrabungen von 1941 kann man im *Thermenmuseum* von einem Laufsteg aus besichtigen.

Nicht mehr viel erinnert daran, daß die Römer zu Anfang unserer Zeitrechnung militärische Befestigungen an den Knotenpunkten der Heerstraßen anlegten und Villen und Bauernhöfe an den ebenso malerischen wie fruchtbaren Lößhängen zwischen Kerkrade und Maastricht bewohnten. Vieles ging verloren, weil die aufeinanderfolgenden Kulturen über den jeweils vorangegangenen Bauten die eigenen errichteten, so daß die römischen Reste unter fränkisch-merowingischen verschüttet liegen und diese wieder unter karolingischen, die karolingischen unter mittelalterlichen usw. Die römischen Funde aus Heerlen, Kerkrade und Simpelveld, um nur die wichtigsten zu nennen, sind in archäologischen Museen, u. a. in Leiden und Maastricht, untergebracht.

Der äußerste Südosten von Limburg, ein schönes Hügelland, ist als Ausflugsgebiet in dem ansonsten so flachen Königreich der Niederlande stark besucht. Ein wenig südlich von VAALS liegt auf dem höchsten 'Berg' der Niederlande (321 m) das sogenannte DREILÄNDERECK, wo sich die Niederlande, Belgien und Deutschland treffen. Das klingt sehr romantisch, aber die Wirklichkeit besteht mehr aus einem Parkplatz von ungewöhnlicher Ausdehnung, Souvenirbuden und – in der geeigneten Jahreszeit – Eiswägelchen. Außerdem scheint es sich hier nicht nur um die höchste Stelle der Niederlande zu handeln, sondern auch um die feuchteste: von allen Seiten wird man vom Steigungsregen eingedeckt.

Das abfallende Hügelland, das sich unmittelbar bei VAALS, gerade an dem Örtchen RAREN vorbei, über die waldreichen Rücken der limburgischen Hochebene ausdehnt, ist durch seine unerwarteten Ausblicke u. a. bei VIJLEN (Farbt. 2), CAMERIG und EPEN bekannt. Es ist nicht nur fruchtbares Ackerland mit den typischen limburgischen Fachwerk-Bauernhöfen, sondern das Geul- und Gulptal mit seinen Wassermühlen und romantischen Hohlwegen ist auch ein ideales Feriengebiet. Die Hohlwege sind aus ausgetretenen Pfaden in den Erosionstälern der Bäche und Nebenflüsse entstanden, welchen man folgte, wenn man sich früher zu Fuß oder zu Pferde zu den Äckern begab.

Das schimmernde Geultal entlang führt der Weg nach WITTEM, wo sich das *Redemptoristenkloster* befindet, ein großes, graues Gebäude, das früher von den Kapuzinern bewohnt wurde. 1895 kamen die ersten Redemptoristen zufällig in diesen Ort. Sie waren auf dem Weg nach Rolduc, kamen jedoch vom Wege ab und fanden gastfreundliche Aufnahme in dem zu jener Zeit dünn besiedelten Gebiet. Auf Einladung ihres Gastgebers, des Pfarrers von Wittem, kamen einige Redemptoristen nach Ablauf ihrer Mission dorthin zurück, und ihre dortige Wirksamkeit war so erfolgreich, daß sich der Orden auf Dauer in Wittem niederließ. Viele Niederländer studierten in Wittem, z. B. Kardinal Willem van Rossum († 1932), dessen Grabmal in der *Klosterkirche* zu bewundern ist. Die Kirche wurde von dem Aachener Architekten J. C. Schlaun entworfen – bekannt für die münsterländische Barockkirche in Eys (1734) und den Umbau des SCHLOSSES NEUBOURG (Abb. 7) (1732). Vom ursprünglichen Äußeren ist nicht mehr viel zu sehen, neugotische Verschönerungen überwuchern es, aber das Innere ist ein

Wittem: das Redemptoristenkloster

eindrucksvolles Beispiel der Baukunst des 18. Jahrhunderts: Seitenaltäre, Kreuzwegstationen und Plastiken. Jüngeren Datums sind die Gewölbemalereien des Limburgers Charles Eyck (* 1897).

Schräg gegenüber steht das Schloss Wittem, zumindest das, was davon noch übrig ist: zwei Flügel mit einem Ecktürmchen. Es ist ebenfalls in neugotischem Stil instandgesetzt und dient zur Zeit als exklusives *Hotel.* Ursprünglich war Schloß Wittem der spätmittelalterliche Burgturm einer adligen Einsiedlerin, die über ausreichende Mittel verfügte, um sich radikal dem irdischen Treiben zu entziehen. Nachdem sie 1125 ihren Besitz der St. Josefs-Abtei in Lüttich geschenkt hatte, scheint der Initiator des Zweiten Kreuzzugs (1145), Bernhard von Clairvaux, dort noch verweilt zu haben.

In vielen der malerischen Dörfchen beiderseits der Autobahn Vaals-Maastricht findet man noch den historischen Kern mit einem befestigten Bauernhof oder sogar mit einem echten Schloß mit Vorburg. Jahrhundertelang trug der wetteifernde Ehrgeiz der kleinen und größeren Machthaber angeschlossener Gebiete in diesem Land seine Kämpfe aus. Das limburgische Land hat so viele Schlösser und befestigte Wohnhäuser, weil man sich bei so unbeständigen politischen Machtverhältnissen und der damit zusammenhängenden Lebenserschwernis durch meuternde und brandschatzende Söldner auf diese Weise am günstigsten verschanzen konnte. Selbstverständlich fiel im Laufe der Zeit das Düstere von diesen Bauten ab, aber die Atmosphäre mittelalterlichen Raubrittertums und schlecht bezahlter Armeen des Prinzen von Oranien hängt noch spürbar im bronzegrünen Eichenholz. Leider sind die meisten Schlösser nicht von innen zu besichtigen; aber man kann, besonders im Winter, wenn die Bäume frei von Laub sind, sich eine gewisse Vorstellung machen (Abb. 4–6).

Lemiers z. B. hat in seinem älteren, ruhigen Viertel ein *Saalkirchlein,* das zehn Jahrhunderte alt ist, ein reizendes mittelalterliches Gebäude, das die Zeiten heil überstanden hat (Abb. 2). Parkt ein Lastwagen vor ihm, dann ist es dem Blick entzogen. Das gleiche gilt für das niedrige *Huis Lemiers* aus dem 17. Jahrhundert, das, wie im Märchen, verfallen daliegt, überwuchert von einer üppigen Vegetation. Vor der Vorburg – ihre Ecktürme tragen die limburgischen Knollenspitzen – stößt der Besucher auf das Schildchen ›Zutritt verboten‹.

Gulpen ist ein kleiner Ort, in welchem die rotkupfernen Kessel des Gulper Bieres hinter vorbildlich geputzten Fenstern blinken. Die Umgebung ist äußerst reizvoll. Im Norden von Gulpen dehnt sich das Gerendal mit seinen Wäldern aus, die dank dem kalkreichen Boden reich an Orchideen und anderen seltenen Pflanzen sind. Welche Landstraße man auch von der Autobahn Gulpen–Maastricht ab nimmt, immer wieder trifft man auf ein überraschend malerisches Dörfchen. Manche Dörfer sind leider völlig von den neuen Blocks mit Schaufensterwohnungen erstickt; aber wenn man weitergeht, wird man immer durch den Anblick eines alten Ortskerns oder eines eindrucksvoll befestigten Bauernhofes belohnt.

Das *limburgische Gehöft* hat eine ganz eigentümliche Bauweise. Auffallendstes Merkmal ist die völlige Abgeschlossenheit. Durch ein Einfahrtstor gelangt man in den Innenhof, den Wohnhaus, Ställe und Scheunen begrenzen. Das Wohnhaus steht mit der Schmalseite zur Straße. Oft ist auch die Dungstätte auf dem Innenhof. Über den Ursprung dieser Bauart wird noch diskutiert: einige behaupten, ihr Grundriß gehe auf den der römischen Villa zurück (doch die Bauernhöfe sind lange nicht so alt), andere sind der Meinung, ein so wehrhaftes Äußeres hätte die unsichere Gegend erfordert. In diesem Zusammenhang verweist man gern auf die Erzählungen von den sogenannten 'Bokkerijders'.

Im 18. Jahrhundert machten organisierte Banden die Gegend unsicher: die berüchtigten 'Bokkerijders' (Bockreiter). Noch immer weiß man nichts Genaues über sie: waren es desertierte Soldaten, heruntergekommene Adlige oder was sonst? Jedenfalls waren sie bei der allerorten schwer heimgesuchten Bauernbevölkerung wegen ihres grausamen nächtlichen Vorgehens sehr gefürchtet. Man vermutet, daß das Räuber-

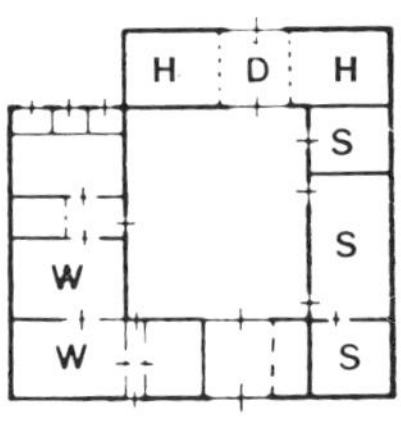

Südlimburgisches Gehöft mit Innenhof:

W = Wohnraum S = Stall D = Diele oder Tenne H = Heuboden

unwesen jener Zeit politische Bestrebungen verschleiern sollte. Der Umstand, daß die Mitglieder einen strengen Eid leisten, Gott abschwören und sich zu den Grundsätzen der Gleichheit und Brüderlichkeit bekennen mußten, kann ein Hinweis sein.

Vielleicht sind aber weder die Römer noch die 'Bokkerijders' für die abgeschlossene Form des limburgischen Bauernhofs verantwortlich. Es kann auch eine logische geschichtliche Entwicklung gewesen sein: zuerst eine L-Form, dann die Erweiterung zu einer U-Form (wie sie auch in Nord-Limburg vorkommt) und schließlich die abschließende Seitenmauer mit Einfahrt an der Straßenseite, ob als Schutz gedacht oder nicht.

Ein bemerkenswertes Gehöft, zum größeren Teil aus dem 17. Jahrhundert, befindet sich – inmitten der dazugehörigen Äcker – in SIBBE. Das Haus *Villaertshof* (oder *Sibberhuis*) ist abwechselnd aus Schichten von Backstein und Schichten von Mergelstein, sogenannten 'Speckschichten', errichtet. Mergel wird in dieser Gegend häufig verwendet, er gibt den hiesigen Gebäuden ihre eigene warme Farbe.

Von Sibbe führt der Weg an WOLFSHUIS und GASTHUIS vorbei über den Rand der Hochebene von MARGRATEN, ein wegen seines Reichtums an Mergelstein umstrittenes Gebiet. Die ›Eerste Nederlandse Cement-Industrie‹ hofft darauf, nach 1991 – wenn ihre Konzession zur Abtragung des *St. Pietersberges* endet – ihre Mergelgewinnung ganz hier zu konzentrieren. Auch bei 'T ROOTH hat man schon fleißig gegraben. Bis jetzt haben die Proteste von seiten der Landwirtschaft und des Naturschutzes wenig vermocht.

In der *Mühle* von WOLFSHUIS, einer runden steinernen, auf einem künstlichen Hügel erbauten Getreidemühle (1855) – jetzt außer Gebrauch –, ist im Mühlenhaus ein Kreuz eingemauert, das von einem früheren Pachthof in Gasthuis stammt. Zu den Verpflichtungen des Pächters gehörte es, arme Fremde mit einem Bissen Brot zu speisen, und am Musschenput (Spatzenbrunnen) mußte immer ein Wasserkrug für die Vorübergehenden bereitstehen. Auf dem Kreuz liest man:

*»Bid voor syne seele. In den jare MCCCCXVII op Sinte Johansdach hauptet wart Heer Claes Gastmeister ermoert van synt gasten.«**

Maastricht – Romanische Kirchen und Denkmäler

Das fröhliche und gesellige MAASTRICHT ist nicht nur die südlichste, sondern auch die älteste Stadt Hollands. Bereits im frühen Mittelalter war die Stadt, aus dem römischen Trajectum ad Mosam (in der Nähe einer seichten Stelle der Maas) entstanden und, am Kreuzungspunkt mehrerer internationaler Verbindungswege gelegen, eine Stadt mit europäischen Allüren.

Nach Amsterdam hat Maastricht die meisten Fassaden aus dem 17. und 18. Jahrhundert (Abb. 8), aber sowohl der Baustil als auch die Atmosphäre der Stadt lassen eher

* Bete für seine Seele. Im Jahre MCCCCXVII am St. Johannistag wurde, wie man sagt, Herr Claes Gastmeister von seinen Gästen ermordet.

an Lüttich denken: die steil ansteigenden Schieferdächer, deren Firste parallel zur Straße verlaufen. Die Wohnhäuser ebensowenig wie ihre breiten Giebel haben etwas mit der nordniederländischen Architektur zu tun. Auch die Farben sind nicht holländisch: das Grau des Namener Steins, das Gelb des Mergels und die Pastellfarben der Backsteine.

Das heutige Maastricht ist wegen seiner Vielfalt geselliger Gaststätten bekannt, wo auf belebten kleinen Terrassen, einige mit Aussicht auf den Fluß, das limburgische Bier serviert wird.

Als Kulturzentrum verfügt Maastricht über höhere Berufsausbildungsstätten für bildende Künstler, die *Jan van Eyck-Akademie*, und Schauspieler; auch die limburgische *Universität* hat dort ihren Sitz – eine Reichsuniversität, die sich um die 1976 gegründete medizinische Fakultät entwickelte. Maastricht hat ein interessantes Museum – Limburgs Museum voor Kunst- en Oudheden-Bonnefantenmuseum –, das in einem ehemaligen Kloster der Schwestern des Heiligen Grabes, im Volksmund 'Bonnefanten' genannt, untergebracht ist. Das Stadtbild von Maastricht ist schon wegen der einzigen mittelalterlichen *Bogenbrücke* der Niederlande und der beiden schönsten romanischen Kirchen des Landes, *St. Servaas* und *Onze Lieve Vrouwekerk*, unvergleichlich.

An die römische Zeit erinnert ein kleiner Platz '*op de Thermen*' im Stokstraat-Viertel mit seinen hübschen, teuer restaurierten Häusern aus dem 17. Jahrhundert (Farbt. 5). Bei den Instandsetzungsarbeiten wurden die Fundamente reicher Römerhäuser mit eigener Badevorrichtung gefunden.

Trajectum ad Mosam war, wie gesagt, ein Knotenpunkt der Heerstraßen nahe einer seichten Stelle der Maas, wo man eine Brücke baute. In ihrer Urform stammt die jetzige *St. Servaas-Brücke* aus dem 13. Jahrhundert, aber 1963 wurden Überreste einer älteren Brücke entdeckt. Die St. Servaas-Brücke stützt sich noch auf sieben ursprüngliche Bögen. In den neuen Teil der Brücke wurde die kleine Statue von Charles Vos (1888–1952) aufgenommen, die den *Heiligen Servaas* (Servatius) darstellt, der die vorbeifahrenden Schiffe segnet. Der Heilige ist jahrhundertelang für Maastricht von besonderer Bedeutung gewesen. Das *Denkmal für Heinrich (Hendrik) van Veldeke*, die erste bedeutende Gestalt der niederländischen Literatur, ehrt diesen weniger als Dichter des Epos ›Eneide‹ (1170) oder als Sänger höfischer Minnelieder denn als Biographen des Heiligen Servatius. Das Veldeke-Denkmal befindet sich übrigens in der Nähe des St. Servaas-Springbrunnens auf dem Vrijthof.

Dreieinhalb Jahrhunderte, bevor die Missionare nördlich der großen Flüsse auftauchten, predigte der Armenier Servatius das Christentum in der Maasgegend. Er war der erste einer Reihe von Bischöfen von Lüttich, ließ sich aber, als er von den Germanen aus Tongeren vertrieben wurde, 345 in dem offenbar sichereren Trajectum ad Mosam nieder. Die Vorläuferin der Onze Lieve Vrouwekerk diente ihm als Kathedrale. Bis zum Anfang des 8. Jahrhunderts sollte Maastricht Bischofsstadt bleiben, aber bis zum Ende des 18. Jahrhunderts vermochte der Bischof von Lüttich seine Rechte zu wahren.

Servatius starb 384 'im Geruch der Heiligkeit' und wurde zwischen Heiden auf der Begräbnisstätte (dem *Vrijthof*) an der Heerstraße etwas außerhalb der Niederlassung begraben. Seinem Grabe wurde Wunderkraft zugesprochen: Pilger stellten mit ehrfürchtigem Erstaunen fest, daß die Stelle, an der er ruhte, immer trocken blieb. Sein elfter Nachfolger, Monolphus, und dann dessen Nachfolger, Gondulphus, ersetzten das Holzgebäude über dem Grab im 6. Jahrhundert durch eine Kirche, die bei einem Streifzug der Normannen (881) zerstört wurde. Die frühesten christlichen Kirchen waren ganz aus Holz gebaut und daher brandgefährdet. Zum Schutz der Gebeine oder Reliquien eines Heiligen, auf dessen Grab früher die Kirche meist errichtet war, begann man, eine steinerne Krypta zu bauen.

Den berühmten *Vrijthof* in Maastricht beherrscht heute die *St. Servaaskerk,* eine romanische Kreuzbasilika, deren Bau wohl zu Ende des 10. Jahrhunderts begonnen wurde, die aber im Laufe der Jahrhunderte viele Umänderungen erfuhr. Nur das Schiff ist zum größten Teil noch wirklich frühromanisch. Auch bei anderen romanischen Basiliken findet sich noch der monumentale Westbau, aber der von zwei Türmen gekrönte Westbau von St. Servaas ist besonders eindrucksvoll. In der anderthalb Jahrhunderte umfassenden Baugeschichte der Kirche erklärt sich das aus dem energischen

Maastricht: der Vrijthof mit St. Servaaskerk (rechts) und St. Janskerk. Aus ›Het Koningrijk der Nederlanden‹ von J. L. Terwen

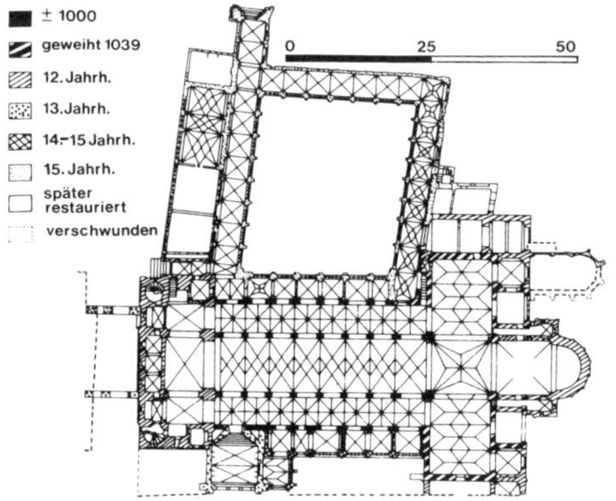

Maastricht: Grundriß der St. Servaaskerk

Beitrag der drei deutschen Kaiser Heinrich IV., Friedrich I. Barbarossa und Friedrich II. Im Jahr 1087 wurde sie zur Reichskirche und zum Sitz der kaiserlichen Kanzlei erhoben. In der Architektur von St. Servaas ging es darum, einen Prestigekonflikt zu lösen. Im Westchor sollte der Sessel des Kaisers stehen, und zwar so, daß er die ganze Kirche überblicken konnte. Der Westbau kann also als der architektonische Ausdruck der Macht des Kaisers als Träger der weltlichen Obergewalt aufgefaßt werden, gegenüber der Geistlichkeit, deren liturgisches Zentrum (der Chor) auf der Ostseite lag.

Heinrich IV., der auch den Dom zu Speyer bauen ließ, wünschte einen erhabenen Westbau mit einem Hauptchor und zwei Nebenchören, von niedrigen Parterreräumen und Galerien umgeben. Über dem Chor findet sich noch ein Stockwerk mit dem prächtigen Kaisersaal in der Mitte. Aus der Zeit Barbarossas soll die Galerie des Westbaus mit ihren außerordentlich reich verzierten Kapitellen stammen (Farbt. 6–9). Sie sind beachtenswert, weil sie weltliche Ereignisse darstellen, was in der romanischen Kunst ziemlich ungewöhnlich ist. Der Kaisersaal und der angrenzende Raum waren selbst zur Zeit Friedrichs II. (1190–1236) noch nicht ganz beendet, aber schließlich wurde der Westbau von St. Servaas eine ausgereifte Frucht der Romanik in der Baukunst des Maaslandes.

Die östliche Apsis mit der Zwerggalerie und den Chortürmen ist eine Nachahmung der Kathedrale von Speyer, der Grabkirche der deutschen Kaiser, ganz rheinländisch-romanisch im Stil. An der Nordwand des Querschiffes befindet sich im ersten Stockwerk der Kapitelsaal mit drei hohen, schmalen Absiden. Die Bauform entstammt dem Anfang des 11. Jahrhunderts und wird in den Niederlanden nur noch in der triapsidialen Saalkirche von OOSTERBEEK angetroffen.

Das Innere der Basilika ist von eindrucksvoller Schlichtheit. Hinter der Statue Karls des Großen aus dem 19. Jahrhundert – die den Raumeindruck etwas stört – befindet sich ein romanischer Reliefstein, der jetzt als Retabel verwendet wird. In der Krypta steht der *Schrein des Heiligen Servaas,* die buchstäblich glänzende 'Noodkist' (Notkasten) von 1160. Der wirtschaftliche Wert dieser sterblichen Reste war im Mittelalter nicht zu unterschätzen. In den Niederlanden ist das Pilgertum – mit Ausnahme von Utrecht, Amsterdam und Maastricht – nicht zur gleichen Entwicklung gekommen wie sonst in Europa, aber im 15. Jahrhundert war Maastricht dank St. Servaas nach Aachen und Köln der größte Wallfahrtsort Nordeuropas. 1611 wurden die Überreste der Gebeine des Hl. Servatius sorgfältig aus dem Grabkeller in die 'Noodkist' übertragen. Offensichtlich fürchtete man, auch nur einen kleinen Knochen zu vergessen, so daß man bei der letzten Öffnung des Kastens 1958 auch die Skelettreste einer Fledermaus vorfand.

Der Name 'Noodkist' erinnert an den Brauch, in Katastrophenzeiten den Schrein in einer Prozession durch die Straßen der Stadt zu führen, um Unheil abzuwenden. Der Schrein bildet einen Höhepunkt romanischer Feinschmiedekunst und hat die Form eines langgezogenen Hauses mit Satteldach. Das irdische Haus der Gebeine sollte auch ein Bild der himmlischen Bleibe geben, wo der Heilige in Wahrheit immer wohnt: des Himmlischen Jerusalem. Bemerkenswert genau folgten die mittelalterlichen Feinschmiede dabei dem 21. Kapitel der Offenbarung des Johannes. Sogar die Wahl der Edelsteine wurde von diesem Text bestimmt.

Der sehr reiche *Kirchenschatz* umfaßt weiter eine hervorragende Büste des Heiligen, die von Gold und Edelsteinen glänzt, sein Brustkreuz, Schlüssel, Trinkbecher, Pilgerstab, Stoffstücke aus dem 6. Jahrhundert, den Armreliquienhalter des Heiligen Thomas aus dem 15. Jahrhundert und noch viele andere wertvolle Gegenstände. Eigentümliche

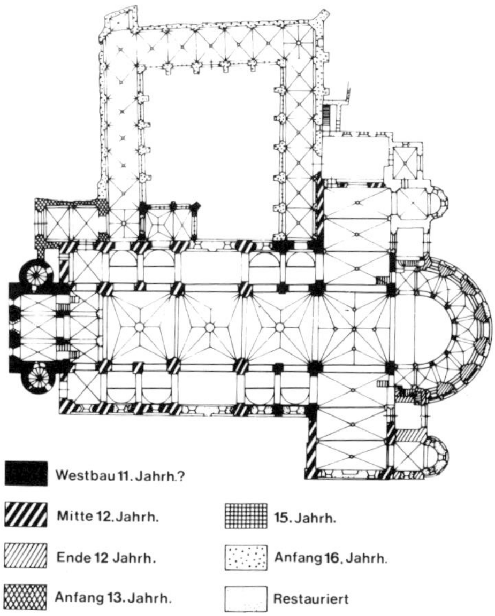

Maastricht:
Grundriß der Onze Lieve Vrouwekerk

Teile sind zwei Straußeneier, ein Kasuarei und eine bearbeitete Kokosnuß. Nun galt das Straußenei zwar als Symbol der jungfräulichen Geburt Christi (es wird ja jungfräulich im warmen Wüstensand ausgebrütet), es gibt aber auch eine praktische Erklärung für sein Vorhandensein im Kirchenschatz. Es geschah öfter, daß man in den mittelalterlichen Kirchen seltene oder sehenswürdige Gegenstände wegen ihrer anziehenden Wirkung auf das Publikum ausstellte. Man hoffte, daß die Leute aus Neugier zur Kirche kämen, wo sich dann Gelegenheit bot, sie geistlich zu betreuen – also eine Frühform seelsorgerischer Werbung.

1981 ist mit der Restaurierung des Inneren begonnen worden, die Kosten werden auf sechsunddreißigeinhalb Millionen Gulden geschätzt; 1990 sollen die Arbeiten abgeschlossen sein.

Die Schatzkammer der anderen großen romanischen Kirche in Maastricht, *Onze Lieve Vrouwekerk*, ist weniger reich an Reliquien und Wertgegenständen, aber die Eintrittsgelder sind dort auch niedriger. Die ganz steinüberwölbte Kreuzbasilika muß etwa um 1000 angebaut worden sein. Der außergewöhnlich eindrucksvolle Westbau stammt aus jener Zeit. Der rechteckige Turm, der steil emporstrebt, mit zwei runden Treppentürmen an jeder Seite, ist von schlichter, monumentaler Verschlossenheit. In seinem maasländischen Stil ist er einmalig in den Niederlanden. Im 12. Jahrhundert wurde das Glockengeschoß aufgesetzt und die Türmchen in spätromanischen Formen erhöht. Die prächtige Apsis mit der doppelten Galerie an der Ostseite ist ein Höhepunkt romanischer Baukunst (Abb. 9). Die schwarzen Säulen des Chorumgangs sind von reich verzierten gemeißelten Kapitellen gekrönt, einige davon müssen der gleichen Schule entstammen, wie die von St. Servaas. Man spricht von der ›Heimo-Schule‹, nach einer Darstellung auf dem sogenannten Heimo-Kapitell: Ein kniender Mann reicht darauf der Heiligen Jungfrau ein Kapitell; der Name über seinem Kopf, »Heimo«, wird für die Signatur des Meisters gehalten. Einige der Kapitelle stellen biblische Begebenheiten dar: unter anderen Kain und Abel oder Bileam auf seiner Eselin, vom Engel angehalten. Einige sehenswürdige Skulpturen aus dem 12. Jahrhundert kann man am Nordwestportal finden. Im allgemeinen sind die romanischen Kirchen (weltliche Gebäude aus jener Zeit gibt es kaum noch) nicht reich an Meißelwerk, das Maasland bildet darin jedoch eine Ausnahme, wahrscheinlich infolge des Vorkommens von Steinbrüchen und der bequemen Zufuhr des Materials über den Fluß.

Die beiden prachtvollen romanischen Baudenkmäler waren Nebenbuhler. Der Bischofssitz wurde zwar im 8. Jahrhundert nach Lüttich übersiedelt, der Bischof behielt jedoch seine Rechte in Maastricht und an der Onze Lieve Vrouwekerk. Die St. Servaaskerk dagegen war die kaiserliche Kapitelkirche, die fränkischen Kaiser hielten Hof am Vrijthof. Die Rechte des Kaisers gingen 1204 als Lehen an den Herzog von Brabant, und die Situation des zweifachen Besitztums dauerte bis 1795, als Napoleon dem ein Ende machte.

Seine strategische Lage brachte Maastricht wiederholt Unannehmlichkeiten. Die Geschichte erwähnt nicht weniger als einundzwanzig Belagerungen. An der Südseite finden

2 LEMIERS Die Saalkirche

◁ 1 HOENSBROEK Das Schloß

3 ROLDUC Die Krypta der Abteikirche

4, 5 Eingang zum Schloß Cortenbach in VOERENDAAL und Zugang zum Haus Arcen in ARCEN

6 HILLENRAAD nördlich von Roermond Der Eingang zum Schloß

7 GULPEN Das Schloß Neubourg, jetzt Hotel

9 MAASTRICHT Blick in die Apsis der Onze Lieve Vrouwekerk

8 MAASTRICHT Fassaden des 17. und 18. Jahrhunderts

10 SITTARD St. Michaelskerk

11 SUSTEREN Die Abteikirche

14 THORN Inneres der Abteikirche [

12 VENLO Das Römerhaus

13 STEYL-TEGELEN Die Kirche des Missionshauses

16 OIRSCHOT St. Pieterskerk

15 OIRSCHOT Das Rathaus

17 STIPHOUT Schloß Croij

·JOOST· ·VAN·DEN· ·VONDEL·
GYSBREGHT·VAN·AEMSTEL·
D'ONDERGANG·VAN·SYN·STAD·EN·
SYN·BALLINGSCHAP TREURSPEL
URBS
ANTIQVA
RVIT
UITGAVE·VAN·DE·ERVEN·F·BOHN·HAARLEM·1893·
MET·INLEIDING·VAN·L·SIMONS·
TOONEEL·DECORATIE·ONTWERPEN
VAN·H·P·BERLAGE·
MUZIEK·VAN·BERN·ZWEERS·
BOEK·VERSIERINGEN·VAN·
A·J·DERKINDEREN·

19 Frederik Hendrik, aus dem Atlas von Stolk, 1689, im Hintergrund Den Bosch

18 A. J. Dèrkinderen: Titelblatt zu einer Ausgabe von Joost van den Vondels ›Gysbreght van Aemstel‹, Haarlem 1893

20 'S HERTOGENBOSCH St. Jans-Kathedrale

21 ’S HERTOGENBOSCH
Menschen- und Tierfiguren
an der Kathedrale St. Jan

22 DE STEEG
Schloß Middachten

23 DUSSEN Das Schloß, heute Rathaus

24 HERNEN Die Burg

25 NIJMEGEN Blick auf die Altstadt

28 ZALTBOMMEL St. Maartenskerk ▷

26 NIJMEGEN
Die karolingische Kapelle auf dem Valkhof

27 ZALTBOMMEL Inneres der St. Maartenskerk

sich noch die Überreste von mehr als einer *Stadtmauer.* Die erste datiert aus dem 13. Jahrhundert – mit der *Helpoort* und ihren beiden *Türmen.* Die zweite, mit dem fast runden *Pater Vink-Turm* und dem *Wassertor De Reek,* stammt vom Ende des 14. Jahrhunderts. Von der dritten Ummauerung vom Anfang des 16. Jahrhunderts bestehen nur noch zwei Bastionen mit einem Stück Mauer dazwischen: der 'Haat en Nijd' und 'De Vijf Koppen'. An dieser Mauer ließ der bekannte Graf d'Artagnan, einer der Drei Musketiere, sein Leben. Die Armee Ludwigs XIV. verlor in dieser Schlacht 8000 von insgesamt 40 000 Mann. Auch die Belagerung von 1579 ist berüchtigt, bei der 34 000 Spanier unter dem Herzog von Parma vor den Stadtmauern lagen; als sie nach monatelanger Belagerung die Stadt einnahmen, ließen sie ein Drittel der Bevölkerung von Maastricht gnadenlos über die Klinge springen (etwa 10 000 Menschen). 1632 eroberte Willem de Zwijgers (Wilhelm des Schweigers) Sohn Frederik Hendrik, mit dem Beinamen der Städtebezwinger, die Stadt nach zweimonatiger Belagerung. Die spanische Besatzung verschwand, und die Stadt wurde von da ab von den Generalstaaten und den Herren von Lüttich verwaltet.

Der Architekt Frederik Hendriks, Pieter Post (1608–69), der zuvor das Huis ten Bosch (Den Haag, 1645) erbaute und Jacob van Campen beim Bau des Rathauses (heute königlicher Palast) in Amsterdam assistierte, erhielt den Auftrag, für Maastricht ein

Die Belagerung von Maastricht im Jahr 1579

Maastricht: das Rathaus.
Zeichnung von Pieter Post

Rathaus zu bauen. Am 21. Juli 1659 wurde auf dem Markt der erste (Namener) Stein dessen gelegt, was ein Prunkstück des niederländischen Klassizismus werden sollte: eine straffe Form, die Fassade mit Pilastern und Frontgiebel geschmückt. Von dem monumental hervortretenden Portal aus führen zu beiden Seiten Treppen nach oben.

Beim Betreten des Rathauses konnten also beide Herren von Maastricht gleichzeitig nach oben gehen und eintreten. Die Säle und Zimmer gruppieren sich um einen überwölbten Hofraum, dessen lichte Vorderseite schlanke ionische Säulen aufweist, während die massive, hauptsächlich romanische Rückseite den Unterbau des Turmes bildet. Das Innere ist reich an Gemälden, Stuckarbeiten und Wandteppichen aus dem 18. Jahrhundert und mit antikem Mobiliar ausgestattet. Das Rathaus ist zugänglich.

Die letzte Stadtmauer von Maastricht stammt von 1794. Damals belagerten die Franzosen die Stadt zum 21. Mal in ihrer Geschichte. Von den Verteidigungswerken, mit denen der Name Dumoulin verbunden ist, sind noch große Teile und fünf *Bastionen* im Nordwesten der Stadt zu finden, nahe am Statensingel.

Unter den vielen Kirchen und Klöstern, die Maastricht besitzt, verdient das Ehemalige Kloster der Schwestern Sepulchrijnen (des Heiligen Grabes) genannt zu werden. Nach gründlicher Instandsetzung 1972 wurde darin bis 1980 das regionale ›Museum voor Kunsten Oudheden‹ untergebracht: das *Bonnefantenmuseum.* Im Volksmund wurden die Schwestern Bonnefanten genannt, weil sie Mädchen zu '*bonnes enfants*' erzogen.

Das Kloster stammt von 1672, die Kirche wurde zwischen 1704 und 1740 von Gilles Doyon neugebaut. Das stilvolle, weißgetünchte Innere beherbergt jetzt die Bibliothek der Reichsuniversität Limburgs. Das Bonnefantenmuseum ist verzogen zum Dominicanerplein 5, wo man die vielseitige Sammlung archäologischer Funde, Skulpturen und Gemälde aus dem 15. bis 18. Jahrhundert, kirchliche Kunst und ein Münzenkabinett sehen kann. Auch die modernen limburgischen Künstler sind vertreten. Die Kreuzwegstationen, die Aad de Haas in den fünfziger Jahren für eine Kirche in Süd-Limburg schuf und die vom dortigen Pfarrer als zu modern empfunden wurden, hängen jetzt hier. Das Bonnefantenmuseum verfügt über eine Videothek, in der Video-Performances gesammelt werden. Regelmäßig finden dort zeitlich begrenzte Ausstellungen aus eigenem Besitz wie auch Wanderausstellungen statt.

Nach der Abtrennung Belgiens im Jahr 1830, bei der die heutigen Landesgrenzen festgelegt wurden, hatte Maastricht nur noch die Bedeutung einer Provinz-Garnisonsstadt. Der Familie Regout kommt das Verdienst zu, sie zu einer lebendigen *Industriestadt* gewandelt zu haben, wie sie es heute noch ist. Petrus Regout führte ursprünglich belgisches Glas und belgische Tonwaren ein. Als sein Betrieb 1830 in Schwierigkeiten kam, entschloß er sich, selbst eine Glasfabrik zu eröffnen. 1834 gründete er ›De Sphinx‹, wo später auch Tonwaren hergestellt wurden. ›De Sphinx‹ wurde ein solcher Erfolg, daß auch andere sich auf die zerbrechliche Branche stürzten: die wallonische ›Société Céramique‹, die Glasfabrik ›Stella‹, Louis Regouts Porzellanfabrik ›Mosa‹, Alfred Regouts Ziegelfabrik ›Rema‹. Die ›Kristalunie‹ – in die Sphinx, Mosa, Rema und Stella aufgenommen sind – ist jetzt ein Teil des größten Glaskonzerns der Niederlande, der ›Verenigde Glasfabrieken‹. In der Nähe von Maastricht gründeten die Regouts auch eine Papierfabrik, die ›Koninklijke Nederlandse Papierfabriek‹, einer der größten Weißpapierhersteller Europas.

Südlich von Maastricht in einer wenig anziehenden Gegend liegt ein großer Hügel, der St. Pietersberg (109 m), dessen flache Kuppe die Ruine eines Raubschlosses aus dem 12. Jahrhundert, des *Schlosses Lichtenberg*, trägt. Schon die Römer wußten, daß dieser Mergelberg ausgezeichnetes Baumaterial liefert. Plinius schrieb: »In der belgischen Provinz (*nicht* das heutige Belgien ist gemeint, sondern die römische Provincia Belgica; d. Ü.) schneidet man eine weißliche Steinsorte mit einer Säge, als wäre sie Holz.« Blöcke von Mergel aussägend, gruben sie sich wie Maulwürfe in den Berg. Ihre Nachfolger fuhren auf die gleiche Weise fort, so daß ein riesiges Labyrinth von Gängen entstand, in dem man sich ohne Führer unweigerlich verirrt. Während des Zweiten Weltkrieges befand sich dort ein großer Schutzraum mit Brunnen, einer Bäckerei, einem Krankensaal und einer Kapelle. Sollte es der bereits erwähnten Fabrik, der ENCI, möglich sein, für ihre Zementindustrie den St. Pietersberg mit der gegenwärtigen Geschwindigkeit weiter auszuhöhlen, dann wird der Berg in fünfzig Jahren zu einem Bergsee geworden sein. Die Konzession endet aber 1991, und dann dürfte noch etwa die Hälfte des weißen, steinernen Maulwurfhaufens übrig sein.

Die Kirche des Dörfchens HOUTEM-ST. GERLACH (1715) gehörte ursprünglich zu einem adligen Frauenstift. Sie ist ein Kleinod der Barockbaukunst; durch die hohen schmalen Fenster fällt ein sanftes Licht, das die zarten Farben der Decken- und Wandmalereien klar hervortreten läßt. Die Rokoko-Wandmalereien der vier westlichen Emporen stammen von der Hand des Süddeutschen Johann Adam Schöpf († 1772) und stellen das Leben des Heiligen Gerlach dar. Nach einer Wallfahrt nach Rom und Jerusalem hatte sich dieser fromme Edelmann aus Maastricht als Eremit zurückgezogen. Er wählte sich statt der üblichen steinernen Klause eine hohle Eiche als Wohnung und kleidete sich in ein härenes Bußkleid. Im übrigen führte er ein recht tätiges Leben: Jeden Tag besuchte er zu Fuß das Grab des Heiligen Servaas, und einmal in der Woche pilgerte er zum Aachener Dom. Nach seinem Tode – auch er starb 'im Geruch der Heiligkeit' – wurde sein Grab zum Wallfahrtsort, denn man erkannte ihm Wunderkraft zu. Über seinem Grab wurde im 13. Jahrhundert ein Stift gebaut, das im Achtzigjährigen Kriege, wie so viele Klöster jener Zeit, von den Truppen der Generalstaaten zerstört wurde. Im 18. Jahrhundert wurde ein Flügel des Klosters in zierlichem Barock wieder aufgebaut. Aber in der französischen Zeit wurden sämtliche Klöster aufgehoben, und so mußten sich auch die frommen Bewohnerinnen des Stifts eine andere Bleibe suchen. Das Kloster wurde an eine adlige Familie verkauft, die es zu einem Landhaus umbauen ließ.

Sittard – Susteren – Der Juliana-Kanal

Das alte Stadtzentrum von SITTARD liegt innerhalb einer ovalen Umwallung aus dem 13. Jahrhundert. Sein Ende als Festungsstadt fand das frühere Handelsstädtchen 1676, als Ludwigs XIV. Soldaten dort gründlich aufräumten und die Festung verwüsteten. Am Markt, der leider durch viel Blech verschandelt ist, steht die *St. Michaelskerk* aus dem 17. Jahrhundert, ein barockes Klosterkirchlein (Abb. 10). Das Stadtbild wird übrigens von der *St. Petruskerk* beherrscht, einem Vorbild für die Maas-Gotik. Im 14. Jahrhundert wurde diese gotische Kreuzbasilika aus Backstein und Mergel errichtet, bei der Restaurierung im vorigen Jahrhundert fügte Cuypers u. a. neu-gotische Turmspitzen hinzu. Das Innere birgt altes Chorgestühl, einige Skulpturen aus dem 16. Jahrhundert, Rokoko-Möbel und ein marmornes Epitaph von 1602.

Infolge der Kriegsereignisse blieben nur wenige alte Bauten in Sittard erhalten: einige Kanonikerhäuser um St. Petrus herum, ein Fachwerkhaus mit vorspringendem Giebel aus dem 16. Jahrhundert am Markt, einige hübsche Häuser in der Limbrichterstraat.

In dieser Straße befindet sich auch ein Gebäude, das verschwenderisch mit spitzen Türmen, Zinnen, kleinen Toren und Brücken ausgestattet ist, ein Miniaturschloß vom Anfang des 20. Jahrhunderts, in dem jetzt ein Kunsthändler wohnt.

In dem stillen, kleinen Provinzort SUSTEREN erinnert nur noch wenig an den ursprünglichen Klosterkomplex, um den sich in früheren Jahrhunderten ein lebensfrohes

Städtchen entwickelte. Die *Abteikirche* (980–1050), eine außen weitgehend restaurierte romanische Kirche, erhebt sich hoch über die stillen Gassen (Abb. 11). Der Mittelturm des Westbaus wurde bei der Renovierung (1885–91) durch ein unpassendes Satteldach ziemlich unkenntlich gemacht. Bemerkenswert ist die halb oberirdische Krypta, die von außen um den Chor herum angebaut wurde. Über die Baugeschichte ist nur wenig bekannt, aber aus dieser Außenkrypta – mehr ottonische als romanische Form – kann man auf die Entstehungszeit schließen. Die Abtei war übrigens bereits im 8. Jahrhundert bekannt.

Das Innere der Kirche ist äußerst schlicht, gemessen an den vorgenannten romanischen Basiliken in Limburg. Die Decke ist flach und aus Holz. Entlang den Wänden stehen einige Grabsteine von Äbtissinnen, Domherren und Domfrauen (Kanonikern und Kanonikerinnen) des 15. bis 18. Jahrhunderts. In der *Schatzkammer* befinden sich u. a. drei Büsten von Jan von Stevensweert (15. Jahrhundert), eine Anzahl sehr wertvoller Fragmente eines silbernen Reliefs (z. T. vergoldet) aus dem 10. Jahrhundert und ein Evangeliar mit Miniaturen aus dem 11. Jahrhundert, darunter auch ein Inventar des Kirchenschatzes von 1147.

Es lohnt sich, von Susteren aus einen Umweg über Aasterberg nach Ohé en Laak zu machen. Dabei überquert man den *Juliana-Kanal*, der 1935 gebaut wurde, als man plante, die Maas wieder als Schiffahrtsstraße auszubauen. Das war mit Schwierigkeiten verbunden, weil die 980 km lange Maas (die in Frankreich entspringt) einen so unterschiedlichen Pegelstand aufweist: Im Winter und Frühjahr ist sie stark angeschwollen, im Sommer ungemein trocken. Bei Maastricht liegt das Bett der Maas höher, und die Strömung ist viel stärker als in Venlo. Dabei windet sich der Fluß dort so stark, daß das Abfließen des Wassers in Zeiten hohen Wasserstandes problematisch sein kann.

1904 wurde die Mündung der Maas nach Geertruidenberg (Noord-Brabant) verlegt, einem Ort mit niedrigerer Ebbelinie, aber die Überschwemmungsgefahr verringerte sich dadurch nicht. In den dreißiger Jahren erst begann man, die Pläne Dr. Ing. C. W. Lelys (Sohn des Planers der Zuiderzee-Eindeichung) in die Tat umzusetzen, die auf Begradigung verschiedener Biegungen, auf ein Kanalisieren ganzer Abschnitte des Flusses sowie auf die Anlage des Juliana-Kanals zielten. Um die Maas zwischen Maastricht und Maasbracht zu kanalisieren, hätte man so viele Wehre und Kammerschleusen bauen müssen, daß das Bauen eines Kanals (außerdem eine kürzere Schiffahrtslinie) billiger war. Da nun der Kanal höher als das Land liegt, scheinen die Schiffe über Land zu fahren.

Zwischen dem Juliana-Kanal und den glitzernden Krümmungen der Maas liegen die großen limburgischen Bauernhöfe wie Inseln im flachen Land. Bei Ohé en Laak läuft die Landstraße genau an der Maas entlang. Hier ist es lieblich und ruhig, ausgenommen an dem unvermeidlichen Jachthafen. Verborgen zwischen den Bäumen liegt das *Geudje* – offiziell *Schloß Hasselholt* – ein ebenso reizendes wie seltsames Gebäude; ein spätgotischer Flügel, der rechtwinklig zu dem Flügel des 17. Jahrhunderts steht.

Das weiße Städtchen Thorn

Auf der anderen Seite der Maas, etwas nördlich, liegt das weiße Städtchen THORN (Farbt. 3). Die meisten Häuser in diesem malerischen Ort mit seiner vornehmen Vergangenheit werden jedes Jahr weiß getüncht. Ursprünglich war Thorn eine *Benediktinerabtei*, gegründet von Ansfried, einem Grafen des Maaslandes, und seiner Frau Hilsondis. Nach dem Tod seiner Frau wurde Ansfried Bischof von Utrecht. Die Tochter aus ihrer Ehe wurde Äbtissin von Thorn. Im 12. Jahrhundert war die Abtei dann Stift des deutschen Kaiserreiches, eine Äbtissin führte dort über weltliche Kanonikerinnen und einige Priester-Kanoniker buchstäblich das Zepter. Sie war die einzige, die ein Gelübde abgelegt hatte und dabei den Rang einer Fürstin bekleidete.

Die Fürstin-Kanonikerin sammelte um sich Kanonikerinnen, deren jede auf einen Teil der Abteibesitzungen Anspruch erheben konnte. Das war ein gefundenes Fressen für adlige Jungfrauen, die schlecht bei Kasse waren. Sie brauchten kein Gelübde abzulegen, konnten frei in Privatwohnungen wohnen, und nichts stand ihnen im Wege, in die Welt zurückzukehren, sobald sie einen passenden Ehemann gefunden hatten. Sie mußten allerdings einen Quartierstaat von sechzehn Quartieren haben, d. h. alle sechzehn Ururgroßeltern mußten von Adel sein.

Während der sechseinhalb Jahrhunderte ihres Bestehens als Stift hat die reiche Abtei, die in den Ruf eines Heiratsmarktes für europäische Fürstenhäuser kam, eine exklusive Schar adliger Jungfrauen mit Hofstaat ernährt und ihnen in den Sattel geholfen. Das Mini-Fürstentum hatte eine eigene Münze und eine richtige Armee mit einem Oberst, einem Kapitän und zwei Leutnants. Vor allem die letzte Äbtissin, Maria Cunegondis, Prinzessin von Sachsen und Polen und Enkelin Kaiser Josephs I., lebte in fürstlichem Stil.

An Feiertagen prunkte ihre ›Hochfürstliche Durchlaucht von Thorn‹ in einen Hermelinmantel gekleidet, mit Krone und Krummstab, inmitten ihres Gefolges von Kavalieren, Ministern, Ratsherren, Hofräten und Geheimräten. Zum Hofstaat gehörte auch ein Eremit und die ›Beste Moeder van het Kerkhof‹.

1797 wurde das Stift aufgelöst und die Stiftsgebäude 1817 abgerissen, zum Glück bis auf die prachtvoll ausgestattete *Abteikirche* (Abb. 14). Sie wurde zur Pfarrkirche. Das Innere birgt einige spätgotische Skulpturen, darunter eine von Meister van Elsloo, einen prächtigen barocken Hauptaltar von F. X. Bader von 1769 und schöne Gemälde aus dem 17. Jahrhundert. Zwei Treppentürme und die westliche Krypta – mit dem Bildnis des Ansfried und der Hilsondis im bunten Glasfenster des limburgischen Kunstglasers Joep Nicolas (1897–1972) – sind die einzigen Überreste der ursprünglich rein romanischen Kirche, die im 15. Jahrhundert zur gotischen Basilika umgebaut wurde. Außer dem Fürstinnenchor für die Äbtissinen hat die jungfräulich weiße Kirche auch einen Damenchor für die Kanonikerinnen aufzuweisen.

Von Roermond nach Norden

1218 gründete Graf Gerard van Gelre an der Stelle, wo die Roer in die Maas mündet, eine Zisterzienserabtei, deren erste Äbtissin seine Mutter Richardis wurde. Auch diese Abtei wurde von französischen Truppen zerstört (1797), doch blieb die *Onze Lieve Vrouwe Munsterkerk* verschont. Zum Glück, denn sie ist ein prachtvolles Beispiel der spätromanischen rheinländischen Baukunst. Für eine Zisterzienserabtei ist sie etwas aufwendig, aber der Gründer hatte sie auch mehr für sich und seine Nachfolger als Mausoleum gedacht. Bei der gründlichen Renovierung unter Leitung von Cuypers im 19. Jahrhundert wurden auch die spätromanischen Grabskulpturen des Grafen Gerard van Gelre und seiner Frau Margaretha van Brabant († 1231, zwei Jahre nach ihrem Gatten) übermalt. Auch die ursprüngliche Gipsschicht im Ostteil der Kirche war bis 1965 mit einer Farbschicht bedeckt, unter der eine dekorative Malerei von sanfter Farbigkeit verborgen war.

In Roermond am *Munsterplein* (Münsterplatz) steht das *Standbild von Cuypers,* das August Falise (1875–1935) geschaffen hat. Er blickt zur neugotischen Turmspitze empor, mit der er sein Werk geschmückt hatte. P. H. J. Cuypers (1827–1921) stammte aus Roermond; sein Wohnhaus und seine Werkstatt wurden jetzt als Gemeentemuseum hergerichtet. Neben Werken wie dem Hauptbahnhof und dem Rijksmuseum Amsterdam baute er zahllose Kirchen; er war einer der ersten seiner Zeit, der sich sehr für alte Bauwerke interessierte. Er lernte bei dem berühmten französischen Architekten und Denkmalpfleger Viollet-le-Duc. Daß es in dieser Gegend so viele prächtige mittelalterliche Kirchen zu bewundern gibt, ist zum großen Teil seinem Enthusiasmus und seiner Arbeitskraft zu verdanken, auch wenn man nur mit gemischten Gefühlen die neugotischen Turmspitzen betrachten kann, mit denen er jede von ihm instandgesetzte Kirche krönte.

Von der steinernen Maria-Theresia-Brücke über die Roer hat man eine gute Aussicht auf den schlanken Turm der *St. Christoffelkerk* (15. Jahrhundert). Erst nach dem Zweiten Weltkrieg, als die Kirche zum größten Teil in Trümmern lag, konnte man feststellen, daß ihr Grundriß eine deutliche Verwandtschaft mit der Liebfrauenkirche von Trier zeigt.

Die spätgotische Kirche ist auffallend auf einem Hügel gelegen und wurde im Laufe der Jahrhunderte mehrmals umgebaut und vergrößert. Wie viele Kirchen im Süden ist sie wegen Diebstahlgefahr meistens verschlossen. Die Kirche verfügt über wertvolle Gemälde (u. a. ein Rubens), Skulpturen und schönes Gestühl. Die bunten Glasfenster hat Joep Nicolas (1897–1972) geschaffen.

Die Landschaft im mittleren Limburg unterscheidet sich von Süd-Limburg stärker als von den übrigen Niederlanden; sie ist ziemlich flach und eintönig. Weil die Gegend im Krieg sehr gelitten hat, sieht man dort auch viele Neubauten. Nimmt man noch die mit Lastwagen überfüllte Verkehrsstraße die Maas entlang dazu, so hat man genügend Gründe, um, es sei denn man will STEYL, TEGELEN oder VENLO (Abb. 12) besuchen, bei BEESEL mit der kleinen Fähre auf die andere Maasseite überzusetzen, wo auf einer Höhe KESSEL mit seiner Ringburgruine liegt. Das Schloß war 1944 ausgebrannt. Der Legende nach irrt hier ein Gespenst umher. Ein Schloßherr vermehrte seinen Besitz, indem er in der Maas Buhnen baute. Der hierdurch bei seinem Nachbarn gegenüber losgewühlte Boden setzte sich an seinem Ufer ab. Eines schlimmen Tages aber wurde er von einer glühenden Hand in den Fluß gezogen. Seitdem gräbt er allnächtlich seufzend, um das Land seines Opfers wiederherzustellen.

Am Westufer der Maas läuft ein schmaler Weg entlang, der nördlich am reizenden *Haus Ooyen* vorüberführt, das ca. 1600 in Speckschichten gebaut wurde. Ferner liegen in diesem an den Peel grenzenden Flachland wohlhabende große Bauernhöfe. Von einem Hügel am Westufer in der Höhe der Fähre Steijl–Tegelen hat man eine schöne Aussicht auf das *Missionshaus der Paters van het Goddelijk Woord* (Pater des Göttlichen Wortes; Abb. 13). TEGELEN, das für seine Keramikindustrie bekannt ist, hat auch ein *Töpfereimuseum.* Viele Menschen kennen Tegelen von seinen *Passionsspielen* her, die jedes fünfte Jahr von Amateuren der Gegend aufgeführt werden.

Noord-Brabant I

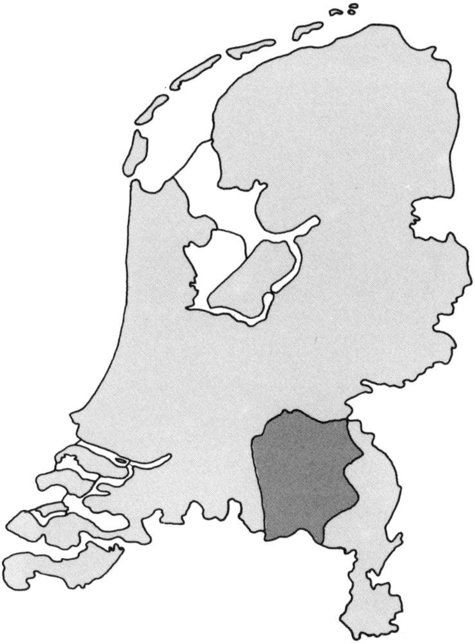

Ebenso wie Limburg hat die niederländische Provinz Noord-Brabant ein belgisches Gegenstück, mit dem es zu früheren Zeiten eine Kultur- und Verwaltungseinheit bildete. Das goldene Jahrhundert für Brabant war das 15. Jahrhundert, als das Herzogtum Teil des mächtigen Burgundischen Reiches wurde. Brüssel wurde die politische Hauptstadt, und in Brabant schlug das kulturelle und politische Herz der Niederlande. Es ist die Zeit des Malers Hieronymus Bosch, die Zeit, in der die großen Kathedralen in 's Hertogenbosch und Breda gebaut wurden. Brabant war das erste niederländische Gebiet mit einem Nationalbewußtsein.

Der Achtzigjährige Krieg aber sollte alles ändern. Das Gebiet wurde zum Schlachtfeld spanischer Soldaten und der Generalstaaten-Truppen. Dieser Zankapfel wurde schließlich im Westfälischen Frieden (1648) geteilt in einen nördlichen Teil, der den Generalstaaten zugesprochen wurde, und einen südlichen, der der alten Verwaltung unterstellt blieb (vgl. Farbt. 10).

Ursachen der einstigen Armut

Das jetzige Noord-Brabant wurde als 'erobertes Gebiet' betrachtet und dementsprechend behandelt. Es verlor seine autonomen Rechte, der römisch-katholische Gottesdienst wurde illegal (dabei war die Mehrheit der Bevölkerung katholisch), die Brabanter Bauern mit ihren kargen Böden wurden schwer besteuert, die Einfuhr von Brabanter Industrieprodukten in das übrige Holland war verboten, selbst die Herstellung durch hohe Steuern fast unmöglich gemacht. Es konnte also nicht ausbleiben, daß Industrie und Landwirtschaft verkümmerten. Nur der Handel bot noch einigermaßen einen Ausweg, und das niederländische Volk ist ja ein Volk von Kaufleuten. Als 1795 die Franzosen kamen, empfanden die Noord-Brabanter das als eine Befreiung. Es war der Anfang eines Aufstiegs, der im 19. und 20. Jahrhundert Industrie, Wohlstand und Verstädterung in Noord-Brabant vorantreiben sollte.

Außer der politischen Ursache für die Armut in Noord-Brabant in der Vergangenheit gibt es auch eine geographische Ursache, nämlich die Bodenbeschaffenheit. Der Autor der brabantischen Heimatromane Antoon Coolen (1897–1961) nannte Noord-Brabant *»een land van hei met een rand van klei«* (ein Land von Heide mit einem Rand aus Lehm). Der größere Teil des eigentlichen Noord-Brabant ist mit Sandböden bedeckt, die nur zum geringen Teil landwirtschaftlich nutzbar sind. Der Hauptteil war unbebaut und wurde gemeinschaftlich als Naturweide für das Vieh (und für Heu) genutzt, die Heide für Schafe und Bienen, der Wald für Holz und das Moor für Torf. Durch die Tradition gemeinschaftlicher Nutzung betrachtete man diese Grundstücke als unteilbar, was einer großangelegten Urbarmachung im Wege stand. Dagegen wurden die wenigen Äcker, die sich in privatem Besitz befanden, weil alle Kinder gleichviel erben sollten, mit jeder Generation weiter zerstückelt. Nur mit allergrößter Mühe wußten die Kleinbauern (Kätner) sich eine kümmerliche Existenzgrundlage zu schaffen. Erst spät im 19. Jahrhundert kam es zum Abbau des Moores.

Kultiviertes Moor in der Peel

Entlang der Grenze mit Limburg dehnt sich von Nederweert (Limburg) bis Oploo eine Gegend aus, die nach dem lateinischen *palus* (Sumpf) ›de Peel‹ genannt wird. Die Römer fanden hier ein düsteres und schwarzes Moorgebiet vor mit hier und da etwas Heide und Sandrücken, aber überwiegend Moorboden. Jahrhundertelang blieb die Peel ein ödes, unkultiviertes Gebiet, dünn besiedelt von Menschen, die nur hier und da etwas Torf stachen; so war das ungastliche Gelände bald voller tückischer Gruben, überall gab es mit schwarzem Moorwasser gefüllte Löcher. Das gespenstische Land gab Anlaß zu Erzählungen von Verschollenen, von Hexen und unheimlichen Feuermännern mit glühenden Köpfen. Die bettelarmen Peelarbeiter führten ein bitteres Leben, sie wohnten in armseligen Hütten, die während der Überschwemmungen im Winter unter Wasser standen.

Das *Naturschutzgebiet de Grote Peel*, südlich von Asten, ist ein flaches, eintöniges Moorgelände von einer monochromen Farbigkeit, die an die Palette der Haager Schule erinnert. Man kann es auf Knüppelbrücken überqueren (Farbt. 12), wie sie bereits die

Römer verwendeten, um nicht in dem schlammigen Boden einzusinken. Im *Besucherzentrum* Mijl op Zeven ist eine Dauerausstellung der Geschichte des Moorabbaues zu sehen.

1853 kaufte Johan van Griendt zusammen mit seinem Bruder 610 ha Boden von der Gemeinde Deurne. Er dachte dabei an die blühenden Moorkolonien in Groningen und Drenthe, aber leider waren die Moorschichten in der Peel nicht überall so stark wie im Nordosten Hollands. Die Brüder gruben Kanäle und gründeten die Moorkolonien Helenaveen (nach dem Namen von Johans Frau) und Griendtsveen, wo in den darauffolgenden Jahren sieben Fabriken für Torfstreusel gebaut wurden. Für kurze Zeit war dies eine Goldmine, aber die obere dünne Moorschicht, die die Sandschicht bedeckte, war schnell abgebaut, und die Fabriken wurden wieder geschlossen. Je mehr die Kohlenindustrie sich entwickelte, desto mehr geriet die Torfgewinnung ins Hintertreffen.

Durch fachgerechten und großangelegten Abbau zu Anfang dieses Jahrhunderts wurde der Sumpf mitten im Peelgebiet zu einem modernen blühenden Bauernland. Jetzt ist die ganze Peel, oder eigentlich alle Peelen zusammen, ein ziemlich ausgedehntes landwirtschaftliches Gebiet mit Geflügel- und Schweine-Bioindustrien (von weitem zu riechen) und Gartenbau (Spargel und Champignons).

Helmond – Moderne Architektur und ein Schloß-Rathaus

Helmond, Zentrum der Peel, war bis vor kurzem ein recht uninteressantes Städtchen mit Baumwollindustrie und einigen anderen Wirtschaftszweigen, günstig gelegen an der Zuid-Willemsvaart. Heute steht in der Stadtmitte das revolutionäre Gebäude des Pieter Blom (geb. 1933), ein *Kommunikationszentrum,* bestehend aus achtzehn Würfeln, die jeweils mit einer Ecke auf einem 'Bein' stehen. Das Bauwerk umfaßt auch einen Theatersaal – der Raum innerhalb der achtzehn Würfel –, überspannt von einem zeltartigen Betondach. Die Innenseite des Zeltes ist als ein suggestiv gefaltetes Markisentuch gemalt (von dem Super-Realisten Har Sanders). Dem Plan nach sollte um das Zentrum herum ein Wald von 200 Pfahlbauten errichtet werden, doch sind wegen finanzieller Einschränkungen nur achtzehn fertig geworden. Das Vorhaben war, einen Gemeinschaftskern zu schaffen, um den und unter dem sich das Leben der Stadt abspielt.

Helmonds *Rathaus,* unmittelbar in der Nähe eines häßlichen Viadukts, wurde 1402 als Schloß gebaut, wie man noch aus den Maaspflastersteinen des Innenhofes ablesen kann. Bei der Renovierung und der Veränderung des Rathauses (1923) verschwand das grimmige mittelalterliche Äußere völlig. Im Schloßpark stehen moderne Plastiken u. a. von Berdoni und Maillol.

An der Autobahn nach Eindhoven liegt das Dörfchen Nuenen, das durch Vincent van Gogh (1853–1890) weltbekannt wurde, der dort in der Plättstube hinter dem

Pfarrhaus seines Vaters u. a. ›Die Kartoffelesser‹ malte. Das *Van-Gogh-Denkmal* schuf Hildo Krop (1884–1970). Die beiden Jahre in Nuenen waren übrigens keine sehr angenehme Zeit für den Maler, denn mit seinem Vater verstand er sich so schlecht, daß sie nur noch brieflich miteinander verkehrten. Seinem Bruder Theo schrieb Vincent:

»Sie fürchten, mich im Hause aufzunehmen, als gälte es, einen großen räudigen Hund zuhaus zu haben. Der Hund bedauert nur, daß er nicht fortgeblieben ist, denn es war nicht so einsam auf der Heide wie in diesem Haus.«

Eindhoven – Philips-Stadt

1891 kaufte Frederik Philips, ein wohlhabender, angesehener Einwohner von Zaltbommel, zusammen mit seinem Sohn Ing. Gerard Philips eine kleine, leerstehende Fabrik an der Emmasingel in EINDHOVEN. Die Herstellung von Kohlefaden-Glühbirnen verlief anfänglich nicht erfolgreich, weil Gerard nicht sonderlich geschäftstüchtig war. Zum Glück überließ er die Geschäftsführung recht bald seinem sechzehn Jahre jüngeren Bruder Anton, dessen *Bronzebildnis* (von L. O. Wenckebach, 1895–1962) jetzt auf dem Platz des 18. Septembers prangt: eine unerschütterliche Gestalt, den Hut in der Hand. Die kleine, alte *Fabrik* steht noch immer da, einschließlich des altmodischen Briefkastens, in den die ersten Aufträge glitten. Es sollte aber nicht bei Glühbirnen bleiben; heutzutage ist Philips ein internationales Unternehmen und der größte nicht-amerikanische Hersteller der Welt von Elektronik und Elektrotechnik, aber auch Lieferant von Waffen. Amüsant zu wissen ist, daß die Brüder Philips mit dem Autor des ›Kapital‹ verwandt waren; ab und zu wurde Karl Marx von seiner Tante (ihrer Mutter) finanziell unterstützt, Teile dieses Buches schrieb er sogar im Hause der Familie Philips in Zaltbommel.

Während um 1900 Eindhoven nur ein Dorf mit 5000 Einwohnern war, ragen dort jetzt imposante Fabrikkomplexe, Laboratorien, Forschungsinstitute und vieles mehr in die Höhe. Es gibt die Philips-Häuser des Philips-Pensionsfonds, eine erfolgreiche Philips-Fußballmannschaft (PSV), die im Philips-Theater gefeiert wird, es gibt die Philips-Musikschule, eine Philips-Kunsteisbahn und sogar eine Philips-Fliegende-Untertasse, das ›Evoluon‹, in dem eine Dauerausstellung ein Bild der jüngsten technischen Revolution vermittelt. Eindhoven ist die fünftgrößte Stadt der Niederlande und hat die Allüren einer Großstadt: eine überdachte *Ladengalerie*, eine *Piazza*, eine mondäne Ladenstraße wie die *Demer*, ein von Gio Ponti entworfenes Großkaufhaus, im Volksmund die *Ponskaart* (die Lochkarte) genannt. Das von Bakema und van den Broek entworfene moderne Viertel *'t Hool* ist ebenso kennzeichnend für die Stadt wie das umstrittene *Rathaus* von van der Laan.

Unweit des gläsernen Bahnhofsgebäudes liegt das *Stedelijk van Abbe-Museum*. Es ist eines der wichtigsten niederländischen Museen für moderne Kunst und besitzt Werke von Picasso, Braque, Chagall, Léger, Theo van Doesburg, Moholy-Nagy, Mirò,

Francis Bacon, ›Cobra‹, Fontana, Klein und Lissitzky. Auch zahlreiche Sonder- und Wanderausstellungen finden hier statt.

Die *St. Catharinakerk* (1860–67) ist einer der schönsten Bauten von P. J. H. Cuypers, sie steht in der Kerkstraat von Eindhoven (siehe Fig. S. 350).

Die Kempen – Heidefelder, Kirchtürme, Bauerndörfer

Südlich und südwestlich von Eindhoven liegt eine sandige Bauernlandschaft, Kempen genannt, eine Domäne der Kleinbauern.

Der Bauernhof-Typ, den man hier vorfindet, ist einfach und hübsch (Farbt. 11). Es ist ein Langgiebelbauernhaus, das einen Teil der auch in Limburg häufigen Querhausgruppe darstellt. Wohnhaus, Stall und Betriebsräume liegen nebeneinander, parallel zur Straße, unter einem Dach. Fenster, Vordertür und Stalltüre befinden sich in der Langgiebelseite.

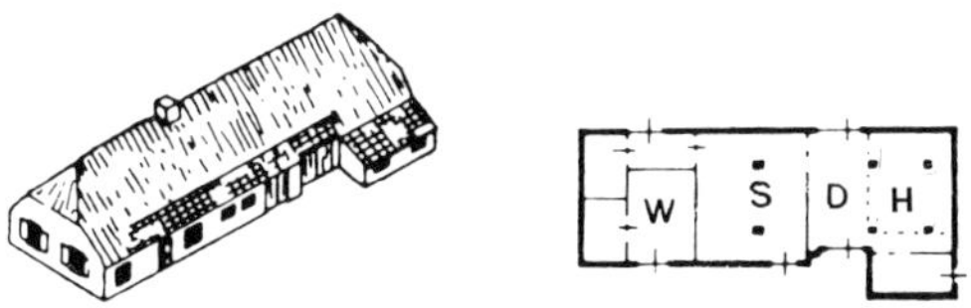

Langgiebelbauernhof, wie man ihn in Brabant und im nördlichen Limburg findet.

W = Wohnraum S = Stall D = Diele oder Tenne H = Heuboden

Landschaftsexperten zufolge ist die *Stabrechtse Heide* eine Perle in ihrer Art. Die melancholische Landschaft der Kempen wird im übrigen von typischen *Kirchtürmen* beherrscht: die hohe Spitze mit birnenförmiger Bekrönung zum Beispiel des Kirchturms von Leende ist schon von weitem zu sehen. Wirklich schöne Dörfer sind selten: der an Waalre stoßende Weiler Loon besteht aus einer Anzahl von Kempener Bauernhöfen aus dem 18. Jahrhundert, um einen kleinen, dreieckigen Anger gruppiert. Zusammen mit dem ebenso reizvollen Zandoerle gilt Loon als einer der wenigen authentischen Weiler, die es in Brabant noch gibt.

Hoch über den Kempener Marktplatz von Oirschot (sprich: Oors-chot), den schönsten in Noord-Brabant, ragt die *St. Pieterskerk* empor, großartiges Monument der sogenannten Kempischen Gotik (Abb. 16). Die schönsten Beispiele dieses Stils findet man in den belgischen Kempen, jedoch müssen zwei hervorragende Kirchen in Noord-Brabant erwähnt werden: neben der eben genannten St. Pieterskerk in Oirschot die Kirche *St. Petri Bänder* in Hilvarenbeek (ein prächtiger Turm mit reichen Details und zwiebelförmiger Bekrönung). Die meisten brabantischen Kirchen sind aus Naturstein gebaut; typisch für die Kempische Gotik ist aber gerade die Verwendung von Backstein für die Basisarchitektur und von Naturstein für die Ausschmückung. Der Turm der St. Pieterskerk (Bauanfang 1462) ist noch reicher mit schmückenden Details ausgestattet als der von Hilvarenbeek. Leider wurde die Kirche gegen Ende des Zweiten Weltkriegs schwer brandgeschädigt, ein Teil des Turms geriet unter Beschuß. Die beiden unteren Teile sind in Speckschichten gebaut (eine Schicht Naturstein, eine Schicht Backstein). Beim Brand 1944 ging der größte Teil der wertvollen gotischen Inneneinrichtung verloren.

OIRSCHOT war die Hauptstadt der Kempen, wie es noch aus den gut erhaltenen Häusern der Honoratioren des 17. und 18. Jahrhunderts ersichtlich ist. Das *Rathaus* (Abb. 15) stammt aus dem 16. Jahrhundert, in seinem flachen Giebel hat sich Mittelalterliches erhalten. In der Nähe des Marktes steht eine *Reformierte Kirche*, die aus einer Marien-Kapelle des 12. Jahrhunderts hervorgegangen ist. Sie ist eine der wenigen romanischen Kirchen in Brabant, ein kleiner, einschiffiger Bau, auch 'Butterkirche' genannt, weil er in der Generalstaaten-Zeit als Butterwaage diente. Die Seltenheit romanischer Architektur in Brabant erklärt sich aus Brabants Reichtum im 15. Jahrhundert. Daß romanische durch gotische Kirchen ersetzt wurden, war in Brabant – im Gegensatz zu Limburg, wo der Wohlstand bald abnahm – nicht nur möglich, sondern eine Statusfrage.

Pappeln in der Meierij

Der Landstrich zwischen Den Bosch und Eindhoven, die MEIERIJ, ist reich an Pappeln, die das ideale Holz für Holzschuhe lieferten. Tatsächlich entwickelte sich in Noord-Brabant eine Holzschuhindustrie, die in eine Lederschuhindustrie überging. Ein etwa 3 m großer Holzschuh im kleinen Park bei der Kapelle in St. Oedenrode erinnert daran. Die Reihen hoher Pappeln entlang der Dommel, rings um die Bauernhöfe oder die Äcker begrenzend, bilden einen reizvollen Kontrast zu dem flachen Land. Auch dies drohen zunehmende Verstädterung, Straßenbau und Massenerholung zu zerstören.

Der Name des Dorfes ST. OEDENRODE kommt von Oda, der blinden Tochter eines schottischen Königs aus dem 8. Jahrhundert, der sie gegen ihren Willen verheiraten wollte. Sie floh nach Lüttich und wurde am Grabe des heiligen Lambertus von ihrer Blindheit geheilt. Später fand sie Unterkunft in dem damaligen Rode (ein Stück gerodeter Wald), das sich nach ihrem Tod zu einem Wallfahrtsort entwickelte. Über ihrem Grab wurde eine Kirche am Ort der jetzigen *St. Oda-Kapelle* erbaut (von M. J. Granpré Molière, 1934).

's Hertogenbosch und seine Kathedrale

Die gesellige Hauptstadt mit Noord-Brabanter Atmosphäre ist 's HERTOGENBOSCH – auch DEN BOSCH und in der Karnevalszeit OETELDONK genannt. Der dreieckige historische Stadtkern wirkt lebendig; in den kleinen Gassen, die zum ebenfalls dreieckigen

Markt führen, gibt es Läden, Wohnhäuser und Altersheime in einer funktionellen Verschiedenheit, die die Lebensqualität der Innenstadt fördert.

Die romanische Architektur hat fast ausschließlich Kirchen und Schlösser hervorgebracht. Erst zur Zeit der Gotik waren die Bürger, der Dritte Stand, so zu Macht und Wohlstand gelangt, daß sie sich steinerne Wohnhäuser leisten konnten. In jener Zeit treten die Stadttore und Rathäuser in Erscheinung. Am Markt in Den Bosch steht ›*De Moriaan*‹, das älteste Backsteinhaus der Stadt (1220), das einst einen adligen Herrn beherbergte und in dem man jetzt den Touristenverein (VVV) findet. Eine Anzahl von Häusern in der Stadtmitte hat schöne spätgotische Giebel. Auch das *Rathaus* ist spätgotischen Ursprungs (1529), 1670 wurde es mit einem schlicht gehaltenen, klassizistischen Vordergiebel mit Reiterspiel unter dem oberen Fronton versehen. Auch das Innere wurde umgebaut, mit Ausnahme des überwölbten Ratskellers, in welchem man heute eine kleine Mahlzeit zu sich nehmen kann.

Die Wandmalerei in der Halle schuf der Fin-de-siècle-Künstler aus Den Bosch Antoon Dèrkinderen (1859–1925). Er war einer der Begründer der Monumentalkunst in den Niederlanden, die damals noch 'Gemeenschapskunst' genannt wurde. Der Gedanke war, daß der Künstler in erster Linie ein guter Handwerker sein solle, der seine Fähigkeit in den Dienst der Gemeinschaft stellt. Als Direktor der Reichsakademie für Bildende Kunst in Amsterdam (1907–25) setzte Dèrkinderen sich dafür ein, daß Fächer wie Glas- und Wandmalerei auf den Stundenplan kamen. Er war mit seinem komponierenden Stadt- und Zeitgenossen Alphons Diepenbrock befreundet. Für eine Ausgabe von dessen ›Missa‹ schuf er die prächtige Titelseite, wie auch für Joost van den Vondels Trauerspiel ›Gysbreght van Aemstel‹ (Abb. 18).

Im späten Mittelalter war 's Hertogenbosch ein lebhaftes Marktzentrum für die kleinen Bauern der Meierij. Sie handelten hier mit Leinwand, die sie aus Flachs spannen, und mit Tuch, das sie aus Wolle webten. Auch in der Stadt selbst entwickelte sich eine Tuchindustrie; die *Tuchhalle* stammt von 1287. *Weberhäuser* liegen üblicherweise mit der Rückseite zu fließendem Wasser, und die Stadt bot dazu mit den vielen Armen der Dommel und der Aa gute Möglichkeiten.

Den Bosch wuchs an Macht und Ansehen und konnte mit Löwen, Brüssel und Antwerpen wetteifern. Kirchen, Klöster und prächtige Häuser schossen aus dem Boden empor. Die schönste und größte Kirche der Niederlande wurde gebaut, die *St. Jans-Kathedrale* auf der Parade. Albrecht Dürer, der die Stadt 1520 besuchte, notierte: »Herzogenbusch ist eine hübsche Stadt, hat eine ausbündig schöne Kirche.«

Die Stadt galt lange Zeit als uneinnehmbar, weil sie von Sümpfen umgeben war, bis Frederik Hendrik (Abb. 19) das Gegenteil bewies. Prinz Maurits war schon zweimal gescheitert, aber sein Halbbruder schaltete den berühmten Wasserbauingenieur Leeghwater ein, um die Flüsse umzuleiten und das Land um Den Bosch trockenzulegen. Er konnte die spanische Besatzung nach einer furchtbaren, ein halbes Jahr dauernden Belagerung 1629 zur Übergabe zwingen. Freude in der Republik, aber für Den Bosch eine Katastrophe. Die Stadt war nun von ihrem historischen und kulturellen Stammland abgeschnitten und einer Macht ausgeliefert, die ihren Zerfall erzwang. Weil Den Bosch ein Umschlagplatz am Wasser war, blieb die Stadt anfänglich wohl noch Handelszentrum, aus dem auf Karren Güter bis weit nach Europa hinein transportiert wurden, aber zu Anfang des 19. Jahrhunderts war 's Hertogenbosch nur noch ein kleines regionales Zentrum, überragt von der sehr vernachlässigten *St. Jans-Kathedrale.*

Der Bau dieser Kathedrale dauerte anderthalb Jahrhunderte, er wurde am Ende des 14. Jahrhunderts begonnen. Sie ist ein Meisterwerk brabantischer Gotik, in den Niederlanden gibt es kein Kirchengebäude mit vergleichbar üppiger Ornamentik. Die Strebebögen wurden mit Reihen von rittlings hintereinandersitzenden Menschen- und Tiergestalten besetzt (Abb. 21). Das großartige, durch hohe Fenster hell erleuchtete Innere erscheint schlanker und tiefer, als es tatsächlich ist, weil Bündelpfeiler verwendet wurden, die ohne Kapitelle in Spitzbögen übergehen (Abb. 20). In diesem erhabenen gotischen Raum befindet sich das berühmte kupferne *Taufbecken* (1492) von Aert van Tricht, etwas ältere Chorbänke und eine Fülle von Schätzen, die einen Besuch rechtfertigen. Auf dem Markt steht ein kleines Bild von Falise, das den berühmten und genialen Sohn von Den Bosch, *Hieronymus (Jeroen) Bosch* (1450–1516) darstellt. Er lebte in der Zeit des Übergangs von der Gotik zur – aus Italien kommenden – Renaissance, jedoch brach er mit der Tradition, er war an der zeitgenössischen Kunst nicht interessiert, sondern schuf sich eine eigene dämonische Welt.

Im Besitz der 'Illustre Lieve Vrouwe Broederschap' befindet sich noch eine Rechnung, die sich auf die Beerdigung von Hieronymus Bosch bezieht. Diese Bruderschaft, die ihren Sitz in dem seltsamen neugotischen Bau in der Hinthammerstraat hat, ist eine der ältesten religiösen Vereinigungen (1318). Sie verteilte Brot, veranstaltete Mysterienspiele und Prozessionen und forderte die Verehrung der Heiligen Jungfrau. Bereits im 14. Jahrhundert wurden bei dem jährlichen Mahl als Hauptgericht Schwäne serviert. Nach der Reformation durften auch Protestanten Mitglieder werden, und jetzt ist es ein vornehmer Club, zu dessen Mitgliedern auch die einstige Königin Wilhelmina zählte, ebenso wie die ehemalige Königin Juliana. Am vierten Donnerstag im Oktober wird der alljährliche Schwan serviert.

Die Maas entlang

Die Landschaft entlang dem östlichen Teil der Maas trägt noch die Spuren der Überschwemmungen, die hier das Land zwischen GRAVE und BOKHOVEN jahrhundertelang heimgesucht haben.

An bestimmten Stellen baute man früher die Flußdeiche niedriger, um dem Fluß die Möglichkeit zu geben, sich zu entlasten. Durch den *Beerser Überlauf* zwischen BEERS und GRAVE entstand ein breites Flußbett (2–4 km), das 46 km weiter, beim *Bokhovener Überlauf,* wieder in das eigentliche Bett zurückkehrte. Dieses Stück Land, die Traverse der Beerser Maas, war eine kahle, unbewirtschaftete Fläche. Die Waal,

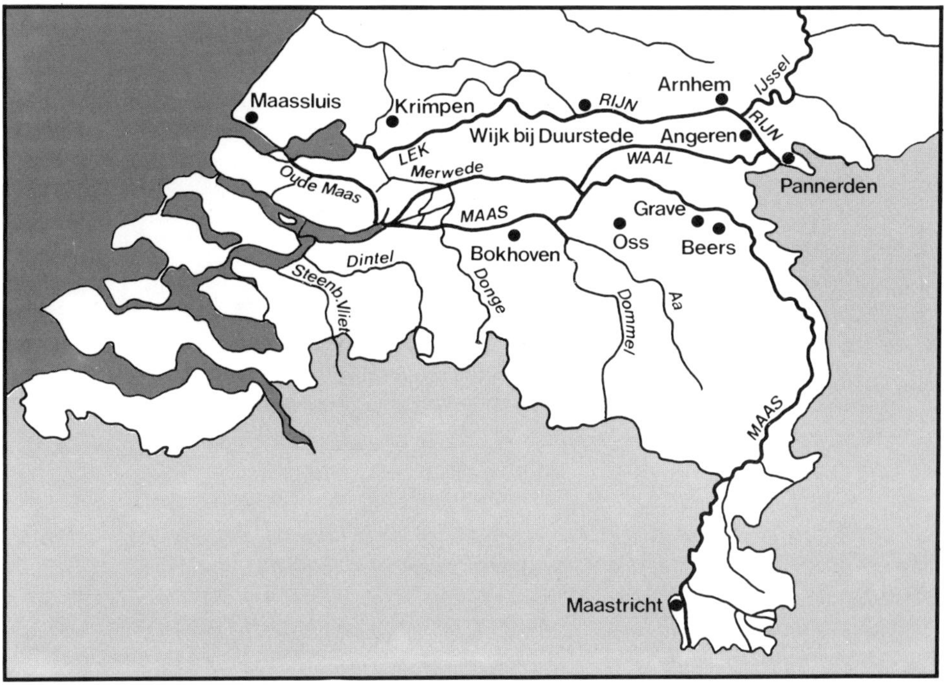

Karte Maas-Waal-Rhein

der mittlere der drei großen Flüsse (Rhein, Waal, Maas), war auch der wasserreichste und konnte durch den *Überlauf bei* Heerewaarden sein überschüssiges Wasser in die Maas abgeben. War die Maas voll, war die Wirkung des Bokhovener Überlaufes umgekehrt. Dann strömte das Wasser ins Land.

Als Teil des Planes, die Maas besser befahrbar zu machen, wurden Maas und Waal durch Deiche getrennt, was das Ende des Heerewaardener Überlaufs bedeutete. Im Rahmen dieses Planes wurde auch in Limburg der *Juliana-Kanal* gegraben und die Maasmündung nach Geertruidenberg verlegt, wo der Ebbepegel niedriger ist als in Woudrichem, der ursprünglichen Maasmündung bei *Schloß Loevestein,* wo die ›Afgedamde Maas‹ die Waal erreicht, die ab *Gorinchem* Merwede heißt. 1942 wurde auch der Beerser Überlauf geschlossen, und die Kanonen der Bastion von Grave, die das Tätigwerden des Beerser Überlaufs anzukündigen pflegten, schwiegen.

Das kahle Land war nur für die Viehzucht geeignet. Oss ist daher auch die Fleischhauptstadt der Niederlande geworden. Die Hälfte sämtlichen Schlachtviehs wird dort verarbeitet. Es ist der Geburtsort der Margarinefabrik Jurgens-Unilever, die wegen

Überschwemmung bei Woudrichem

des zu wenig tiefen Fahrwassers später nach Rotterdam umziehen sollte. Eine Arzneimittelindustrie, Organon Oss, entstand als Weiterverarbeitungsindustrie, denn die Drüsen des Schlachtviehs konnten zur Herstellung von Arzneimitteln verwendet werden.

Die Maaskantse Landschap (Land am Ufer der Maas) ist nur auf den Deichen, entlang dem Fluß mit seinen Wehlen (Deichbruchlöcher, die mit Wasser gefüllt sind) und dann vor allem bei dem schmucken Städtchen RAVENSTEIN sehr reizvoll. Bis zur französischen Zeit gehörte Ravenstein nicht zu den Niederlanden, sondern zum Besitz der Kurfürsten von Pfalz-Neuburg, wie es in dem stillen Maas-Städtchen nicht nur an dem *Wirtshaus* zu sehen ist, das nach dem Souverän benannt wurde, sondern auch am Äußeren der *Römisch-katholischen Kirche* (1735) am Markt, geschmückt mit der Waffe Karl-Philipps von der Pfalz-Neuburg, Graf von Megen-Ravenstein. In diesem schmucken Städtchen ragt eine hohe *Getreidemühle* über die Außengracht mit ihren stattlichen Bäumen. Die deutsche Barockkirche mit achtseitiger Kuppel wurde von einem aus Bayern stammenden Jesuitenbruder gebaut.

Das Flußgebiet

»Denkend aan Holland
zie ik brede rivieren
traag door oneindig
laagland gaan,
rijen ondenkbaar
ijle populieren
als hoge pluimen
aan den einder staan;
en in de geweldige
ruimte verzonken
de boerderijen
verspreid door het land,
boomgroepen, dorpen,
geknotte torens,
kerken en olmen
in een groots verband.
De lucht hangt er laag
en de zon wordt er langzaam
in grijze veelkleurige
dampen gesmoord,
en in alle gewesten
wordt de stem van het water
met zijn eeuwige rampen
*gevreesd en gehoord.«**

Obwohl das Gebiet zwischen Maas und Rhein-Lek mit der Waal dazwischen (s. Fig. S. 65) der Provinzeinteilung nach nicht zusammengehört, ist es schon aus rein landschaftlichen Gründen wünschenswert, es als ein Gebiet für sich zu behandeln. Daß die Provinzgrenzen zwischen Noord-Brabant, Gelderland, Utrecht und Zuid-Holland hier so eigentümlich durcheinander verlaufen, erklärt sich aus der jahrhundertelangen Rivalität der Bischöfe von Utrecht, der Grafen von Holland und der Herzöge von Geldern und Brabant, die einander das fruchtbare Gebiet streitig machten.

* »Denkend an Holland / seh' ich breite Flüsse / träg' durch unendliches / Tiefland geh'n / Reihen undenkbar / dünne Pappeln / wie hohe Federn / am Gesichtskreis steh'n; / und im ungeheuren / Raum versunken / die Bauernhöfe / zerstreut über das Land, / Baumgruppen, Dörfer / gekappte Türme, / Kirchen und Ulmen / in einer großartigen Verbindung. / Die Luft hängt niedrig / und die Sonn' wird dort langsam / in grauen vielfarbigen / Dämpfen erstickt, / und in allen Gebieten / wird die Stimme des Wassers / mit seinem ewigen Unheil / gefürchtet und gehört.« H. Marsman (1899–1940): ›Herinnering aan Holland‹ (Erinnerung an Holland)

Burgen und Schlösser

Vor allem der kriegerische Geldener Adel baute seine Schlösser und Raubritterburgen gern im schlammigen Gebiet bei den großen Flüssen; die Wasserburg ist gerade in einem Sumpfgebiet, wie dem eines Flußdeltas, eine bequem zu verteidigende Festung. Inzwischen sind die Sumpfgründe schon längst urbar gemacht; aber in der Zeit des rühmlich bekannten Maarten van Rossum (1478–1555), der hier im Auftrag Karls von Geldern den lokalen Rittern nach dem Leben trachtete, war eine moorastige Lage eine Sache von strategischer Wichtigkeit.

Übrigens haben die meisten alten Schlösser ihren kriegerischen Anblick verloren, weil sie in späteren Jahrhunderten einschneidend verändert wurden. Das gilt zum Beispiel für das SCHLOSS WYCHEN, ein Renaissance-Schloß (1609–26), das jetzt als Rathaus verwendet wird, außerdem gilt dies für MIDDACHTEN bei De Steeg (Gelderland; Abb. 22). Steven Vennecool und Jacob Roman bauten das stattliche Landhaus im schlicht-eleganten Stil jener Tage (1694–1707), aber die Lage hinter einem Graben und das Vorhandensein einer ›Vorburg‹ in der Gestalt einer gesonderten Insel mit Nebengebäuden zum Teil aus dem 16. Jahrhundert verraten den ritterlichen Ursprung. SCHLOSS AMMERSOYEN in Ammerszoden (holländische Renaissance) und das jetzt als Rathaus verwendete SCHLOSS IN DUSSEN (Noord-Brabant; Abb. 23) sind ähnlich entstanden. Den Innenhof dieses Schlosses umgibt eine hübsche toskanische Säulengalerie (1628), aber der Keller ist authentisch, und sogar die berüchtigte St. Elisabethsflut 1421 hat er überstanden. Die wunderliche Dame, die bis 1924 Besitzerin des Schlosses war, verbrachte ihre Tage in der Gesellschaft eines Esels.

Es gibt auch heute noch einige wehrhafte Häuser mit Türmen und Zinnen, meterdicken Wänden und Zugbrücken: u. a. die DOORNENBURG beim Pannerder Kanal, HERNEN im Land von Maas und Waal (Gelderland; Abb. 24), DOORWERTH am Rhein und LOEVESTEIN bei Woudrichem.

Doornwerth bei Arnhem, 1744. Aus ›Het verheerlykt Nederland‹, Amsterdam 1757

Nijmegen – Zerstörung und Überreste

Wer über die Waal nach NIJMEGEN kommt, hat einen prächtigen Blick auf den alten Stadtteil mit der spätgotischen *St. Stevenskerk,* auf einem Hügel am Waalufer (Abb. 25). Vom ältesten Teil aus der Zeit der Bataver – noch vor Beginn der christlichen Zeitrechnung – ist nichts mehr übrig. Vom frühesten Anfang, im Jahre 70 n. Chr., als das erste Oppidum Batavorum von den Römern zerstört wurde, bis zum Zweiten Weltkrieg, als die mittelalterlichen Stadtreste auf und unter dem Valkhof zum größten Teil vernichtet wurden, haben Kriege Nijmegens Glanz verblassen lassen. Das heutige Nijmegen ist eine blühende, aber planlos wuchernde Industriestadt, die in allen Richtungen von stark befahrenen Verkehrsadern durchschnitten wird. Die Anwesenheit der *Römisch-katholischen Universität* (seit 1923) hat in jüngster Vergangenheit zu emsiger Bautätigkeit geführt: Laboratorien, Studentenappartements, Neubauviertel für das wissenschaftliche Personal – nur in Ausnahmefällen kann man dabei von einem ästhetischen Gewinn sprechen.

Funde aus der Zeit des batavischen Oppidum und des römischen Noviomagus, angereichert mit römischen Überresten anderer Gegenden, sind im *Rijksmuseum G. M. Kam* ausgestellt. Die Sammlung enthält unter anderem eine bronzene Porträtmaske des Kaisers Trajan, Tonwaren, Schmuck und einen Spiegel aus Bronze.

Karl der Große (768–814) baute eine mächtige Burg, den *Valkhof,* wo er so gerne verweilte, daß man Nijmegen wohl auch Kaiser-Karl-Stadt nennt. Nach einem Besuch der Normannen blieb von dieser Burg nicht viel übrig, aber Friedrich Barbarossa baute an derselben Stelle einen *neuen Palast.* Die sogenannte *Karolingische Kapelle* auf dem Valkhof (Abb. 26), eine Nachahmung im Kleinen der Pfalzkapelle von Aachen, ist nur ihrer Form nach karolingisch; denn die ältesten Elemente dieses mannigfach restaurierten Bauwerkes stammen aus dem 11. Jahrhundert. Von der *Barbarossakapelle* ist nur noch die Apsis übrig: eine malerische Ruine mit zwei klassischen Säulen, verziert mit frühromanischen Kapitellen.

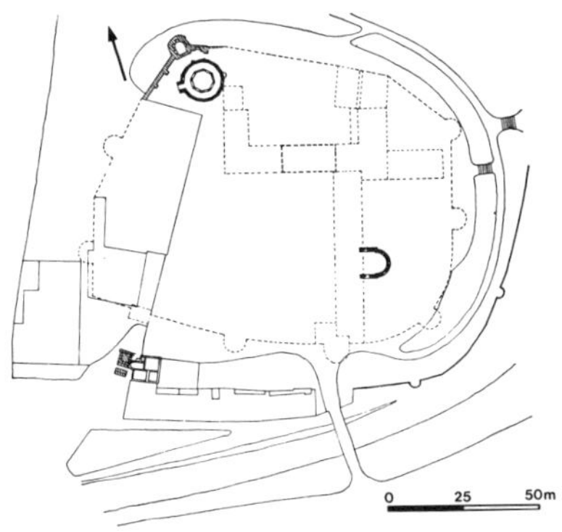

Nijmegen: die Anlage des Valkhofs

Im 13. Jahrhundert war Nijmegen eine mächtige Hansestadt, aber der Umschwung kam, und im 18. und 19. Jahrhundert blieb nur noch ein Regionalzentrum übrig. Als 1853 die katholischen Niederlande wieder unter die Fittiche des Vatikans genommen wurden, entwickelte Nijmegen sich als Zentrum üppig-römischen Lebens mit zahlreichen Klöstern, Internaten, Missionshäusern und 1923 sogar einer katholischen Universität, die unter anderem bedeutende niederländische Politiker wie Andries van Agt hervorbrachte, der es 1977 bis zum Ministerpräsidenten brachte. Im restaurierten Herzen der alten Innenstadt, um die *St. Stevenskerk* herum, findet man eine seltsame Mischung von Renaissancestilen vor: das *Rathaus* aus der Mitte des 16. Jahrhunderts, die etwas jüngere *Waage* im mehr Amsterdamschen Renaissancestil, *De Kerkboog* als Beispiel flämischer Renaissance und *De Latijnse School,* die Gotik und Renaissance kombiniert. Auch in der unteren Stadt wurde viel restauriert, und das Ergebnis ist ziemlich stilvoll.

Rhein, Maas und Waal

Von den drei großen Flüssen ist die *Waal* am besten befahrbar; sie ist Teil der Wasserstraße, die Rotterdam mit dem deutschen Hinterland verbindet. Eigentlich ist sie ein Nebenarm des Rheins (siehe Karte S. 65).

Der *Rhein* kommt bei Lobith in die Niederlande; bei Pannerden zweigt die *Waal* ab, während der Rhein selbst dem *Kanal von Pannerden* folgt, danach findet der Fluß sein altes Bett sowie seinen alten Namen wieder. Dieser wird sich noch viermal ändern: bei Wijk bij Duurstede wird der Rhein zum *Lek* (s. Farbt. 14), bei Krimpen zur *Nieuwe Maas,* bei Maassluis zur *Scheur* und dann bis zur Mündung ins Meer zum *Nieuwe Waterweg.*

Bis Anfang des 18. Jahrhunderts lag die Abzweigung nicht bei Pannerden, sondern etwas weiter stromaufwärts. Das Problem bis zu jener Zeit war, daß die *Waal* immer genug Wasser führte, der *Rhein* und die *IJssel* jedoch oft unbefahrbar waren. Daraus ergaben sich zwar manchmal kleine Vorteile – die Bauern fuhren, um den Zöllen zu entgehen, im Sommer mit ihren Wagen durch den Rhein, während die Kühe in der IJssel weideten. Aber im Unheilsjahr 1672 zogen die Armeen des Sonnenkönigs ohne Schwierigkeiten durch den Rhein, der nur einen Meter Wasser führte, und standen dann in der Betuwe. Gelderland wollte seine Lage verbessern, doch waren die Waalstädte (Nijmegen, Tiel, Dordrecht) nicht dafür zu haben, sie waren mit ihrer Lage völlig zufrieden. Zwischen 1701 und 1705 konnten die Gelderner Rhein- und IJsselstädte jedoch mit List ihren Willen durchsetzen.

Zuerst legten sie – es hieß zur Verteidigung der Betuwe – zwischen dem *Waaldeich* bei PANNERDEN und dem *Rheindeich* bei ANGEREN eine Art Wall an, der einem Flußdeich auffallend ähnlich sah. Dann warteten sie, bis die stark angeschwollene Waal 1707 'zufällig' bei Pannerden durch den Deich brach. Der wütende Fluß wurde entlang

Blick auf das Panderse Gat

dem neuen Erdwall nach Norden geführt, bis er bei Angeren den Rheindeich (von der Landseite her) durchbrach und sein altes (Rhein-)Bett wiederfand. Weil nun ein äußerst gewundenes Stück Rhein abgeschnitten war, war der Rhein in seinem neuen Bett weit besser befahrbar. Und darum ging es schließlich.

Der *Waaldeich,* der das Land von Maas und Waal abgrenzt, bietet vor allem zwischen DREUMEL und ROSSUM schöne Flußansichten (Farbt. 13) mit den urholländischen Silhouetten kleiner Dörfer, deren spitze Kirchtürme über die Bäume hinausragen. Entlang dem Deich, an ihn angelehnt, findet man die typischen kleinen Deichhäuser. Unmittelbar bei Rossum kommen *Maas* und *Waal* einander so nahe, daß sie durch eine *Schleuse* verbunden wurden.

Die Deiche liegen etwas vom Fluß entfernt, um der schwellenden Flut im Winter etwas Raum zu lassen (Farbt. 14). Der breitere Teil ist das Winterbett; im Sommer fließt der Fluß zwischen den Kais des viel schmaleren Sommerbettes. Das Land zwischen Sommer- und Winterbett heißt Außendeichland (Uiterwaarden) oder (falls Schilf darauf wächst) Weidenbruch. An verschiedenen Stellen entlang den Flüssen ragen im Außendeichland die Schlote der Ziegeleien empor, die dort ihren Werkstoff, den Flußlehm, zum Greifen nahe haben.

Das Geldener Städtchen ZALTBOMMEL liegt wie ein kleines Denkmal innerhalb seiner fast unbeschädigt gebliebenen Umwallung aus dem 17. Jahrhundert, die man zu Parkanlagen umgewandelt hat. Das Stadtbild wird von der wuchtigen *St. Maartenskerk* (1303) mit ihrem mächtigen Turm ohne Spitze beherrscht (Abb. 27, 28). Wie die Kirche mit der Spitze aussah, zeigt ein Gemälde (16. Jahrhundert) in der Kirche, in dessen merkwürdige Form das Bauwerk mit seiner Spitze genau hineinpaßt. Der Chor ist ebenso schön wie alt (noch aus dem 14. Jahrhundert), Schiff und Türme stammen aus dem 15. Jahrhundert und stellen ein ausgezeichnetes Beispiel der niederrheinischen Gotik dar mit den vertieften 'blinden' Nischen, dem Rumpf mit den Mauerpfeilern und den reichen Details. Das Mittelschiff ist fast ebenso breit wie die Seitenschiffe, weshalb der Grundriß dem Typ der Hallenkirche sehr ähnelt. Sobald die Restaurierung, die zur Zeit durchgeführt wird, beendet ist, wird man auf der prachtvollen Orgel wieder Konzerte geben.

Auf dem Platz rund um die Kirche stehen schön restaurierte Häuser aus dem 16.–18. Jahrhundert. Ein frühes Beispiel der holländischen Renaissance (gotischer Bau mit Ziermotiven der Renaissance) ist das *Haus des Maarten van Rossum* (1535), das als Torbau eines nie gebauten Schlosses gedacht war. Jetzt befindet sich darin das historische *Maarten van Rossummuseum*.

Maarten van Rossum war der Bommelner Feldherr, der für Herzog Karl von Geldern einen langen und heftigen Kampf gegen den habsburgischen Karl V. führte. Seine Banden waren gefürchtet, denn es war bei ihnen Brauch, sich die erforderlichen Geldmittel durch bald legendär gewordene Raubzüge zu beschaffen.

Der zierliche Turm der *Krankenhauskapelle* (15. Jahrhundert) besitzt ein Hemony-Glockenspiel, mit dem eine nette Begebenheit verbunden ist. Als Franz Liszt eines Sommerabends den Fluß hinabfuhr, hörte er, wie Leenhof diesem Glockenspiel die schönsten Klänge entlockte. Das brachte ihn dazu, seine Reise zu unterbrechen und mit dem Glockenspieler Bekanntschaft zu machen. Er begegnete dort auch der Tochter Leenhofs, die ihm so musikalisch begabt erschien, daß er sie für ihre weitere Ausbildung mit nach Paris nahm. Dort lernte sie Edouard Manet kennen, den sie 1863 in Zaltbommel heiratete.

Nördlich von Zaltbommel fließt das malerische Flüßchen Linge (Farbt. 15) an LEERDAM vorbei nach GORINCHEM. Eine Fahrt entlang der Linge verspricht großen Genuß, denn in einer ursprünglichen Flußlandschaft begegnet man abwechselnd malerischen kleinen Dörfern und durch weidenbestandene Deichlein abgegrenzten Weidenbrüchen. An einem stark verschmutzten Flüßchen, der *Dommel*, liegt GEERTRUIDENBERG in einer Landschaft, die von dem *Amerkraftwerk* beherrscht wird. In früheren Zeiten, als die Flüsse noch nicht so verschmutzt waren, war Geertruidenberg als Fischerhafen wichtig, vor allem für Lachs. An diese Vergangenheit erinnern noch einzelne hübsche *Giebel* aus dem 18. Jahrhundert und der vor hohen Bäumen umsäumte, langgezogene *Markt*.

Die St. Elisabethsflut und der dadurch entstandene Biesbos

Westlich der Straße von Gorinchem nach Geertruidenberg dehnt sich der Biesbos aus, ein noch ziemlich unberührt gebliebenes Gebiet des Deltas, das seine Existenz der legendären St. Elisabethsflut von 1421 verdankt. Wie Geertruidenberg bis zu jener Zeit ein lebendiges Handelszentrum war (auch wenn es 1420 von einem großen Brand betroffen wurde), so war der Biesbos (Farbt. 16) ein fruchtbarer Polder. Der Legende nach ertranken in einer Nacht 10 000 Menschen, wurden 72 Kirchdörfer zerstört und das reiche Dordrecht ruiniert, und das, weil man Gräfin Jacoba von Bayern verjagt (1401–1436) und dadurch den Zorn Gottes herausgefordert hatte. Eine erbauliche Erzählung, wenn sie auch nicht ganz stimmt. Tatsächlich war die November-Sturmflut katastrophal, aber nicht nur in diesem Teil der Niederlande. Auch bei Petten an der Nordseeküste und an vielen anderen Stellen wurde die Landkarte durch die St. Elisabethsflut einschneidend verändert.

Die Katastrophe ereignete sich in Abschnitten. Der Polder wurde zwar vom Wasser bedeckt, aber den ersten Bruch konnte man noch dichten. Einen Monat später brach der *Merweddedeich* bei Werkendam. Und 1422 brach der Deich erneut. Das Leben wurde allmählich stiller, die Klöster vereinsamten, die Dörfer wurden immer leerer. Die Gebiete um den früheren Polder herum begannen zum Selbstschutz Deiche zu errichten, und so entstand der Binnensee, der Biesbos. Durch die Gezeiten wurde Schlamm herangeführt, darauf wurde Schilf gepflanzt und zur rechten Zeit ging man dann zur Ein-

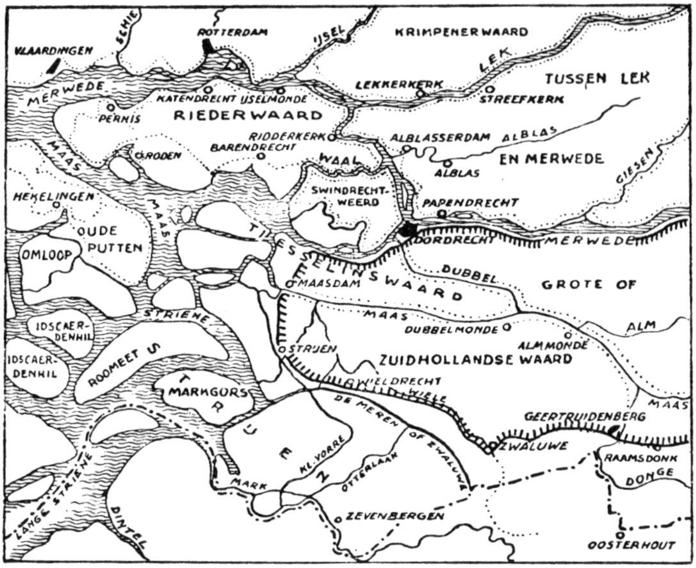

Das Gebiet um Dordrecht vor 1421: Aus: Buisman, Nederland zoals het was – zoals het is, I, 1975

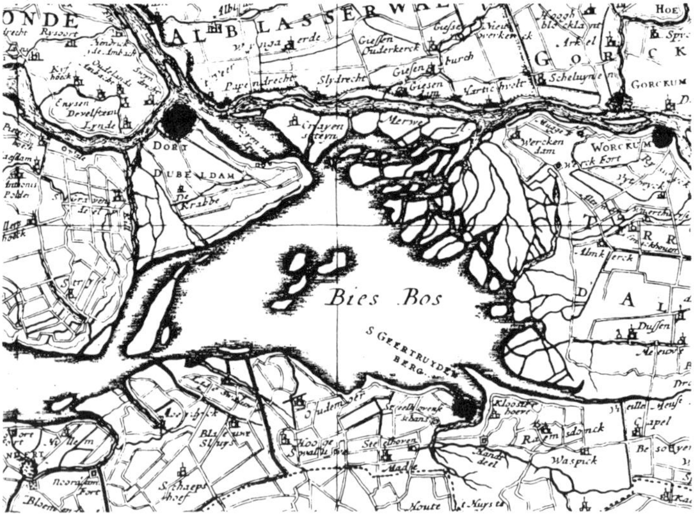

Das Gebiet um Dordrecht gegen 1700. Aus: Buisman, Nederland zoals het, was – zoals het is, I, 1975

polderung über. So entstanden im Laufe der Jahrhunderte ein geheimnisvolles Sumpfgebiet mit Schilfinseln und Prielen sowie auf den eingepolderten Landstücken einzelne Bauernhöfe.

Der Abschluß des Haringvliet (Heringsbach) und der Fortschritt der Deltaeindeichungen haben die Wirkung der Gezeiten bis auf wenige Zentimeter abgebaut. Das Wasser wird statt brack süß werden, was besonders für *Rotterdam* angenehm ist, weil die Trinkwasserversorgung der Stadt zum Teil davon abhängt. Die Gefahr größerer Überschwemmungen scheint endgültig vorüber zu sein, und wie die Flora sich anpaßt, ist noch abzuwarten. Vorläufig ist der Biesbos ein faszinierendes Reservat, in dem man eine Rundfahrt von den umliegenden Orten aus machen kann.

Noord-Brabant II

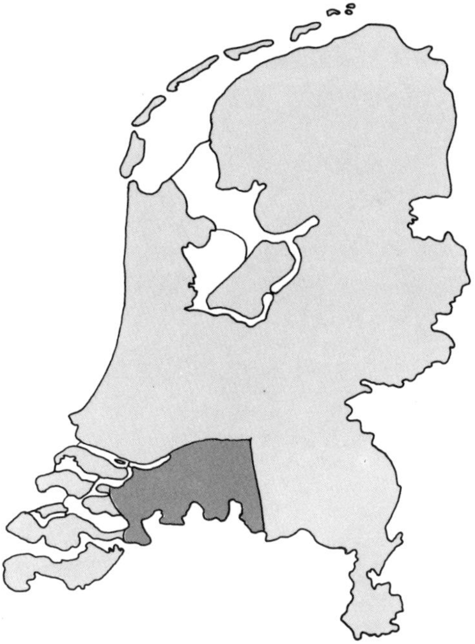

Die Westecke von Brabant mit BREDA (Farbt. 18) als Mittelpunkt stand schon 1403 unter der Herrschaft der Grafen von Nassau, von denen die Oranier abstammen. Während des Achtzigjährigen Krieges und auch in den Jahrhunderten danach – bis zur französischen Zeit – blieb dieses Gebiet in unmittelbarer Verfügung der Oranier.

Das Brabant der Grafen von Nassau – Breda, Willemstad, Bergen op Zoom

Im 15. und 16. Jahrhundert bauten die Nassauer in BREDA das *Schloß*, in dem sich jetzt die Königliche Militärakademie befindet, und die schöne *gotische Kirche* mit ihrem 97 m hohen Turm, die *Grote Kerk*, in der man verschiedene eindrucksvolle Grabmonumente findet. Es ist die einzige Kirche in Brabant, die sich einigermaßen mit St. Jan in Den Bosch messen kann, obwohl Bredas Basilika viel schlichter ist; nur der Chorumgang aus dem 16. Jahrhundert und die Seitenschiffe zeigen eine vergleichbare Ausschmückung. Der eindrucksvollste Teil des reichen Inneren ist das Grabmal Engelbrechts von Nassau (1504) und seiner Frau Cimburga von Baden (1501). Auf dem schwarzen Sockel liegen die Alabaster-Figuren auf ihrem kalten Totenbett. Auf den Ecken der Sockel knien vier alabasterne Männerfiguren, die eine schwere schwarze Marmorplatte tragen, auf

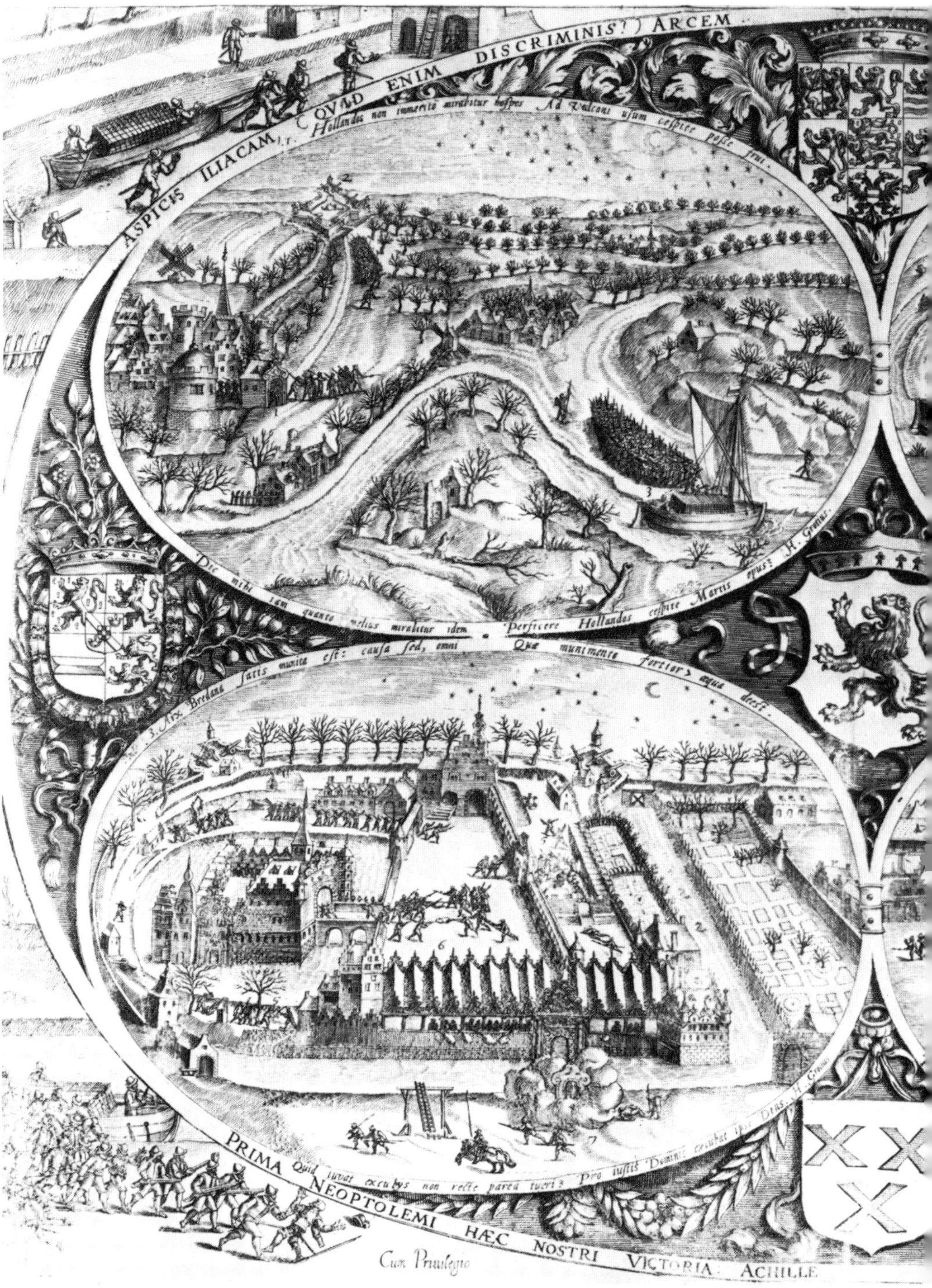
ASPICIS ILIACAM, (QVAD ENIM DISCRIMINIS?) ARCEM
Hollandos non immerito mirabitur hospes Ad Vulcani usum cessisse posse frui.
Dic mihi iam quanto melius mirabitur idem Perficere Hollandos cespite Martis opus? H. Grotius.
3. Arx Bredana satis munita est: causa sed, omni Quæ munimento fortior, æqua deest.
PRIMA Quid iuvat excubys non recte parta tueri? Pro iustis Domini excubat ipse Deus. H. Grotius.
NEOPTOLEMI HÆC NOSTRI VICTORIA: ACHILLE
Cum Privilegio

Breda: Ansichten aus dem Atlas van Stolk

der die Bestandteile einer Rüstung liegen. Lange Zeit wurde diese Plastik dem Bolognesen Tommaso Vincidor da Bologna zugeschrieben, der zu jener Zeit (1536–38) damit beschäftigt war, das Schloß von Breda zu einem italienisch anmutenden Palazzo mit einem von dorischen Säulen umgebenen Innenhof umzubauen. Aber kürzlich stellte sich heraus, daß der Maler Jan Gossaert van Maubeuge diese Plastik schuf.

Das *Schloß* bekam sein jetziges Aussehen am Ende des 17. Jahrhunderts. Im Auftrag des Statthalters Willem III. – der auch Schloß Loo bauen ließ – wurde der Umbau nach einem Entwurf Jacob Romans ausgeführt. Zu Anfang des Achtzigjährigen Krieges weilte Willem de Zwijger (der Schweiger = Wilhelm von Oranien) gern in seinem italienischen Palast. Nachdem die Spanier 1591 von dem Schloß Besitz ergriffen hatten, konnte sein Sohn Prinz Maurits mit einer List, die unter dem Namen ›Das Torfschiff von Breda‹ bekannt wurde, die Besatzer überraschen: er schmuggelte siebzig seiner Soldaten unter einer Schicht Torf versteckt in die Stadt. Übrigens konnte der spanische Feldherr Spinola das Schloß 1625 wieder erobern, die Übergabe wurde im Gemälde ›Las Lanzas‹ von Velazquez, das im Prado von Madrid ausgestellt ist, verewigt. Wer die Kopie dieses Gemäldes, die im *Rathaus* von Breda hängt, sehen möchte, kann dort auch die Glasmalereien bewundern, die Joep Nicolas für das Treppenhaus und den Ratssaal anfertigte.

Breda ist von schönen Wäldern – unter anderem ›Het Mastbos‹ mit seinen Nadelbäumen – und von militärischem Übungsgelände umgeben. Der Park des eleganten *Schlosses Bouvigne* aus dem 17. Jahrhundert, das aus einem kleinen See emporragt, ist für das Publikum zugänglich.

Die Geschichte Willemstads ist ebenso eng mit den Oraniern verbunden. In einem Land wie den Niederlanden ist der Besitz von Stützpunkten an den großen Wasserstraßen immer von strategischer Bedeutung gewesen, was sich wiederum im Zweiten Weltkrieg herausstellte. Willemstad, das noch Ruigenhil hieß, war im 16. Jahrhundert solch ein militärisch wichtiger Ort. 1583 gab Willem van Oranje den Auftrag, Ruigenhil zu einer Festung zu verstärken, aber erst nach seinem Tode 1584 vollendete sein Sohn Maurits 'Willems Stadt'. Er zog dafür den Alkmaarer Bürgermeister und Festungsbaumeister Adriaen Anthonisz zu Rate, und der wurde der wichtigste Architekt der sternförmigen Festung am *Hollands Diep,* die also seitdem Willemstad heißt. Zusammen mit Naarden (Abb. 92) ist es die besterhaltene Festung der Niederlande, auch wenn ihre Verteidigungsanlagen zu Stadtwanderparks und Gartenanlagen umgewandelt wurden.

Das *Mauritshuis* (1623), jetzt Rathaus, wurde damals als Jagdschloß für Prinz Maurits gebaut. Der Stil erinnert ein wenig an den des Rathauses von Klundert in seiner flämischen Renaissance, obwohl letzteres himmelstrebender wirkt. Prinz Maurits ließ auch die *Kirche* errichten, die besonders für den protestantischen Gottesdienst gebaut wurde: mit der Kanzel in der Mitte.

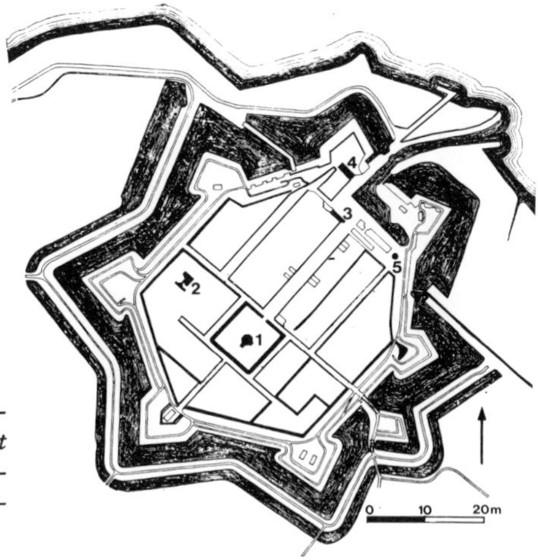

Willemstad
1 Reformierte Kirche 2 Mauritshuis oder Prinsenhof, 1623 von Prins Maurits gegründet, jetzt Rathaus 3 ehemaliges Rathaus, von 1620 4 Arsenal, von 1793 5 d'Orange Molen, weiße steinerne Getreidemühle von 1734

Mitten in einer stark industrialisierten Landschaft liegt das westlichste brabantische Städtchen BERGEN OP ZOOM. Der kleine spätgotische Palast *Het Markiezenhof* (Abb. 31) und die *St. Getruidakerk* sind Werke der Architektenfamilie Keldermans aus Mechelen, die auch in Holland und Zeeland tätig war. Wäre die Kirche nach dem Plan aus dem 16. Jahrhundert fertiggebaut und nicht 1747 durch Beschuß von seiten der französischen Truppen zerstört worden, dann wäre sie vielleicht größer als die Kirchen von Den Bosch oder Breda. 1497 leitete der Komponist und Organist Jacob Obrecht den Chorgesang in der Kirche seiner Geburtsstadt. Er war Kapellmeister am Hof der Medici und starb 1505 in Ferrara an der Pest.

Zeeland

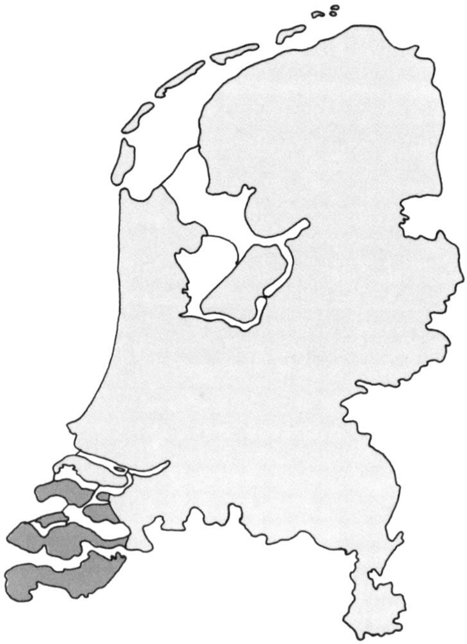

Mehr als die jeder anderen Provinz der Niederlande wird die Geschichte Zeelands vom Kampf gegen das Wasser bestimmt. Durch die Jahrhunderte hindurch hat das Meer das seeländische Land bedroht, und wiederholt wurden die fruchtbaren Äcker überschwemmt; sei es, daß die Deiche der Gewalt der entfesselten Elemente nicht widerstehen konnten, sei es, daß man – in Kriegszeiten – absichtlich die Überschwemmungen herbeiführte. *»Luctor et emergo«*, so lautete die seeländische Devise: ich kämpfe und tauche wieder auf. In der Vergangenheit wurde Zeeland oft als 'Städtefriedhof' bezeichnet, weil eine Anzahl von Städten vom Meer verschluckt wurde oder weil sie ihre Bedeutung als Häfen oder Vorhäfen infolge Versandung einbüßten. Nach der großen Wasserkatastrophe von 1953 wurden im Rahmen des Delta-Planes durchgreifende Maßnahmen getroffen, die die Sicherheit der Provinz nun endgültig gewährleisten und für die Ruhe sorgen sollten, die eine moderne Entwicklung ermöglicht.

Andererseits bedeutete das Meer für viele Seeländer den Broterwerb. Seit alters sind Handel und Fischerei, Schiffbau und Austernzucht die Erwerbszweige gewesen, in denen sich die Seeländer hervortaten. Politisch gehörte Zeeland seit dem 14. Jahrhundert zur Einflußsphäre der Grafen von Holland, kulturell jedoch stand es, sicher bis ins 16. Jahrhundert, deutlich unter dem Einfluß des Südens: der flämischen Kultur. Spuren davon tragen am deutlichsten Orte wie *Middelburg*, *Vlissingen* und *Zierikzee*, die schon früh eine städtische Entwicklung kannten.

30 TILBURG Inneres der Heikese Kerk

31 BERGEN OP ZOOM Die Galerie im Markiezenhof

◁ 29 HEUSDEN Blick durch den restaurierten Fischmarkt

32 AARDENBURG Innenraum der St. Bavokerk

33 Blick auf VEERE

34 VEERE Schottenhäuser

35 Das Städtchen ZIERIKZEE

36 BROUWERSHAVEN Inneres der Reformierten Kirche

37 BROUWERSHAVEN Das Rathaus

38 VIANEN Das Rathaus

39 ROTTERDAM ›Die zerstörte Stadt‹, Skulptur von Ossip Zadkine

40 ROTTERDAM Museum Boymans-Van Beuningen: ›Der Verlorene Sohn‹ von Hieronymus Bosch

41 DELFSHAVEN, der historische Stadtteil von Rotterdam mit dem Sackträgerhäuschen

42 DORDRECHT Dordtse Giebel in der Voorstraat

43 DORDRECHT Das Chorgestühl der Basilika

44 GOUDA Giebelstein des Hotels ›De Zalm‹

45 DELFT Nieuwe Kerk und Marktplatz

46 In DELFT

48 Wilhelm von Oranien, aus dem Atlas von Stolk, 1623

47 DELFT Der Kanal de Oude Delft

49 DEN HAAG

Obere Reihe: Museum van Oudheden en Staten-Generaal, Prins Maurits-Huis, Stadhuis
Mittlere Reihe: Grote- oder Jacobskerk, Bosch, St. Antoniuskerk
Untere Reihe: Huis in het Bosch, Schouwburg, Standbild Prins Willems I.

50 DEN HAAG Der Oranje-Saal im Huis ten Bosch

51

52

51 DEN HAAG Haus von 1898 im Denneweg 56

52 DEN HAAG Die Königliche Bibliothek

53 DEN HAAG Die Deutsche Botschaft, Fassade von Daniel Marot

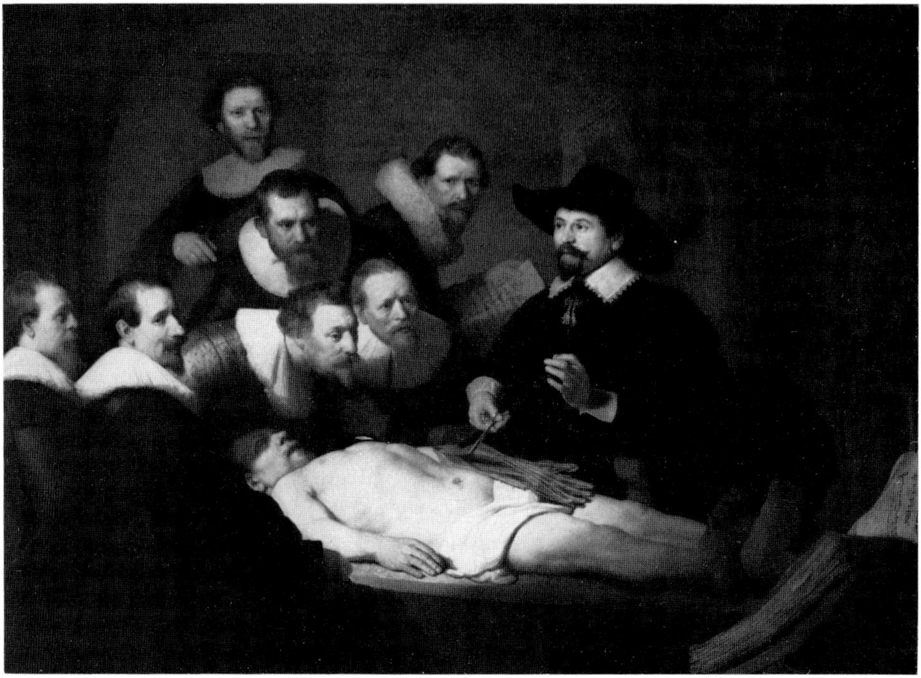

54 DEN HAAG Mauritshuis: ›Die anatomische Vorlesung des Dr. Nicolaes Tulp‹ von Rembrandt

55 LEIDEN Stedelijk Museum: ›Das Jüngste Gericht‹ von Lucas van Leyden

Zeeuws-Vlaanderen

Am linken Scheldeufer, in Holland Westerschelde genannt, liegt, grenzend an die belgische Provinz Oost-Vlaanderen, der Landstrich ZEEUWS-VLAANDEREN (Seeländisches Flandern; Farbt. 20), ziemlich von den anderen Landesteilen isoliert. Zwar gibt es Pläne für eine Brücken-Tunnel-Verbindung, doch ist Zeeuws-Vlaanderen bis jetzt nur durch zwei Fähren mit den übrigen Niederlanden verbunden.

Die große Blütezeit von Zeeuws-Vlaanderen fiel zusammen mit der von Gent und Brügge. AARDENBURG war einmal ein wichtiger Vorhafen von Gent, SLUIS der von Brügge, während ST. ANNA-TER-MUIDEN – jetzt ein Mini-Ort mit kaum 200 Einwohnern – damals eine bedeutende Handelsstadt und Mitglied der flämischen Hanse war. Jedoch natürliche und politische Umstände trafen zusammen: schon im 14. Jahrhundert begann das Versanden der Häfen, und die Zerstörungen im Achtzigjährigen Krieg, besonders die Überflutungen, forderten ihren Zoll. Die Gegend geriet in Isolation und Verfall.

Der Gezeitenunterschied in der Westerschelde ist groß. In PAAL, einem rührenden kleinen Ort am Rande des VERDRONKEN LAND VON SAAFTINGE (Farbt. 19), steigt das Wasser bei Flut bis zu den Häusern auf dem Deich. Bei Ebbe sinkt das Wasser etwa 4,5 m, und dann liegen die kleinen Boote hinter den Häuschen nicht im Meer, sondern in den Fahrrinnen zwischen dem weiten, grauen Schlamm. Die großen Dampfer, die hier auf der Fahrt nach Antwerpen um die Ecke kommen, scheinen – aus der Ferne betrachtet – die Häuschen zu überwältigen. Die alte Gaststätte ist der Ausgangspunkt für zwei Führer, ohne die man sich in dieses verräterische und geheimnisvolle Gebiet nicht vorwagen darf. Das Ertrunkene Land von Saaftinge, in das das Meer täglich mit drei Armen tief hineingreift, ist ein Überrest der Kriegsüberschwemmungen des 16. Jahrhunderts, und die Atmosphäre ist genauso mittelalterlich, wie der Name vermuten läßt.

Wenn man bei Ebbe in der Nähe von EMMADORP die kleine, sich windende Pflasterstraße entlanggeht, wähnt man sich um tausend Jahre zurückversetzt. So muß Holland zu damaliger Zeit zum größten Teil ausgesehen haben: endlose Sümpfe, murmelndes Wasser und Vögel, die über dem Kopf des einsamen Reisenden umherkreischen. Das einzige, was dort wächst, sind Glaskraut, Schlammgras und Schafsohr, die dem grauen Schlamm Farbakzente geben. Man unterscheidet Schlick und Groden. Der ziemlich kahle Schlick, der täglich für kurze Zeit trocken wird, ist das Gebiet der Vögel, während der Groden vielfältiger und dauerhafter bewachsen ist, weil er nur bei Hochwasser überschwemmt wird.

Das einmalige Grodengebiet ist von allen Seiten bedroht. Es liegt buchstäblich unter dem Rauch des Antwerpener Industriegebiets und wird an der Nordseite vom schmutzigen Scheldewasser begrenzt, während an der Südseite der Bau eines Kanals, des sogenannten Baalhoekkanaals, geplant wird. Es ist also fraglich, wie lange man hier noch Ruhe und Stille wird genießen können.

Zeeuws-Vlaanderen wird vom *Kanaal van Gent naar Terneuzen* zweigeteilt. An beiden Ufern des Kanals – und besonders in Terneuzen, Sluiskil und Sas van Gent – gibt es unter anderem zwei Zuckerfabriken, eine Mehlfabrik, eine Glasfabrik, eine Koks-Superphosphatfabrik und eine Ammoniak-Industrie mit allem Dunst, der dazugehört. Der Kanal wurde 1827 gebaut; König Willem I. beabsichtigte damit, den Interessen der Textilstadt Gent zu dienen.

In TERNEUZEN, dem größten Ort in Zeeuws-Vlaanderen, befindet sich außer einer Niederlassung von Philips und einer riesigen Chemieindustrie (Dow Chemical) eine große *Wasserraffinerie,* die täglich 30 Millionen Kubikmeter ausgezeichnetes Trinkwasser aus dem salzigen Wasser der Westerschelde destilliert. Die Schleusen des Kanals messen 290 x 40 m.

Der nette kleine Ort HULST im östlichen Teil von Zeeuws-Vlaanderen hat einen gemütlichen *Markt,* reich an geselligen Gaststätten, und ist von einer unzerstörten *Umwallung* aus dem 17. Jahrhundert umschlossen. Eine umstrittene Position nehmen hier die Sexshops ein, die vor allem von belgischen Touristen besucht werden und den örtlichen Behörden ein Dorn im Auge sind.

Ein weiterer kleiner historischer Ort ist BIERVLIET im westlichen Teil Zeeuws-Vlaanderens. Dieses Städtchen ist vor allem als Geburtsstätte des Willem Beukelsz. bekannt. Er wird als derjenige angesehen, der das Kaaken der Heringe 1389 erfand, das darin besteht, sofort nach dem Fangen, also noch auf See, die Kiemen und einen Teil der Eingeweide zu entfernen, wobei aber darauf zu achten ist, daß eine bestimmte Drüse (die Portierdrüse) im Fisch bleibt. Durch diese Behandlung kann der Fisch nicht nur länger aufbewahrt werden (in Salz), sondern auch roh als feiner Leckerbissen gegessen werden. Die Erfindung des Willem Beukelsz. war von großer wirtschaftlicher Bedeutung, da zu seiner Zeit die Heringe gerade in die Nordsee zogen. Über die Bedeutung der Heringsfischerei schrieb ein Schriftsteller des 16. Jahrhunderts: »Mehr Gold und Silber als andere Völker durch schwere Arbeit aus dem Boden fördern, fischen die Holländer aus dem Meer.«

Inzwischen sind die Heringszüge aber weiter weggezogen, und durch Überfischen haben die Fischer selbst dazu beigetragen, daß man in der (an Quecksilber reichen) Nordsee fast keinen Hering mehr fischen darf.

In EEDE, etwas südlich von Aardenburg, setzte Königin Wilhelmina 1944 nach einem erzwungenen Aufenthalt in England zum ersten Mal wieder ihren Fuß auf holländischen Boden.

AARDENBURG hat eine frühgotische Kirche, die *St. Bavokerk* in ihren ältesten Teilen (erste Hälfte des 13. Jahrhunderts) ein reines Beispiel der Schelde-Gotik: das dreiteilige Westfenster, die schweren Säulen, mit Knopfkapitellen, die Galerie auf kleinen Säulen, die über die spitzen Trennbögen verläuft, ohne sich nach der Einteilung der Joche zu richten (Abb. 32). Bei der gründlichen Restaurierung nach dem Zweiten Weltkrieg wurden kleine Grabkeller entdeckt, deren Innenwände mit Malereien geschmückt sind; auch in West-Vlaanderen findet man Malereien dieser Art. Ein paar Keller wurden ausgegraben und stehen jetzt vollständig in der Kirche aufgestellt.

Bevor das Zwin versandete – der große Meeresarm, der bis Brügge reichte – war Aardenburg eine mächtige Hafenstadt, die die Funktion eines Vorhafens für Gent hatte. An den heftigen Kampf während des Achtzigjährigen Krieges zwischen spanischen und Generalstaaten-Truppen, bei dem es um Antwerpen ging, erinnern noch die Überreste der Verteidigungsanlagen beider Parteien.

SLUIS hat eine ähnliche Geschichte, aber es war offenbar als strategischer Punkt dermaßen wichtig, daß der namhafte Festungsbaumeister Baron Menno van Coehoorn (1641–1704) es noch einmal verstärkte. Das Rathaus stammt aus der Zeit, als Sluis noch Lamminsvliet hieß und ein Vorhafen von Brügge war (14. Jahrhundert); 1944 wurde es zerstört aber inzwischen wieder restauriert. Durch seinen Turm mit vier herausragenden Ecktürmchen ähnelt es einem flämischen Belfort.

Auch ST. ANNA-TER-MUIDEN, ein paar Kilometer weiter in Richtung Knokke, war einmal eine Hafenstadt am Zwin. Jetzt ist es ein winziges Bauerndorf mit einem wuchtigen *Kirchturm*. Nur der von Linden umsäumte *Dorfplatz* hat noch etwas Städtisches an sich. Die kleinen Häuser, die dort stehen, einschließlich des stattlichen kleinen *Rathauses*, haben alle eine Außentreppe.

Die Landschaft von Zeeuws-Vlaanderen, die sich von hier bis *Breskens* – mit seiner Fährverbindung nach *Vlissingen* – ausdehnt, ist am schönsten an einem Herbstmorgen, wenn der Morgennebel noch tief über dem Flußton des Ackerlandes hängt, so daß die kleinen Innendeiche mit ihren knotigen Weidenstümpfen losgelöst über der Erde zu schweben scheinen (Farbt. 20).

Deiche und Überschwemmungskatastrophen – Die Delta-Anlagen

Die Geschichte der eigentlichen seeländischen Inseln ist eine Geschichte vieler katastrophaler Überschwemmungen, ein dramatisches Geschehen, das schließlich zum Delta-Plan führte, der den Bau der modernsten und gewagtesten Wasserbau-Anlagen Europas und vielleicht sogar der ganzen Welt zum Ziele hat.

Das Meer hat, soweit man denken kann, im seeländischen Flußdelta heftig sein Unwesen getrieben. Schon im 13. Jahrhundert ließ der holländische Graf Floris III. Deiche um WALCHEREN, SCHOUWEN und ZUID-BEVELAND bauen. Diese Deiche aber waren nicht immer ihrer Aufgabe gewachsen, und die Geschichte erwähnt eine ganze Reihe von Katastrophen. Im September 1477 wurden Walcheren, Schouwen und die Bevelande vom Meer überschwemmt, zweiunddreißig Jahre später suchte eine neue Sturmflut die ganze niederländische Küste von Friesland bis Zeeland heim. Kaum zwanzig Jahre später verwandelte das Meer Noord-Beveland in ein Grodengebiet; bis 1598 sollte es 'schwimmend' bleiben; bei Hochwasser ragte nur noch die Turmspitze von KORTGENE aus den Wellen hervor. Auf Zuid-Beveland versanken achtzehn Dörfer und

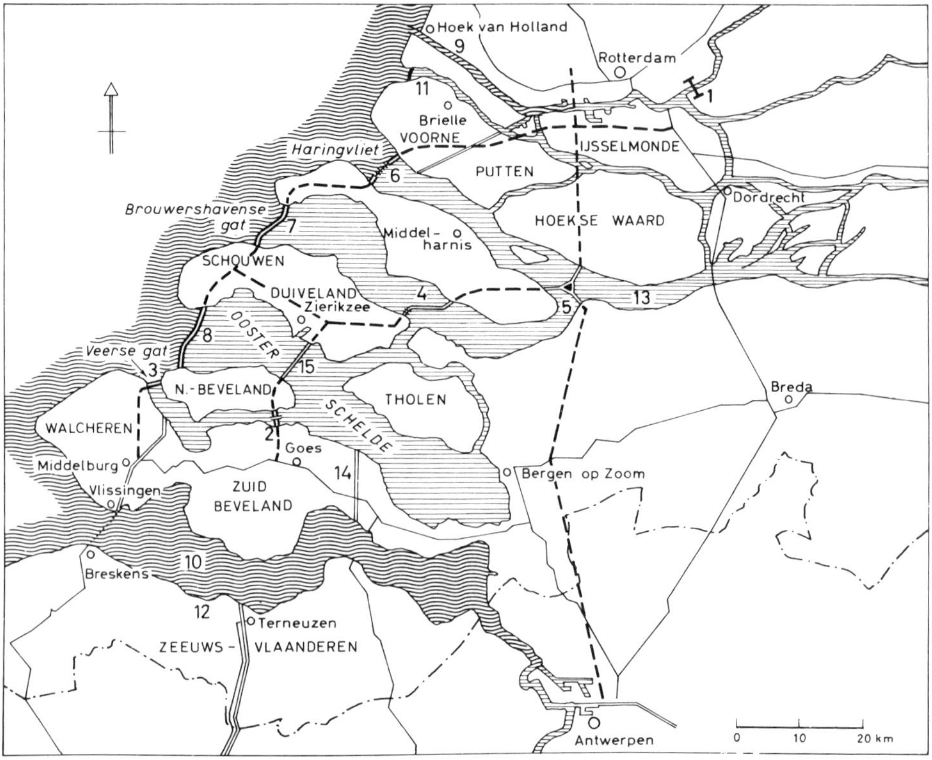

Die Delta-Anlagen: die wichtigsten Anlagen und ihr Entstehungsjahr

1 Sturmflutwehr Hollandse IJssel, 1958 2 Zandkreekdam, 1961 3 Veerse Gatdam, 1961 4 Grevelingendam, 1964 5 Hellegatsplein, 1967, Drei-Insel-Eck mit der Haringvlietbrücke nach Hoekse Waard, einem geschlossenen Damm nach Overflakkee und einem Damm mit Flucht- und Kammerschleusen nach Noord-Brabant, dem Volkerakdam, 1969 6 Haringvlietdam, 1971 7 Brouwersdam, 1971 8 geplanter Oosterscheldedam 9 Nieuwe Waterweg 10 Wester-schelde 11 Brielse Maas, 1950 12 Braakman, 1952 13 Hollandse Diep 14 Kanal durch Zuid-Beveland, 1866 15 Zeelandbrug, 1965

die Stadt Reimerswaal. Und als man zwei Jahre später den schlimmsten Schaden beseitigt hatte, brach eine neue Sturmflut um Allerheiligen (1532) herein; St. Philipsland verschwand für mehr als ein Jahrhundert in den Wellen.

Bei alledem muß festgehalten werden, daß der Mensch selber dem Meer dabei behilflich war, die Zerstörungen herbeizuführen. Erstens trug man oft, nachdem ein neues Stück Land eingepoldert war, den alten Deich ab, um, zum Beispiel, die Steine irgendwo anders zu verwenden. Brach dann der neue Deich, blieb der Schaden nicht nur auf das neugewonnene Land beschränkt. Zweitens untergrub man die Deiche beim Torf-

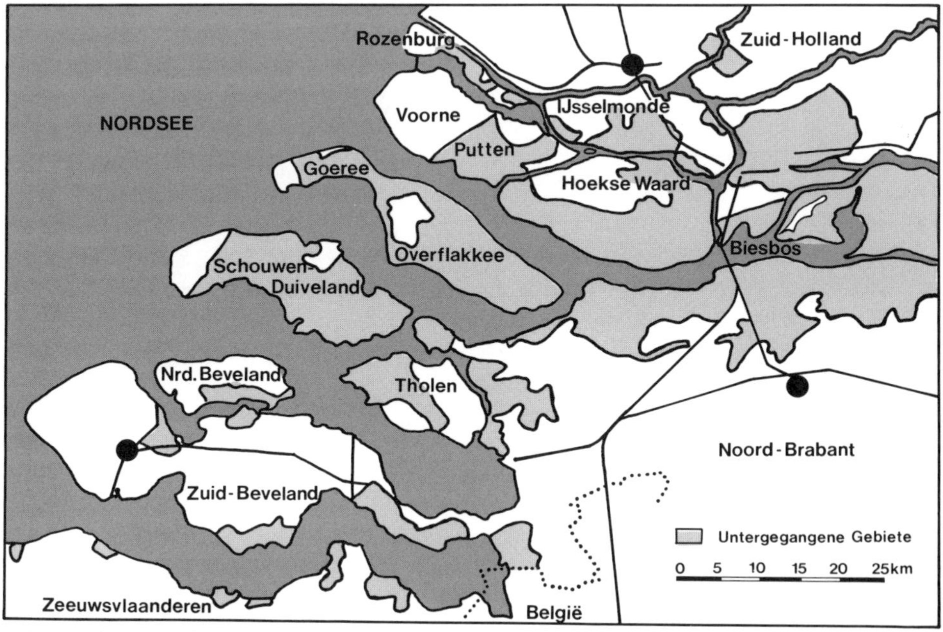

Die von der Sturmflut vom 1. Februar 1953 betroffenen Gebiete

stich: unter dem fetten, fruchtbaren seeländischen Lehm befinden sich alte, sehr salzige Torflager; weil nun Salz in früheren Jahrhunderten rar war und damit wirtschaftlich interessant, grub man in Zeeland oft am Fuß der Deichaußenseite tiefe Löcher.

Das Problem ist vergleichbar mit dem sogenannten Deichfall. Er kommt auch heute noch bei hohen, steilen Ufern mit starker Meeresströmung vor. Die Gezeitenströmung wäscht in dem weichen Sandgemisch eine tiefe Rinne aus. Der Druck des Meerwassers hilft dem Sandgemisch, das Gewicht des Deiches zu tragen, jedoch bei ganz ruhigem Wetter und besonders niedrigem Stand der Ebbe schleppt das Wasser das Sandgemisch sozusagen mit sich und untergräbt so den Deich. In Einzelfällen stürzt der Deich dann plötzlich ein. In den Fällen, in denen er nur langsam einsackte, legte man früher in einer Entfernung von ein paar hundert Metern weiter landeinwärts einen weiteren Deich an, den Einlagedeich oder 'Schläfer'. Wenn nun der Meerdeich bei Sturmflut nachgab, trat der 'Schläfer' in Aktion, er wurde zum 'Wächter', und man baute dahinter einen neuen 'Schläfer'. An der Westerschelde ereignete sich an einem stillen Herbstmorgen noch 1973 ein Deichfall über hundert Meter Länge.

Schon in den dreißiger Jahren dieses Jahrhunderts kam ein Studienausschuß zu dem Schluß, daß die Deiche im Gebiet des Biesbos und der seeländischen und südholländischen Inseln viel zu niedrig seien. Kurz nach dem Zweiten Weltkrieg wurden die ersten

Pläne geschmiedet, eine Anzahl von Inseln miteinander zu verbinden und so die Küstenlinie zu verkürzen. 1950 wurde die Brielse Maas geschlossen, eine alte Mündung der Maas, die keine Funktion mehr hatte. Hierdurch wurde die Küste 50 km kürzer, während die *Brieler See* allmählich zu einem für die Landwirtschaft nützlichen Süßwasserbecken wurde. Es ist fast sicher, daß dieser Deich das Brieler Hinterland bei der Katastrophe schützte, die drei Jahre später als Wasserflut über die Niederlande hereinbrach.

Am 29. Januar 1953, zwei Tage vor dem großen Sturm, wurde gerade ein vorläufiger Plan zum Abschluß der Oosterschelde, der Grevelingen und des Haringvliet eingereicht. Drei Wochen nach dem Sturm, am 21. Februar, wurde der Delta-Ausschuß eingerichtet, der zu dem Schluß kam, daß der Abschluß der Seegatts eine bessere, weil sichere Lösung wäre als die, etwa 700 km Deich zu erhöhen, auch wenn die erste Lösung etwas teurer wäre. Gegen die Erhöhung der Deiche sprach unter anderem, daß sie wegen ihres hohen Alters oft unzureichend gegründet waren und daß auf ihnen hier und da Häuser standen. In Dordrecht und Rotterdam laufen die Deiche sogar quer durch die Stadt.

1957 wurde das Delta-Gesetz verabschiedet, und die erste große Anlage, das *Sturmflutwehr bei Krimpen* an der IJssel – zum Schutz der metertief unter dem Meeresspiegel liegenden Polder – wurde 1958 verwirklicht. Es ist ein großer Schieber aus Stahl, 12 x 80 m, der zwischen 45 m hohen Türmen über dem Wasser hängt und im Notfall her-

Überschwemmung und Deichbruch im Jahr 1776

untergelassen werden kann. 1961 wurden das *Veerse Gat* und die *Zandkreek* geschlossen; der *Grevelingdam* (mit der Schleuse für die Schiffahrt) folgte 1965, usw. Für den regen Schiffsverkehr zwischen Antwerpen und Deutschland (Schelde-Rhein-Route) wurden im *Volkerakdam* zwei riesige *Kammerschleusen* gebaut, die die größten Innenschleusen Europas sind.

Ab WILLEMSTAD (Noord-Brabant) gibt es Schiffsrundfahrten zu den Delta-Anlagen. Bis 1973 war die *Zeelandbrug* mit ihrer Länge von 5022 m die längste Brücke Europas (s. Farbt. 25). Inzwischen wurde sie durch die schwedische Öland-Brücke überholt. Erstere ist eine elegante, weiß ausgeführte Brücke, die ausgezeichnet zu den hellen Pastelltönen der seeländischen Landschaft paßt. In dem sechseinhalb Kilometer langen *Haringvlietdam* befindet sich der größte Schleusenkomplex der Welt mit insgesamt 17 Abflußschleusen. Am Anfang des Dammes (Gemeinde STELLENDAM, Zuid-Holland) befindet sich die *Delta-Expo*, wo die Baugeschichte dieser phantastischen Wasserbauanlage bis in Einzelheiten zum Anschauen, mittels Fotos, Dias und Filmen, dargestellt wird.

Middelburg

Die Hauptstadt Zeelands ist MIDDELBURG, im Herzen des 'blonden' WALCHEREN gelegen. Obwohl die furchtbare Bombardierung vom 17. Mai 1940 große Schäden anrichtete, konnte man durch sorgfältige Restaurierung viele historische Gebäude erhalten. Wenn auch die alte Straßenanlage beim Wiederaufbau einschneidend geändert wurde, ist die Innenstadt doch voller Atmosphäre geblieben. Durch das Restaurieren von Reihen alter Wohnhäuser, z. B. in der Spanjaardstraat, sind unversehrte Giebelwände bewahrt geblieben.

Das älteste Zentrum ist die stattliche *Abdij*. Vom mittelalterlichen Komplex blieb nach einem Brand 1492 wenig übrig. Die Abtei, in spätgotischem Stil wieder aufgebaut, war nach der Bombardierung von 1940 nur noch ein Schutthaufen, aus dem zwei Seitenflügel hervorragten. Jetzt erhebt sie sich wieder in alter Pracht: ein eindrucksvoller Komplex von Gebäuden, Sälen, zwei Kirchen und einem 85 m hohen gotischen Turm, der fest und mächtig aus Walcherens flacher Landschaft emporragt.

Auch das *Rathaus* wurde 1940 zerstört, inzwischen ist es aber im alten, aufstrebenden Stil wieder instandgesetzt worden (Farbt. 21). Es ist ein Prunkstück der flämischen Architektenfamilie Keldermans. Begonnen wurde der Bau von Andries und Matheus (1452), anschließend war Anthonis als Baumeister tätig (1506) und nach ihm sein Sohn Rombout. Das prachtvolle Gebäude ist unverkennbar südniederländisch mit seinem Vordergiebel mit 25 Skulpturen in Nischen und den vielen, mit Läden versehenen Dachkapellen. Die Ecken sind stark durch die mit vielen Zinnen verzierten Giebel ausgeprägt. Das ganze Gebäude, das aus drei rechtwinklig zueinanderstehenden Flügeln, einem Turm und einem Stufenturm besteht, ist reichlich mit äußerst feinen Ornamenten geschmückt. Das Rathaus von Middelburg ist eine nicht zu unterschätzende

Middelburg: die Abtei, 1746

Äußerung des Bürgerstolzes des 16. Jahrhunderts, ein Denkmal des Wohlstands und guten Geschmacks.

Seit dem Mittelalter war Middelburg ein Lagerplatz französischer Weine und ein Zentrum des englischen Tuch- und Wollhandels; die prächtigen Zunft- und Lagerhäuser aus dem 16. und 17. Jahrhundert (u. a. die restaurierte *Kuiperspoort*) erinnern an diese Vergangenheit. Nach dem Fall Antwerpens (1585) ließ sich eine große Zahl südniederländischer Kaufleute in Middelburg nieder. Auch die Ost- und Westindischen Kompanien hatten dort ein Kontor. Die damaligen internationalen Allüren wird man in dem heutigen etwas provinzhaft anmutenden Städtchen vergebens suchen.

Die 'blonden' Strände von Walcheren

VLISSINGEN, die Geburtsstätte des mit einem Denkmal geehrten Admirals Michiel Adriaansz. de Ruyter, wurde 1809 vom Meer her von den Engländern unter Beschuß genommen bei dem Versuch, der Herrschaft Napoleons ein Ende zu bereiten. Deshalb hat es nur noch einen winzigen Altstadtteil beim Fischerhafen. Die sogenannte 'Bombensichere Kaserne' liegt an der Landseite an einem der hübschen Boulevards, an denen die Stadt reich ist. Strand gibt es kaum, und bei Sturm schlägt das Meerwasser über den Weg. Vom Südboulevard sieht man gleich unter der Küste große Seeschiffe vorbeifahren, während andere Kolosse still auf der Reede liegen und warten, bis die Lotsen an Bord kommen.

Vlissingen ist eine strebsame Industriestadt geworden. Von alters her blühte hier die *Schiffbauindustrie*, aber nach der Einpolderung des heutigen Industriegeländes Vlissingen-Oost (1967) – beim Sloegebiet – haben sich zahlreiche in- und ausländische Industrien dort niedergelassen: die Firma Billiton, die französische Aluminiumfabrik Pechiney, die deutsche Hoechst usw. Von Vlissingen gibt es nicht nur die *Fähre* nach Zeeuws-Vlaanderen (Breskens), sondern auch eine nach England (Sheerness).

Schon von weitem erkennt man das *Kernkraftwerk* bei BORSSELE östlich des Sloegebiets an seiner schönen Kugelform. Dieses hypermoderne Kernkraftwerk bildet einen wunderlichen Kontrast zu dem zwar historischen, aber ganz mit Zirkel und Lineal geplanten Dörfchen Borssele mit seiner rechteckigen Anlage. Der Polder um Borssele, der 1517 überschwemmt war, wurde im 17. Jahrhundert erneut eingedeicht und völlig rechteckig parzelliert. Das Dorf wurde 1616 von dem Mathematiker und Festungsbaumeister Simon Stevin geplant, von dessen Vielseitigkeit in der Regel nur die Erfindung des Segelwagens angeführt wird. Alles im Dorf ist nach dem Verhältnis des goldenen Schnitts berechnet, sowohl die Form des Dorfplatzes als auch die Häuser um den Platz herum, was zu einem harmonischen Ergebnis führte.

Die Südküste Walcherens ist ein beliebtes *Feriengebiet* mit vielen Bungalowparks zwischen Äckern genau hinter der Dünenreihe und zahllosen, im Winter unbewohnten ›Zweitwohnungen‹. Bei VLISSINGEN, ZOUTELANDE und WESTKAPELLE macht die Dünenreihe Platz für einen *Seedeich*. Vor allem der Westkapellener Seedeich am westlichen Punkt Walcherens erfordert schon seit seiner Anlage viel Instandsetzungsarbeit. Im frühen Mittelalter wurde das Dorf durch eine allmählich schwindende Dünenreihe geschützt, aber 1444 konnte das Meer die letzte Schranke nehmen und Westkapelle ertrank. Die Bewohner bauten weiter landeinwärts ein neues Dorf, und die erste Stakete der neuen Deichbefestigung wurde am 14. Juli 1504 in Anwesenheit Kaiser Karls V. gesetzt. 1944 wurde dieser Deich von den Alliierten bombardiert, Walcheren wurde überflutet, die Alliierten konnten landen. Der Schriftsteller A. den Doolaard (geb. 1901) beschreibt den Anblick des gerade trockengelegten Landes:

»So wie eine Säge durch weiches Holz hin- und hergeht mit einer Kerbe, die immer tiefer wird, so wühlte der Gezeitenstrom hin und her durch Walcherens weichen Körper, Rinnen grabend, wo einmal Äcker und Gärten waren.«

Der schwere Kirchturm des alten Dorfes steht noch immer da und wird als Leuchtturm verwendet.

Jan Toorop: Reklame-Affiche, 1894

Das seeländische Land – und besonders Walcheren – hat immer eine große Anziehungskraft auf die Maler ausgeübt. Jan Toorop (1858–1928) wohnte eine Zeitlang in DOMBURG und malte damals die schweren, stämmigen Westkapellener Deicharbeiter. Viele kennen ihn von seiner Affiche für einen Salatölhersteller aus Delft (vgl. a. S. 142). Dieser Affiche verdankt der niederländische Jugendstil den Beinamen 'Salatölstil'. Auch Piet Mondrian (1872–1944) wohnte einige Zeit in Domburg, angezogen von Licht und Raum der seeländischen Landschaft (Farbt. 22). Im vorigen Jahrhundert war Domburg ein vornehmer Kur- und Badeort, wo die Großen der Welt in den Heilbädern Dr. J. Metzgers Linderung ihrer Beschwerden suchten. Von letzterem weiß die Geschichte, daß er 1870 als Millionär das Zeitliche mit dem Ewigen vertauschte. Es gibt nicht mehr viel, was an jene mondäne Zeit erinnert, die rumänische Königin dort in einer Villa wohnte, deren Namen genauso lautete wie ihr Schriftstellerinnenpseudonym: Carmen Silva. Das weiße Badhotel wird bald abgebrochen.

Das SCHLOSS WESTHOVE, zwischen Domburg und Oostkapelle, ist für Besucher nicht zugänglich, mit Ausnahme der Orangerie, die als *Museum* eingerichtet wurde. Die Dünen sind so schön und so reich bewachsen, daß die Herren Äbte der großen Abtei von Middelburg hier im Mittelalter ihr Landgut bebauten. Dieses Landgut ist für Spaziergänger zugänglich.

1647 wurden nach einem Sturm bei niedriger Ebbe die Überreste eines römischen *Nehelannia-Tempels* gefunden. Die Altäre und die Tempeltrümmer wurden geborgen und in der Kirche von Domburg untergebracht, wo der größte Teil 1848 bei einem Brand verlorenging. Was noch übrigblieb, kam ins *Oudheidkundig Museum* (Archäologisches Museum) in LEIDEN und in das *Zeeuws Museum* der Abtei in MIDDELBURG.

Nachdem ein Fischer durch Zufall in seinen Netzen einen Altar heraufgezogen hatte, wurden 1970 und 1971 bei Colijnsplaat (in unmittelbarer Nähe der Seelandbrücke) mehr als hundert Nehelannia-Altäre aus der Oosterschelde gefischt. Die Göttin Nehelannia, keltischen Ursprungs, war eine der Glücks- und Muttergöttinnen, die etwa um 200 n. Chr. vor allem im Rheinland verehrt wurden. Sie wird meistens mit einem Korb Früchten und einem Hund oder auch mit dem Fuß auf dem Vordersteven eines Schiffes abgebildet.

Von Veere nach Goes

Die Silhouette von VEERE zeichnet sich am schönsten ab, wenn man sie vom gegenüberliegenden Ufer der Veerser See aus betrachtet (Abb. 33). Dort liegt ein ausgedehntes Erholungsgebiet für Jachten und Segelboote, das 1961 nach dem Abschluß des Veerse Gat entstand. Die Berichte über die zunehmende Verschmutzung lassen befürchten, daß man den Umfang des Wassertourismus der siebziger Jahre unterschätzt hat. Aber der Blick auf die Stadtsilhouette bietet vor allem bei Sonnenuntergang, wenn die spiegelnde Wasserfläche rosarot gefärbt ist, ein unvergleichliches Bild.

Das Städtchen ist eigentlich zu klein für die mächtige, spätgotische *Kreuzbasilika,* ein (weiteres) Werk des Vaters Anthonis und Sohnes Rombout Keldermans. Bei einem Brand 1686 und einer Bombardierung durch die Engländer 1809 wurde die Kirche ernstlich beschädigt. Als Napoleon 1811 dort eine Armeeklinik einrichten wollte, wurden die ursprünglichen Fenster zugemauert und die Grabsteine zerstückelt als Rahmen für die rechteckigen und halbrunden Fenster, die sich darin recht unpassend ausnehmen. Der

Turm fehlt, aber der schwere Unterbau läßt vermuten, daß er eine fantastische Höhe haben sollte.

Das *Rathaus* (1474) erinnert in seinem Stil an das Rathaus von Middelburg (vgl. Farbt. 21), es ist aber viel strenger und einfacher. Der Entwurf wird dem Antwerpener Mr. Evert Spoorwater (15. Jahrhundert) zugeschrieben. Die Skulpturen aus Sandstein wurden ebenso wie die von Middelburg von dem Mechelener Michiel Ywijnszoon geschaffen, konnten jedoch dem seeländischen Wind nicht widerstehen und mußten bereits im 17. Jahrhundert restauriert werden. Die in Middelburg wurden im vorigen Jahrhundert bei einer Cuyperschen Restaurierung ersetzt; die heutigen Skulpturen in Veere stammen von O. Wenckebach (1895–1962).

Die melancholische Anziehungskraft vergangener Pracht ist vor allem im Hafen spürbar. Zwischen den vielen älteren Giebeln fallen die *Schottenhäuser* auf, zwei gotische Bauwerke, die 1561 für die schottische Handelskolonie gebaut wurden (Abb. 34). Die schottische Niederlassung hatte hier dank dem blühenden Wollhandel mit Schottland ein Kontor. Jetzt ist darin ein *Museum* untergebracht, wo u. a. die oben genannten Sandsteinskulpturen besichtigt werden können.

Später, als Veere ein Kriegshafen der Oranier wurde, zogen die Kaufleute fort. Infolge des Abschlusses des Veerse Gat 1961 gingen auch die Fischer weg, die hier seit dem 18. Jahrhundert ihren Heimathafen hatten. Zur Zeit ist Veere ein Touristenstädtchen, überfüllt während der Saison, sonst so gut wie verlassen.

Goes ist noch immer das Marktzentrum von Zuid-Beveland, wie es das früher schon war. Die Stadt ist ganz von Neubauten umgeben, aber der *Grote Markt,* der größte der drei rechteckigen Plätze im alten Stadtzentrum, bietet noch jeden Dienstag einen volkstümlichen Anblick. Aus ganz Zuid-Beveland zieht man dann zum Markt, oft in traditioneller Tracht: die Männer in Schwarz, die Frauen mit Spitzhäubchen, geschmückt mit Blutkorallen und goldenen Blechhauben.

Das *Rathaus* am Grote Markt, ursprünglich aus dem 15. Jahrhundert, jedoch 1771–75 im Stile Louis XV. umgebaut, hat noch einen gotischen Turm (1587). Einen Gegensatz zu ihm bildet die gotische *Kreuzbasilika* (1455), die trotz einem fehlenden Turm durch ihre Höhe die Stadtsilhouette bestimmt. Innen ist dieses Denkmal der Brabanter Gotik nicht weniger eindrucksvoll als von außen. Die schlanken Säulen in dem mächtigen Raum verleihen der Kirche eine Atmosphäre von Großartigkeit, wie sie der Stellung von Goes als bedeutendster Hafenstadt an der Oosterschelde im 15. Jahrhundert entsprochen haben mag.

Die wichtigste Industrie war der Salzhandel und die Verarbeitung des Krapps, einer Wurzel, die, zu Pulver gerieben, einen roten Farbstoff liefert. Der schöne alte Stadtkern hat hübsche Fassaden und kleine Gebäude aufzuweisen, wie das achtseitige *Fischversteigerungshäuschen* an der Turfkade (Torfkai), gekrönt von einer 300 Jahre alten Seejungfer. Das Haus mit spätgotischem Treppengiebel (1533) ist jetzt *Museum.* Im Hotel *De Korenbeurs* (Die Getreidebörse) kann man in einem Zimmer logieren, in dem Napoleon 1810 die Nacht mit seiner Frau Marie-Louise verbrachte.

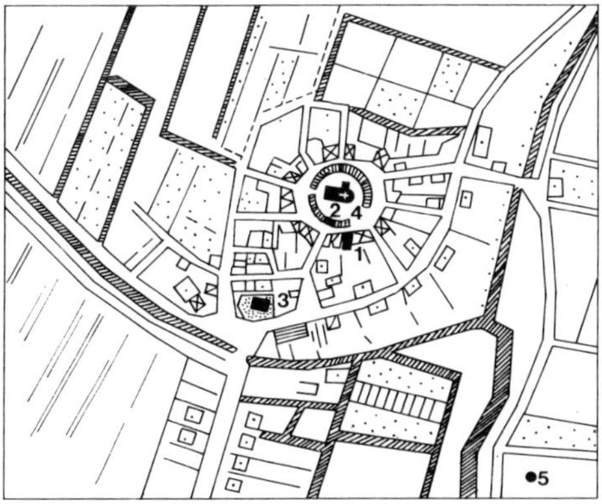

Das Runddorf Dreichor auf Schouwen, ein typisches Zeeland-Dorf

1 Rathaus 2 Vishuisje 3 Huis Wiedenburg 4 Kirche 5 Mühle

Um Goes herum liegen einzelne reizende kleine Orte wie Kloetinge und 's Heer Arendskerke. Das seeländische Dorf gehört im allgemeinen zum Typ des Runddorfes: in einem Kreis von Häusern steht die Kirche auf einer kleinen Anhöhe in der Mitte. Auf dem zentralen Platz findet man einen Teich, die ›Vaete‹ oder Pferdeschwemme, die in früheren Zeiten sowohl als Trinkplatz für die Pferde wie auch als Löschwasserbecken im Falle eines Brandes diente. Die Bauernhöfe der beiden Bevelande zeigen den seeländischen Scheunentyp, wobei die hölzerne Scheune getrennt vom steinernen Wohnhaus steht. Meistens ist das Holzwerk der Scheune schwarz geteert, aber es ist auch im Dunkeln wegen der weißen Tür- und Fensterumrahmungen gut zu sehen. Das Ganze macht einen Eindruck des Wohlstandes.

Austernfischerei in der Oosterschelde

Zwischen Krabbendijke und Kattendijke dehnt sich – mit Yerseke als Mittelpunkt – das Austern- und Muschelgebiet der Oosterschelde.

Noch immer ist die Oosterschelde ein einzigartiges Naturreservat mit salzigem, ziemlich sauberem Wasser, beträchtlichen Gezeitenunterschieden und sommerlicher Wärme, weshalb viele Fischarten sich frei und nach Belieben fortpflanzen können. Überall an der Küste ist es gleich schön. Man sieht die ausgedehnten Muschelbänke, wo die Menschen bei Ebbe bis zu den Knöcheln ins Wasser hineinlaufen zu den mit kleinen Stöcken bezeichneten Stellen. Es ist ein fast mittelalterlicher Anblick: die Männer in zeitlosen blauen Overalls mit Leistenstiefeln, die Frauen oft in weiten Bauernröcken über langen Stiefeln, mit farbigen anachronistisch anmutenden Plastikeimerchen, in die sie ihren Fang tun.

Die Austernbehälter zwischen den Linien von Flut und Ebbe zeichnen sich aus der Luft als hübsche volle Quadrate ab. Die Larven, die im Wasser herumschwimmen, setzen sich zuerst auf weißen Dachziegeln fest, den sogenannten '*collecteurs*' und werden erst später in den Behältern ausgesetzt. Nach dem zweiten Winter werden die Austern auf die Bänke gesetzt und nach etwa drei Jahren wieder eingefangen, um zunächst in den Austernbehältern innerhalb des Deiches gehalten zu werden (Farbt. 23, 24). Auch die Betriebsamkeit der Austernzüchter scheint wie aus einer anderen Zeit und kaum im Zusammenhang mit dem Bild von Luxus zu stehen, das diesem Artikel anhaftet. Tatsache ist, daß in Yerseke zwei Drittel der Bevölkerung von der Fischerei lebt, einschließlich der Transportbetriebe, die die begehrten Krusten- und Schalentiere zu den verschiedenen westeuropäischen Städten bringen.

Die Fahrt entlang der Oosterschelde in westlicher Richtung zu dem Damm über den Zandkreek, der die feste Verbindung mit Noord-Beveland herstellt, ist ungewöhnlich schön. Die kleinen Pfähle auf den grauen Deichen sind dicht mit grünem und braunem Seetang bewachsen, man hat Ausblick auf die Austern- und Muschelbänke auf den bei Ebbe trockenliegenden gelben Sandbänken der Oosterschelde. In den dicht besiedelten Niederlanden findet man nur selten einen so unbegrenzten Fernblick.

Die Frage, ob die Oosterschelde abgeschlossen werden soll, war Gegenstand einer heftigen Diskussion. Jetzt wird der Bau eines riesigen Pfeilerdammes in Angriff genommen. Dazu wurde in der Mündung der Oosterschelde ein '*Werkeiland*' (Arbeits-Insel) gebaut, das auch dem Publikum zugänglich ist. Von der Insel Schouwen gehen täglich Boote zu dieser Neeltje Jans genannten Insel.

Durch das streng parzellierte Noord-Beveland führt der Weg an einer weißen Mühle vorbei zu der ebenso weißen ZEELANDBRUG (Seelandbrücke), mit ihren fünfzig Bögen und ihrer ausgewogenen Linienführung ein ästhetisches wie technisches Wunderwerk (Farbt. 25). Am anderen Ufer der Oosterschelde ragen die Umrisse von Zierikzee empor, der einstigen Hauptstadt Seelands.

Zierikzee und Brouwershaven

Das historische Städtchen ZIERIKZEE (Abb. 35) ist schön restauriert, jedoch wirkt es einigermaßen melancholisch, von der Welt abgeriegelt durch seine drei Stadttore aus dem 14. und 16. Jahrhundert. Daß Zeeland im Vergleich zu Holland noch so viele historische Gebäude aus dem Mittelalter hat, ist vor allem wirtschaftlich begründet. Die blühenden holländischen Städte ersetzen die alten Gebäude durch zeitgemäßere Bauten, Zeeland jedoch war wirtschaftlich rückständig und mußte zwangsläufig das bewahren, was vorhanden war.

Das *Gravensteen* in Zierikzee ist ein ehemaliges Gefängnis, das sich nur durch seine Gitterstäbe von einem normalen Haus unterscheidet (1524). Der *St. Lieven Munstertoren* blieb erhalten, weil er frei von der großen Brabanter Kirche stand, zu der er gehörte und die 1832 niederbrannte. Andries Keldermans begann 1454 den Bau, und obgleich sein Werk von seinen Nachkommen Anthonis und Rombout weitergeführt

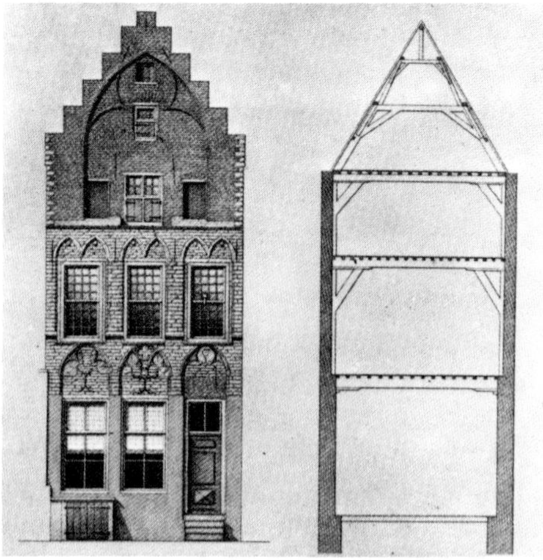

Zierikzee: das Tempeliershuis in der Meelstraat 1

wurde, ist man nie über zwei Stockwerke hinausgekommen. Sie lassen jedoch erkennen, daß der Turm höher als der Dom in Utrecht werden sollte. Man mag sich vorstellen, was für ein großartiger Anblick ein solcher Turm in diesem flachen Land gewesen wäre, das von keinem Hochhaus oder Industrieschlot verunziert wird.

Daß dieser stattlich begonnene Turm nicht fertiggebaut wurde, hat seinen Grund in einer Reihe von Katastrophen, die Zierikzee trafen und seiner Bedeutung als wichtigster Hafenstadt ein Ende setzen. Außer den üblichen Bränden und einer Pestepidemie war es vor allem die Versandung der Gouwe, die in dem Meeresarm Grevelingen mündet, die Zierikzee zugrunde richtete.

Im 17. und 18. Jahrhundert kam das Städtchen durch eine Kanalverbindung mit der Oosterschelde zu neuer Blüte. Man fuhr damals nach Indien, und auch der Heringsfang war bedeutend. Aus jener Zeit stammen die hübschen Häuser am *Oude Haven* (alter Hafen) und der Umbau des *Rathauses*. Doch auch diese Blüte fand ein Ende. Auf dem *Vismarkt* bekommt man schon lange keinen frischen Fisch mehr.

Die äußerste westliche Ecke der Insel Schouwen-Duivenland ist ein bewaldetes Dünengebiet um HAAMSTEDE herum. 1920 wurden die kahlen Dünen, die unter der fortwährenden Einwirkung des Windes zu verwehen drohten, mit korsikanischen und österreichischen Tannen bepflanzt, die den Sand festhalten sollen.

An der Nordküste von Schouwen liegt an der Grevelingen das kleine BROUWERSHAVEN, das seinen Namen seiner früheren Stellung als seeländischer 'Bierhahn' verdankt: da Zeeland mangels Quellwasser keine eigene Brauerei hatte, mußte das Bier im Mittelalter aus Holland eingeführt werden. Die schöne *Reformierte Kirche* aus dem 14. Jahrhundert ist ein Bau der flämischen Gotik (Abb. 38). Vom 15. bis weit ins 19. Jahrhun-

Brouwershaven: das Rathaus im Vredeman de Vries-Stil

dert diente Brouwershaven als Vorhafen für Rotterdam, weil es am tiefen Wasser lag. Nach der Fertigstellung des Nieuwe Waterweg (1872) blieb von ihm nicht mehr übrig als ein Krabbenfischerort, der jetzt noch eine bescheidene Rolle im Tourismus spielt.

Der *Marktplatz* ist mit der Statue des Dichter-Staatsmannes Jacob Cats geschmückt, der 1577 in Brouwershaven geboren wurde. Zu seiner Zeit wurde das im flämischen Stil gehaltene *Rathaus* gebaut, das ebenfalls am Markt steht (Abb. 37). Cats wurde holländischer Ratspensionär und verwandte sich für seine Geburtsprovinz, indem er Einpolderung und Urbarmachung anregte.

57 VOORSCHOTEN Duivenvoorde

◁ 56 LEIDEN Das Rathaus mit dem reichgeschmückten Renaissance-Giebel

58 NOORDWIJK

59 Nordseestrand

60 Tulpenfelder in der Nähe von Lisse

61 HAARLEM Teylers Museum, der ovale Saal mit der ›Elektrisiermaschine‹ von 1784, gemalt von Wybrand Hendriks

62 AMSTERDAM Magere Brug

63 AMSTERDAM Mozes en Aaronkerk im Jahr 1967

64 AMSTERDAM Der Hafen

65 AMSTERDAM De Leidse Gracht, Zeichnung von Jan Schouten, 1757

66 AMSTERDAM De Nieuwebrug en het Huis met het Torentje, Zeichnung von Jan de Beyer, 1757

67 AMSTERDAM De Nieuwmarkt, Zeichnung von Reinier Vinkeles, um 1780

68 AMSTERDAM Albert Cuyp-Markt, Zeichnung von J.M. Luttge, 1954

69 AMSTERDAM Häuser des 19. Jahrhunderts

70 AMSTERDAM De Oude Schans

71 AMSTERDAM Lijnbaansgracht

72 AMSTERDAM Binnenkant

73 AMSTERDAM Binnenkant

74 AMSTERDAM Gerard Doustraat

75 AMSTERDAM Das Bijlmermeer, gesehen von einem Ford Impala aus, Zeichnung und Collage von Jeroen Henneman, 1971

76 AMSTERDAM Wohnblock der Amsterdamer Schule an der Spaarndammerplantsoen, 1916–18

77 AMSTERDAM Im Garten des Stedelijk Museums

78 AMSTERDAM Stedelijk Museum: ›Selbstporträt vor der Staffelei‹ von Vincent van Gogh

79 AMSTERDAM Rijksmuseum: ›Die Nachtwache‹ von Rembrandt

80 AMSTERDAM Rijksmuseum: ›Jeremias trauert über die Zerstörung Jerusalems‹ von Rembrandt

Zuid-Holland

Der südliche Teil der ehemaligen Grafschaft Holland ist flächenmäßig nicht die größte Provinz – das ist Gelderland –, aber mit seinen 3 Millionen Einwohnern eine Konzentration vieler sehr alter Städte und abwechslungsreicher Landschaften und damit die eindrucksvollste Provinz: vor allem die 'Randstad' Hollands.

Im Westen dehnt sich entlang der Nordsee die Dünengegend aus mit den fruchtbaren Geestgründen (Gartenbau, Blumenzwiebeln). Südlich des Industriegebietes um den Nieuwe Waterweg liegen die südholländischen Inseln, die landschaftlich viel Ähnlichkeit mit den seeländischen Inseln aufweisen. Die Mitte und der Osten sind ein Wiesengebiet, das grüne Herz Hollands, mit seinen Poldern, die oft sehr tief unter dem Meeresspiegel liegen. Im Norden liegt die Seenplatte, die das Rheingebiet von Noord-Holland trennt, mit dem Haarlemmermeerpolder und Amsterdams Flughafen Schiphol.

Die südholländischen Inseln

Die Doppelinsel Goeree Overflakkee unterscheidet sich nicht viel vom seeländischen Schouwen Duiveland. Obwohl sie beim Februarsturm 1953 genauso zu leiden hatte, war diese etwas ältere und höhere Insel ziemlich schnell wieder trocken, während das

Wasser auf Schouwen Duiveland wie in einer Schüssel stehen blieb. Fast alle Dörfer auf der Doppelinsel sind ehemalige Fischerdörfer, die durch Einpolderungen auf einmal mitten im Land lagen. Die spätmittelalterlichen Ortskerne haben noch die ursprüngliche Anlage: einen Hafen, eine breite Vorstraße und den Kirchplatz als Mittelpunkt.

OOLTGENSPLAAT, an der östlichsten Stelle, ist ein typisches Beispiel dafür. Der kleine Ort MIDDELHARNIS, Mittelpunkt eines Landwirtschaftsgebietes, hat eine berühmte kleine Allee: das *›Laantje van Middelharnis‹* (National Gallery, London) malte Meindert Hobbema (1636–1709). Obgleich er einer der talentiertesten Schüler Jacob van Ruysdaels war, hat der in einem Waisenhaus aufgewachsene Hobbema nach seiner Heirat mit der Küchenmagd des Bürgermeisters von Amsterdam (1668) nicht mehr viel gemalt. Die Geschichte weiß, daß er 1669 die Stelle eines städtischen Weinvisierers erhielt (er hatte mit einem Meßstab das Fassungsvermögen von Weinfässern zu messen); diese Tätigkeit war vermutlich einträglicher als das Malen.

Der beeindruckende *Haringvlietdam* verbindet Goeree Overflakkee mit einer anderen südholländischen Doppel-Insel, VOORNE PUTTEN. Am Fuß des Dammes liegt HELLEVOETSLUIS. Es entstand als künstlich angelegter Kriegshafen (1598). 1637 wurde ein Dock zur Wiederinstandsetzung von Kriegsschiffen gegraben. Noch immer hat der Ort den Charakter einer Festung. Bis die Marinewerft (1930) nach Den Helder verlegt wurde, war Hellevoetsluis Marinehafen. Von hier aus stach der Statthalter Willem III. 1688 mit einer Flotte von 400 Schiffen in See, um seinen Schwiegervater, den römisch-katholischen Jakob II. von England vom Thron zu vertreiben; ein Jahr darauf war er selbst König von England. Das ehemalige Admiralitätsgebäude aus dem 17. Jahrhundert (von Pieter Post) ist jetzt *Rathaus*, und in der früheren Marinekaserne ist ein *Feuerwehrmuseum* untergebracht. Mit einem Rundfahrten-Boot kann man die *Delta-Anlagen* besichtigen.

ROCKANJE ist ein typischer kleiner Badeort, wo man im Winter die Romantik luxuriöser Einsamkeit auskosten und im Sommer über endlose Dünen- und Weißdornpfade spazieren kann, ohne jemandem zu begegnen. Die Dünenlandschaft hinter Voorne ist eine der schönsten Gegenden an der niederländischen Küste. Bei OOSTVOORNE ist der Strand so breit (mehr als 100 m), daß man dort sogar mit dem Auto fahren kann. Das Dorf Oostvoorne selbst ist als Niederlassung im Windschatten der runden, mittelalterlichen Burg der Herren von Voorne entstanden; die Fundamente der Burg liegen noch hinter dem *Rathaus* auf einem künstlichen, von einem Graben umgebenen Hügel. Die Steine der Ruine hat man im 17. Jahrhundert beim Wiederaufbau der mittelalterlichen Kirche verwendet, die vom Brand zerstört wurde.

In der brabantisch-gotischen, unvollendet gebliebenen *St. Catharinakerk* von BRIELLE heiratete Willem van Oranje am 12. Juni 1575 seine dritte Frau, Charlotte de Bourbon. Innerhalb der Stadtumwallung ist das historische Zentrum von Brielle gut erhalten. Die vielen schönen Giebel und restaurierten Gebäude erinnern an das 16. und 17. Jahrhundert, als Den Briel eine der mächtigsten und reichsten Städte der Provinz Holland war.

Hier eigentlich begann ziemlich unerwartet der Achtzigjährige Krieg und zwar dadurch, daß am 1. April 1572 eine Handvoll Watergeuzen durch einen Überraschungsangriff den Spaniern die Stadt entriß, 'im Namen Oraniens', wie sie verkündeten. Oranien selbst war davon unangenehm überrascht, denn nicht nur roch ihm das Auftreten der Geusen nach Anarchie, es stimmte auch nicht mit seinem behutsamen politischen Vorgehen überein. Doch es wurde der Anlaß zur Organisation der ersten nordniederländischen Regierung. Auf einer Staatenversammlung (19.–23. Juli 1572) in Dordrecht kam man zu einem vorläufigen Vertrag. Willem van Oranje wurde zum 'gesetzlichen' Statthalter des Königs ausgerufen. Das war der Anfang des Unabhängigkeitskrieges, der bis 1648 (Westfälischer Friede) dauern sollte und zu der für damalige Zeit unerhörten Situation führte, daß Bürger sich selbst regierten, ihr politisches Schicksal selbst in die Hand nahmen, ohne sich, wenigstens dem Namen nach, einem Monarchen unterzuordnen.

De Rijnmond – Hafenanlagen und Industrie

Fast gegenüber diesem geschichtsträchtigen Ort liegt westlich von Rotterdam ein riesiges Hafen- und Industriegebiet am Ufer des *Nieuwe Waterweg:* die Maasvlakte, der Europoort, das Botlekgebiet und Pernis. Schon 1731 hatte der geniale Wasserbauingenieur Nicolaas Cruquius, der Landvermesser von Delfland, einen Plan entworfen, Rotterdam unmittelbar mit dem Meer zu verbinden, indem man die Dünen bei Hoek van Holland durchgrub. Man wagte es damals nicht, aber der junge Ingenieur Pieter Caland (1826–1902) machte anhand der alten Pläne einen neuen Entwurf, der zwischen 1866 und 1872 ausgeführt – und später noch verbessert wurde. Durch diese neue Wasserstraße konnte Rotterdam, bis zu jener Zeit eine wohlhabende Handelsstadt, sich zu eine der größten Hafenstädte der Welt entfalten. Rotterdam verdankt sein ungeheures Wachstum vor allem seiner Stellung als Vorhafen für das deutsche Ruhrgebiet, das sich von Dortmund bis zum Rhein ausdehnt und zwei Drittel der deutschen Kohle und drei Viertel der deutschen Stahlerzeugung liefert.

In erster Linie ist Rotterdam immer ein Durchgangshafen für den Umschlag von See- auf Rheinschiffe und umgekehrt gewesen. Nach und nach dehnten sich die Häfen von Rotterdam in westlicher Richtung aus. Schon 1929 wurde der Anfang eines Ölhafens beim ländlichen PERNIS gemacht. Nachdem die schweren Kriegsschäden des Zweiten Weltkrieges beseitigt waren, veränderte sich das Gebiet entlang der Maas- und Rheinmündung rasch durch die Ausführung der Botlek- und Europoort-Projekte, durch die Rotterdam bald über sehr tiefe Häfen verfügte, die Öltanker und Seeschiffe aufnehmen konnten. 1962 war das BOTLEKGEBIET bereits vollgebaut, u. a. mit Niederlassungen von Esso, Shell und Chevron, mehreren Stahlbetrieben, der Riesenwerft Verolmes, Dow Chemical, Zoutchemie, DSM Staatsmijnen, Ketjen-Akzo, Borax und ICI.

Noch ehe das Botlekgebiet vollständig bebaut war, begann man schon mit der Anlage von EUROPOORT/ROZENBURG, wo inzwischen verschiedene Ölraffinerien und verwandte petrochemische Industrien, Versorgungsbetriebe der Ölzufuhr und -lagerung und ein Hochofen- und Stahlbetrieb entstanden. Die jüngsten Erweiterungen sind ein großer Containerhafen an der Nordseite des Nieuwe Waterwegs, RIJNPOORT bei Maasdijk, und die MAASVLAKTE, die angeschwemmte Sandbank im äußersten Westen, wo kaum ein Grashalm wächst, wo aber ein Erzumschlagbetrieb, ein Reparaturdock, ein Kraftwerk, ein Containerhafen, ein LNG-Terminal und ein Öl-Terminal entstanden sind.

Die Landschaft westlich von Rotterdam hat sich mit den neuen Häfen und Industriegeländen ebenfalls verändert. Der ausgedehnte Wald von Schloten, Öltanks und Rohrleitungen mit ewiger Flamme bietet einen etwas schaurigen, fantastischen Anblick, vor allem bei Dämmerung, wenn die Flammen sich hell vom Himmel abzeichnen. Was bis vor kurzem noch ruhige Städtchen und Fischerhäfen an den Mündungen der großen Flüsse waren, still zwischen Wiesen und Äckern gelegen, hier und da mit einem Bauernhof, sind heute Altstadtkerne von Wohnsiedlungen mit Neubauvierteln, modernen Verkehrsstraßen, Ladenzentren, Büro- und Parkhäusern.

Obwohl man Rotterdam durch den Benelux- oder Maastunnel erreichen kann, gibt es immer noch die kleine *Fähre* bei MAASSLUIS, von wo man einen Blick auf den Nieuwe Waterweg hat.

Schiedam – Geneverstadt

Eingezwängt zwischen Vlaardingen und Rotterdam liegt SCHIEDAM. Von seinem *Maasboulevard* hat man einen wundervollen Blick auf die Nieuwe Maas. Der Name Schiedam ist unlösbar mit dem holländischen Destillat verknüpft. Der kleine Ort entstand im 13. Jahrhundert an der Schiemündung. Anfänglich waren Fischerei, Frachtfahrt und auch der Tuchhandel die wichtigsten Einnahmequellen. Doch begann man im 17. Jahrhundert unter Zuhilfenahme des sehr weichen Schiewassers Genever (Kornbranntwein) aus Korn und Kartoffeln zu destillieren. Im 18. und 19. Jahrhundert hatte der Kornbranntwein solchen Absatz gefunden, daß Schiedam mehr als 400 Brennereien zählte, die schwarzen Qualm über das grüne Land ausspien. Als gegen Ende des 19. Jahrhunderts Spiritus zum Grundstoff für Genever wurde – und er also nicht mehr gebrannt zu werden brauchte –, hatte das einen tiefgreifenden Wandel zur Folge. Die zweiundzwanzig Getreidewallmühlen verschwanden bis auf vier, unter denen der *Walvisch* mit 33 m die höchste der Welt ist. Auch die Brennereien sind fast alle verschwunden.

Die *Kornbörse* (1792), wo das Getreide für die Malzindustrie gehandelt wurde, steht noch, prahlend mit Galerien und Pilastern im Stil Louis XVI. Mit gemischten Gefühlen schaut man das sogenannte *Zakkendragershuisje* (Sackträgerhäuschen) an, das einen kleinen Turm mit einem Sackträger als Windfahne hat. Wenn die Ladung eines Kornschiffes zu löschen war, wurden die Sackträger durch Glockenläuten gerufen. Jeder, der beim Auslaufen einer Sanduhr (7 Minuten) nicht mit beiden Beinen über die Schwelle gekommen war, wurde von der Teilnahme am Würfeln um die Arbeit ausgeschlossen. Durch einen Trichter über dem Würfeltisch wurden die Würfel geworfen, die dann erst noch auf eine Holzkugel fielen: eine Art Roulettespiel um Arbeit.

Die armen Brennerknechte wohnten im verräucherten Viertel Brandersbuurt, während die reichen Brenner und Geneverhändler vor allem in den reichen Häusern des 16. Jahrhunderts am Lange Haven wohnten. Im *St. Jacobsgasthuis* wurden Museen untergebracht, in denen man Auskunft über die Vergangenheit der Stadt der 'flüssigen Sünde' bekommt.

Obwohl es noch viele Geneverfabriken und -abfüllereien gibt, sind es heute vor allem der Schiffsbau und die Glasfabriken, die Arbeitsplätze bereitstellen.

Schiedam war es auch, wo François Haverschmidt (1835–1894) Prediger war, ein romantischer Dichter, der seine melancholischen Verse unter dem Pseudonym Piet Paaltjes veröffentlichte:

»Als ik een bidder zie lopen,
dan slaat mij 't hart zo blij.
Dan denk ik hoe hij ook weldra
*uit bidden zal gaan voor mij.«**

Tatsächlich gab es in jener Zeit viel zu beten. Das Feuer der Brennereien war gelöscht, aber die Stadt blieb schwarz wie ein Haufen Schlacke zurück; in den stinkenden Kanälen trieben tote Katzen und Hunde, und die arbeitslosen Brennerknechte waren grün vor Hunger oder blau vom Trinken. Von jener traurigen Vergangenheit ist nichts mehr zu sehen, und man muß schon eine gute Nase haben, wenn man es noch riechen will.

Zwischen Vlaardingen und Schiedam liegt der BENELUXTUNNEL unter der Nieuwe Maas. Seit 1970 stellt diese Uferverbindung eine Entlastung für den meist sehr stark befahrenen Maastunnel im Herzen Rotterdams dar.

Rotterdam

Ein interessantes Bild von ROTTERDAM und dem angrenzenden Hafengebiet kann man vom *Euromast* beim Maastunnel aus gewinnen. Dieser Turm hat eine Terrasse in 100 m Höhe (mit Aufzug erreichbar). Seit 1970 kann man von dort aus 32 m und noch einmal höher, bis 185 m, steigen, wo ein sich drehender gläserner Käfig einen eindrucksvollen Rundblick bis zu 30 km weit bietet. Einen anderen, nicht weniger wichtigen Überblick kann man bekommen, wenn man eine *Hafenrundfahrt* mit dem Schiff macht.

* Sehe ich einen Leichenbitter gehen / dann schlägt mir das Herz so froh. / Da denke ich, wie er auch bald / ausgehen wird, für mich zu beten.

Bei der deutschen Bombardierung am 14. Mai 1940 wurde fast der ganze alte Kern der Maasstadt zerstört. Eine Bombardierung durch die Alliierten im März 1943 vollendete die Verwüstung. Nach dem Krieg wurde der Wiederaufbau planmäßig durchgeführt, ohne daß man dabei die alte Straßenführung wesentlich änderte. Das neue Herz von Rotterdam ist ein L-förmiges Einkaufsviertel für Fußgänger, das erste seiner Art, die sogenannte *Lijnbaan* (1953) von van den Broek und Bakema. Der Nachteil solcher Ladenstraßen ist die abendliche Ausgestorbenheit.

Auf dem offenen Rechteck vor dem Rathaus steht ein ergreifendes *Kriegerdenkmal* von Mari Andriessen (geb. 1897), dem Bildhauer, der u. a. auch den ›Dokwerker‹ (Hafenarbeiter) auf dem J. D. Meyer-Platz in Amsterdam sowie das Monument in Enschede schuf. Bei der Planung des Wiederaufbaus von Rotterdam wurde viel Raum für moderne Bildhauerei gelassen. Eines der bekanntesten Bildwerke ist *›Die zerstörte Stadt‹* von Ossip Zadkine (Abb. 39). Die Skulptur symbolisiert das jüngste Schicksal der Stadt durch eine Gestalt, der das Herz fehlt.

Genau wie die *Van Nelle-Fabrik* (1929) von L. C. van der Vlught und J. A. Brinkman ist die *Börse* (1937–40) von J. F. Staal (1879–1940) an der ansehnlichen Coolsingel ein Beispiel 'Neuer Sachlichkeit', eines Baustils, der sich eigentlich parallel zu der 'Stijlgroep' entwickelte: jener Gruppe um Theo van Doesburg mit u. a. Piet Mondrian, J. J. P. Oud und G. Th. Rietveld. Das Ideal war radikale Vereinfachung und Abstraktion, die sich sowohl vom strengen Rationalismus Berlages wie auch von der Amsterdamer Schule mit ihrem Hang zum Verspielten absetzte.

Rotterdam geht behutsam mit den wenigen Geschichtsdenkmälern um, die es noch hat. Die *Grote oder St. Laurenskerk*, die 1940 zerstört wurde, wurde Stein für Stein wieder aufgebaut, bis sie wieder das gleiche brabantisch-gotische Bauwerk war wie zuvor. Vor der Kirche steht das *Denkmal des Rotterdamer Humanisten Desiderius Erasmus* (1469–1536); es wurde von Hendrik de Keyser(1622) geschaffen. Über den einzigen historischen Stadtteil von Rotterdam, *Delfshaven* (Abb. 41), werden wir später zu schreiben haben (bei Delft); hier sei nur noch das *Gemeenlandshuis* (Deichamt) von Schiedam (1662–1665) genannt. Nach Erasmus wurde die Universität benannt, die aus der ehemaligen Economische Hogeschool hervorgegangen war. Von 1966 stammt das Kulturzentrum *De Doelen.* Die Stadt hat eine Anzahl interessanter Museen, von denen zwei hervorzuheben sind: das *Museum Boymans-van Beuningen* wegen seiner Qualität und das *Belastingsmuseum* (Steuermuseum) wegen seiner Amüsantheit.

Die Sammlung *Boymans-van Beuningen* hat internationalen Rang. Neben Glas, Keramik und einer einmaligen Zinnsammlung besitzt das Museum einen Schatz alter Malerei, darunter Hieronymus Bosch (Abb. 40), van Eyck, Brueghel, Lucas van Leyden, Jan van Scorel und andere Meister des 16. Jahrhunderts; aus dem 17. Jahrhundert: Avercamp (Farbt. 26), Frans Hals, Pieter Saenredam, Rembrandt, Jan van Goyen, Jan Steen, Rubens usw. Die Abteilung Moderne Malerei ist ebenso beeindrukkend: Dali, Magritte, Kandinsky, Willink, Koch, Man Ray und viele andere. Dazu kommt eine internationale Sammlung von Zeichnungen und eine Kollektion alter und neuer Stiche.

Das *Steuermuseum* befindet sich in einem Viertel des 19. Jahrhunderts in der Parklaan. Hier kann man nicht nur die erfinderischsten und fantasievollsten Formen der Schmuggelei und sonstiger Betrügerei studieren, sondern auch, wie die Proteste gegen Steuern durch die Jahrhunderte bestraft wurden und für welch verschiedene Sachen man in der Vergangenheit besteuert wurde. Die Geschichte eines Volkes läßt sich offenbar auch aus fiskalischer Sicht schreiben: von dem Zehnten Pfennig zu Anfang des Achtzigjährigen Krieges bis zur Mehrwertsteuer unserer Zeit.

Man kann Rotterdam in südlicher Richtung verlassen, um durch den hübschen *Hoekse Waard* (Werder) mit seinen alten Dörfern und Bauernhöfen Dordrecht zu erreichen, eine der ältesten Städte Hollands.

Dordrecht

DORDRECHT liegt auf einer Insel; eine Abgeschiedenheit, durch Überschwemmung entstanden, aber nicht zum Schaden der Stadt. Man konnte auf den dicht befahrenen Flüssen Zoll erheben, und besonders das Stapelrecht war eine Goldgrube: sämtliche Schiffe, die an der Stadt vorbeikamen, mußten ihre Güter zur Lagerung, zum Umschlag oder zum Verkauf löschen. Die prachtvollen Giebel der Lagerhäuser und Kaufmannswohnungen im Hafenviertel erinnern so auch an die blühende Vergangenheit. Ab 1283 wurde hier die holländische Münze geprägt, bis König Lodewijk Napoleon (Ludwig Bonaparte, Napoleons Bruder) 1807 in Utrecht die Reichsmünze errichtete. Der Münzkomplex, von dem nicht mehr viel übrigblieb, stellte eine Welt für sich dar: eigene Werkstätte und Wohnungen, ein eigenes Gericht und sogar eine eigene Kapelle in der *Onze Lieve Vrouwekerk*. Selbst die St. Elisabethsflut konnte Dordrechts Entwicklung nicht aufhalten. Seit dem 16. Jahrhundert entwickelte sich der sogenannte Dordrechtse Giebel (Abb. 42), dem man aber auch in anderen Städten an der Maas begegnet. Bis ins 18. Jahrhundert wurden diese zierlichen Treppengiebel aus Backstein gebaut, bei denen das obere Stockwerk mit Bögen über die Fensternischen ragt.

Der gerade restaurierte *Hof* – mit dem Rollwerk-Giebel im Stil von Vredeman de Vries – ist Teil des früheren Augustinerkloster-Komplexes, wo 1572 unter größter Geheimhaltung die erste Generalstaaten-Versammlung stattfand, die den Anfang des organisierten Aufstandes gegen die Spanier unter Führung des Prinzen von Oranien bedeutete.

In Dordrecht wurden die Brüder Johan und Cornelis de Wit geboren (1623, 1625 bis 1672), die beiden Staatsmänner, die der wachsenden Autorität des Statthalters die Stirn zu bieten versuchten und für größere Souveränität der Gebiete eintraten. Die Spannungen wurden 1672, im Katastrophenjahr, als die Republik von allen Seiten von Feindestruppen bedroht war und das Volk in seiner Verzweiflung nach Oranien rief, so stark, daß Cornelis, der Bürgermeister von Dordrecht war, in Den Haag unter Beschuldigung der Verschwörung gegen den Statthalter Willem III. in Fesseln gelegt wurde. Sein Bruder wurde mit einer falschen Nachricht zu der Gevangenenpoort gelockt, wo beide von der Volksmeute auf grausame Weise gelyncht wurden.

Am reichsten ist Dordrecht an Giebeln aus dem 17. und 18. Jahrhundert, unter denen sich einige für die damalige Zeit sehr gewagte befinden. Drei Cousins hatten eine Art Wette abgeschlossen, wer wohl den gewagtesten Giebel verwirklichen würde. Pieter Post machte den Entwurf für das Haus Wijnstraat 9, der ›Onbeschaemde Burger‹ (der unverschämte Bürger) mit dem Bild eines nackten Kindes und zwei Wappenschildern sowie für das Haus Engelenkade 10: Meermann und Meerfrau, sich umarmend. Der dritte Giebel, der offensichtlich zu kühn war, kam nie zustande.

Etwas außerhalb von Dordrecht steht *Dordwijck*, das Landhaus Albert Cuyp's (1620–91). 1940 brannte es aus, konnte aber anhand eines Gemäldes in amerikanischem Besitz ganz im alten Stil wieder aufgebaut werden. Dordrecht hat immer eine Anziehung auf Maler ausgeübt, und nicht wenige sind dort geboren. Das *Dordrechtse Museum* in der Museumstraat zeugt mit seiner Sammlung davon, die Werke von Vater und Sohn Cuyp, Rembrandts Schülern Ferdinand Bol und Nicolaas Maes (ein Dordtenar) und den Gebrüdern Maris umfaßt: Jacob (1837–99), Matthijs, der begabteste (1839–1917) und Willem (1844–1910).

Eine bemerkenswerte Gestalt war der in Frankreich tätige Dordrechter Ary Scheffer (geb. 1795), der seiner Mutter zuliebe Maler wurde und von dem im Museum einige seiner Goethe-Gemälde hängen (u. a. Gretchen und Faust). Von ihm sagt Heinrich Heine 1831: »Seine Feinde sagen ihm nach, er male nur mit Schnupftabak und grüner Seife. Ich weiß nicht, wie weit sie ihm Unrecht tun.«

Der Turm der spätgotischen brabantischen *Basilika* – man heißt ihn den stumpfsten Turm der Niederlande –, 1334 begonnen, ist 1457 beim großen Stadtbrand in seiner jetzigen Höhe stehengeblieben. Das glanzvolle Chorgestühl (1538–41) des Südniederländers Jan Terwen Aertsz hat den Bildersturm überlebt (Abb. 43).

Das gilt übrigens für mehrere Frührenaissance-Stücke des Kirchenmobiliars. Man muß es sich wohl so erklären, daß den Bilderstürmern 1566 entweder die zeitgenössischen Kunstwerke so gut gefielen oder daß sich ihr Haß stärker gegen die traditionelle gotische Kunst richtete als gegen Kunstäußerungen, die sie bis dahin noch nicht gesehen hatten. Die üppige Kanzel aus weißem Marmor, mit einem Kanzeldach aus Mahagoni wie eine Krone darüber, stammt von 1753.

Die grünen Werder und die Mühlen

Beiderseits des Lek, zum Teil auch in der Provinz Utrecht, liegen die Waarden (Werder; Farbt. 28): ALBLASSERWAARD, KRIMPENER WAARD, VIJF HEREN LANDEN, LOPIKERWAARD. Teilweise noch unter dem Qualm des Hafen- und Industriegebiets von Rotterdam dehnt sich hier das grüne Herz von Holland mit seinen flachen Wiesen und schwarzbuntem Vieh aus, seinen endlosen Reihenhäuserbauten entlang der kleinen Poldergewässer, den Weidenstümpfen zu seiten der Gräben, den großen Bauernhöfen mit Schilfdächern, den kleinen Deichhäusern an Lek und Waal und, nicht zu vergessen, den beeindruckenden Poldermühlen (Farbt. 27). Achtzehn Poldermühlen – siebzehn Windmühlen mit drehbarem Oberteil und eine Schaufelradmühle – findet man bei KINDERDIJK in der äußersten westlichen Ecke von Alblasserwaard (Farbt. 30). Kinderdijk verdankt seinen Namen, so lautet die Legende, einem Ereignis zur Zeit der St. Elisabethsflut 1421. Dort wurde damals eine Wiege mit einem schlafenden Kind und einer ausgehungerten Katze angespült, die durch geschicktes Hinundherspringen das Fahrzeug am Schwimmen gehalten hatte. Ein Giebelstein im *Huis te Kinderdijk* erinnert an diese Geschichte.

Die vielen Überschwemmungen haben die Einwohner aus dem fruchtbaren Alblasserwaard nicht vertreiben können. Die Fruchtbarkeit des Bodens veranlaßte sie schon früh, dem Wasser das überschwemmte Land abzugewinnen, indem sie zuerst mit Hand- und Pferdemühlen und etwa nach 1450 mit Schaufelradmühlen das Wasser abpumpten. Die ersten Mühlen waren offensichtlich nicht sehr solide; in den alten Vorschriften findet man die Bestimmung, daß der Mühlenmacher verpflichtet war, sein Bauwerk wieder aufrecht hinzustellen, wenn es vom Wind umgeworfen wurde. Der Gedanke, die Kraft von Wind oder Wasser als Energie zum Mahlen zu nutzen, kam den Menschen schon im Mittelalter. Der älteste Typ ist die *Standerdmühle* (12. Jahrhundert), eine Getreide- und Ölmühle, wie man sie noch zehnerweise in Gelderland, Brabant und Zeeland findet. Das ganze Mühlenhaus ist um eine senkrechte

Mühlenarten:

1 Standerdmühle 2 Wipp- oder Schaufelradmühle 3 Paltrokmühle 4 Bovenkruier oder Mühle mit drehbarer Haube 5 Tjasker, wird mit der Hand auf den Wind ausgerichtet. Sie heißt in Friesland ›Spinnekop‹

Achse drehbar: den Standerd (Ständer). Aus dem 15. Jahrhundert stammt die *Wipp- oder Schaufelradmühle,* eine Wasser- oder Poldermühle, die auch für Getreide, Holz, Öl und Papier verwendet wurde. Ein Schaufelrad schaufelte oder wippte das Wasser hoch. Der untere Teil war oft das Wohnhaus.

Die *Paltrok,* die vor allem in Noord-Holland vorkommt, wurde 1592 in Uitgeest ausgeklügelt. Es ist eine Sägemühle, deren Mühlenhaus um eine Achse und über einen Rollring drehbar ist. Der Name stammt von ihrer Ähnlichkeit mit einem Pfalzrock, dem weit ausgestellten Rock der nach Holland geflohenen deutschen Wiedertäufer. Der *Bovenkruier* ist eine große Industriemühle, bei der nur der Kopf mit dem Flügelkreuz drehbar ist. Die Größe der Mühlen ist oft sehr unterschiedlich: neben den hohen *Standerdmühlen* und *Wallmühlen* kennt man auch den *Tjasker,* eine kleine Wassermühle (Farbt. 29).

Die Welt der Mühlen hat für den Außenstehenden etwas Faszinierendes durch die bemerkenswerten Fachkenntnisse, die sie voraussetzen: der Mühlenbauer mußte etwas von Baukunst, Werkzeugtechnik, Wasserbaukunst und Aerodynamik, um nur ein paar zu nennen, verstehen. Vom Müller selbst werden daneben noch Kenntnisse als Instandhaltungsmonteur erwartet, als Geschäftsmann und als Meteorologe. Übrigens haben die Mühlen auch eine eigene Sprache: An der Flügelstellung kann man von weitem sehen, ob Freude oder Trauer in der Mühle herrscht.

›Mühlensprache‹: 1 kein Wind 2 außer Betrieb 3 Trauer 4 Freude

Da bis vor kurzem die Zahl der Mühlen schreckenerregend zurückging, haben sich einzelne Privatleute zusammengetan, um diese ehemaligen Stützen der niederländischen Wirtschaft vor dem Aussterben zu bewahren. Auch die Umweltschützer zeigten Interesse an den Mühlen als sauberen Energiequellen. *Mühlenmuseen* befinden sich in Leiden, Koog aan de Zaan und Nieuw-Vossemeer.

Bei Aarlanderveen befindet sich der einzige noch arbeitende *Viertrapsmolengang* (Vierstufenmühlengang) der Niederlande. In einigen Poldern – meistens durch Trokkenlegung einer Meeresfläche entstanden – steht das Wasser so niedrig, daß man eine Anzahl Mühlen hintereinander in unterschiedlichen Höhen aufstellen muß, damit sie einander das Wasser zupumpen können. Eine Windmühle kann das Wasser bis zu zwei Metern hochpumpen. Da die Mühlen bei Aarlanderveen ziemlich weit voneinander gesetzt sind, darf man vielleicht anderen Mühlengängen den Vorzug geben, wo die Wirkungsweise besser erkennbar ist, wie bei GROOT-AMMERS und bei SCHERMERHORN (Noord-Holland), wo in der hinteren Mühle ein winziges Museum eingerichtet wurde.

Kirchenfenster, Käse und Kerzen in Gouda

GOUDA, günstig an der Stelle gelegen, wo die holländische IJssel mit der Gouwe zusammentrifft, war schon im 15. Jahrhundert ein wichtiges Bierbrauerei- und Handelszentrum. Nach einer Zerfallszeit erfuhr die Stadt im 17. Jahrhundert durch den Käsehandel und die Pfeifenherstellung eine neue Blüte (letzterer Erwerbszweig verdankt seine Entstehung den englischen Söldnern der statthalterlichen Armee). Seit 1858 ist noch die Kerzenherstellung hinzugekommen, und auch ein Teil der blauen Delfter Tonware wird in Gouda bemalt und gebrannt.

Das Städtchen konnte seinen alten Stadtkern erhalten. In der hellen, mit Holz verkleideten *St. Janskerk*, einer riesigen, spätgotischen Kreuzbasilika, wird das Tageslicht durch siebzig farbige Fenster gebrochen. Dreizehn dieser Kirchenfenster schufen die Brüder Dirk (ca. 1520–74) und Wouter (ca. 1530–89) Crabeth in den Jahren 1555 bis 1571; dargestellt sind biblische Themen. Wohlhabende Gläubige stifteten die Fenster als Beitrag zum Wiederaufbau der Kirche, die ein Großbrand 1552 zum größeren Teil in Asche gelegt hatte. In der protestantischen Zeit nach 1572 stifteten verschiedene holländische Städte der Kirche Fenster, die Allegorien und historische Waffentaten zeigen, wie zum Beispiel Nr. 25: ›Die Befreiung Leidens‹. Das jüngste Fenster, Nr. 28A, stammt von Charles Eyck und datiert von 1947.

Durch das unbeschädigt gebliebene *Lazaruspoortje* kommt man in den Garten des St. Catharina-Krankenhauses, das heute *Stedelijk Museum* ist. Im ältesten Teil (1542) ist eine 'Chirurgijnskamer' (Doktorenzimmer) von 1699, mit den medizinischen Instrumenten jener Zeit eingerichtet. Weiter befinden sich in diesem Museum Zimmer mit Stilmöbeln, Schützenbilder, ein Schulklassenzimmer und altes Spielzeug.

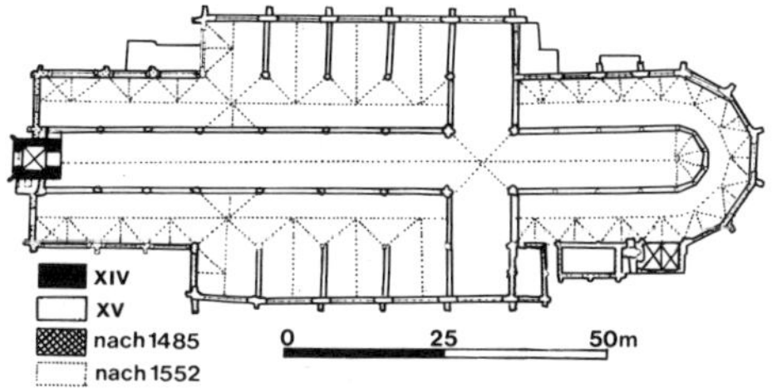

Gouda: Grundriß der St. Janskerk

Gouda: das Rathaus

Auf dem dreieckigen *Marktplatz* steht das zierliche *Rathaus* von Gouda, ursprünglich von 1448, doch seitdem öfter restauriert. Jede halbe Stunde tritt aus dem Ostgiebel der holländische Graf Floris V. hervor, um, in einem Puppenspiel, Gouda die Stadtrechte zu überreichen, die er dem Ort tatsächlich 1772 zuerkannte.

Am Donnerstag ist Käsemarkt, und dann ist die *Waage* wieder in Gebrauch, ein harmonisches kleines Gebäude im klassischen Stil Pieter Posts mit hübschem Relief am Vordergiebel. Am Markt kann man einen Giebelstein des Hotels *De Zalm* bewundern (Abb. 44), der den Text trägt: »Niet te hoch, niet te laag« (Nicht zu hoch, nicht zu niedrig). Das bezieht sich auf die Beschränkungen, die die Stadtväter dem Architekten für diesen Bau auferlegten, damit er der gerade zwei Jahre zuvor (1668) gebauten Waage keinen Abbruch tue. Gouda hat viel, wofür es berühmt ist: Kirchenfenster, Käse, Pfeifen und Kerzen, außerordentlich leckere Sirupwaffeln und die Fayencen.

Obwohl der Gouda-Käse weltberühmt ist, hat das nördlich gelegene WOERDEN den größten Käsemarkt (am Mittwoch) für die vollfetten Käse; die Bauern aus dem Krimpenerwaard und Utrecht, die selbst Käse herstellen, bringen dann ihre goldgelben Räder mit den typischen Briggen herbei. Nur in jener Gegend wird der Käse noch in großem Umfang auf den Bauernhöfen selbst hergestellt. Der malerische Käsemarkt, der in den Sommermonaten (freitags) in ALKMAAR abgehalten wird (Abb. 88), ist dagegen mehr eine Show für die Besucher, für die die Fabrikkäse kurz aus den Lagern genommen werden.

Die *Reeuwijkse* und *Nieuwkoopse Plassen* entstanden durch die Torfgewinnung. Es sind angenehme Erholungsgebiete an und auf dem Wasser, aber auch für Radfahrer und Spaziergänger. Ein Gebiet, wo man sich über kleine, verschlungene Pfade einen Weg durch das Schilf bahnen kann, um von Mal zu Mal von glänzenden Wasserflächen überrascht zu werden.

Das historische Städtchen Delft

Wenn man sich Delft nähert – von Rotterdam kommend ist das rechte Schieufer zu bevorzugen –, fallen zuerst die unfreundlichen Industriegebiete am anderen Ufer auf. Wie bei anderen Städten dieses Gebietes wurde im 13. und 14. Jahrhundert der Wohlstand Delfts vom Tuchhandel, den vielen Brauereien und der Schiffahrt bestimmt. Aus wirtschaftlichen Gründen wurde 1389 die Delfter Schie mit DELFSHAVEN als Vorhafen ausgehoben. Als in späteren Jahrhunderten Delfts Wohlstand abzunehmen begann, wurde Delfshaven von Rotterdam überflügelt. Die an historischen Monumenten arme Maas-Stadt Rotterdam ist stolz auf Delfshaven als ihr einziges altes Stadtbild mit seinem *Sackträgerhäuschen* von 1653 (einer Dependance des *Historischen Museums*), seinem *Rathaus* aus dem 16. Jahrhundert und dem Lager der VOC aus dem 18. Jahrhundert. Auch befindet sich in Delfshaven der ›Atlas van Stolk‹, eine Sammlung historischer Stiche, von denen eine Reihe in diesem Buch wiedergegeben ist.

Dank seinen Brauereien, seiner Tuchindustrie und der Herstellung von gewebten Teppichen, konnte sich DELFT noch gerade bis ins Goldene Jahrhundert halten. Dann

Überschwemmung von Delfshaven im Jahr 1775, links das Sackträgerhäuschen

kam der Wiederaufschwung; die Vereinigte Ostindische Kompanie siedelte ihr Büro an, Schiffe aus fernen Ländern legten in Delfshaven an und löschten dort ihre erstaunlichen Güter. Man vermutet, daß die Blüte der *Delfter Porzellanindustrie* auf die Anregung zurückzuführen ist, die die Delfter Töpfer und Porzellanmaler von dem mitgebrachten chinesischen Porzellan erfuhren.

Bis dahin – also bis in das 16. Jahrhundert – ließen die Maler sich von italienischer Majolica inspirieren. Das Delfter Steingut wurde populär durch den typisch holländischen Dekor. Die Werkstatt ›De Porceleyne Fles‹ (Die Porzellanflasche) wurde zum Synonym für Delfter Blau. Ein Jahrhundert später sah man sich durch ausländische Konkurrenz gezwungen, nach einem englischen, mechanisierten Verfahren zu arbeiten, aber 1876 kam die Fabrik in die Hände von Leuten, die ein Herz für das alte Handwerk hatten und wieder Porzellanmaler ausbildeten.

Etwa um 1870 fing man an, Hefe zu produzieren – bis dahin ein Abfallprodukt der Brauereien – und Spiritus, den Wirkstoff für Alkoholika. 1944 begann die Hefefabrik, Penicillin herzustellen – und eine Reihe von Antibiotika –, und augenblicklich ist die *Delfter Hefefabrik* (seit 1967 mit Brocades fusioniert) einer der größten Hersteller dieser Branche. 1884 wurde die *Delfter Salatölfabrik* gegründet, die bekannt wurde wegen der für ihre Zeit beispielhaften Sozialversorgung. Der Maler Jan Toorop (1858–1928) fertigte eine Reklame-Affiche (1894) in überschwenglicher Jugendstil-Ornamentik an, die dadurch noch bekannter wurde als das Produkt selbst und dem niederländischen Jugendstil den Beinamen 'Salatölstil' einbrachte (s. S. 106).

Der vielseitige Toorop begann als Impressionist und arbeitete nach Art der Pointillisten. In England entwickelte er, unter dem Einfluß der sozialistischen Ideen von William Morris und der Werke der Präraffaeliten Rossetti und Burne-Jones, eine Neigung zum Symbolismus. Er hatte einen hervorragenden Namen als Porträtmaler.

Delft hat eine bedeutende Technische Hochschule, die über einen kleinen Kernreaktor verfügt. Außerdem gibt es Zentren für angewandte Naturwissenschaftliche Forschung (TNO) und eine weltberühmte optische Industrie (de Oude Delft), die u. a. Instrumente für amerikanische Satelliten und jetzt auch für China herstellt. Aus den Ideen des Architekten M. J. Granpré Molière (1883–1972) entwickelte sich, nachdem er 1924 Hochschullehrer geworden war, eine Stilform, die als 'Delfter Schule' bekannt wurde und die sowohl eine Reaktion auf den zierlichen Charakter der 'Amsterdamer Schule' als auch auf die spartanische Einfachheit der 'Neuen Sachlichkeit' und der 'De Stijl'-Gruppe darstellt.

Der alte Stadtkern Delfts ist bewahrt geblieben (Abb. 45, 46). Der Verkehr erfolgte, solange es möglich war, per Boot durch die schmalen, geraden *grachtjes* (Kanäle) und die *singels* (Ringgrachten). Das Stadtinnere wurde also nirgends von Verkehrsadern durchschnitten. Der Autoverkehr wurde umgeleitet. Es blieb eine lebendige Kleinstadt, in der man die von Linden umsäumten, malerischen Kanäle entlangspazieren und sie auf kleinen gewölbten Brücken überqueren kann (Abb. 47). Es gibt stattliche Giebel, die man bewundern kann, und die Stadt hat noch eine große Anzahl von Wohnhöfen.

Der *Marktplatz* gilt als der schönste Zuid-Hollands. Die spätgotische *Nieuwe Kerk* (Ende des 15. Jahrhunderts) beherbergt die Gruft des Königshauses. Mehrere Mitglieder des Hauses von Oranien liegen dort im Chor begraben, wo das Licht durch bunte Glasfenster bricht, die u. a. von Joep Nicolas und W. A. van Konijnenburg (1868–1943) stammen.

Das *Prunkgrab Willems van Oranje,* des Vaters des Vaterlandes, ist ein monumentales Renaissancedenkmal, in Schwarz und Weiß von Hendrik de Keyser und seinem Sohn Pieter ausgeführt. Zu Füßen des Marmorbildes liegt, auch aus Marmor, das Hündchen, das durch sein Bellen seinem Herrn, dem Prinzen, 1572 das Leben rettete, als sich zwei Spanier im Lager an ihn heranschlichen. Nach dem Tod Willems verweigerte es jede Nahrung, bis es starb. Auch in Den Haag auf dem Plein, steht Wilhelm der Schweiger mit dem Hündchen zu seinen Füßen. Das Bronzebild in dem Bogen an der Ostseite hinter dem Prunkgrab, de Faam (die Fama), wiegt 20 000 kg. Schon bei der Aufstellung fiel es mehrmals um, weil es nur auf den Zehen des linken Fußes ruht.

Wilhelm von Oranien

Die Geschichte der Niederlande hätte wahrscheinlich einen anderen Verlauf genommen, hätte nicht eine Gestalt wie *Willem van Oranje,* de Zwijger (der Schweiger), als Vertrauter Karls V. eine so hohe politische Stellung neben Karls Sohn Philipp II. eingenommen (Abb. 48). Es war eine Zeit des Wandels in Politik, Weltanschauung und gesellschaftlichen Vorstellungen. Die Herbstzeit des Mittelalters ging über in den Frühling des Humanismus und der Renaissance. Der Dritte Stand hatte sich politisch emanzipiert und stützte den Adel in seinem Widerstand gegen die wachsende zentrale Autorität und die absolutistischen Ambitionen der Monarchie. Die Reformation hatte die bisherigen Verhältnisse auf geistigem Gebiet endgültig zerstört, und die Gegenreformation kündigte sich an.

Der Calvinismus hatte noch lange nicht die Anhängerschaft, die er später in jener Gegend erhalten sollte, aber die römisch-katholische Geistlichkeit hat sich in den Augen des Bürgertums durch die schandhafte Art und Weise kompromittiert, mit der sie sich durch Ablaßpraktiken bereichert hatte. Der höchste Adel – wie der von Philipp II. im Jahre 1559 zum Statthalter ernannte Willem van Oranje und die Grafen Egmont und Hoorn – war katholisch, doch tolerant. In politischer Hinsicht fochten sie die Autorität der Monarchie nicht an, aber sie teilten mit ihren Beziehungen zum Bürgertum auch das Ideal des altherkömmlichen Ständestaats. Es grollte zwar dumpf in den Niederlanden, aber von einem wirklich aufständischen Geist konnte noch nicht die Rede sein.

Als Philipp endgültig nach Spanien zog, ernannte er seine Halbschwester *Margarethe von Parma* zur Generalstatthalterin. Sie stand sehr unter dem Einfluß des Kardinals Granvelle, dessen Politik hauptsächlich auf die Fortdauer und Ausdehnung der zen-

SPAENSCHE TIRANNYE IN NEDERLANDT

Nederlanders wilt aenschouwen
En wilt in memory houwen
T'geen u hier is afgebeelt
Hoe men met u heeft gespeelt
Hoe aen galgen staecken Boomen
Haer het leven wert benomen
En vergoten is haer bloet
Daer ghy van syt op gevoet

1

Hoe de landen syn beduriven
Wat daer menschen syn gesturven
Daer den bloethondt hem vermeet
Dat hy achtien Duysent weet.
Die syn Beulen nederhielen
En tot lust der Spaensche sielen
Van het leven syn ontbloot
En ontschuldich syn gedoot

In dese Afbeeldinge word in't generaal vertoont de Tyrannige en Strenge vervolgingen, dewelke uyt kragt der Bloedige Placcaten soo van Keyser Carel de V. als door sijn Soon Coning Philippus den II. uyt gegeven, zijn gepleegt tegens de Belyders van de suyvere en waare Gods-dienst sonder onderscheid van Staat, Ouderdom of Geslagte, waar door veele duysenden op alderhande wreede en onmenschelijke manieren en straffen omgekomen zijn.

I.

Margarethe von Parma, Philipp II. von Spanien, Kardinal Granville. Aus dem Atlas van Stolk

Der Herzog von Alba. Aus dem Atlas van Stolk

tralen römisch-katholischen Autorität ausgerichtet war. Hohe Steuern und strenge Verfolgung der Ketzer führten zu zunehmenden wirtschaftlichen Spannungen und einem wachsenden Gefühl der Unfreiheit. Adlige Gesandte protestierten mit Bittschriften gegen den intoleranten und harten Kurs, der erbärmliche Lebensumstände zur Folge hatte. Philipp jedoch blieb taub, und der Statthalterin wurde 1566 ins Ohr geflüstert, daß die Adligen mit den Bittschriften nicht besonders wichtig zu nehmen seien: »*Ce ne sont que des gueux.*« Der Ehrenname 'Geus' war geboren.

Oranje versuchte, die immer häufiger öffentlich auftretenden Calvinisten zu mäßigen, aber die Bewegung war nicht mehr aufzuhalten, und 1566 zogen die Bilderstürmer

Enthauptung der Grafen Egmont und Hoorn. Aus dem Atlas van Stolk

durchs Land. Der König entsandte den *Herzog von Alba* mit einer starken Truppenmacht, um die Ordnung wiederherzustellen. *Egmont* und *Hoorn* wurden festgenommen, aber *Oranje* konnte sich nach Deutschland absetzen. Dort organisierte er von dem Schloß seiner Vorväter im hessischen Dillenburg aus den offenen Widerstand gegen die Verletzung seiner Adelsprivilegien. Genau wie sein Gegner stritt er im Namen des Königs; aber während Alba der Streiter für des Königs absolute und zentrale Autorität war, kämpfte Oranje für eine Königsherrschaft als Krönung des Ständestaates und einen König, der sich nicht von seiner Umgebung zu weiterzielenden Ambitionen verleiten ließ. Das niederländische Volkslied, das ›Wilhelmus‹, das in jener Zeit entstand, spricht von dieser Loyalität: *»Den Conink van Hispaniën heb ick altijd geërd«* (Den König von Spanien habe ich immer geehrt).

Nachdem er die Grafen Egmont und Hoorn hatte enthaupten lassen, verließ Alba 1568 Brüssel und zog gen Norden, um dort mit dem Prinzen von Oranien sein Spiel zu treiben. Willem zog mit seiner Armee über die Maas, aber Alba entzog sich jedem

Kampf, bis seinem Gegner das Geld ausging. So mußte Oranje, ohne etwas erreicht zu haben, zurück nach Dillenburg.

Der Durchbruch kam, als die Wassergeusen Den Briel einnahmen (1. April 1572). Daraufhin entschloß sich im Juli dieses Jahres die Dordrechter Ständeversammlung zum organisierten Widerstand. Von den Provinzen und den Vertretern der zwölf nördlichen Städte wurde *Willem van Oranje* als Statthalter und Landvogt anerkannt. Obwohl er sich zur neuen Religion bekannte, war er in seinen Auffassungen sehr gemäßigt, auch in dieser Hinsicht das genaue Gegenteil des streng katholischen Königs. Alba, der anfänglich im Süden alle Hände voll zu tun hatte, kam 1573 in die nördlichen Provinzen, um dort die aufständischen Städte in die Knie zu zwingen. Nach einigen Erfolgen wandte sich 1574 bei der Belagerung von Alkmaar das Kriegsglück. 1578 wurde Alba durch *Alexander Farnese,* Herzog von Parma, ersetzt, einen der hervorragendsten Feldherrn seiner Zeit. Bei der Union von Atrecht verbanden sich die südlichen Provinzen, um die königliche Autorität und die römisch-katholische Religion zu verteidigen. Einige Wochen später verbanden sich die Nördlichen Niederlande als Union von Utrecht zum Widerstand.

1580 setzte Philipp II. einen hohen Preis für den eventuellen Mörder Willems van Oranje aus: 25 000 Goldstücke sowie die Erhebung in den Adelsstand. Als Reaktion schworen die Generalstaaten 1581 in feierlicher Versammlung auf dem Binnenhof in

Die Ermordung Wilhelms von Oranien 1584 durch Balthazar Gerardts. Aus dem Atlas van Stolk

Maurits, Sohn Wilhelms von Oranien. Aus: dem Atlas van Stolk

Den Haag dem König ab. Willem van Oranje ließ sich für dauernd im Prinzenhof in Delft nieder, dem ehemaligen St. Agathakloster. Er überlebte mehrere Mordanschläge, wurde jedoch 1584 von zwei Kugeln aus der Pistole eines gewissen Balthazar Gerardts tödlich getroffen. Im Treppenhaus – wo die Einschläge der Kugeln noch hinter Glas zu sehen sind – brach er zusammen, seine letzten Worte waren: *»Mon Dieu, ayez pitié de moi et de mon pauvre peuple.«* (Mein Gott, habe Erbarmen mit mir und meinem armen Volke.)

Sein ältester Sohn, der damals sechzehnjährige *Maurits,* gab sein Studium in Leiden auf und folgte Willem als Freiheitskämpfer gegen Fremdherrschaft und für Religionsfreiheit. 1585 wurde er Statthalter von Holland und Zeeland und Generalkapitän der Generalstaatentruppen. Er war ein tüchtiger Feldherr, und es gelang ihm mit Hilfe seines Lehrmeisters, des Mathematikers und Ingenieurs *Simon Stevin* (1548–1620), aus Holland und Zeeland eine starke Festung zu machen. Mit Politik und Religion beschäftigte er sich weniger, aber immer mehr wurde er in seinem militärischen Ehrgeiz beschnitten, und so konnte ein Zusammenstoß mit dem mächtigen Landesadvokaten *Johan van Oldenbarneveldt* (1547–1619) nicht ausbleiben.

Dieser war ein hervorragender Staatsmann, aber er brachte Maurits gegen sich auf, weil er ihn zuerst zu einem Feldzug in die südlichen Provinzen und anschließend zu zwölfjähriger Waffenruhe verpflichtete. Der Staatsmann hielt eine Kriegspause für notwendig, um auf wirtschaftlichem Gebiet die Ordnung wiederherzustellen. Nach der Sperrung der Schelde 1585 und der Blockade der flämischen Küste verlor Antwerpen an Bedeutung als Hafenstadt, und der Handel im Norden hatte einen sprunghaften

Anstieg zu verzeichnen. 1602 konnte Van Oldenbarneveldt die verschiedenen Überseegesellschaften, die mit dem Osten Handel trieben, in der 'Vereinigten Ostindischen Kompanie' (VOC) vereinen.

Aus seiner Sicht heraus mußte Maurits in van Oldenbarneveldt einen Verräter sehen, denn die Waffenruhe bot ja den Spaniern die Möglichkeit, ihre militärische Position zu verbessern. Geschickt nutzte Maurits die Religionsstreitigkeiten, die in dieser Zeit das Land zerrissen, den Gegensatz zwischen den strengen Gomaristen (Kontraremonstranten) und den nachgiebigen Arminianern (Remonstranten) aus. So wurde Johan van Oldenbarneveldt (der Anhänger der Arminianer war) im Alter von 72 Jahren auf der Synode von Dordrecht des Verrats und der Gewinnsucht beschuldigt und am 13. Mai 1619 in Den Haag enthauptet.

Berühmte Delfter

Ein anderes Opfer dieser politisch-theologischen Gegensätze war *Hugo de Groot*, der namhafte Jurist, der im Schloß Loevestein gefangengehalten wurde. Drei Jahre später wurde er durch Vermittlung seiner Frau, Maria van Reigersbergh, in einer Bücherkiste aus dem Gefängnis befreit.

Das 'Wunder von Delft', wie Hugo de Groot genannt wurde, erblickte das Licht der Welt in Delft am 10. April 1588. Der spätere Begründer des Völkerrechts begann bereits mit elf Jahren in Leiden die Rechte zu studieren und erhielt vier Jahre später in Orléans seinen Doktorgrad. Sechzehnjährig ließ er sich als Rechtsanwalt in Den Haag nieder. 1781 errichtete Delft in der Nieuwe Kerk seinem großen Sohn ein Denkmal.

Ein illustrer Delfter war *Antoni van Leeuwenhoek*, der am 24. Oktober 1632 geboren wurde († 1723). Am Geländer der Boterbrug – alle siebzig Brücken in Delft haben einen Namen – ist zu seinem Gedächtnis ein Medaillon angebracht. Er gilt als Vater der Mikrobiologie und schrieb in seiner Freizeit Abhandlungen über die Wünschelrute, die Dauerhaftigkeit von Eichenholz und die Fortpflanzung der Krebse. Er studierte das Rückenmark eines Sperlings, das Auge einer Laus und andere *»onsigtbare verborgenheden der natuur«* unter seinen selbstgefertigten Mikroskopen. Er hatte viel angesehenen Besuch in seiner Wohnung, wie den berühmten Mediziner Boerhaave und den Staatsmann und Dichter Constantijn Huygens, der 1680 schrieb, daß van Leeuwenhoek der große Mann des Jahrhunderts sei.

Als der russische Zar Peter 1697/98 Delft besuchte, wurde ihm ein Blick durch das Mikroskop in den Blutkreislauf im Schwanz eines Aales gestattet. All diese Dinge mußte van Leeuwenhoek in seiner Freizeit erledigen, denn offiziell war er bei der Gemeinde als Weinvisierer und Türhüter (Huissier) des Stadtmagistrats angestellt. In dieser Eigenschaft war er u. a. Konkursverwalter des Malers Vermeer.

Jan Vermeer van Delft (1632–75) wird wegen seiner meisterhaften Behandlung von Licht und Farbe bewundert (Farbt. 31; Abb. 81). Vermeers Figuren blicken den Betrachter nicht an, was die Intimität der Szene noch hervorhebt. Er betrieb einen Kunsthandel, der im Katastrophenjahr 1672 Pleite ging, und hinterließ bei seinem Tode eine Frau und elf Kinder. Sein Gesamtwerk ist nicht sehr umfangreich, denn er arbeitete peinlich genau.

Nach Vermeer war der ebenfalls in Delft geborene *Pieter de Hoogh* (1629 – ca. 1684) einer der bedeutendsten Genremaler der Nordniederländischen Schule. Seine Innenansichten sind im allgemeinen dämmeriger als die hell beleuchteten von Vermeer. De Hoogh malte gern Durchblicke zu einem anderen Zimmer oder auf einen sonnenbeschienenen Kanal. Er stand im Dienste eines gewissen Justus de la Grange, der von Gläubigern so bedroht wurde, daß er nach Amerika auswanderte. Nachdem er die Schulden seines Brotherrn mit Gemälden bezahlt hatte, zog de Hoogh selbst – bis zu seiner Abreise nach Amsterdam – in das Gartenhäuschen hinter dem Kloster, in dem heute der öffentliche Lesesaal untergebracht ist.

Die Hofstadt Den Haag

Man kann es sich kaum vorstellen, aber das heutige Stadtgebiet 's GRAVENHAGE (Den Haag), Zentrum des politischen Lebens, Wohn- und Arbeitsplatz hunderttausender Niederländer, schien 1284 dem holländischen Grafen und römischen König Willem II. die ideale Stelle zur Errichtung eines Jagdschlosses zu sein. Er baute sich dort ein Lustschloß, um müßig zu gehen, Feste zu feiern und zu jagen in den Wäldern, die sich bis Haarlem ausdehnten. Dieser Palast, ergänzt durch den von Willems Sohn Floris V. 1280 erbauten Rittersaal, bildet den Kern des *Binnenhofs*, heute Sitz der niederländischen Regierung. Schöne Parks und der Haagse Bos am Weg nach WASSENAAR erinnern noch an das viele Grün, das hier früher gewesen sein muß.

Im Gefolge der holländischen Grafen kamen viele Adlige und Verwalter nach Den Haag, aber trotz des Palastkomplexes am Hofweiher und der städtischen Erweiterung außerhalb der Palastmauern mit der St. Joriskerk und den Klöstern blieb es im Grunde ein Dorf. Zwar galt es bereits im 16. Jahrhundert als das schönste, reichste und größte Dorf Europas, aber ungeschützt wie es war – ohne Mauern oder Festung –, wurde es regelmäßig ausgeraubt und geplündert. Als der Widerstand gegen die Spanier Gestalt annahm, war es eine leichte Beute des Feindes. Die Stadtverwaltung von Delft fragte bei Wilhelm von Oranien, der mit der Regierung in den Prinzenhof zu Delft geflüchtet war, an, *»of men Den Haghe zoude doen verbranden«* (ob man Den Haag nicht niederbrennen wollte). 1575 kehrte die Regierung wieder in ihre Residenz zurück.

Erst im 17. Jahrhundert hatte Den Haag einen erneuten Aufstieg zu verzeichnen, unter anderem dank dem Statthalter Frederik Hendrik (Abb. 19), der dort großartig Hof hielt. Rund um den mittelalterlichen ›Binnenhof‹ entstanden elegante Renaissance- und Barock-Stadtpaläste (Abb. 49). In der französischen Zeit wählte Ludwig Bonaparte Amsterdam als Regierungssitz, aber 1814 wurde Den Haag die königliche Resi-

Blick auf das noch ländliche Den Haag. Aus ›Het Koningrijk der Nederlanden‹ von J. L. Terwen

denz. Viele der reich gewordenen Indien-Kolonialherren fühlten sich von der vornehmen Eleganz der Diplomatenstadt angezogen und verbrachten dort ihre letzten Jahre. Auch eine ganze Anzahl internationaler Einrichtungen ließ sich in Den Haag nieder, darunter der Internationale Gerichtshof.

Heute ist Den Haag eine schöne Wohnstadt, großzügig mit Grünanlagen versehen, mit reichem Theater- und Musikleben und einer Fülle kultureller Einrichtungen – darunter etwa fünfzehn Museen.

Den ältesten Siedlungskern bildet das weitgehend veränderte mittelalterliche Schloß, der *Binnenhof,* an einem stattlichen Hofteich gelegen; hier treten Erste und Zweite Kammer zusammen. Der ältere Teil mitten auf dem Innenplatz macht einen romanischen Eindruck. Das war der Wohntrakt Willems II., jetzt befindet sich dort der *Rol-Saal,* mit dem *Lairesse-Saal* dahinter, so genannt nach den sieben Wandgemälden auf Leinwand von Gerard de Lairesse (1688). Mehr noch als durch seine Gemälde wurde Lairesse als Autor des Großen Malerbuches bekannt, das Generationen hindurch große Autorität genoß. Künftigen Malern gab er darin unter anderem folgenden Rat: *»Men moet zich niet laten misleiden door deeze of geene manier: volgt allenlyk de Natuur, zo gy de Konst wilt voldoen. Weg met futselen, vroeten en morssen: tast uw werk met kloeke hand aan. Evenwel niet op zijn Rembrandts of Lievensz' dat het sap gelyk drek* *langs het stuk loopt, maar gelyk en mals, dat uwe voorwerpen alleen door de konst rond en verheven schynen, en niet door kladdery!**

Den *Rittersaal* mit seiner eindrucksvollen Holzüberdachung ließ 1280 Floris V. als Festsaal bauen; er dient heute als würdiger Rahmen bei zeremoniellen Feierlichkeiten, wie bei der Proklamation der Generalstaaten am dritten Dienstag im September (Prinsjesdag). Die Königin kommt in der goldenen Kutsche vom Palast Lange Voorhout herüber, um auf einem Thron im Rittersaal die Thronrede zu halten.

Genau neben dem Binnenhof liegt eines der schönsten Museen Den Haags: das klassizistische *Mauritshuis* (1633), erbaut von Jacob van Campen (1595-1657) und Pieter Post (1608–69). Das Mauritshuis beherbergt das *Königliche Gemäldekabinett* (Koninklijk Kabinet van Schilderijen) eine wirklich königliche Sammlung der malerischen Höhepunkte des 17. Jahrhunderts, ausgestellt im passenden Rahmen des glanzvollen kleinen Palastes aus dem 17. Jahrhundert. Von den sieben *Vermeer-Werken,* die in niederländischem Besitz sind, hängen hier einige: ›Diana mit ihren Nymphen‹, ›Ansicht von Delft‹ (Farbt. 31), ›Mädchen mit dem Perlenohrgehänge‹ (im ersten Stock).

Das Erdgeschoß ist nicht-niederländischen Meistern wie Holbein d. J., Cranach, Memling, Jordaens reserviert. Die hervorragende Sammlung von Rubens umfaßt Porträts seiner ersten Frau Isabella Brant und seiner zweiten Frau Helene Fourment.

Ein Treppenhaus führt zum ersten Stock, wo Rembrandt regiert. Dort hängen seine Selbstporträts von ca. 1629 (24 Jahre) und 1669, ›Susanna im Bade‹ (einer seiner wenigen Akte), ›Simeon im Tempel‹ (1631), ›David und Saul‹ sowie sein erstes Gruppengemälde: ›Die anatomische Vorlesung des Dr. Nicolaes Tulp‹ (1632; Abb. 54).

Als Prinz Maurits 1625 starb, folgte ihm sein jüngerer Halbbruder Frederik Hendrik (1584–1647), Sohn Willems van Oranje und dessen vierter Frau Louise de Coligny (Abb. 19). Vielleicht machte sich der Einfluß seiner französischen Mutter und seiner prachtliebenden Gattin Amalia von Solms geltend, es entsprach aber jedenfalls auch seinen eigenen Vorstellungen, daß er die Statthalterschaft in eine Monarchie zu wandeln strebte. Er entwickelte eine eindrucksvolle Bautätigkeit; Pieter Post baute ihm 1645 einen Palast für seine Frau: *Huis ten Bosch* im Wald von Den Haag. Er wurde in späteren Zeiten umgebaut, u. a. von Daniel Marot (1734–37). Nach dem Tode ihres Mannes ließ Amalia von Solms den ›Oranje-Saal‹ nach einem Entwurf Jacobs van Campen ausmalen (Abb. 50). Zur Ausführung zog dieser noch neun weitere Maler hinzu, in der Mehrheit Südniederländer wie Theodor van Thulden, einen Schüler von Rubens, der in Den Bosch arbeitete. Es ist ein großartiger Saal, der freilich nur für

* Man soll sich nicht von dieser oder jener Manier verleiten lassen: Folge nur der Natur, falls Du der Kunst entsprechen willst. Weg mit Herumpfuschen, Sich-Quälen und Schmieren: Faß Deine Arbeit mit starker Hand an. Zwar nicht auf die Weise eines Rembrandt oder Lievensz, so daß der Saft wie Dreck von der Leinwand läuft, sondern ebenmäßig und sanft, so daß die Gegenstände nur durch die Kunst abgerundet und erhaben erscheinen, und nicht durch Kleckserei.

kurze Zeit während des Sommers zu besichtigen ist, weil die derzeitige Königin diesen Saal öfters für wichtigen Besuch in Anspruch nimmt.

Vom *St. Sebastiaansdoelen,* dem Reichsarchiv für kunstgeschichtliche Dokumentation, hat man über den Hofvijver einen herrlichen Blick auf die Außenmauern des *Binnenhofs,* die zur Linken emporsteigen; gegenüber zur Rechten erstreckt sich der vornehme *Lange Vijverberg,* mit hohen Bäumen bestanden. Hier befinden sich das *Niederländische Trachtenmuseum,* untergebracht in einem Gebäude aus dem 18. Jahrhundert, und die *Deutsche Botschaft* hinter einer Fassade von Daniel Marot (Abb. 53).

Der *Plein* wird beherrscht vom eindrucksvollen *Außenministerium* und ihm gegenüber von der *Statue Willems van Oranje.* Der schöne Louis XIV.-Giebel trägt das Wappen von Amsterdam, weil das Gebäude im 18. Jahrhundert als Unterkunft für die Abgeordneten Amsterdams bei den Generalstaaten gebaut wurde. Das *Verteidigungsministerium* war die Unterkunft der Abgeordneten aus Rotterdam. Das *Justizministerium* ist ein neurenaissance-neugotisches Gebäude. Um 1840 baute Jean-Pierre Cluysenaar eine überdachte Ladengalerie, die *Passage,* die der Schriftsteller Bordewijk als »ein in Architektur geblasenes Champagnerglas« bezeichnet hat. Der Dichter Gerrit Achterberg, der eine Ode auf Den Haag schrieb, widmete der Passage eine Strophe, in der es heißt: *»Den Haag, je tikt er tegen en het zingt«* (Den Haag, du klopfst es nur eben an, und es singt).

Den Haag singt in vielen Tonarten, denn ein Spaziergang durch die Hofstadt führt an einer Vielfalt von Baustilen vorbei, vom mittelalterlichen *Binnenhof* bis zur 1968 von Aldo van Eijck (geb. 1918) in der Aaltje Noordewierstraat geschaffenen *Kirche.* Geht man vom Groenmarkt zum Noordeinde, kommt man zuerst an einem Kirchplatz mit der *Grote oder St. Jacobskerk* vorüber, dann am *Ehemaligen Rathaus* und – an der Ecke der Prinsestraat – an einem der frühen Werke van Berlages, dem *Ehemaligen Bürogebäude van De Nederlanden van 1845* (Baujahr 1895), in dem jetzt ein Restaurant und ein Geschäft untergebracht sind. Das Noordeinde selbst ist eine Ladenstraße mit Fassaden aus dem 19. und 20. Jahrhundert, aber der *Paleis Noordeinde* verdankt seine fürstliche Architektur Pieter Post und Jacob van Campen, die ihn im Auftrag Frederik Hendriks zu einem kleinen französischen Palast für seine Mutter umbauten. Er umfaßt ein Hauptgebäude mit zwei vorspringenden Seitenflügeln. Manche Statthalter gingen schon in dem jetzt dem Publikum zugänglichen Palastgarten spazieren. Das Gebäude wurde für Königin Beatrix und ihre Familie restauriert.

Am Kneuterdijk und den schattenspenden Alleen Lange und Korte Voorhout stehen eine Menge vornehmer Häuser beisammen. Zuerst der *Ehemalige Paleis Kneuterdijk,* jetzt Finanzministerium. Der Backsteinteil ist das Haus, das van Oldenbarneveldt 1612 zu bauen begann. In Nr. 36 befindet sich die *Königliche Bibliothek* von Daniel Marot (Abb. 52), und in Nr. 34 das stattliche *Hôtel des Indes.* Um die Ecke gelangt man zur Abfahrtstelle der goldenen Kutsche, es ist der im Louis XVI-Stil errichtete *Paleis Lange Voorhout,* wo auch das Sekretariat des königlichen Paares untergebracht ist. Auch die *Koninklijke Schouwburg* (Königliches Theater) war im 18. Jahrhundert ein Palast.

Das *Rijksmuseum Meermanno Westreenianum* in der Prinsessegracht 30 befindet sich in einem Patrizierhaus des 18. Jahrhunderts. Kern dieser Sammlung sind Antiquitäten und Raritäten, die der frühere Bewohner, W. H. J. Baron van Westreenen (1783–1848), zusammentrug. Man findet dort archäologische Kuriositäten ägyptischen, griechischen, römischen und nordeuropäischen Ursprungs sowie Florentiner Gemälde, Familienporträts aus dem 16. bis 18. Jahrhundert, eine einmalige Sammlung von Handschriften aus merowingischer Zeit und aus dem Mittelalter sowie Inkunabeln (Wiegendrucke).

Die *Grote Marktstraat* und ihre Umgebung bildet ein weiteres Zentrum neben dem Hofzentrum. Da steht das fantastische Bauwerk ›*De Volharding*‹ (1828), das Haus einer Zeitung, die es nicht mehr gibt, sowie Bauten der 'Amsterdamer Schule' wie das Warenhaus *De Bijenkorf* (Bienenkorb) von Piet Kramer (1926).

Ein bemerkenswertes Bauwerk ist die *Nieuwe Kerk* (1649–56) am Spui, in der u. a. die Gebrüder De Wit begraben liegen. Eine schöne Renaissance-Kanzel steht mitten in einem Raum ohne Pfeiler. Der Bau wird auch als Konzertsaal verwendet.

Ein schönes Tudor-Viertel aus dem 19. Jahrhundert ist der *Plein 1813* mit den umgebenden Straßen und dem *Willemshof*, der ehemaligen Manege mit Nebengebäuden König Willems II., der jetzt als Kirche dient.

Am Anfang des Scheveningseweg im nördlichen Teil von Den Haag ragt der bekannte *Friedenspalast* von Cordonnier empor (1913), dessen Bau aus einer Spende der amerikanischen Carnegie-Stiftung in Höhe von 1 500 000 Dollar finanziert wurde. Die Einrichtung verdankt man Spenden aus verschiedenen Ländern.

Neben dem *Congrespalast* (1964–68) von Oud, einem riesigen Bau in Blau und Hellgelb mit einem rot und blau ausgeführten *Mosaik von Karel Appel* (geb. 1921) liegt der Backsteinbau von *Haags Gemeentemuseum.* Das Gemeentemuseum wurde von Berlage in seiner späteren Zeit (1935) gebaut und verrät in seinen waagerechten Akzenten den Einfluß Frank Lloyd Wrights. Es birgt eine Kunsthandwerksammlung: Delfter Tonware, italienisches (venezianisches) Glas und Art Nouveau-(Gallé-)Glas, Haager Silber und chinesisches Porzellan. Eine weitere interessante Abteilung zeigt europäische und exotische Musikinstrumente vom 15. Jahrhundert an. Etwas von der Vergangenheit Den Haags wird an Werken *Jan Steens*, *Jan van Goyens* und *Jacob van Ruydaels* deutlich.

Das Museum ist jedoch ebenso für seine *moderne Kunst* bekannt, nicht zuletzt wegen der umfangreichen Sammlung (über 250 Bilder) von *Piet Mondrian.* Zu der Sammlung gehören auch Arbeiten von Jan Toorop, dessen Tochter *Charley*, von *Appel* und *Corneille*, der Haager Schule mit *Weissenbruch*, *Breitner* und den Brüdern *Maris*, den deutschen Expressionisten *Oskar Kokoschka* und *Paula Becker-Modersohn*, weiter Werke von *Sisley*, *Claude Monet*, *van Gogh*, *Picasso*, *Braque*, *Rouault*, *Dufy*, *Léger* u. a. Im Dijsselhof-Zimmer wurde eine Sammlung von Art Nouveau zusammengestellt.

Das Gemeentemuseum befindet sich am Rand des Staatenviertels, jenes hübschen Viertels im Jugendstil mit fantasievollen Häusern – Glas, Erker, Bögen und Ornamente –, an denen ein Spaziergang, organisiert durch das Gemeentemuseum, vorüberführt.

Das *Rijksmuseum H. W. Mesdag* – vom Maler selbst eingerichtet – hat außer einer Sammlung der Haager Schule auch eine interessante Sammlung der Barbizon-Schule mit Werken von *Delacroix, Corot, Courbet* und *Millet* aufzuweisen. Das Museum Mesdag sollte nicht mit dem 'Panorama Mesdag' verwechselt werden; denn das ist eine Sache für sich: Der See-Maler Mesdag, der Haager Schule zugehörig, malte 1881 das gigantische Panorama des Nachbarfischerdorfes Scheveningen in Zusammenarbeit mit einigen Anhängern innerhalb von vier Monaten. Das Gemälde hat einen Umfang von 120 m und ist 14 m hoch. Mesdag selber malte den Himmel, das Meer und den Strand mit den Booten, seine Frau Sientje Mesdag-van Houten übernahm das Dorf, Theo de Bock malte die Dünen, Breitner die Kavallerie und Blommers eine Frau in Tracht mit ihrem Kinde. Die Künstler benutzten bei der Arbeit das Untergestell einer Pferdetram, mit dem sie auf Schienen vor dem riesigen Tuch entlangfahren konnten.

Auf der anderen Seite des Scheveningseweges, hinter dem Staatenviertel, liegt der neue Hafen (1971) von SCHEVENINGEN mit der Fischerversteigerung. Daß das mondäne Bad Scheveningen auch ein Fischerdorf ist, kann man auf den ersten Blick kaum feststellen. Nur am Sonntag, wenn die Bevölkerung (zum Teil noch in Trachten) zur Kirche geht, empfindet man noch etwas von der protestantischen Atmosphäre.

Entlang dem breiten Nordseestrand erstreckt sich der Scheveninger Boulevard mit dem monumentalen *Kurhaus*. Schräg gegenüber ragt der Pier 400 m weit ins Meer. Das Kurhaus wurde 1884 von den deutschen Architekten J. F. Henkenhaf und F. Ebert als aufwendiger Strandpalast mit Konzert- und Theatersaal für die Wohlhabenden jener Zeit gebaut. Jetzt ist es so restauriert, daß das Äußere ziemlich unverändert geblieben ist, aber die Jahrhundertwende-Atmosphäre des Inneren unseren Luxusvorstellungen angeglichen wurde: ein sehr modernes und teures Hotel – mit einem Appartement-Komplex im Anbau – nunmehr für die Wohlhabenden von heute.

Um 1600 herum bewegte sich ein merkwürdiges Fahrzeug über den Strand von Scheveningen, ein von Simon Stevin erfundener amphibischer Segelwagen mit achtundzwanzig hohen Herren an Bord. Das Ding brauchte für die Fahrt nach PETTEN zwei Stunden, muß also eine Geschwindigkeit von 40 km/Std. entwickelt haben. Der Jurist Hugo de Groot erzählte im holländisch-lateinischen Gedicht, das er darüber schrieb, wie Prinz Maurits, der das Vehikel lenken durfte, dann und wann aufs Meer fuhr, wo es segelte wie ein kleines Schiff, um sich dann wieder dem Strand zuzuwenden, wo es sich auf Rädern weiterbewegte.

Leiden – Stadt der Museen

1574 wurde Leiden 131 Tage lang von spanischen Truppen belagert. Kurz bevor die Spanier die Belagerung abbrechen wollten, wurde die Not innerhalb der Mauern immer größer, so daß die von Pest und Hunger dezimierte Bevölkerung rebellierte und vom Bürgermeister die Übergabe der Stadt verlangte. Bürgermeister van der Werff – seine Statue steht in dem nach ihm benannten Park, der an der Stelle eines explodierten Munitionsdepots angelegt wurde – soll die Bürger zur Besinnung gebracht haben, indem er verkündete, wer am meisten unter dem Hunger leide, solle ihn selber umbringen und verzehren. So harrten die Leidener weiter aus, und zum Glück brachen die Spanier, denen Überschwemmungen und das rauhe Klima zusetzten, kurz darauf die Belagerung ab. Ein Leidener fand am 3. Oktober 1574 im verlassenen spanischen Lager eine Pfanne mit einem Eintopfgericht aus Kartoffeln, Zwiebeln und Möhren mit einem Stück Fleisch; dieser 'Hutspot' wurde das traditionelle Gericht, das man in Leiden in Erinnerung an jene Befreiung heute noch ißt. Inzwischen gilt es als ein typisch holländisches Gericht, der Ursprung war aber der spanische Schmortopf. Alte Rezepte erwähnen auch weiße Bohnen, Pastinaken, Möhren, Zwiebeln und Zitronen- und Apfelsinensaft. Am 3. Oktober findet zudem jährlich die Austeilung von Hering und Weißbrot statt,

Karte aus der ›Beschreibung der Stadt Leiden‹ von Jan Jansz. Orlers, Leiden 1642

doch dies in Erinnerung an den Einzug der Wassergeusen, die auf ihren flachen Kähnen über das überschwemmte Land den hungernden Leidenern zu Hilfe kamen.

In Anerkennung des heldenhaften Widerstandes sicherte Willem van Oranje der Stadt für einige Jahre Steuerfreiheit zu oder – je nach Wahl – die Errichtung einer Universität. Man entschied sich für die Universität, und die Leidener Universität, die erste der Nördlichen Niederlande (1575), entwickelte sich zu einer bedeutenden Konkurrentin der katholischen Löwener Universität. Nach dem Fall Antwerpens ließen sich viele flämische und wallonische Weber in Leiden nieder, wo sich schon im Mittelalter eine blühende Tuchindustrie entwickelt hatte.

Leiden ist heute ein rühriger Ort, Zentrum des Rheingebietes, wo die Industrie ebenso blüht wie das wissenschaftliche Leben. Die Leidener Innenstadt ist nach der Amsterdams die größte historische Innenstadt des Landes, man findet dort viele schöne Gebäude aus der Blütezeit, dem Goldenen 17. Jahrhundert. Leiden war damals die zweitgrößte Stadt des Landes und international berühmt als Hort der Gelehrsamkeit. An seiner Universität studierte nicht nur *Descartes,* sondern auch die beiden Theologen *Arminius* und *Gomarus,* die die Exponenten der grimmigen Religionsstreitigkeiten waren, die das Land zu Anfang des 17. Jahrhunderts heimsuchten. Der Remonstrant Arminius war Führer einer toleranteren Lehre als der Calvinist Gomarus, dessen Anhängerschaft – durch Prinz Maurits' Eingreifen – schließlich gewann.

1707 wurde der weltberühmte Mediziner *Herman Boerhaave* nach Leiden als Professor berufen. Ursprünglich studierte er Theologie, doch nachdem er sich selbst von einer bösartigen Entzündung des linken Oberschenkels geheilt hatte, wurde er Mediziner und promovierte in Harderwijk, wo auch 1575 eine Universität gegründet worden war. Boerhaaves Statue befindet sich im Rijnsburgerweg gegenüber dem Akademischen Krankenhaus.

Wie viele seiner Kollegen wohnte Boerhaave an der *Rapenburg* (Nr. 31), die als der schönste Kanal Europas bezeichnet wird und wo es viele Fassaden aus dem 17. und 18. Jahrhundert zu bewundern gibt. Arent van 's-Gravesande (ca. 1600–1662) baute die *Bibliotheca Thysiana* (Nr. 25). Er war Stadtarchitekt und schuf auch den Entwurf für die *Lakenhal* (Tuchhalle), in der sich jetzt das *Stedelijk Museum* befindet. Der Mittelteil der Tuchhalle zeigt Ähnlichkeit mit dem vom selben Architekten früher erbauten St. Sebastiansdoelen in Den Haag.

In der Gemäldeabteilung der Lakenhal findet man das berühmte *Triptychon des Lucas van Leyden* (1489–1533), *›Das Jüngste Gericht‹* (Abb. 55) sowie Werke von *Jan van Goyen* (Ansicht von Leiden), *Jan Steen, Gerard Dou* und ein Frühwerk des in Leiden geborenen *Rembrandt.* Die Mühle von Rembrandts Vater existiert nicht mehr, aber am *Weddesteeg* erinnert ein Stein an die Stelle, wo die Wiege van Rijns stand, und zwar dicht am Galgenwater, gegenüber dem spanischen Giebel des Stadtstimmerhauses, am Ufer des Alten Rheins. In der historischen Abteilung der Tuchhalle wird die oben erwähnte Pfanne des Eintopfgerichts als Reliquie aufbewahrt.

Direkt bei der Lakenhal liegt an der zugeschütteten Mare die *Marekerk*, die etwa 1650 von Arent van 's-Gravesande entworfen wurde. Nachdem der Stadtbaumeister 1656 Anstoß erregte und entlassen wurde, vollendete Jacob van Campen sie mit einer Kuppel. Gegenüber der Stelle, wo die Mare in den Rhein floß, baute Pieter Post, ebenfalls nach der Entlassung 's-Gravesandes, die schöne *Waage* am Aalmarkt.

Die Universitätsstadt besitzt eine ganze Anzahl von Reichsmuseen, unter denen das *Heeresmuseum*, das *Archäologische Museum* an der Rapenburg und das *Museum für Ethnologie* mit seiner Sammlung von Gegenständen nicht-westlicher Kulturen wohl die bemerkenswertesten Sammlungen sein dürften. An die niederländische Küste kann kein Pottwal angespült werden, der nicht in Leidens *Naturhistorisches Museum* gebracht wird.

Der reich geschmückte und farbige Renaissance-Giebel ist der einzige Teil des *Rathauses*, der den Brand von 1929 überstanden hat (Abb. 56). Inzwischen ist das Gebäude an der Breestraat wieder ganz instandgesetzt. Auf dem Giebel, mit dem der Name Lieven de Key (1560–1627) verbunden ist, steht ein Bericht in Versen über die Ereignisse von 1574. Außer in Haarlem, wo der Genter De Key Stadtbaumeister war, findet man in den Niederlanden wenig Renaissancebauwerke. Den Ton geben mehr Vertreter des Klassizismus, wie Jacob van Campen und Pieter Post, an, während Hendrik de Keyser eine Art Zwischenstellung einnimmt. Man ist geneigt, in dem schlichten und etwas nüchternen Geschmack der städtischen Auftraggeber eine Auswirkung der calvinistischen Lebensauffassung zu sehen.

Außer der monumentalen Waage – mit einem Relief von Rombout Verhulst – ist Pieter Post am *Deichamt* in der Breestraat Nr. 59 tätig gewesen, dessen Inneres er entwarf (u. a. den goldledernen Saal). Beim Rathaus, am Botermarkt, befindet sich ein *Springbrunnen* mit Bildwerken aus weißem Marmor (1692), der nach dem feierlichen Aufsteigen der Fontäne am 3. Oktober jeden Jahres ordentlich verpackt werden muß, damit er den Frost heil übersteht. Über den überdachten *Korenmarkt* – den Getreidemarkt – erreicht man den ältesten Teil der Stadt, dort wo der Alte und der Neue Rhein zusammenfließen. Ein Törchen mit einem von Rombout Verhulst gemeißelten Löwen gibt Zugang zu *De Burcht* (das Schloß oder die Burg), einem im Frühmittelalter künstlich errichteten Hügel, der von einer kreisförmigen Ringmauer gekrönt wird.

Leiden besitzt eine Anzahl von '*Hofjes*' (Wohnhöfen). Deren Einrichtung war eine Form von Mildtätigkeit, die immerhin des Spenders Namen nach dessen Tod weiterleben ließ. Das *Tevelingshofje* an der Vierde Binnenvestgracht ist deswegen so hübsch, weil das Grundstück, auf dem es gebaut wurde, die Form eines Parallelogramms hat und der Erbauer danach aber auch buchstäblich alles in Gesalt eines Parallelogramms plante und ausführte. Das *St. Annahofje* an der Hooigracht, 1492 von einem reichen Bauern für bedürftige Frauen gestiftet, hat eine kleine Kapelle, deren Mobiliar den Bildersturm überstand.

Leiden hat neben einer gerade restaurierten *Synagoge* und dem ehemaligen Nonnenkloster, in dem sich das Hauptgebäude der *Universität* befindet, zwei monumentale

Kirchen aufzuweisen, die sehr alt sind: die *Hooglandse Kerk* und die *Pieterskerk*. Dieses letztere gotische Gebäude trägt an seiner Außenmauer eine Tafel, die an John Robinson und die Pilgrim Fathers erinnert. Der englische Puritaner John Robinson, der wegen seines Glaubens in die (den Protestanten gegenüber) toleranten Niederlande floh, ließ sich 1610 in Leiden als Student eintragen. 1620 plante er, mit einem Teil seiner Glaubensgenossen auf dem Schiff Mayflower nach Neuengland zu segeln, um sich dort eine neue Existenz aufzubauen. Bevor er aber an Bord gehen konnte, starb er (1625). Robinson wurde in der Pieterskerk begraben. Dort findet man auch das Grab Boerhaaves sowie eine Grabskulptur aus weißem Marmor von Rombout Verhulst. Die Kirche wird oft als Dependance der Universität benutzt, die dort ihre feierlichen Zusammenkünfte abhält: Verleihung von Ehrendoktorwürden etc.

Kirchen zum Verkauf

Hier handelt es sich um eine würdige und kaum Anstoß erregende 'uneigentliche Verwendung' eines Kirchenraumes, doch gibt es auch den Fall, daß ehemalige Kirchen als Feuerwehrkaserne und sogar als Schwimmbad ('De Overdeckte' in Leidens Haarlemmerstraat) benutzt werden. Das ist selbstverständlich ein allgemeines und kein spezifisches Leidener Problem. Die Niederlande haben sowohl in den Städten als auch auf dem flachen Land eine große Zahl wertvoller Kirchen, die nicht mehr für den Gottesdienst verwendet werden, die man jedoch nicht missen möchte, sei es aus Lokalpatriotismus, sei es aus Erkenntnis des kulturgeschichtlichen Werts, sei es der Erinnerung halber (an Taufe, Hochzeit usw.) oder sei es einfach aus Ehrfurcht vor der Vergangenheit und vor den Toten, die dort begraben liegen. Das Problem besteht ja darin, wie man zu den Geldmitteln für die Instandhaltung derartiger Gebäude kommt. Das gilt besonders für die mittelgroßen Kirchen, die weniger als Baudenkmäler betrachtet werden und daher auch weniger zur Besichtigung einladen. Was wäre eine alternative Funktion, die ihre Existenz sichern könnte? Nur selten wird eine Lösung gewählt wie in Haarlem, wo der Architekt Nico Andriessen einen Plan für 80 Wohnungen in der *Spaarnekerk* verlegte. Solche Pläne stoßen nicht nur auf den Widerstand der Leute, die sie als Entweihungen betrachten, sondern auch auf den Widerstand jener, die darin eine Zerstörung des Raumgefüges sehen. Die Verwendung von Kirchengebäuden für weltliche Zwecke stammt übrigens nicht von heute oder gestern. Die *Nieuwe Zijdskapel* in Amsterdam wurde 1584 an einen Gewürzhändler vermietet, der dort sein Salz lagerte. Und die *Sint-Olofskapel* wurde von 1586–1611 – während die Börse von Hendrik de Keyser auf dem Dam fertiggestellt wurde – als Börse benutzt. Das ist selbstverständlich etwas anderes als die fröhliche Verwendung des Kirchengebäudes der Vrije Evangelische Gemeente in Amsterdam als internationales Popzentrum 'Paradiso' oder der *Mozes en Aaronkerk* (Abb. 63) als Teehaus und Aktionszentrum für an der Dritten Welt Interessierte. Jedenfalls versucht man, wie bei der Restaurierung der *Zuiderkerk* (auch Amsterdam), dem Kirchengebäude etwas von seiner sozialen Funktion im Stadtviertel zurückzugeben, die es in früheren, frömmeren Zeiten auch hatte: die Kirche als Zentrum des Viertels. Verwendung fanden Kirchen auch als Sporthalle (ARNHEM), Vogelmuseum (PIAAM), Blumenladen (RAVENSTEIN) und Fahrradwerkstatt (ALLINGAWIER).

Exportartikel Blumenzwiebel

Von LEIDEN aus kann man eine Schiffsrundfahrt zu dem reizenden Seengebiet im Norden der Provinz machen, einem beliebten und stark besuchten Feriengebiet mit vielen *Windmühlen*. Etwas weiter westlich dehnt sich bis Haarlem die *Blumenzwiebelgegend* mit ihren porösen, kalkreichen Geestböden. Die malerischste Form niederländischen Gartenbaus, die Zucht der Tulpenzwiebel, hat hier ihre Heimat.

Die ersten Zwiebeln wurden etwa 1600 aus der Türkei eingeführt. Die Tulpe wurde zur Modeblume, und das Geschäft mit den Zwiebeln entartete 1636 zu einem verrückten, spekulativen Handel, der *'bollenrasernie'*. Ganze Vermögen wurden in ein paar Pfund Zwiebeln angelegt, und die Gärtnereien wurden von Räubern und Dieben heimgesucht. Der Maler Jan van Goyen kaufte 1637 fünfzig Tulpenzwiebeln vom Bürgermeister Den Haags für 900,– Gulden plus ein Gemälde. Als jedoch die Zwiebeln eintrafen, brach der Handel zusammen, und van Goyen war pleite.

Im Park des neugotischen Schlosses DE KEUKENHOF bei LISSE gibt es eine reizende Ausstellung verschiedener Zwiebelgewächse, aber wie hübsch der Anblick auch sein mag – zu Füßen jahrhundertealter Bäume, entlang den Teichufern mit stattlichen Schwänen inmitten samtgrüner Rasen entfaltet sich hier die Tulpenpracht der Niederlande –: die Wirklichkeit der richtigen Felder ist viel eindrucksvoller (Farbt. 32; Abb. 60). Die Blütezeit auf den Feldern ist aber nur sehr kurz, weil die Blumen schnell geköpft werden müssen, damit sie eine schöne Zwiebel behalten (Farbt. 33). Die Blumenzwiebelzucht ist inzwischen nicht mehr nur auf die Zwiebelgegend beschränkt, sondern wird bis in Zeeuws-Vlaanderen (und sogar in Japan) mit Erfolg betrieben.

1 Das fruchtbare Hügelland Süd-Limburg

2 Die höchstgelegene Kirche der Niederlande steht in Vijlen in Süd-Limburg mit seiner bedeutenden Landwirtschaft

3 Blick auf das Städtchen Thorn

4 Johan Jeuken: ›Der Dorfausrufer von Venray‹, 1976. Privatbesitz Hilversum

5 Die Stokstraat in Maastricht

6–9 Kapitelle in der St. Servaaskerk in Maastricht
6 Streitende 7 Frau mit Krug; Bettler mit Krücke, in ein Stück Brot beißend 8 Erntender
9 Werkleute

10 Adriaen Pietersz. van de Venne (1589–1662): ›Seelenfischerei‹. Rijksmuseum, Amsterdam

11 Langgiebelbauernhaus in Noord-Brabant

12 Das Naturreservat ›De Grote Peel‹

13 Der Fluß Waal in Gelderland

14 Der Lek mit dem Außendeichland

15 Das Flüßchen Linge

16 Der durch die St. Elisabethsflut entstandene Biesbos mit Trinkwasserbecken

17 Dünenlandschaft ›Loonse en Drunense duinen‹ in Noord-Brabant

18 Breda. Im Beginenhof des 17. Jahrhunderts

19 Das Dörfchen Paal am Rande des Verdronken Land von Saaftinge

20 Frühnebel über dem fetten Lehm von Zeeuws-Vlaanderen

21 Das 1940 total niedergebrannte und danach restaurierte Rathaus von Middelburg (Zeeland) ist ursprünglich ein spätgotischer Bau, ein Werk der berühmten südholländischen Familie Keldermans

22 Piet Mondrian: ›Düne VI‹, 1909/11. Haags Gemeentemuseum, Den Haag

23 Austernbänke in Yerseke (Zeeland)

24 Austernzucht in Yerseke. In den Austernbehältern innerhalb der Deiche werden die Austern bis zum Verkauf aufbewahrt

25 Die Zeelandbrücke mit ihren fünfzig Bögen

26 Hendrick Avercamp (1585–1634): ›Winterlandschaft mit Schlittschuhläufern‹. Museum Boymans-Van Beuningen, Rotterdam

27 Poldermühle

28 Die grünen Werder in Zuid-Holland

29 Tjasker, eine kleine Wassermühle. Sie steht in den Weerribben in Noordwest-Overijssel

◁ 30 Fünf der neunzehn südholländischen Poldermühlen bei Kinderdijk aus dem 18. Jahrhundert

31 Jan Vermeer van Delft: ›Ansicht von Delft‹, um 1660. Koninklijk Kabinet van Schilderijen ›Mauritshuis‹, Den Haag

34 Der Strand von Texel

32 Johan Jeuken: ›Zwiebelbus‹ (De bollenbus), 1976. Privatbesitz Hilversum

33 Um eine gut entwickelte Tulpenzwiebel zu bekommen, ›köpft‹ man die Tulpen, sobald sie blühen

35 Frans Hals: ›Offiziere und Unteroffiziere der St. Georgs-Schützengilde in Haarlem‹, 1639. Frans Halsmuseum, Haarlem

37 Herman M. J. Misset: ›Beim Concertgebouw von Amsterdam‹, 1903. Gemeentelijke Archiefdienst, Amsterdam

◁ 36 Rembrandt: ›Landschaft mit Steinbrücke‹, um 1638. Rijksmuseum, Amsterdam

38 Antoon Molkenboer: ›Im Concertgebouw von Amsterdam‹, 1902. Gemeentelijke Archiefdienst, Amsterdam

39 W. Schellinks: ›Bruch des Sint Anthonisdijk bei Houtewal im Jahr 1651, im Hintergrund Amsterdam‹. Amsterdams Historisch Museum, Amsterdam

40 Beemster Polder

41 Blick auf das IJsselmeer

42 Noordoostpolder

43 Giebel des Westfriesischen Museums in Hoorn aus dem 17. Jahrhundert (Noord-Holland)

44 Polder in Noord-Holland mit den Dünen von Schoorl im Hintergrund

46 De Vecht (Utrecht)

◁ 45 Winterlandschaft mit Schlittschuhläufern am Gouwzee, einer Bucht im IJsselmeer bei Monnickendam (Noord-Holland)

47 De Kromme Rijn (Utrecht)

48 De Eem (Utrecht)

49 P. J. Saenredam (1597–1665): ›St. Pieterskerk zu Utrecht‹. Frans Halsmuseum, Haarlem

50 Obstbäume in der Betuwe (Gelderland)

51 Schwedische Kühe in den Weerribben

52 In Leeuwarden

54 Watteninsel Schiermonnikoog ▷

53 Landgewinnungsgebiet im friesischen Watt

55 Zoutkamp in Groningen

56 Neuland im Dollart im nördlichen Groningen

57 Hünengrab bei Ballo in Drenthe

58 Aalden in Drenthe

59 Jan Cremer: ›Holländische Landschaft vor dem Regen‹, 1971. Stedelijk Museum, Amsterdam

Noord-Holland

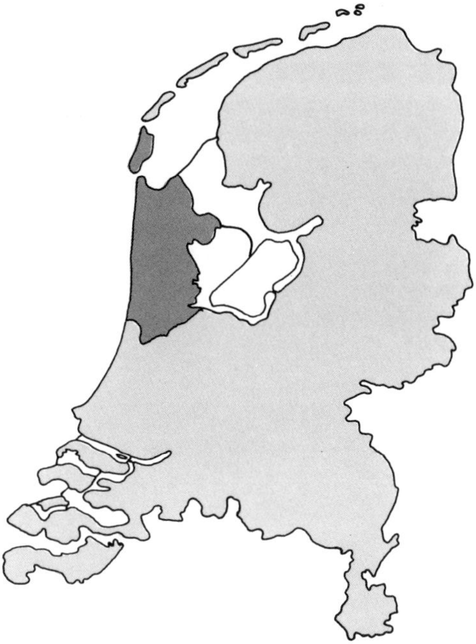

Haarlemmermeer

Die wenigen Wassersportgebiete, die Noord- und Zuid-Holland noch haben und die als Erholungsgebiet von den neugeschaffenen Touristenzentren in Zeeland und im IJsselmeer weit überrundet wurden, erinnern nur noch von ferne an die einstige seenreiche Landschaft. Die Niederlande waren ein einziges großes Sumpfdelta. Viele Seen flossen im Laufe der Zeit zu einem Binnenmeer zusammen, auf dem es bisweilen tüchtig wettern konnte. Auf der Grenze von Noord- und Zuid-Holland gelangt man zum *Haarlemmermeerpolder,* einst ein gewaltiger Binnensee – und das ist noch nicht so lange her.

Pläne zur Trockenlegung des *Haarlemmermeer* stammen nicht erst von heute oder gestern. 1641 veröffentlichte Jan Adriaensz. Leeghwater bereits eine Denkschrift: das ›Haarlemmer-Meer-Boeck‹. Es drängte, denn das Torfland rund um das Wasser wurde immer mehr angenagt, und fünf anliegende Dörfer (Vennip, Beinsdorp, Rijk, Nieuwerkerk und Vijfhuizen) waren bereits verschlungen. Die Stadt Leiden wehrte sich bis 1859 wegen ihrer Fischereirechte in dem Seengebiet und den damit verbundenen Einkünften gegen eine Trockenlegung. Im November 1836 flutete bei Weststurm das Wasser bis nach Amsterdam, während (im selben Jahr) bei Nordsturm den Leidenern das Wasser bis zum Halse stieg. Drei Jahre später wurde die Trockenlegung beschlossen, nicht so sehr zum Zweck der Landgewinnung, sondern aus Furcht vor dem 'Wasserwolf'.

Seeschlacht im Haarlemmermeer im Jahr 1573

1848 setzte das erste der drei Pumpwerke, das *Pumpwerk Leeghwater,* seine Pumpen in Gang, und am 1. Juli 1852 war das Meer in eine Schlammfläche verwandelt. Reiche Amsterdamer und Leidener Bürger kauften das Land auf und verpachteten es an Pioniere, die versuchen sollten, den Boden urbar zu machen. Man verwendete dazu Pferde, unter deren Hufe Brettchen gebunden waren, alte Pferde, denn wenn sie versanken, mußten sie meist notgeschlachtet werden.

Das Haarlemmermeer ist jetzt ein großer parzellierter Polder. Ein Teil (die Nordwestseite) trägt den Asphalt des Flughafens SCHIPHOL. Der Name erinnert noch an den berüchtigtsten Teil des ehemaligen Binnenmeers (*scheepshel* = Schiffshölle). Das *Pumpwerk Cruquius,* nach dem Wasserbauingenieur benannt, der 1712 einen Plan zur Trokkenlegung des Meers einreichte, ist ein fantastisches neugotisches Gebäude, eine runde Burg mit Kirchenfenstern. Wie eiserne Tentakel strecken sich die Hebel aus, die mit dem Dampfzylinder verbunden sind. Es ist als *Museum* eingerichtet und interessant für alle, die über Trockenlegung und Polderentwässerung etwas wissen möchten.

Haarlem und das Frans Halsmuseum

Die Geschichte HAARLEMS ist von der siebenmonatigen Belagerung durch die Spanier während des Unabhängigkeitskrieges (1573) geprägt. Zahlreiche Anekdoten erinnern an jene Zeit. So sollen die spanischen Belagerer, die noch nie von Schlittschuhen gehört hatten, große Augen gemacht haben, als die Haarlemer sich bei Ausfällen blitzschnell und ohne umzukippen übers Eis bewegten.

Auch berichtet die Legende der Kenau (des Mannweibs) Simonsdochter Hasselaar, die an der Spitze von dreihundert Frauen den Feind mit kochendem Pech begoß und deren Porträt im Frans Halsmuseum hängt. Wegen ihres Mutes erhielt sie von den Staaten Holland und Zeeland den Posten einer Steuereinnehmerin für Torf und wurde zugleich Waagenmeisterin in Arnemuiden (Zeeland). Sie war also der erste weibliche Steuereinnehmer in den Niederlanden.

Im Zentrum von Haarlem verraten die ausgesprochen fröhlichen Renaissancebauwerke die Hand des Genters Lieven de Key, der 1593 zum Stadtbaumeister ernannt

Belagerung von Haarlem 1573. Aus dem Atlas van Stolk

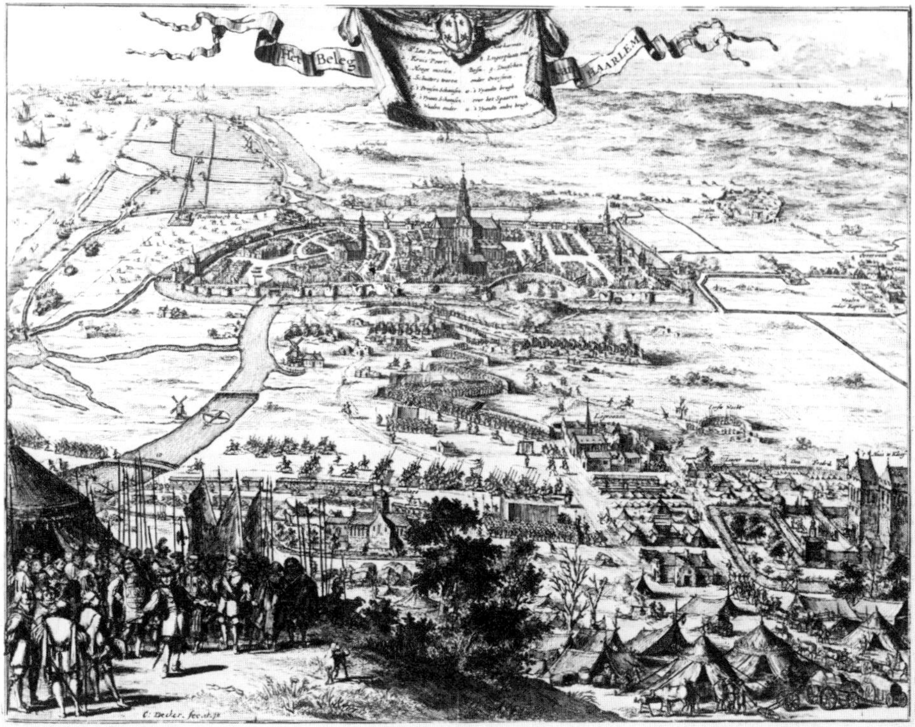

Haarlem: das Rathaus im Jahr 1492

wurde – nicht lange also nachdem ein großer Brand 1578 die alte Stadt zum Teil in Asche gelegt hatte. Am *Grote Markt* – für die Haarlemer der schönste Platz der Niederlande – steht das *Rathaus*. Der älteste Teil stammt von 1350, aber dank späterer Umbauten und Vergrößerungen (1550 und 1620) weist das Ganze eine überraschende Vielfalt auf. Die *Vlees- und Vishal* (Fleisch- und Fischhalle) am Grote Markt, heute *Museum*, war Lieven de Keys erster großer Auftrag in Haarlem (1602).

Der Grote Markt wird von der stattlichen spätgotischen *Grote- oder St. Bavokerk* beherrscht, die hoch über den Platz emporragt. Als sich zur Zeit der Reformation die Volkswut im Bildersturm entlud, blieb auch diese Kirche nicht verschont, doch blieben einige prachtvolle Stücke bewahrt, unter ihnen das *Chorgitter* (1509–17) und das kupferne *Chorpult* (1499) von Jan Fierens aus Mechelen. Von J. B. Xaviery ist das *Marmorrelief* unter der monumentalen Orgel: eine allegorische Darstellung der Gottesfurcht, die unter den Flügeln der Ewigkeit der Dichtkunst und der Musik begegnet (1738).

Die *Orgel* ist ein Schmuckstück sogar in dem mit guten Orgeln so reich gesegneten Holland. Der neunjährige Wolfgang Amadeus Mozart wurde 1766 eingeladen, auf

Haarlem: die Orgel der Grote- oder St. Bavokerk

dieser Orgel zu spielen; ein Stein rechts unter der Orgel erinnert daran. Der Vater des Wunderkindes soll bei dieser Gelegenheit bemerkt haben, daß alles an der Orgel aus Zinn war, weil Holz in dem feuchten Klima auf die Dauer nicht haltbar ist. Indem sie jedes Jahr einen Orgelwettbewerb ausschreibt, versucht die Stadt Haarlem, ihren Ruf als Orgelstadt zu halten.

Der detailreiche, vergoldete *Turm* der *St. Bavokerk* hat seine eigene Geschichte. Der ursprüngliche Turm erwies sich als zu schwer und wurde wenige Jahre nach dem Bau abgerissen. Der jetzige Turm stammt von 1519/20. Er ist aus Holz mit einer Bleiverkleidung.

Besuchern der Kirche sei eine kleine Anekdote nicht vorenthalten. Im Chor befindet sich eine lange Steinplatte, die nur den Namen Coelombie und die Jahreszahl 1805 trägt. Es ist das Grab des Inhabers eines Uhren- und Glockengeschäfts, der ein merkwürdiges Testament hinterlassen hat. Er starb als Junggeselle und übertrug die Verwaltung seines Besitztums (damals 16000 Gulden) drei sozialen Einrichtungen Haarlems. Sie durften das Vermögen innerhalb von 200 Jahren nicht anrühren. Von dem Geld – auf Zinsen angelegt – sollen nach dem Willen Coelombies im Jahre 2005 Fabriken erbaut werden, die englische Materialien zu Tuch, Spitze und Stickerei verarbeiten; weiter eine Schafzüchterei, eine Fabrik zur Herstellung englischer Uhren und Standuhren und eine Strumpffabrik. Falls seinem letzten Willen nicht entsprochen wird, soll das ganze Vermögen, dann schon einige Millionen wert, den Armen der reformierten Gemeinde in Haarlem und der römisch-katholischen Gemeinde in Heemstede vermacht werden.

Lieven de Key baute die spielerische Turmspitze der *Nieuwe Kerk*, die man nach dem schlichten Entwurf von Jacob van Campen errichtet hatte. Dieser fand seine Inspirationsquelle in Italien; der Grundriß scheint von den venezianischen Kirchen aus der ersten Hälfte des 16. Jahrhunderts abgeleitet zu sein: ein Quadrat mit einem hohen, kreuzförmigen Raum in einem Kreis von vier Pfeilern.

Das feinmaschige Netz der Haarlemer Innenstadt bietet dem Spaziergänger überraschende Ausblicke in die Vergangenheit. Hübsche Giebel findet man nicht nur in den kleinen Gassen um den *Grote Markt* herum, sondern auch hier und da um die *Bakenessergracht*. Haarlem zählt achtzehn *Wohnhöfe*. Am Koudenhorn liegt das stattliche *Teylershofje* aus dem 18. Jahrhundert mit einem Louis-XVI.-Vordergiebel und Portikus.

Am *Spaarne*, ein paar Häuser neben der Waag, ist hinter einem auffallenden Giebel aus dem 19. Jahrhundert das *Teylers Museum* untergebracht, das älteste öffentliche Museum der Niederlande und gleichzeitig eines der reizendsten. Durch einige Säle mit vorgeschichtlichen Fossilien, Skeletten und Mineralien (sogar ein paar Mammuthaaren in einem Glasdöschen) kommt man in den ältesten Teil des Gebäudes. In einer Räumlichkeit des 18. Jahrhunderts sind Instrumente der Naturforscher aus dem 17. und 18. Jahrhundert ausgestellt sowie die 1784 speziell für das Teylers Museum angefertigte Elektrisiermaschine (M. van Marum) (Abb. 61). Schließlich beherbergt das Teylers Museum eine interessante Sammlung von 1000 Zeichnungen (Michelangelo, Rembrandt, Raffael, Ruysdael), kleine Ölgemälde aus dem 19. und frühen 20. Jahrhundert und die 31-Ton-Orgel von Fokker.

Seit 1913 ist das *Frans Halsmuseum* in dem ehemaligen Heim für alte Männer (Spital) an dem Groot Heiligland, ein Werk Lieven de Keys. Der geniale Porträtmaler Frans Hals (ca. 1580–1666) brachte der Haarlemer Malerschule großen Ruhm ein. Eine Begabung wie die seine mußte großen Einfluß auf jüngere Maler ausüben wie Willem Buytewech (1591–1656). Auch Gerard Terborch (1617–1681) verbrachte einen Teil seiner Lehrzeit in Haarlem. Die unholländischen, lebendigen Bauernszenen des Flamen Adriaen Brouwer (1605–1681) verraten ebenso Frans Hals' Einfluß. In diesem Museum befindet sich aus das sogenannte ›Tulpenbuch‹ (1643) der Judith Leyster (1609–1660), eine Sammlung von 59 Bildern von Tulpenvarianten, den Händlern zum Nutzen. Eine Anzahl fröhlicher Gemälde und Porträts, die sie machte, wurde lange Zeit ihrem vermutlichen Lehrmeister Frans Hals zugeschrieben. Der Haarlemer Adriaen van Ostade (1610–1685), von Brabenter Eltern stammend, entwickelte sich zu einem der führenden

Genremaler des 17. Jahrhunderts. Auch durch seine Ehe mit einem reichen Amsterdamer Mädchen war das Glück ihm mehr hold als Frans Hals, der 1666, ca. 86 Jahre alt, im selben Spital, das heute eine Sammlung seiner Werke beherbergt, den letzten Atemzug tat. Die Sammlung umfaßt acht Schützen- und Regentengruppen-Porträts. Auf einem der Gemälde hat er sich selber abgebildet (Nr. 127, zweite Reihe, zweites von links; Farbt. 35). Ein Vierteljahrhundert später, zwei Jahre vor seinem Tode, malte er die beiden Porträts der Regenten und Regentinnen des Altmännerhauses, in schlichtem Schwarz-Weiß gegen einen braunen Hintergrund. Was mag der Maler dabei im Sinn gehabt haben? Denn die Regenten wirken etwas angetrunken, und Haltung wie Miene der Regentinnen entsprechen ihrer Funktion als Wohltäterinnen recht wenig.

Die Dünen und der Küstensaum

Entlang der ganzen Nordseeküste, auch auf den Inseln, erstreckt sich sich eine lange Reihe von Dünen. Manchmal dehnt sich dahinter noch eine mehr oder minder breite Dünenlandschaft aus. Die Dünen begrenzen gewöhnlich einen breiten, sanft geneigten Sandstrand, der gute Erholungsmöglichkeiten bietet (Abb. 59). So entstanden dort beliebte Badeorte.

Die Dünenkette reicht selten kilometerweit ins Land wie bei Haarlem in den *Kennemerduinen*, aber sie fehlt nur an zwei Stellen. Seedeiche ersetzen die Dünen auf einem Teil von *Walcheren* (Zeeland) und entlang der Küste bei *Petten* (Noord-Holland): der Westkapellener Seedeich und die sogenannten Hondsbosse- und Pettemer-Seewehre. Dünenbildung ist ein fortwährender Vorgang, bei dem der Mensch ein wenig nachhelfen kann. Bei Flut wird auf dem Strand eine dünne Sandschicht abgesetzt, von der ein Teil bei Ebbe zurückbleibt. Wenn der Sand von der Sonne getrocknet ist, kann der Wind ihn zu Erhebungen zusammenwehen. Weil Westwind vorherrscht, wird der Sand hauptsächlich landeinwärts geweht. Vor jeder Unebenheit auf dem Strand, einer Muschel oder einem Stückchen Holz, bildet sich ein Sandhügelchen. Dieser Sand ist reich an Kalk, Salz und Stickstoffverbindungen, bildet also einen guten Nährboden für Pflanzen, die Kalk und Salz vertragen können. Wenn ein Hügel größer geworden ist, beginnt darauf Strandhafer zu wachsen. Die Wurzeln des Strandhafers halten den Sand fest, und allmählich wird aus dem Sandhügel eine Düne. Das Pflanzenwachstum wird reicher und verändert sich auch; denn wenn die Düne zugewachsen ist und kein neuer Sand hinzukommt, stirbt der Strandhafer ab. Da wo das Pflanzenwachstum, gleich aus welchem Grund, angegriffen wird, besteht die Gefahr, daß die Düne, etwa bei schwerem Sturm, abbröckelt. Die Behörden bepflanzen deshalb kahle Dünen erneut mit Strandhafer und treffen Maßnahmen, die unter Umständen Publikumsverkehr unterbinden.

Außer ihrem Nutzen als Schutz gegen das Wasser erfüllen die Dünen noch eine Aufgabe in der Trinkwasserversorgung. Seit Jahrhunderten wird das Regenwasser vom

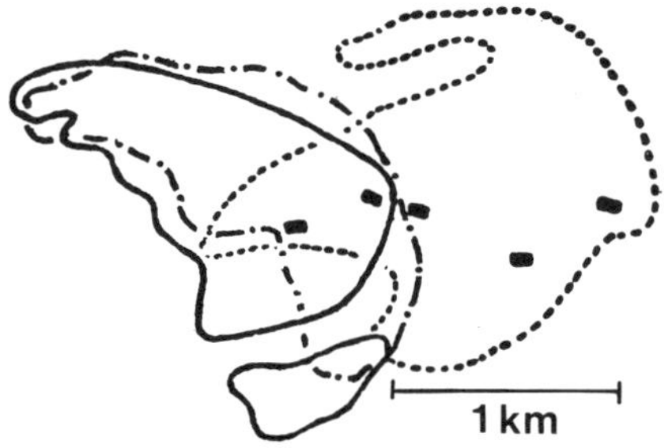

Die Watteninsel Rottum bewegt sich langsam ostwärts: Das Haus des Strandwärters in den Jahren 1745, 1799, 1887, 1916 und 1932

Dünensand gefiltert und bildet ein unterirdisches Süßwasserbecken: eine Süßwasserblase, die in einer Salzwassermasse schwimmt. 1853 wurde die erste Dünenwasserleitung eröffnet, und die Qualität dieses Wassers wurde von allen Seiten gelobt. Ein Nachteil dieser Ausbeutung: den Dünen wird viel Wasser entzogen, was sich nachteilig auf das Pflanzenwachstum und auf die Haltbarkeit der Dünen auswirkt. Ein Vorteil aber besteht darin, daß diese Gebiete, die sonst vielleicht für den Haus- oder Industriebau verwendet werden könnten, jetzt unberührt und ein herrliches Spaziergebiet bleiben. So sind z. B. die *Waterleidingduinen* zwischen VOGELENZANG und AERDENHOUT und zwischen WIJK AAN ZEE und CASTRICUM für Besucher zugänglich.

Eine andere Folge der zerstörten Pflanzendecke ist, daß die Düne sich landeinwärts bewegt: bei Westwind weht der Sand über die Düne hinweg und kommt erst hinter ihr zur Ruhe. An verschiedenen Stellen sind die Dünen im Laufe der Jahrhunderte Hunderte von Metern weiter ins Land gekrochen. Friedhöfe, die anfangs an der Landseite der Dünen lagen, waren später auf ihrer Seeseite. Die Watteninsel ROTTUM bewegt sich mit einer Geschwindigkeit von 1 km in zwei Jahrhunderten in östlicher Richtung.

Es ist noch nicht abzusehen, welche Auswirkung der Abschluß der Seegatte zwischen den seeländischen Inseln im Rahmen des Delta-Plans auf das Gleichgewicht zwischen Wasser und Sand haben wird; aber bislang gehören die breiten Sandstrände entlang der Nordseeküste zu den schönsten Europas. Die Ausländer, die zu diesen Stränden eilen, zu den blonden Dünen, der gesunden Meeresluft und zu zeitgemäßer Unterhaltung, begegnen auf ihrem Weg dorthin ganzen Schwärmen von Niederländern, die ihrerseits auf dem Weg zu den sonnigeren, aber felsenreicheren Stränden Südeuropas mit ihren Seeigeln und mancher Unbequemlichkeit sind.

Was Noord-Holland angeht, verdient die Gegend von SCHOORL, GROET und CAMPERDUIN besondere Erwähnung. Sie liegt zu Füßen sehr breiter und teilweise hoher Dünen, die seit dem 19. Jahrhundert bewaldet sind – ein außerordentlich schönes, noch ziemlich unberührtes Gebiet. Schoorl am Meer ist nur zu Fuß oder mit dem Fahrrad erreichbar. Bei Camperduin hören die Dünen mit einemmal auf: unmittelbar am Meer, an die Dünen grenzend, dehnt sich dort eine flache Polderlandschaft aus, reich an Wasservögeln, die im Schutz des Seewehres von Hondsbos gedeihen.

Deichbruch auf Texel im Jahr 1775

TEXEL, die größte Watteninsel, gehört zu Noord-Holland. Eine Fähre von Den Helder sichert den Zugang zu dieser auch für Autos befahrbaren Insel. Die Landschaft ist abwechslungsreich: Polder begrenzen die Dünen, und es gibt Vogelschutzgebiete. Ein verlassener Strand mit kleinen Sanderhebungen läßt unwillkürlich an eine Mondlandschaft denken. Der erste Tourist hier war der berühmte Flottenführer Michiel de Ruyter. Am 26. April 1659 segelte er mit seiner Familie nach Texel, wo er die Admiralitätsflotte zu sammeln hatte. Zuerst wohnte er in OUDESCHILD, aber als alles länger zu dauern begann, errichtete er seine Sommerwohnung auf einem Landgut am Wege nach DEN BURG, um dort mit seiner Familie die Sonne, das Meer und den Wind zu genießen. Jetzt wird diese Insel im Sommer – trotz der Touristensteuer – fast zu lebhaft besucht (Farbt. 34).

Amsterdam

Es gibt eine ganze Reihe von Städten in den Niederlanden, die im Laufe der Geschichte mit großer Aktivität Denkmäler von historischem und kulturellem Wert zusammentrugen, aber der großstädtische Charme AMSTERDAMS, der Hauptstadt Hollands, ist damit allein nicht zu erklären. Amsterdam war das magische Zentrum in den sechziger und siebziger Jahren. Die durch Straßen und Kanäle spinnwebenartig aufgeteilte alte Innenstadt ist reich an Monumenten. Aber die sieben Jahrhunderte seiner Geschichte sind für Amsterdam kein Hindernis, in der Gegenwart kulturelles Zentrum und Quelle der Inspiration zu sein. Amsterdam ist die Stadt, in der alles möglich ist, in der man alles erleben kann, in der man alles sehen kann. Sieben Jahrhunderte alt, eine stattliche Vergangenheit, aber kaum weise geworden. Eine rührige Stadt mit schwierigen, aber offenherzigen Menschen und einer Atmosphäre der Jugend, der Erwartung, des Aufruhrs.

Es gibt dort prächtige Museen; aber wer, die Kanäle entlangspazierend, seinen Blick über die Giebel gleiten läßt, wähnt sich in einem Freilichtmuseum. Man kann in Amsterdam vietnamesisch essen, auf dem Briefmarkenmarkt dreieckigen Kap-Marken nachspüren oder einen Kurs für transzendentale Meditation mitmachen. Man kann dort in einer kleinen Etagenwohnung in Buitenveldert wohnen und im Auffanglager für Heroinsüchtige arbeiten; man kann sich in einem Wohnboot auf der Amstel niedergelassen haben und für ein Versandhaus die Büros sauberhalten. Alles ist möglich. Man kann sogar der Stadt entfliehen und sich auf einer Schiffsrundfahrt die Häfen ansehen oder

Amsterdam: Aus: Fokkens, ›Beschrijvinge Amstelredam‹, 1662

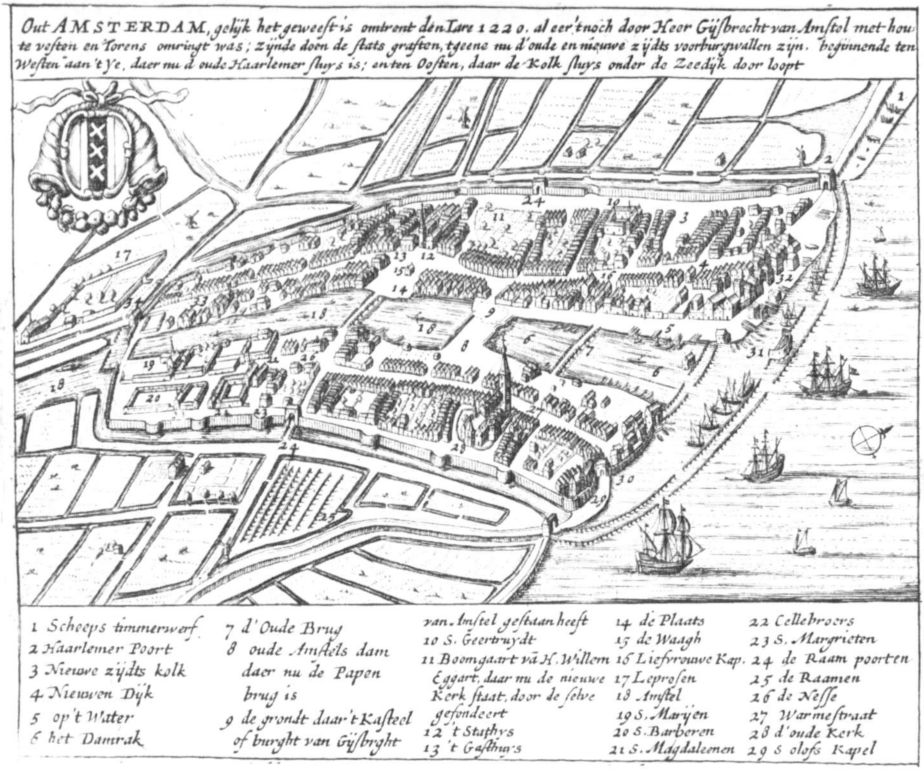

durch den von Zocher angelegten poetischen *Vondelpark* mit seinem Schlafverbot für Touristen irren. Es gibt in diesem Park Wiesen mit Schafen, und es gibt Freiluftveranstaltungen (bei denen manchmal Regenschirme ausgeteilt werden). Selbstverständlich hat Amsterdam auch mit Problemen zu kämpfen, mit denen jede große Stadt heutigen Tages zu tun hat: dem Verkehr, der sich in Umfang und Intensität ausbreitet, dem Zerfall der Viertel aus dem 19. Jahrhundert, der Entscheidung, was abgerissen und was restauriert werden soll.

Ein allzu großzügiges Planen gab vor einigen Jahren auch den Anstoß zum Bau einer Metro. Das führte zu einem umstrittenen Kahlschlag in einem der ältesten Stadtteile, der jetzt so gut wie zerstörten *Nieuwmarktbuurt*. Ganze Häuserblocks sind verschwunden, lebendige Straße des Judenviertels – wie die *Weesperstraat* und die *Jodenbreestraat* – sind zu stark befahrenen Verkehrsadern geworden. Am Rande dieser Verkehrsadern wurden Bürokolosse aus Beton hochgezogen. Geschützte Bauwerke stehen da wie verlassene Waisenkinder: das *Rembrandthaus*, das *Pintohaus*.

Inzwischen hat sich ein Umdenken auch im Städtebau durchgesetzt, und die Berücksichtigung angemessener Maßstäbe tritt bei neuen Planungen stärker in den Vordergrund: die Lebensqualität, welche die Stadt ihren Bewohnern bietet, soll der schrankenlosen Expansion und einem nur wirtschaftlichen Denken entgegengesetzt werden. Wieder wird dem 'umweltfreundlichen' Radfahrer (das Rad ist das geeignetste Transportmittel in der Stadt) Rechnung getragen, und der Autoverkehr wird in der Innenstadt beschränkt, wo immer es möglich ist. Wer finanzkräftig ist, kann nicht mehr rücksichtslos Hotels und Banken hochziehen, und Architekten wehren sich bei Neubauten entlang den Kanälen und in den alten Vierteln gegen einen Manhattan-Effekt und berücksichtigen in ihren Entwürfen die Eigenheiten vorhandener Giebelfronten. Das Stadtbild wird darüber hinaus geprägt von farbig bemalten Fassaden und beschrifteten Bettlaken, die aus den Fenstern hängen und zeigen, daß hier '*Kraker*' ein Haus besetzt haben.

Geschichte und Wachstum der Stadt

Im 13. Jahrhundert war Amsterdam nicht mehr als ein kleines Fischerdorf an der Amstel, zu einer Zeit also, in der sich in anderen Gegenden der Niederlande schon wichtige Städte entwickelten: im Osten entlang den Flüssen Arnhem, Kampen und Zwolle, im südlichen Teil der Grafschaft Holland Delft, Dordrecht und Leiden. Der Umschwung kam etwa 1270, als der Beschluß gefaßt wurde, in der Amstel einen Damm anzulegen – nicht direkt an der Mündung, sondern etwas davor, so daß die Bucht – das Damrak – einen guten Hafen darstellte. Die Lage war günstig: an der einen Seite das offene Wasser der IJ und der Zuiderzee, auf der anderen Seite die Verbindung mit dem Hinterland über Amstel und Vecht. Die herangeführten Waren mußten an dem Dam umgeschlagen werden, und das bedeutete Arbeit für viele Hände. An der Zuiderzee lagen viele Orte, mit denen Handel getrieben werden konnte, und der Güterstrom zwischen den Ländern der Ostsee, England und Flandern lief meist über die Zuiderzee und die

Binnengewässer. Erst nach der Verbesserung der Navigationsmethoden (im 13. Jahrhundert) wählte man den Weg außen herum über die Nordsee.

Nach der Entdeckung Amerikas (1492) und der Indien-Route um das Kap herum verlagerte sich der Schwerpunkt des Welthandels vom Mittelmeer zur Nordsee mit Antwerpen als Zentrum und wichtigstem Hafen. Nach dem Fall Antwerpens (1585) zogen viele reiche Antwerpener Kaufleute nach Amsterdam, der zweiten Handelsstadt der Niederlande, und sie brachten unter anderem den Diamanthandel mit. Das tolerante Amsterdam bildete einen anziehenden Boden für Leute mit Geschäftsgeist, und so wurde es auch Zufluchtstätte der reichen südeuropäischen Juden und der französischen Hugenotten, die im eigenen Land unter den Religionsverfolgungen zu leiden hatten.

Für den Wohlstand war der Transportverkehr von außerordentlicher Bedeutung. Etwa um 1600 herum war die holländische Handelsflotte größer als die aller anderen europäischen Länder zusammen. Vor allem die Ostsee wurde rege befahren; Amsterdam war der Getreidemarkt Europas.

Die prächtigen *Lagerhäuser* an der Brouwersgracht und auf den sogenannten Inseln – künstlich in der IJ angelegt und für die Niederlassung von Schiffsbauwerften bestimmt – zeugen von jener Zeit. Die Ausleger, die die Lagerhäuser auf dem Prinseneiland und dem Bickerseiland schmücken, findet man überall in Amsterdam an den Kanalhäusern mit den schmalen Treppen, aber auch an modernen Häusern.

Die Holländer fuhren seit jeher auf der Ostsee sowie nach England und an der Westküste Europas entlang, aber vom Ende des 16. Jahrhunderts an strebten sie auch zum Mittelmeer. Trotz spanischer und englischer Konkurrenz war die holländische Frachtflotte 1597 auf 400 Schiffe gewachsen. In ENKHUIZEN wurden die ersten größeren und schnelleren Schiffe – mit mehr Laderaum – gebaut, die weitere Expansion bis zur Westküste Afrikas und zu den Kapverdischen Inseln sowie die Überfahrt nach Westindien

Ostindienfahrer (links) und Westindienfahrer. Aus dem Atlas van Stolk

und Amerika ermöglichten. Versuche, durch das Nördliche Eismeer eine neue Route nach Ostindien zu finden, wurden nach der unglücklichen Überwinterung eines Geschwaders von Enkhuizener Schiffen unter Führung Willem Barentz' (1550–1597) auf Nowaja Semlja gestoppt.

Es wurde so verbissen nach einer neuen Ostindienroute gesucht, weil 1585 die Südlichen Niederlande in spanischen Besitz gekommen waren und die Einfuhr aus dem Osten nur über spanische Häfen lief und daher stagnierte. 1594 wurde die 'Compagnie van Verre' gegründet als Versuch, das spanische Monopol zu brechen. Unter der Führung von Cornelius Houtman wurde eine Flotte von vier Schiffen ausgerüstet, und dieses Unternehmen war insofern erfolgreich – nur eine Handvoll Männer kehrte nach vielen Widerwärtigkeiten ohne Handelsware ins Vaterland zurück –, als es immerhin die Möglichkeit eines Handels mit dem Osten bewies.

Eine zweite Expedition (1598) verlief erfolgreicher: sämtliche Schiffe kehrten unversehrt heim, die Laderäume voller köstlicher Gewürze, die zu Wucherpreisen vertrieben wurden.

Bald gab es einen Aufschwung im Osthandel: 1601 waren es nicht weniger als 14 Flotten mit insgesamt 65 Schiffen. Die Obrigkeit, voran Johan van Oldenbarneveldt, mußte einsehen, daß auf diese Weise bald eine Marktsättigung, mit einem Preissturz als Folge, auftreten würde. 1602 wurde dann auch die 'Vereinigte Ostindische Kompanie' gegründet, mit Aktien, die von der Öffentlichkeit erworben werden konnten.

Amsterdam als Burg des Frühkapitalismus beherrschte den gewinnbringenden Handel mit dem Orient, betrieb nebenbei auch Raubzüge, wie z. B. das Kapern einer spanischen Silberflotte durch Piet Hein, was als erfreuliche Nebeneinnahme galt.

Die Machtposition der 'VOC' kommt in ihrem Handelsmonopol (für 21 Jahre) zwischen dem Kap der Guten Hoffnung und der Magellanstraße zum Ausdruck sowie in ihrem Recht, in den betreffenden Gebieten Kriegshandlungen zu unternehmen, Land in Besitz zu nehmen, dieses Land zu verteidigen usw.

1610 wurde für die Übersee-Faktoreien ein Generalgouverneur bestellt. Es war vor allem Jan Pieterz. Coen, der Gründer Batavias (1619, das heutige Djakarta), der mit eiserner Hand die holländische Autorität etablierte und die Handelsinteressen seiner Auftraggeber durch Einschüchterung inländischer Produzenten und der europäischen Konkurrenten sicherte. Die 'Westindische Kompanie', die 1621 in Nachfolge der 'VOC' gegründet wurde, um den Handel nach Nordamerika (Neu-Amsterdam), Brasilien, Guayana und den Antillen sowie der Westküste Afrikas zusammenzufassen, war nicht so erfolgreich wie ihre Vorgängerin. In einem Land mit einer so bedeutenden Stellung in der Schiffahrt mußte auch die Kartographie blühen. Neben den Südniederländern Simon Stevin und Petrus Plancius – beide wirkten in Leiden – ist der Familienname Blaeu aus der Kartographie nicht wegzudenken. Willem Janszoon (1571–1638) war der Sohn eines Heringshändlers und brachte es nach seiner Lehre bei dem berühmten Astronomen Tycho Brahe zum Kartographen der 'VOC', in welcher Funktion ihm nach seinem Tode sein Sohn Dr. Joan Blaeu folgte. Die Karten Blaeus waren weltberühmt;

die wertvollsten waren ganz von Hand gefärbt und mit Gold gehöht. Ein großer Teil der Werke Blaeus ging bei einem Brand in Amsterdam (1672) verloren.

Obgleich sich in der lebendigen Geschäftsstadt Amsterdam auch andere Gewerbe entwickelten – so wurde 1609 die Bank von Amsterdam gegründet, und Amsterdam beherrschte lange Zeit das internationale Wechsel- und Kreditgeschäft –, war der *Hafen* (Abb. 64) der wirtschaftliche Mittelpunkt. Anfang des 19. Jahrhunderts wurde der *Noord Hollands Kanaal* gegraben, um dem Schiffsverkehr die oft schwierige Fahrt durch die Zuiderzee zu ersparen. Die merkwürdigen Kurven in diesem Kanal, der die Seeschiffe quer durch die nordholländischen Polder mit Butterblumen und Kühen führt, sind Ergebnis der Sparsamkeit der Bauherren, die so oft wie nur möglich die bestehenden Ringkanäle der verschiedenen Einpolderungen benutzten. Der Noord Hollands Kanaal wurde 1824 in Betrieb genommen, aber bereits in der zweiten Hälfte des 19. Jahrhunderts, als die neuen Segelschiffe (Clipper) immer schneller wurden, war der Kanal mit seinen Windungen offensichtlich nicht mehr geeignet. Der *Nordseekanal* (Noordzee Kanaal) wurde angelegt, eine direkte Ostwestverbindung mit der Nordsee, an beiden Seiten von Schleusen begrenzt. Die Oranje-Schleusen bei SCHELLINGWOUDE trennen die IJ vom IJsselmeer, während eine der drei Schleusen bei IJMUIDEN, die Nordseeschleuse (400 m lang, 40 m breit und 15 m tief, vollendet 1930), die größte Europas war. Seit 1973 ist in Antwerpen eine noch größere Schleuse in Gebrauch.

In IJmuiden ist die Fischerei noch immer von Bedeutung und demzufolge auch die Fischversteigerung. Nach denen von Wesermünde sind die Fischhallen von IJmuiden die größten des europäischen Festlandes. Der Fischereihafen wurde übrigens auf Drängen der Amsterdamer Schiffahrtsgesellschaften gegraben, die ungern die Schleusen ihres Kanals von Fischerbooten verstopft sahen. IJmuiden ist jetzt die drittgrößte Hafenstadt der Niederlande, die freilich unter dem Qualm eines riesigen Hochofen- und Stahlbetriebes (Estel-Hochofen) liegt.

Das Amsterdamer Hafengebiet dehnt sich bis in die Zaanstreek aus. Der *Holzhafen* (1876) ist der größte des Kontinents. Bedeutende Erweiterungen waren die von 1900 (das östliche Hafengebiet) und um 1930: *Coenhaven, Vlothaven, Westhaven.* In westlicher Richtung dehnen sich die Häfen bis HALFWEG *(Amerikahaven, Australiehaven)* aus, während man jetzt dabei ist, das Gelände bei ZWANENBURG und SPAARNDAM aufzuspülen.

Amsterdam ist eine der wenigen Städte, die ihre Hafenfront mit einem großen Gebäude abgeschlossen haben: dem *Hauptbahnhof* von Cuypers (1884).

Die Entwicklung Amsterdams erfolgte folgendermaßen: Rund um den *Dam,* der bis heute den Kern des Zentrums bildet, konnte die Bebauung sich ungehindert ausdehnen, denn bis ins 15. Jahrhundert hielt man das sumpfige Amstelland für ausreichenden Schutz, und es gab keine Stadtmauern. Ursprünglich waren die Häuser aus Holz, ohne Fundamente. Jetzt sind nur noch im *Begijnhof* und auf dem *Zeedijk* je ein einziges mit Holzgiebel vorzuweisen.

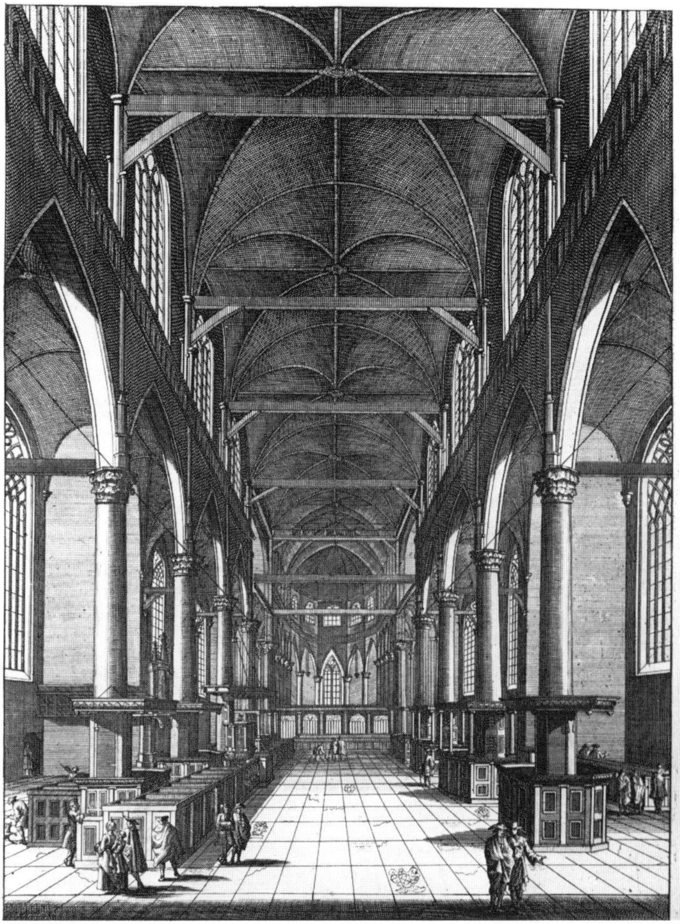

Amsterdam: Inneres der Oude Kerk

Die *Oude oder St. Nicolaaskerk* steht auf dem malerischen *Oudekerksplein* im Kern des ältesten Stadtteils und liegt auch im Herzen des *rossè buurt* (roten Viertels), der *Walletjes*. Die älteste Kirche Amsterdams ist noch immer in Gebrauch, sie dient verschiedenen kulturellen Zwecken. Ursprünglich war es eine Hallenkirche aus dem 14. Jahrhundert, aber im 16. Jahrhundert wurde sie zu einer Kreuzbasilika umgebaut. Der Organist Jan Pietersz. Sweelinck (1562–1621) pflegte dort nach seinem Dienst eigene Kompositionen zu spielen. Er wurde in der Oude Kerk begraben, ebenso wie Rembrandts Frau Saskia. Die Orgel (1724) gilt als eine der schönsten der Niederlande.

Das Wachstum der Stadt machte im 15. Jahrhundert eine neue Kirche erforderlich, die *St. Catharina- oder Nieuwe Kerk* an dem Dam; während des ersten halben Jahr-

Amsterdam: Inneres der St. Catharina- oder Nieuwe Kerk

hunderts ihres Daseins (seit 1410) wurde sie bis zu drei Mal vom Brand betroffen. Weil nun damals ein Brand kaum abzugrenzen war, wurden jeweils ganze Viertel in Asche gelegt, und so entschloß man sich, Steinhäuser zu bauen. Das war aber in dem sumpfigen Boden des Amstellandes nicht leicht zu bewerkstelligen, und es mußten fleißig Pfähle eingerammt werden. Der größte Dichter und Satiriker des Goldenen Jahrhunderts, Joost van den Vondel (1587–1679), dichtete: *»Keer om de stad: ze is bos von onder en gebouwd / Op bomen onlangs nog gebracht uit 't Noorse woud.«* (»Kehr um die Stadt: sie ist Wald unten und gebaut / Auf Bäumen, die unlängst noch gebracht aus norwegischem Wald.«)

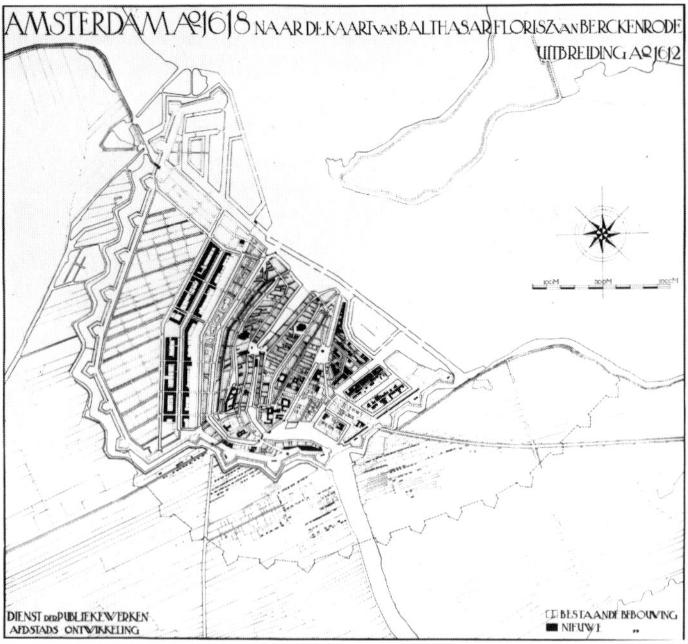

Amsterdam um 1618

Nach einem Großbrand 1645 wurde die Nieuwe Kerk sorgfältig restauriert, während auch das Innere wieder im alten Stil instandgesetzt wurde: ein Orgelgehäuse von Jacob van Campen, ein beeindruckendes Chorgitter, eine Kanzel und zwei Grabdenkmäler von Rombout Verhulst, von denen das des berühmten Admirals Michiel de Ruyter die größte Bewunderung erweckt. Die Kirche wird bei der offiziellen Inthronisation der Fürsten des Hauses Oranien benutzt. Wenn die sorgfältige, lange und kostspielige Restaurierung beendet ist, wird die Kirche auch für allgemeine gesellschaftliche Belange dienen, denn die Niederländisch-reformierte Gemeinde sieht vermutlich keine Möglichkeit, das Baudenkmal aus eigener Kraft zu pflegen.

Die große Blüte Amsterdams begann, nachdem 1578 die Prinzenfahne auf dem damaligen Rathaus gehißt wurde: Zeichen, daß sich die Stadt auf die Seite der Aufständischen gegen die spanische Macht stellte. An diesem Tage wurden die amtierenden Ortsvorsteher mit einem Boot aus der Stadt gebracht, die Pfarrer verschwanden, und die Pastoren kamen. Der Unabhängigkeitskrieg sollte noch siebzig Jahre dauern, aber in Amsterdam hatte die Revolution bereits stattgefunden. Es entstand eine Atmosphäre des Optimismus und des Selbstvertrauens, in der Unternehmungslust und Duldsamkeit ein anziehendes Klima schufen. Verfolgte Juden aus Spanien und Portugal ließen sich mit ihrer Geschäftigkeit in Amsterdam nieder, nach 1585 kamen auch die reichen Kauf-

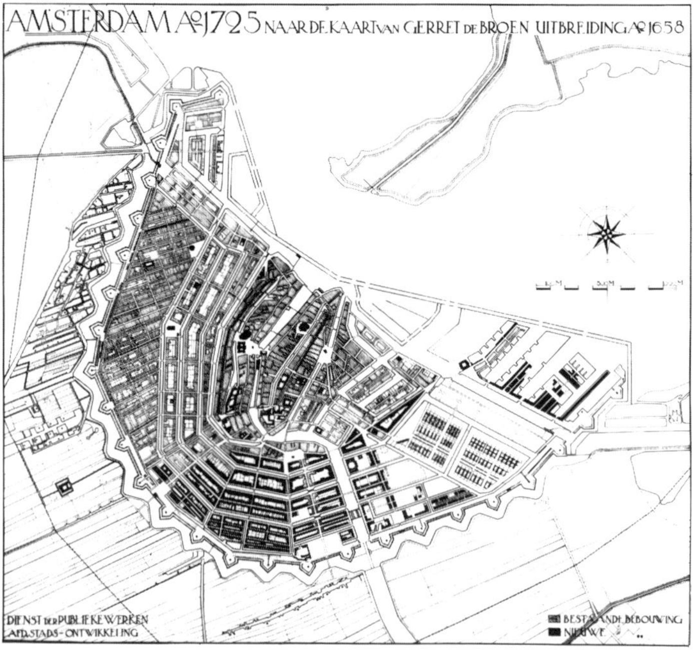

Amsterdam um 1725

leute aus Antwerpen, die den spanischen Herrschern den Rücken kehrten. Das magische Zentrum bewies seine Anziehungskraft.

In einer Reihe von Erweiterungen zwischen 1585 und 1658 bekam Amsterdam seine ihm eigene Halbmondform, eine bewußte Planung, für die der Stadtarchitekt Hendrik de Keyser zum größten Teil verantwortlich ist. Die *Kanäle* erwiesen sich nicht nur für den Transport als sehr vorteilhaft, sondern boten auch eine hervorragende Lösung für den Wasserabfluß. Die Straßen wurden erhöht, und eine ganze Reihe von *Brücken* mußte gebaut werden, um etwa 90 'Inseln' miteinander zu verbinden. Im 17. Jahrhundert gab es 87 Steinbrücken und 117 Holzbrücken, heute gibt es deren schon mehr als tausend.

An der *Herengracht*, der *Keizersgracht* und der *Prinsengracht* entstanden die kleinen Stadtpaläste mit prachtvollen Gärten dahinter, die die Amsterdamer Kaufleute sich von Baumeistern wie Philips und Justus Vingboons, Adriaan Dortsman und Steven Vennecool errichten ließen. Bis ins 18. Jahrhundert wurden noch schmale, hohe Kanalhäuser mit den charakteristischen Treppen-, Hals- und Glockengiebeln gebaut neben den breiteren Kanalhäusern mit Rahmengiebeln in 'Ludwigstilen'. Eine angenehme Art, die Pracht dieser Kanalgürtel zu genießen, ist die *Bootsrundfahrt*. Die meisten Reedereien, die solche Rundfahrten organisieren, verbinden damit auch eine Rundfahrt durch den *Hafen* und die *IJ.* Einige hübsche Häuser sind jetzt als Museen eingerichtet und dem Publikum zugänglich wie das *Museum van Loon* an der Keizersgracht 672 mit seinem Rokoko-Inneren, das noch ganz als Wohnhaus eingerichtet ist (Adriaan Dortsman, 1671/72; hier wohnte der Maler Ferdinand Bol von 1669 bis 1680).

Jetzt sind in den größeren Grachtenhäusern hauptsächlich Büros und Banken untergebracht, die kleinen pfefferteuren Kanalhäuser dagegen sind als Privatwohnungen sehr beliebt. Während des Tages ist der Verkehr ein Problem, aber abends und am Wochenende ist es dort ruhig wie in einem Dorf.

Das *Museum Willet Holthuysen,* Herengracht 605, ist mit Möbeln aus dem 17. und 18. Jahrhundert, Gemälden und Gebrauchsgegenständen als vornehmes Amsterdamer Patrizierhaus eingerichtet. Das *Theatermuseum* befindet sich in einem von Philips Vingboons 1638 gebauten Haus an der Herengracht 168. Die anliegenden Renaissance-Häuser Nr. 170 und 172 sind unter dem Namen *Bartolotti-Haus* (Henrik de Keyser, 1618) bekannt.

Die äußerste der drei Grachten, die *Prinsengracht,* ist von etwas bescheidenerem Eindruck als die beiden anderen, die Häuser sind dort weniger üppig. Der ältere Teil zwischen der Westerkirche und der Brouwersgracht, begrenzt den *Jordaan.* Letztere wurde von den Städteplanern des 17. Jahrhunderts als Behausung für Handwerker und kleine Händler geplant – das Viertel hieß damals das 'Nieuwe Werck'. Ende des 17. Jahrhunderts ließen sich dort viele französische Immigranten nieder. Es ist ein einfaches Viertel mit vielen kleinen Gassen und Kanälen, die meist Blumennamen tragen, und das ist wahrscheinlich der Grund, warum der Name Jordaan (vom französischen Jardin) in Brauch kam. Jetzt ist es ein malerischer Teil Amsterdams mit vielen kleinen Boutiquen und geselligen Kneipen. Hinter einem unauffälligen Eingang findet man dort oft reizende 'Hofjes', Wohnhöfe, die jetzt viel von Studenten und Künstlern bewohnt werden, wie z. B. das prächtige *Claes Claesz. Anslo Hofje,* das 1626 gestiftet wurde.

Amsterdam: Innenraum der ›Waag‹ im 18. Jh. Aus dem ›Theatrum Antomicum‹, gez. von Adolf aan der Laan

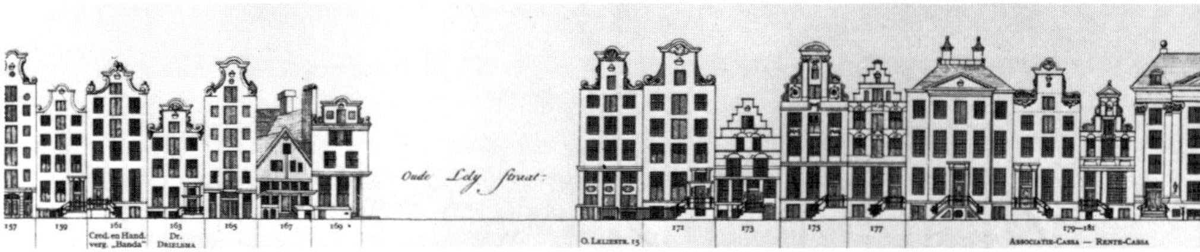

Auch auf der Ostseite der Amstel liegen einige hübsche Hofjes längs der Kanäle: der *Corvershof* an der Nieuwe Herengracht 6–18 mit einem stattlichen Louis-XIV-Giebel (1721/22), das *Hofje von Occo* (Louis XVI, Nieuwe Keizersgracht 94, 1774) und an der Nieuwe Keizersgracht 28–44 das *Van Brants-Rushofje*, Louis XIV, nach einem Entwurf von Daniel Marot (1732–33). Noch an der Prinsengracht selbst (855–899) findet man jenes hübsche Hofje von 1695.

Eines der bemerkenswertesten Hofjes liegt am Spui, im Zentrum der Stadt: der *Begijnshof*. Zwischen den kecken Häusern mit hohen Vorstufen zeigt sich noch ein Holzhaus von 1470. Auch nach der Reformation lebten hier römisch-katholische Beginen (Betschwestern), fromme Frauen, die sich der Wohltätigkeit widmeten. 1607 mußten sie ihr spätgotisches Kirchlein an eine englische Presbyter-Gemeinde abgeben. Gegenüber die kleine *Schuilkerk* (Schutzkirche) stammt von 1671. Zu jener Zeit war ein öffentlicher römisch-katholischer Gottesdienst undenkbar. Das Wandgemälde von Antoon Dèrkinderen, ›Die Prozession des Hl. Sakramentes des Mirakels‹ (1888), bezieht sich ebenso wie andere Kostbarkeiten in der Schuilkerk auf das Wunder von Amsterdam. Der Geschichte nach erhielt ein todkranker Mann 1345 in der Kalverstraat die Heiligen Sakramente, die er aber gleich wieder von sich gab; als seine Frau sie verbrennen wollte, geschah das Wunder: die Hostie verbrannte nicht. Es wurde eine Kapelle errichtet, und als sie niederbrannte, fand man wiederum die Hostie unversehrt unter den Trümmern. Noch jedes Jahr wird im März der 'Stille Omgang' (Prozession) abgehalten. Der *Heilige Weg*, eine belebte Ladenstraße, war damals der letzte Teil des erschwerten Weges, den die Pilger zu der heiligen Stelle zogen. Unter den Prominenten, die sich an jener Form der Verehrung beteiligten, ist Kaiser Maximilian zu erwähnen. Er besuchte Amsterdam 1488 und verlieh der Stadt das Recht, die Kaiserkrone im

Wappen zu führen. Der hohe, reichverzierte Turm der *Westerkerk* ist bis zum heutigen Tage mit jenem Machtsymbol geschmückt.

Eine der wenigen Überreste der Verteidigungsanlagen, die im 15. Jahrhundert gebaut wurden, ist das *St. Anthonispoort* auf dem Nieuwmarkt. Daß es noch besteht, ist wahrscheinlich darauf zurückzuführen, daß dieses Tor 1617 zu einer Waage für schwere Gegenstände (Anker z. B.) umgebaut wurde. Im oberen Stock befinden sich die Zunftkammern, darin ausgestellt Meisterproben von Maurern und Steinhauern. In den Zunftkammern für Chirurgen fanden die Anatomievorlesungen statt, die durch Rembrandts Gemälde ›Die anatomische Vorlesung des Dr. Nicolaes Tulp‹ (Mauritshuis Den Haag; Abb. 54) so bekannt wurden.

Im 17. Jahrhundert ließen sich viele portugiesische Juden im Viertel an der *Waag* nieder (wo sich jetzt auch das *Joods Historisch Museum* befindet). Weil das Diamantenschleifen das einzige Handwerk war, daß nicht einer Zunft unterstand, verlegten sich viele Juden darauf, und gleichzeitig auf das Diamantengeschäft. Die führende Stellung, die die Niederlande in diesem Geschäft einnahmen, wurde in jüngster Zeit mehr oder weniger von Belgien übernommen. Der Grund ist wahrscheinlich die Massendeportation der Juden während des Zweiten Weltkrieges. Von den 3000 Amsterdamer Diamantschleifern wurden 2300 abtransportiert. Vom *Judenviertel,* der Jodenbreestraat und Umgebung, ist infolge des Metro-Baues kaum mehr als eine Asphaltstraße und Bauschutt übriggeblieben. Vom gesamten Synagogenkomplex in der Nähe des J. D. Meyerplein ist nur noch die *portugiesische Synagoge* (1671–75) in Gebrauch. Das *Rembrandthuis,* Jodenbreestraat 4, ist anhand der Bestandsaufnahme bei Rembrandts Konkurs 1656 wieder im ursprünglichen Zustand eingerichtet. Dort gibt es eine große Sammlung seiner Radierungen zu sehen.

Rembrandt van Rijn

Rembrandt Harmensz. van Rijn (1606–69) wurde in Leiden als fünfter Sohn eines Müllers und einer Bäckerstochter geboren. 1620 wurde er als Student an der Leidener Universität eingeschrieben, aber statt zu studieren ging er als Maler bei Jakob Isaaksz. van Swanenburch (etwa 1571–1638) und 1624/25 bei Pieter Lastman (1583–1638) in Amsterdam in die Lehre. 1625 kam er mit seinem Freund Jan Lievens (1607–74) zusammen wieder nach Leiden, wo auch Gerard Dou sein Schüler war. 1631 ging er nach Amsterdam, um dort die ›Anatomische Vorlesung‹ zu malen; 1632 zog er endgültig nach Amsterdam. Er heiratete Saskia van Uylenburgh, die reiche Tochter des Bürgermeisters von Leeuwarden, kaufte das Haus in der Jodenbreestraat (gebaut in seinem Geburtsjahr 1606) und umgab sich mit Kunstgegenständen, die er emsig sammelte. Anfänglich hatte er als mondäner Porträtmaler viel Erfolg, als jedoch Saskia 1642 starb, wandte sich für Rembrandt und seinen Sohn Titus (geb. 1641) das Glück. Er kam häufig in Konflikt mit seinen Auftraggebern, die Aufträge selbst wurden weniger, und weil er seine Sammelleidenschaft nicht bezähmen konnte, kam er in so ernste finanzielle Schwierigkeiten, daß ein Konkurs unumgänglich wurde (1656).

Daraufhin zog er in eine schlichte Wohnung an der Rozengracht 184, am Rande des Jordaans. Ein Gedächtnisstein erinnert daran, daß der Meister dort seine späteren Lebensjahre verbrachte. Dank der Fürsorge seiner zweiten Frau Hendrickje Stoffels und seines Sohnes Titus konnte Rembrandt immerhin noch weiter malen.

Die ›Staalmeesters‹ malte er 1661. In diesem Jahr erfüllte er auch seinen einzigen Auftrag für das neue Rathaus in Amsterdam: ›Die Verschwörung der Bataver unter Claudius Civilis‹. Seine Auftraggeber waren mit dem Werk nicht recht glücklich, sie entfernten es schnell, und die Stücke, in die es später geschnitten wurde, wurden 1734 für einen lächerlichen Betrag versteigert. Rembrandt überlebte sowohl Hendrickje als auch seinen Sohn Titus, und als er 1669 starb, besaß er nicht mehr als seine Kleider und seine Malutensilien. Aber es gab in seinem Nachlaß ein vielfältiges und umfangreiches Œuvre an Gemälden, Zeichnungen und Radierungen: Porträts, biblische Darstellungen und Landschaften, alle mit seiner markanten Signatur gezeichnet. Mit der Reihe seiner Selbstporträts – das letzte von 1669, aus seinem Todesjahr – hinterließ er eine beeindruckende Bild-Autobiographie. Eine Generation nach Rubens und Hals war Rembrandt bei weitem der bedeutendste Maler seiner Zeit, auch wenn seine Größe erst von späteren Generationen wirklich erkannt wurde.

Baumeister und ihre Bauten

Das ungeahnte wirtschaftliche Wachstum Amsterdams brachte auf seinem Höhepunkt eine großartige Bautätigkeit mit sich, nicht nur im privaten Wohnungsbau, sondern auch im Bereich der Öffentlichkeit. Stadtbaumeister Hendrik de Keyser hatte in Utrecht, seiner

Amsterdam: Turm der Zuiderkerk, nach dem Entwurf von H. de Keyser ▷

Geburtsstadt, eine Ausbildung als Bildhauer erhalten und ließ sich 1591 in Amsterdam als Bildhauer und Architekt nieder. Er baute dort nicht weniger als drei Kirchen: die Zuiderkerk, die Noorderkerk und die Westerkerk, sowie einige Turmbekrönungen, Wohnhäuser und Tore. Während die Zuider- und Westerkerk noch etwas Gotisches haben, ist die *Noorderkerk* in ihrem Entwurf neuartiger, und der Architekt setzte hiermit den Anfang zum Zentralbau, dem typisch protestantischen Kirchenbau. Der Grundriß stellt das Bild eines griechischen Kreuzes mit kleinen dreieckigen Verbindungsräumen zwischen den Armen dar. Die *Zuiderkerk* am Rande des abgerissenen Viertels um die Jodenbreestraat ist ein viel weniger reifes Bauwerk als die spätere stattliche *Westerkerk* mit ihrem 85 m hohen Turm, vielfältig im Jordaan-Lied besungen. Am 8. Oktober 1669 wurde Rembrandt in der Westerkerk beerdigt, ein Jahr nachdem sein Sohn Titus dort hingetragen wurde. Einen Gegensatz zu der ernsten Linienführung der Westerkerk bilden die Barockelemente an den eleganten Wohnhäusern, die Hendrik de Keyser für die Amsterdamer Patrizier baute.

Der Haarlemer Architekt Jacob van Campen (1595–1657) erhielt den Auftrag, das *Rathaus* von Amsterdam als ein Symbol der Macht und des Ansehens der Stadt in der damaligen Welt zu bauen. Trotz der Bezeichnung 'achtes Weltwunder' hat das Gebäude, der jetzige 'Paleis op de Dam', ein ziemlich schlichtes Äußeres. Freilich ist es auf 13659 norwegischen Pfählen gebaut und mit Steinen aus Bremen und Bentheim emporgezogen worden. Es ist das bedeutendste Werk Jacob van Campens und zeigt Einflüsse der Baukunst des Palladio, bei der die rein architektonischen Elemente der klassischen Bauordnungen (dorisch oder toskanisch, ionisch und korinthisch) in ihren ornamentalen Möglichkeiten ausgenutzt werden. Das Innere ist mit Bildhauerwerken aus Marmor und Reliefs des Südniederländers Artus Quellinus des Älteren geschmückt. Für Gemälde wurden zum größten Teil Nordniederländer herangezogen, hauptsächlich Schüler Rembrandts: Ferdinand Bol, Govert Flinck, Jan Lievens usw. Der große Meister selber war zu der Zeit weniger beliebt, wie an dem Anteil seines Beitrages zu sehen ist. Auch der Südniederländer Jacob Jordaens arbeitete mit, wie schon beim Oranje-Saal, zu dem Jacob van Campen Skizzen geliefert hatte. Als Napoleon sich 1806 entschloß, die Republik zu einem Königreich zu machen, wählte König Ludwig Bonaparte das Rathaus auf dem Dam als königlichen Palast und Amsterdam als Landeshauptstadt. Noch heute ist Amsterdam die Hauptstadt, aber Den Haag Hofstadt und Residenz.

Vermutlich auch ein Werk von van Campen ist die ionische Säulengalerie des ehemaligen Waisenhauses in der Kalverstraat. Nachdem das Gebäude sorgfältig restauriert wurde,

Amsterdam: Der Große Saal im Rathaus auf dem Dam

befindet sich dort *Amsterdams Historisch Museum*. Von der Kalverstraat, der belebtesten Ladenstraße Amsterdams, tritt man durch ein hübsches Renaissance-Törchen in eine überdachte Galerie, eine Art Museumsstraße mit Schützenbildern u. a. von Ferdinand Bol und Adriaan Bakker. Das *Burgerweeshuis* (Bürgerwaisenhaus) selbst zog um an den Außenrand von Amsterdam, gleich hinter dem Olympiastadion (Jan Wils, 1928) am Amstelveense Weg. Es ist ein auffälliges Gebäude, eine Gruppe ineinander übergehender, honigwabenähnlicher kleiner Komplexe (Aldo van Eyck, 1967).

So glücklich man mit den Werken der Stadtbaumeister des 17. Jahrhunderts sein mag, so traurig stimmen die Erweiterungen des 19. Jahrhunderts. Ohne zentrale Planung bauten private Bauunternehmer möglichst billig und im Eiltempo ganze Arbeiterviertel: die *Pijp* in Alt-Süd, die *Staatsliedenbuurt* in Alt-West, die *Dapperbuurt* im Osten. Die meisten jener Arbeiterviertel aus dem vorigen Jahrhundert mit ihren charakteristischen Mansardendächern sind inzwischen schon Sanierungsviertel. In einzelnen Vierteln – z. B. in der Dapperbuurt, der Staatsliedenbuurt und der Umgebung des Nieuwmarkt – arbeitet eine Gruppe von Architekten mit den Bewohnern des Viertels zusammen, um der Verelendung zuvorzukommen und einen sowohl bequemen als auch bezahlbaren Neubau zu entwerfen. In der Pijp befindet sich der Albert Cuyp-Markt mit seiner anziehenden Kombination von einheimischen und (wegen der Gastarbeiter und Surinamer) fremden Kaufwaren (Abb. 68). Immerhin ist es angenehmer hindurch zu spazieren als dort zu wohnen.

Rijksmuseum, Van Goghmuseum, Stedelijk Museum

Nur die neueren Viertel für die Wohlhabenden, wie das Viertel um den 1864 angelegten *Rij- en Wandelpark* (Reit- und Spazierpark), den *Vondelpark* und die angrenzenden *Museumsviertel* können vor der Kritik bestehen. Der großzügige *Museumplein*, ursprünglich als Kulturzentrum in einem vornehmen Viertel geplant, ist zur kürzesten Schnellstraße der Niederlande entartet, aber man ist dabei, Pläne zu erarbeiten und einiges zu ändern. Insofern ist es doch ein kulturelles Zentrum geworden, daß er von dem Concertgebouw und drei der schönsten niederländischen Museen umgeben ist: dem Rijksmuseum, dem Stedelijk Museum (Städtischen Museum) und dem Van Goghmuseum.

Das monumentale *Rijksmuseum* ist ein Werk von Cuypers; er hat sich selber, in Nachfolge seines Lehrmeisters Viollet le Duc (der sich zwischen den Heiligen der Notre-Dame in Paris abbildete) irgendwo um die Ecke blickend dargestellt. Das Gebäude entstand 1876–85 und ist reich mit Bildhauerarbeiten, Kachelbildern und Reliefs geschmückt (u. a. Rembrandt beim Malen der ›Staalmeesters‹ über der Rückseite des eindrucksvollen Durchgangstors). Das Innere des Museums beherrscht Rembrandt mit seiner ›Nachtwache‹ (Abb. 79), der ›Judenbraut‹, den ›Staalmeesters‹, dem ›Jeremias‹ (Abb. 80). Auch eine der wenigen Landschaften, die Rembrandt malte, hängt dort (Farbt. 36) und ein Porträt seines Sohnes Titus mit Mönchskutte. Von den anderen Malern des Goldenen Jahrhunderts gibt es dort u. a. Vermeer mit vier kleinen Meisterwerken (Abb. 81), Ruysdael (Die Mühle von Wijk bij Duurstede; Farbt. auf der vorderen Umschlagklappe), Jan van Goyen mit Landschaften und Frans Hals mit einigen Porträts. Weiter sind zu erwähnen eine Sammlung Primitiver, eine Galerie mit ausländischen, wertvollen Stücken und einer hervorragenden Sammlung von Möbeln, Bildhauerwerken, Tonwaren und Textilien. Besondere Erwähnung verdient das Meißener Porzellan, mittelalterliche Kunst und Kunsthandwerk sowie die Jugendstil-Glassammlung (Gallé). Eine Attraktion in diesem etwas finsteren und ernsten Gebäude bildet das Puppenhaus aus dem 17. Jahrhundert, in dem bis in Einzelheiten dargestellt ist, wie ein damaliger Haushalt aussah. Auch die geschichtliche Abteilung lohnt den Besuch.

Kaum einen Steinwurf weiter befindet sich das moderne *Van Goghmuseum*. In diesem Museum sind nicht nur mehr als 200 Gemälde und 500 Zeichnungen van Goghs und seine Sammlung japanischer Bilder untergebracht, man kann darüberhinaus auch einen Einblick in sein Leben gewinnen: das Museum besitzt den gesamten Briefwechsel van

Goghs. Im ersten Stock kann man sich ein Bild von der Entwicklung seiner Kunst machen: von den ersten Porträts in Den Haag, seinen Drenther Landschaften, den Arbeitern und Bauern in Nuenen über den Einfluß, den er von den Impressionisten in Paris erfuhr, und die heftigeren Farben, die gekrümmten Bäume und zerrissenen Landschaften bis zu seinem letzten Werk, dem kurz vor seinem Tod 1890 gemalten gelben Getreidefeld mit den schwarzen Raben.

Das benachbarte *Stedelijk Museum*, ein Neurenaissance-Gebäude im Stil des Rijksmuseums, besitzt eine abwechslungsreiche Sammlung moderner Kunst. Neben der 'alten Garde' – van Gogh (Abb. 78), Breitner, Mondrian, Sluiters, Toorop, Israels – und modernen Klassikern wie Malevitsch, Kandinsky und Chagall gibt es dort viele Werke von Künstlern der Gegenwart. Die Cobra-Gruppe ist vertreten durch Appel, Jorn und Corneille; weiter Pop-Art und Neuer Realismus – Rauschenberg, Liechtenstein, Hard Edge, Spoerri, ›The Beanery‹ von Kienholz. Das Stedelijk Museum ist ein lebendiges Museum mit vielen abwechselnden Ausstellungen. In der Aula werden regelmäßig Filmvorführungen und Konzerte moderner Musik gegeben. Von einer Terrasse aus hat man einen Ausblick auf den Garten mit Skulpturen und einen Teich (Abb. 77). Das Stedelijk Museum zählt auch zu den niederländischen Museen, die sich für die Fotografie einsetzen.

Baustile des 19. und 20. Jahrhunderts

Unter den niederländischen Baumeistern des 19. Jahrhunderts war *Cuypers* durch seine Liebe zur Neugotik und den Nachdruck, den er auf Material und handwerkliches Können legte, der große, von der Vergangenheit inspirierte Erneuerer. Doch neben seinem Einfluß machten sich auch internationale Einflüsse geltend und regten die begabte Generation nach ihm an. So würde Cuypers sich im Grabe umdrehen, wenn er in der Nähe 'seines' Rijksmuseums (u. a. in der Jan Luijkenstraat) die Beispiele des 'Makkaroni-Stils' erblicken könnte; denn er haßte den Jugendstil im Grund seines Herzens.

Zur nächsten Generation gehört u. a. *H. P. Berlage* (1856–1934), der 1883 durch ein Preisausschreiben den Auftrag erhielt, das merkwürdige Biedermeier-Börsengebäude Zochers (1845) zu ersetzen. Der endgültige Entwurf wurde zwischen 1898 und 1903 unter heftigen Streitigkeiten zwischen Befürwortern und Gegnern durchgeführt. Das nüchterne Gebäude aus Backstein am Damrak war vielen ein Dorn im Auge, aber es kennzeichnete den Anfang eines neuen Stils, des Stils des 20. Jahrhunderts. Die Ehrlichkeit in der Verwendung des Materials gebot, auch innen den Backstein und die Eisenkonstruktion der Glasüberdachung sichtbar sein zu lassen. Die wenigen Skulpturen von Lambertus Zijl (1866–1947) – derselbe, der die Bilder für die Nederlandse Handel Maatschappij von De Bazel schuf – sind sehr schlicht in der Linienführung und der Architektur untergeordnet. Das gilt auch für die Malereien und Fliesengemälde von Jan Toorop und Roland Holst.

H. P. Berlages Bühnenentwurf zu ›Gysbreght van Aemstel‹ von Joost van den Vondel

K. P. C. de Bazel (1869–1923) arbeitete zuerst in Cuypers' Büro und ließ sich später in Amsterdam als Architekt nieder, wo sein auffallendstes Werk das eben genannte Gebäude der ehemaligen 'Nederlandse Handel Maatschappij' (Niederländische Handelsgesellschaft) in der Vijzelstraat (1921–25) ist. Berlage und De Bazel spielten auch in der neuen Form des Wohnungsbaus eine Rolle, die damals aufkam. Als Reaktion auf die kommerzielle Periode des Bauens, die ihren Höhepunkt in den berüchtigten Arbeitervierteln des 19. Jahrhunderts fand, wurde 1902 das Wohnungsgesetz erlassen. Wohnungsbauvereine wurden errichtet, die ohne Gewinnsucht gute, erschwingliche Wohnungen zu bauen begannen, und die dabei so klug waren, Architekten wie Berlage und De Bazel hinzuzuziehen. Der große Erweiterungsplan zwischen Amstel und Ginkel, der Plan Zuid, war ein Werk Berlages. Er umfaßt das gegenwärtige Rivieren- en Apollobuurt.

Die *Amsterdamer Schule* (etwa 1916–26) sträubte sich eigentlich gegen Berlages Rationalismus und versuchte, mittels einer 'beweglichen' Architektur die straffe Linie zu durchbrechen. Im sozialen Wohnungsbau sind in Amsterdam dafür als bezeichnende Beispiele zu nennen: die Giebelwände am Henriette-Ronnerplein und in der Nähe der Spaarndammerplantsoen (Abb. 76). Das *Scheepvaarthuis* (Schiffahrtshaus) gilt als das erste Beispiel dieses Stils und verrät die Inspiration durch den Jugendstil. Es wurde 1911–16 von *J. M. van der Mey* unter Mitwirkung von *L. P. Kramer* und

Amsterdam 1915

M. de Klerk gebaut. Beide letztgenannten wurden die bedeutendsten Architekten der Amsterdamer Schule. Der Funktionalismus, auch Neue Sachlichkeit genannt, ist keine typische niederländische Strömung. In Amsterdam können als bezeichnende Beispiele genannt werden: die *Freilichtschule* in der Cliostraat und die *Cineac* in der Reguliersbreestraat *(J. Duiker)* gegenüber dem Jugendstil-Lichtspieltheater Tuschinski.

Kunstsubventionen

In den sechziger Jahren wurde unter dem Qualm von Weesp ein neues Amsterdamer Viertel gebaut, das Bijlmermeer (Abb. 75), das in bezug auf Wohnkomfort mit den früher geschaffenen Gartenvierteln um Lorbeeren wetteifern wollte. Es dürfte aber wohl nicht so sein; in den Augen vieler ist das Bijlmer eine unheimliche Mischung aus Schlafstadt und Surinamer-Getto geworden. Seit 1977 fährt eine Metro dorthin, und im selben Jahr wurde dort ein eigentümliches Kunstwerk vergraben, das von dem aus Brabant stammenden Amsterdamer Pieter Engels (1939) geschaffen wurde und ›Engels und Amsterdam grüßen Amsterdam 2477‹ genannt wurde. Weil so gut wie nichts davon zu sehen ist – das Ganze ragt kaum einige zehn Zentimeter aus dem Boden –, ist eine Beschreibung des Kunstwerks vielleicht angebracht. Pieter Engels sammelte eine Anzahl 'Gegebenheiten' aus dem Amsterdam von 1977 und steckte das Ganze in 17 Stahlkästen. Diese 17 Kästen wurden in eine Sammelkiste gepackt, die von einer dicken Betonhülle umgeben wurde. Darauf wurden 17 Granitblöcke gestellt, die die gleiche Form wie die vergrabenen Kisten haben. Das Kunstwerk darf nicht vor 2477 geöffnet werden. Und was wird man dann vorfinden? In den Kisten ist folgendes verpackt:

1. Ein (geheimes) Kunstwerk mit dem Titel ›Engels und Amsterdam grüßen Amsterdam 2477‹
2. Random-Filme des Zentrums von Amsterdam, von Schiphol, dem Hauptbahnhof, dem Hafen und dem Bijlmermeer
3. Filme von Amsterdam aus der Luft und Film von Flugzeugen mit dem Schlepptext des Titels
4. Filmprojektor
5. Tonbandgerät
6. Bodenproben vom Amsterdamer Zentrum und Bijlmer
7. Wasserproben von den gleichen Stellen
8. Luftproben von Amsterdam
9. Atem von Pieter Engels
10. Zeitungen und Wochenzeitschriften
11. Familienbilder und andere Bilder von Engels und Mitarbeitern
12. Gesuch an die Gemeinde von 2477, einen Künstler mit dem Namen Engels oder mit Anfangsbuchstaben E (falls kein Engels anwesend) einen (ähnlichen) Auftrag zu erteilen
13. Dokumente bezüglich eines Bankkontos bei der Nederlandse Middenstandsbank. Auf das Konto sind f 100,– eingezahlt mit einer Laufzeit von 500 Jahren, nicht früher abzuheben, gegen 7 % Zinsen.

Die Behörden unterstützten das hauptstädtische Kunstleben in seinen verschiedenen Äußerungsformen. Damit man sich eine Vorstellung von dieser öffentlichen Kunstförderung machen kann, folgt hier ein Auszug aus dem Kunstbudget Amsterdams 1982.

Subventionen für andere als Gemeinde- und Reichsmuseen: f 1 801 770,–
darunter Beiträge zur Deckung der Unterhaltsdefizite folgender Museen: Joods Historisch Museum, Museum Amstelkring, Toneelmuseum (Theaterm.), Architectuurmuseum, Nederlands Filmmuseum, Nederlands Historisch Scheepvaartmuseum, Bybels Museum und Nationaal Luchtvaart Museum.

Subventionen für bildende Kunst, gesamt: f 3 962 100,–
darunter Subventionen für Künstlerunterkünfte, Subventionen für Aufträge und Ankäufe, Preise, Stipendia, Ersatz von Materialkosten und eine Subvention für das Ausleihen von Kunstwerken

Ausgaben für Theater, Konzertsäle u. a:

Stadsschouwburg	f 6 707 530,–
Theater Carré	f 2 742 000,–
Subvention bezügl. Räume für Kunsteinrichtungen	f 905 600,–

Bühnenspiele, gesamt: f 10 237 300,–
darunter Subventionen für Jugendtheater, verschiedene Theaterproduktionen, das Shaffy-Theater

Oper, gesamt: f 2 336 000,–

Ballett und Pantomime, gesamt: f 4 547 200,–

Musik, gesamt: f 15 534 000,–
darunter Subventionen für das Concertgebouworkest, das Amsterdams Philharmonisch orkest, die Stiftung Museumskonzerte, Kammermusik, Stiftung Donemus, Stiftung Steim (elektronische Musik), Orgelkonzerte

Regelmäßige Veranstaltungen, gesamt: f 1 489 300,–
darunter Subventionen für das Holland-Festival, die 'Zehn Tage der Kunst' (die ersten zehn Tage der Saison mit billigen Eintrittskarten), Sommeraufführungen im Vondelpark (f 361 400,–) und das Zomerstraattheater (f 248 000,–)

Die Kulturreferenten werden in Amsterdam von einem Kunstrat beraten. Dieser Rat berät nicht nur auf Anfrage, sondern macht auch eigene Vorschläge. Er umfaßt 75 Personen und besteht zu zwei Dritteln aus Künstlern. Der feste Stab besteht bis jetzt aus sechs Leuten. Bezüglich der Gehälter, Sozialbeiträge, Unterkunft, Bürokosten usw. erscheint der Rat mit f 994 510,– im Haushaltsplan.

Die Zaanstreek und die Entwicklung der Industriemühle

Von dem Amsterdamer Coenhaven bis zur Krommenie dehnt sich längs dem Fluß Zaan ein dicht besiedeltes und stark industrialisiertes Gebiet aus, die Gemeinde ZAANSTAD, die eine Anzahl früher selbständiger Orte umfaßt (Zaandam, Koog aan de Zaan usw.). Die größten Lebensmittelbetriebe des Landes haben dort ihre Produktionsanlagen, und man findet dort auch die größte holzverarbeitende Industrie Europas (Bruynzeel). Inmitten all dieser Betriebsamkeit erscheint da wie eine Insel aus der Vergangenheit die ZAANSE SCHANS (Abb. 82) mit ihren kleinen, grün bemalten Holzhäuschen und noch etwa fünf Mühlen – Überbleibsel der fast 700 Mühlen, die die Zaanstreek im 18. Jahrhundert besaß.

Der Achtzigjährige Krieg war der Wendepunkt. Bis zu jener Zeit lebten die Menschen an der Zaanstreek hauptsächlich von Landwirtschaft, Fischerei und Viehzucht. Die furchtbaren Zerstörungen im Krieg werden wohl eine der Ursachen gewesen sein, weshalb man nach anderen Entwicklungsmöglichkeiten zu suchen begann. Es konnte auch schon viel in der Zaanstreek erreicht werden; denn bis zum heutigen Tage ist dort Eigensinn, harte Arbeit und eine Abneigung gegen die Bürokratie Tradition. In der Zeit, als die Zünfte mit ihren starren Bestimmungen das Handwerk regelten, konnte dort jeder, der bereit war, Hand anzulegen, arbeiten, wie und wo er wollte. Die Erfindung der Holzsägemühle durch Cornelis Cornelisz. (1593) bot damals einen Ausweg. Bis dahin fand man zwar einige Ölmühlen vor – die von einem im Kreis laufenden Pferd angetrieben wurden (Roßmühle) –, aber die Erfindung, die Kraft des Windes als Energiequelle zu nutzen und diese Energie über eine Kurbelwelle zu lenken, eröffnete ungeahnte Aussichten. Die typische Industriemühle ist die *Paltrokmühle*, so genannt wegen ihrer Ähnlichkeit mit einem Rock mit Schößen, wie er damals von den deutschen Einwanderern getragen wurde. Vor allem die Zaaner Holzhändler waren mit der Erfindung des Cornelisz. glücklich. Aus Skandinavien und Deutschland – später auch aus Amerika – wurden Baumstämme eingeführt, die hier geschnitten und anschließend zurück verkauft wurden. Ohne es zu wollen, gab Amsterdam, aus Furcht vor der Konkurrenz, den nächsten Anstoß zum Wohlstand der Zaangegend. Man fand, daß die Dorfbewohner sich an ihre Viehzucht und ihren Ackerbau halten sollten und verbot, an die Zaankanter Holz zu verkaufen. Diese ließen sich jedoch nicht einschüchtern, sie begannen, selber die Schiffe zu bauen, mit denen sie das Holz holen konnten. Die Zaaner Schiffsbauwerften wurden so berühmt, daß Zar Peter der Große sich 1697 eine Weile dort niederließ, um den Beruf zu erlernen. Zwar ergriff er schnell die Flucht, als sein Deckname Peter Michaelof bekannt wurde, aber das *Zar-Peter-Häuschen* in ZAANDAM kann noch immer besichtigt werden.

Auch beim Aufkommen des Walfangs gegen Mitte des 17. Jahrhunderts blieben die Zaankanter nicht abseits. Im Spitzenjahr 1697 kamen 78 zurückkehrende Walfänger, die Fahne hoch am Mast, gleichzeitig die Zaan hinaufgefahren. In jenem Jahr brachten insgesamt 112 Schiffe 1197 Walfische nach Hause.

Gegen Ende des 18. Jahrhunderts wandte sich das Glück. Im Krieg gegen die Engländer gingen viele Schiffe verloren, während die englische Konkurrenz immer drükkender wurde. Als im 19. Jahrhundert die Dampfmaschine erfunden wurde, begannen viele holzproduzierende Länder, selbst ihre Produkte zu verarbeiten, und in der Zaangegend mußte man sich auf andere industrielle Aktivitäten umstellen. In Koog an der Zaan gibt es ein *Mühlenmuseum*, auch wenn es nicht – wie in Leiden und Nieuw-Vossemeer – in einer Mühle ist. Die Zaanse Schans wurde dem Beispiel eines traditionellen Zaandorfes nachgebaut mit Pfaden, Nebenpfaden und kleinen Brücken.

Die Trockenlegungen

Das Goldene Jahrhundert brachte Wohlstand, aber auch die Sorge, den erzielten Reichtum klug für die Zukunft anzulegen. Die Amsterdamer Kaufleute wollten ihr Geld in Grundstücken investieren. Leider war Noord-Holland zu jener Zeit reicher an Wasser als an Land: wohlhabende Polder, wie der Beemster, der Schermer und das Wieringermeer waren damals noch Seen mit einer Tiefe von etwa drei Metern.

1607 wurde genehmigt, den Beemster trockenzuschöpfen, weil (so steht es in der Genehmigungsurkunde) es ein gutes Werk sei, Wasser zu Land zu machen, für die Ernährung, zum Bewohnen und zum Dienste der Menschen. Pläne gab es genug, und noch bevor der erste Spatenstich getan wurde, war das Land bereits verteilt und verkauft. In dem gewonnenen Land ließ sich Viehzucht betreiben – es gab eine rege Nachfrage nach Pökelfleisch zur Bevorratung der Schiffe –, aber das Land übte auch auf die reichen Kaufleute seinen Reiz aus, sie gedachten sich dort in Landhäusern niederzulassen. Weniger glücklich mit den Plänen waren die Fischer; denn es gab hier viele Aale, und das war schon damals ein beliebter Handelsartikel. Anfänglich gab es denn auch viel Verzögerung durch Sabotage – nachts wurden die Ringdeiche durchstoßen und die Mühlen beschädigt –, aber als zu einem gewissen Zeitpunkt ein gewisser Jan Adriaenz. zum Mühlenmeister bestellt wurde, wurde die Angelegenheit ernsthaft in Angriff genommen. Statt der alten Schaufelradmühlen mit geringer Leistung wurden große, robuste *Poldermühlen* (Farbt. 30) gebaut, die bisweilen hintereinandergeschaltet wurden (der sogenannte Mühlengang).

Vierzig Mühlen schöpften den Beemster trocken, und im Sommer 1612 waren die Wege schon begehbar, so daß am 4. Juli desselben Jahres die Prinzen Maurits und Frederik Hendrik in einem Zelt die Trockenlegung feiern konnten. Der Dichter Vondel schrieb zu jener Gelegenheit nachstehende Zeilen:

»De Windvorst, om den rouw van Hollands Maagd te paaien
Vermits, door storm op storm, zij schade en schipbreuk leé,
Schoot molenwieken aan en maalde, na lang draaien,

den Beemster tot een beemd, en loosde 't meir in zee.
De zon verwonderd zag de klei nog brak van baren,
En droogde ze af, en schonk een groenen staatsiekeurs,
Vol bloemen geborduurd, vol loovren, ooft en airen,
En, tooiende heur hair, bestrooide het vol geurs.*

Der große Mann jener und anderer Trockenlegungen war der eben genannte Jan Adriaensz, mit Beinamen Leeghwater, der in seinem ›Haarlemmer-Meer-Boeck‹ erzählt, wie er mit viel Vergnügen den hohen Herren bei der feierlichen 'Eröffnung' des Beemsters diente. Er wurde 1575 in Re Rijp geboren, einem niedlichen kleinen Dorf mit einem stilvollen *Rathaus* – zugleich Waage – das von Leeghwater selbst entworfen wurde (Abb. 84). Auch der Chor der kleinen *Kirche* aus dem 17. Jahrhundert mit seinen bunten Glasfenstern stammt von ihm. Zusammen mit dem ebenfalls aus De Rijp stammenden Pieter Pietersz. gab Leeghwater vor dem erstaunten Prinzen Maurits eine Vorführung seiner Erfindung der sogenannten 'Waterconste' (Wasserkunst), einer Art Taucherglocke, in der man unter Wasser arbeiten konnte.

Die Amsterdamer Kaufleute, die für die Trockenlegung des Beemsters tief in die Tasche hatten greifen müssen, sahen sich reichlich belohnt. Der *Beemster Polder* ist einer der schönsten Polder Noord-Hollands (Farbt. 40). An den schnurgeraden Wegen stehen noch einige der großen, soliden Bauernhöfe, die im 17. Jahrhundert gebaut wurden – besonders am Middenweg – und die in ihren Giebeln an die Architektur der Amsterdamer Grachtenhäuser erinnern. Nach der Trockenlegung des Beemsters, schon um etwa 1640 der 'Lustgarten Hollands' genannt, folgten bald neue Entwürfe, wie 1634 den *Schermer* mit 54 Mühlen leerzupumpen, deren Dreiergang bei Schermerhorn immer noch besteht. Die letzte Mühle wurde als kleines Museum eingerichtet, einschließlich der Müllerwohnung aus dem 19. Jahrhundert. Zwischen 1607 und 1657 wurden insgesamt 52 Seen und kleinere Wasserflächen trockengeschöpft, unter ihnen der *Wieringerwaard* (1610), der *Purmer* (1622), der *Wijde Wormer* (1622–26; Abb. 85) und der *Heerhugowaard* (1625–31).

Die nordholländische Landschaft ist durch Stelphöfe mit einem 'Spiegel' im Dach gekennzeichnet. Das Schilfdach ist in Form einer Giebelspitze weggeschnitten, und in dem ausgesparten Raum leuchtet ein Ziegeldach, das heißt, Dachziegel gab es nur über dem Wohntrakt, denn sie waren teuer und daher auch ein Statussymbol. Die schönsten Bauernhöfe findet man in Twisk und Opperdoes; besonders schön sind die geschnitzten Türen.

* »Der Windfürst, um die Trauer von Hollands Jungfrau zu besänftigen, / Weil sie durch Sturm auf Sturm Schaden und Schiffbruch litt, / Zog Mühlenflügel an und schöpfte, nach langem Drehen, / Den Beemster aus zu einer Flur und leitete den See ins Meer. / Die Sonne, verwundert, sah den Ton noch brack von den Wellen, / Und trocknete ihn und schenkte ihm ein grünes Galakleid, / Voll mit Blumen bestickt, voll Laub, Obst und Ähren, / Und, schmückend sein Haar, bestreute sie ihn mit Düften.«

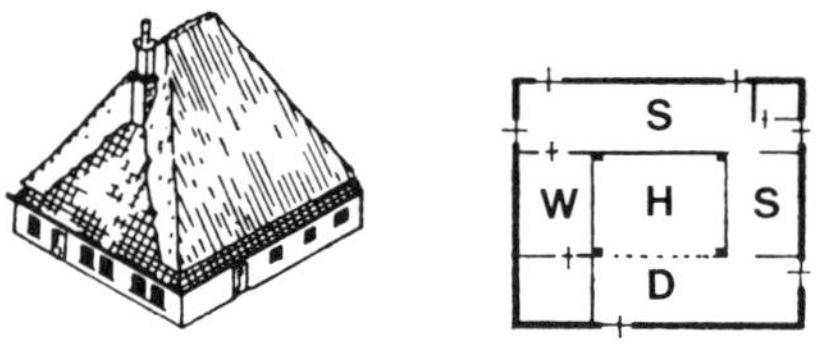

Stelphof in Noord-Holland.

W = Wohnraum S = Stall D = Diele oder Tenne H = Heuboden

Im Kampf gegen das Wasser war die Zeit der Einpolderungen der Seen nicht mehr als eine Phase. Man spricht nicht umsonst vom *ewigen* Kampf gegen das Wasser; denn der niederländische Boden sinkt ständig mit einer Geschwindigkeit von 1 mm pro Jahr, während der des Meeresspiegels durch das Abschmelzen der nördlichen Polkappe noch immer ansteigt. Doch dauerte es lange, ehe man den drastischen Schritt zum Abschluß der Zuiderzee tat und so das IJsselmeer schuf.

Die ersten Pläne in dieser Richtung stammen von 1667, und der Name Hendrik Stevins ist damit verbunden, er war der Sohn von Simon Stevin. Er beabsichtigte, die Watteninseln untereinander mit Deichen zu verbinden und von Ameland eine Verbindung mit dem Festland herzustellen. Es dauerte aber bis zum Ende des 19. Jahrhunderts, ehe die Wasserbauprobleme in den Niederlanden ernsthaft angefaßt wurden.

Die Zuiderzee-Anlagen und die IJsselmeerpolder

Der große Mann der Zuiderzee-Anlagen war Cornelis Lely (1854–1929). Erst dreißig Jahre nachdem er seine Pläne vorgelegt hatte, kam es jedoch zur Durchführung, teilweise noch zu seinen Lebzeiten. Lely war zu dem Schluß gekommen, daß das Abschließen der Seegatte zwischen den Watteninseln außerordentlich kostspielig und außerdem wenig gewinnbringend sein würde; denn mehr als etwas Sandboden war dort nicht zu holen. Er erhoffte sich mehr von einem Deich zwischen Noord-Holland und Friesland; wenn auch nicht das ganze Gebiet südlich des Abschlußdeiches trockengelegt werden konnte, weil ein Fluß wie die IJssel eine Mündung haben mußte. Irgendwo mußte also ein See bestehenbleiben, und Lely fand insofern eine Lösung, als das *IJsselmeer* (Farbt. 41, 45; Abb. 83, 87) hauptsächlich auf Sandboden liegt, während die trockengelegten Polder über fruchtbaren Boden verfügen. Weitere Vorteile des Abschlußdeiches waren die bequeme, feste Uferverbindung zwischen Noord-Holland und Friesland und die bedeutende Verkürzung der Küstenlinie, wodurch es u. a. nicht notwendig war, die neugewonnenen Polder mit Meerdeichen zu umgeben. Das Anlegen des Abschlußdeiches wurde sowohl von der friesischen als auch von der nordholländischen Seite 1927 begonnen, nachdem 1924 der Deich, der Wieringen mit dem Festland verband, fertiggeworden war und das 'Amstelmeer' abgrenzte.

Das *Wieringermeer* wurde zur selben Zeit trockengepumpt, als der Abschlußdeich angelegt wurde. In einem kleinen Versuchspolder bei ANDIJK zwischen Enkhuizen und

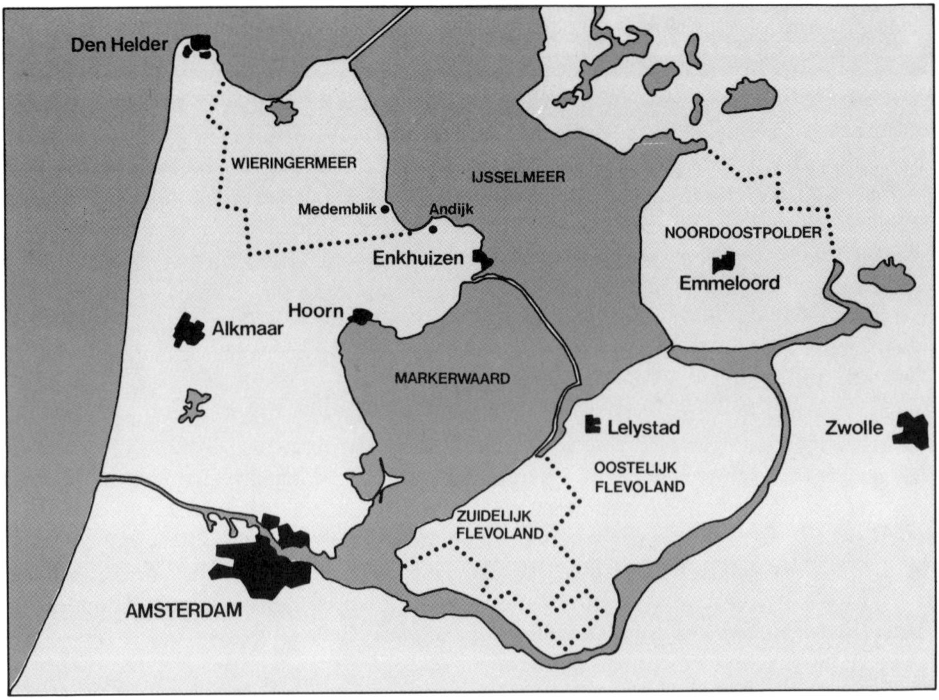

Karte der IJsselmeerpolder

Medemblik wurde mit verschiedenen Verfahren experimentiert, um den salzigen Boden des Wieringermeers in guten Ackerboden zu verwandeln. Der Raps zum Beispiel gedieh anscheinend sehr gut auf salzigem Boden und kam so als erstes Gewächs auf dem getrockneten Meeresboden in Frage. In dem (vor kurzem erstmalig beackerten) *Flevopolder* kann man jetzt noch im Frühjahr der Rapsroute folgen, indem man durch eine endlose gelbe Ebene fährt.

Der Abschlußdeich wurde 1932 fertiggestellt. Der nächste Abschnitt war die Anlage des *Noordoostpolders* (Farbt. 42) zwischen der IJsselmündung und der südwestlichen Ecke Frieslands und mit dem Ort EMMELOORD als Mittelpunkt.

1956 wurde der Deich um Oostelijk Flevoland geschlossen, und im Sommer 1957 wurden 54000 ha neues Land gewonnen. Hier begann man mit Hilfe von Flugzeugen Schilf zu säen, das anderes Unkraut verdrängt und die Verdunstung und Entwässerung fördert. Zuidelijk Flevoland wurde 1968 trockengelegt, und 1971 erbrachte Flevoland seine erste Ernte: Raps, Gerste und Weizen. Im Gegensatz zum Noordoostpolder, wo

Bäume ausschießlich am Wegesrand angetroffen werden, wurden im *Flevopolder* ganze Waldparzellen angelegt. Der wichtigste Ort, LELYSTAD, hat eine schnelle Verbindung mit Enkhuizen über den Deich, der künftig Markerwaard begrenzen wird. Was die Bestimmung Markerwaards angeht, ist noch nicht viel entschieden. Es ist die Rede von einem neuen nationalen Flughafen, aber es gibt allenthalben auch Stimmen, die auf die Wichtigkeit der Anlage von Naturgebieten u. a. für die Freizeitgestaltung hinweisen.

Die Schattenseite der erfolgreichen Landgewinnung ist selbstverständlich der Rückgang der Fischerei. Die früher so bekannte Zuiderzee-Flotte ist nicht mehr als ein Überbleibsel von Urker und Enkhuizer Fischern, die zuerst die Stevin- oder die Lorentzschleusen im Abschlußdeich passieren müssen, um dann den Kampf mit den internationalen Fangbeschränkungen aufnehmen zu können. Bei LELYSTAD ist in einem modernen Gebäude das *Informationszentrum Nieuwland* untergebracht. Ein Vortrag mit Lichtbildern gibt Auskünfte über die Zuiderzee-Anlagen selbst und über das neue Land als deren Ergebnis. Bei der intensiven Entwässerung des Bodens sind z. B. im Noordoostpolder Überreste von Schiffen gefunden worden, die dort im 15. Jahrhundert Schiffbruch erlitten (in KETELHAVEN bei Dronten befindet sich ein *Schiffsmuseum*); im Flevopolder fanden sich auch Wracktrümmer von alliierten Bombern, die im Zweiten Weltkrieg der deutschen Flak zum Opfer fielen. Der Künstler Ger Dekkers (geb. 1929) hat dort einige Bilderreihen (Fotos) seiner *'planned landscapes'* (1949) aufgestellt. Er ist fasziniert von der Beeinflussung der Landschaft durch die Kultur und findet in der niederländischen Polderlandschaft ein treffendes Beispiel dafür.

Westfriesland und Waterland

Die westfriesischen Städtchen Hoorn, Medemblik und Enkhuizen werden oft in einem Atem genannt. Sie erlebten ihre große Blüte im 16. und 17. Jahrhundert. Sie waren mächtige Zuiderzee-Häfen, und die Kriegsflotte der Geusen lag dort vor Anker. ENKHUIZEN (Abb. 91) ist am besten erhalten; es ist noch immer ein Fischerhafen mit Fischversteigerung.

In der Westerstraat in Enkhuizen gibt es einige Giebel zu bewundern, darunter als Prachtstück die *Munt* (Münze) (1611) gegenüber der *Westerkerk*. Das stattliche *Rathaus* wurde von dem Amsterdamer Steven Vennecool (1686–88) gebaut. Es ist nicht nur wegen seiner Schönheit – innen wie außen – betrachtenswert, sondern auch, weil es seit dem 17. Jahrhundert nicht mehr umgebaut wurde. In der *Waage* (1559; Abb. 90) ist ein kleines *Museum* untergebracht; vor allem die 'Chirurgijnskamer' (Doktorenzimmer) lohnt eine Besichtigung. Am Wierdijk befindet sich hinter dem doppelten Treppengiebel des Pfefferhauses – des einzigen übriggebliebenen Lagerhauses der Vereinigten Ostindischen Kompanie – das *Zuiderzeemuseum*. In der Halle stehen alte Schiffsmodelle, es gibt Stilzimmer und Trachten aus Urk, Marken, Spakenburg und anderen Zuiderzee-Städtchen zu sehen.

Die Seeschlacht des Admirals Bossu 1573. Aus dem Atlas van Stolk

Am Hafen ragt schließlich das '*Dromedaris*' aus dem 16. Jahrhundert auf. Es ist ein alter Rundbau, der u. a. als Gefängnis verwendet wurde. Oben sind noch einige Zellen, die man sich ansehen kann. Sie bestehen aus rohem Eichenholz, zahlreich sind die Einkerbungen von Seufzern.

MEDEMBLIK ist von den dreien das meist vergessene Städtchen. Sein *Rathaus* wurde 1940 von A. Kropholler gebaut. Von dem *Schloß*, das Floris V. hier 1288 baute, ist nicht viel Authentisches übriggeblieben. Die Steine der ursprünglichen fünf Türme verwandte man gar, um den Zuiderzee-Deich zu verstärken.

Das Industriezentrum HOORN ist von altersher die 'Hauptstadt' Westfrieslands. Unter den historischen Gebäuden nehmen die sogenannten Bossu-Häuser einen besonderen Platz ein. Von jener Stelle aus hatte man 1573 den besten Ausblick auf die Seeschlacht, in der der spanisch gesinnte Admiral Bossu am Ende unterlag; ein monumentaler Fries bildet jenes Ereignis ab. Das *Denkmal Jan Pietersz. Coens*, der in Hoorn geboren wurde, steht mitten auf dem Roode Steen (dem Platz Roter Stein), genau zwischen der *Waage* Hendrik de Keysers und dem Barockgiebel des *Westfriesischen Museums* (Farbt. 43), der bei der kürzlich durchgeführten Restaurierung etwas zu stark bemalt wurde. Dieses Museum, ein Gebäude von 1632, beherbergt auch eine reizvolle Sammlung westfriesischer Naiver. Seltenheitswert hat die vielfältige Sammlung silberner Gebrauchsgegenstände – Zunftlöffel, Begräbnisnadel, Spielzeug aus dem 18. Jahrhundert –, alles sehr übersichtlich zusammengestellt. In einem Saal, der besonders der Vereinigten Ostindischen Kompanie gewidmet ist, hängt das einzig übriggebliebene Porträt von J. P. Coen, vermutlich anläßlich seiner Heirat mit Eva Ment von Jacob Waben gemalt (ca. 1625), inmitten anderer historischer Kuriositäten, wie der ersten

Landkarte von Batavia. Besondere Erwähnung verdient ein äußerst seltenes Tulpen-Kachelbild mit drei Tulpen auf sechs Fliesen – also eine Tulpe jeweils auf zwei Fliesen. Man vermutet, daß das Bild nach Kupferstichen Judith Leysters geschaffen wurde.

Die Gegend nördlich von Amsterdam, die *Waterland* genannt wird, hat ihre eigene charakteristische Landschaft. Es ist ein brackiges Morastgebiet, durchschnitten von zahlreichen kleinen Gräben und Wasserläufen – ein ideales Schlittschuhlaufgebiet im Winter. Da der Boden brackig ist, entwickelte das Waterland eine eigene Vegetation. An feuchten, warmen Abenden fangen die kleinen Wasserläufe an zu dampfen und dann liegt ein weißer, dünner Nebel überm Land, in dem die Kühe zu schweben scheinen. Es ist nie eine stark bevölkerte Gegend gewesen, und darauf ist es wohl zurückzuführen, daß von der Vergangenheit viel erhalten blieb. Hier und da im flachen Bauernland liegen freundliche kleine Dörfer verstreut, mit Walfänger- und Indienschiffer-Häusern des 17. und 18. Jahrhunderts. Einige Dörfer besaßen eine beachtliche Fischerflotte.

Broek in Waterland gilt noch immer als das hübscheste kleine Dorf, trotz der Erweiterung, die es auch hier durch Neubauten gegeben hat. Im Zentrum, um den Havenrak, ragen die grau und grün bemalten Holzhäuser mit den kunstvoll geschnitzten weißen Dachleisten und Türrahmen auf. Sogar Napoleon Bonaparte, der die Niederlande einigermaßen mißbilligend (und nicht ganz zu unrecht) ein Schwemmland der Flüsse nannte, war von diesem Dorf und seiner Sauberkeit und Sparsamkeit entzückt. Auf der Straße durfte nicht geraucht und in der Prunkküche nicht gekocht werden. Sogar der Kaiser wurde verpflichtet, über seine Stiefel grobe Wollsocken zu ziehen, bevor er die makellosen Innenräume betrat. Der Name des *Restaurants Neeltje Paater* erinnert an die legendäre Bewohnerin von Broek in Waterland, die tags vor ihrem Tode 1789 ihre Millionen in den Havenrak geworfen haben soll. Bis jetzt ist davon aber noch keine einzige Münze wieder aufgetaucht.

Utrecht

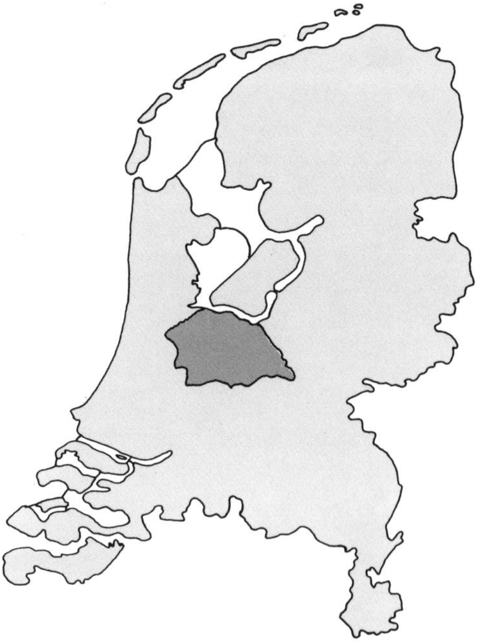

Von Muiden zur Vechtstreek

Etwas südlich von Amsterdam an der Mündung der Vecht, ragt das *Muiderslot* über das Dorf Muiden empor. Ein Vorgängerbau wurde 1205 vom Bischof von Utrecht errichtet; in den Niederlanden wurde es bekannt, weil Graf Floris V. dort als Gefangener einsaß, bevor er 1296 von aufständischen Adligen ermordet wurde. Weiter ist das Muiderschloß bekannt, weil der Dichter und Historiker Pieter Cornelisz. Hooft (1581–1647) dort seinen Wohnsitz als Drost van Muiden (Gerichtsherr) und Baljuw van Gooiland (gerichtlicher Vertreter der höchsten Autorität) hatte.

Im Winter wohnte Hooft lieber in Amsterdam als in dem kalten, zugigen Schloß, aber im Sommer umgab er sich dort mit einer Elite von Künstlern, Gelehrten und Kunstliebhabern, dieser Kreis wurde als der 'Muiderkring' bekannt. Die Töchter des Dichters Roemer Visscher, Anna und Maria Tesselschade, waren dort ebenso gern gesehene Gäste wie der Dichter, Diplomat und Komponist Constanijn Huygens und die Gelehrten Caspar van Baerle und Gerard Vossius. Auch der Dichter Vondel war einmal anwesend, obgleich er in jener einigermaßen vornehmen Gesellschaft etwas aus dem Ton fiel als einfacher Strumpfkaufmann und mit seiner engagierten politischen Einstellung. Der Besuch von Muiderslot steht fest auf dem Programm der Schulausflüge: jede Stunde werden sechs Gruppen durch das Schloß geführt; jede Gruppe geht durch sieben Zimmer, und jährlich gehen insgesamt 155 000 Menschen den Weg zum 'hoge huys te Muyden'.

Obwohl die Mauern höchstens aus dem 14. Jahrhundert sind, ist ein heiles mittelalterliches Gebäude, schlicht und klar in der Linienführung, mit hohen Türmen und gezackten Mauern. Die Einrichtung stammt aus dem 17. Jahrhundert, auch der Kräutergarten an der windfreien Seite des Schlosses.

Muiden hat auch eine kleine *Kirche* von 1652 mit einem interessanten Inneren: Wandmalereien, Kapitelle und Renaissance-Möbel.

Zwischen LOENEN an den Loosdrechter Seen und MAARSSEN entdeckten die reichen Amsterdamer Kaufleute gegen Ende des 17. Jahrhunderts den Reiz des Wohnens an der sich windenden Vecht (Farbt. 46). Zahlreiche Landhäuser, eines schöner und üppiger als das andere, wurden entlang dem Wasser gebaut. Die Hintergiebel – also die zum Flußufer weisenden – sind oft schöner als die Vordergiebel, weil die reichen Besitzer und ihre Gäste meistens an der Flußseite mit einer Vergnügungsjacht oder der Treckschute ankamen. Die meisten der heutigen Landhäuser wurden nach 1672 gebaut, denn jene Gegend wurde zur Zeit des französischen Feldzugs gegen den holländischen Statthalter-König von den Soldaten des Sonnenkönigs schwer geplündert und gebrandschatzt. Einige Ruinen wurden danach in großzügigem Stil wieder aufgebaut; bei ihnen fällt die reiche Gartenarchitektur auf. Die meisten Landhäuser, die es dort noch gibt, sind für das Publikum nicht zugänglich. Man kann im Vorübergehen das schwarz bemalte Rokoko-Eingangsgitter des Hauses *Vreedehof* (Abb. 95) bewundern, ein Juwel der Eisenschmiedekunst. Es wurde 1760 von einem Medailleur der Utrechter Münze für den Amsterdamer Waffenhersteller Trip entworfen. Um diese Arbeit durchzuführen, wurde zeitweilig in unmittelbarer Nähe eine Schmiede aufgestellt. Als die Arbeit fertig war, gab es Streit zwischen dem Auftraggeber und dem Hersteller, ob in der Kaufsumme der Preis für das Anbringen des Gitters mitenthalten wäre oder nicht. Der Prozeß dauerte Jahre, und Trip unterlag am Ende. Zu diesem Schaden kam noch die Enttäuschung, daß das Gitter schwarz angestrichen werden mußte, weil die Pferde der Kutschen sich aufbäumten, wenn das Sonnenlicht auf die vergoldeten Stäbe fiel. Obwohl die Gegend nach dem Goldenen Jahrhundert stark zerfiel – viele Landhäuser wurden ihrem Schicksal überlassen, verkauft oder abgerissen –, bleibt eine Fahrt an der *Vechtstreek* noch immer ein reizvolles Erlebnis.

Zwei Schlösser gibt es, die man besichtigen kann, das eine westlich von Maarssen, das *Schloß de Haar* in HAARZUILENS (Abb. 96), das andere östlich, das *Schloß Zuilen* in OUD-ZUILEN. Was von dem baufälligen Schloß de Haar übrigblieb, wurde 1892 dem Architekten Cuypers anvertraut, der für die Restaurierung alle Vollmacht erhielt. Weder Kosten noch Mühen wurden gespart, und Cuypers konnte sich beim Bau eines großen, fürstlichen Schlosses völlig ausgeben. Er restaurierte nicht ganz stilgerecht, und das Ergebnis war überquellend von neugotischen Stilblumen und üppigem Holzschnitt- und Bildhauerwerk. Eigens für die Restaurierung de Haars wurde eine Ziegelei gebaut, die fünfzehn Jahre in Betrieb war. Auch das ursprüngliche kleine Dorf, das dem anmutigen symmetrischen Garten weichen mußte, wurde von Cuypers ein wenig weiter wie-

Schloß Zuilen. Aus: ›Het verheerlykt Nederland‹, Amsterdam 1757

der aufgebaut, rund um einen Dorfplatz einschließlich Dorfpumpe. Die Einrichtung des Schlosses, auf dessen Eingangstreppe 'Welkom' eingemauert steht, ist sehr kostbar mit den Gobelins aus dem 15. und 16. Jahrhundert, den Möbeln im Stil Ludwigs, chinesischem Porzellan usw.

Das andere Schloß, *Zuilen,* wurde im 18. Jahrhundert modernisiert, ist jedoch im Ursprung ein spätmittelalterliches Gebäude. Hier wohnte in ihrer Jugend die Schriftstellerin Belle van Zuylen (1740–1805), deren eigentlicher Name Belle de la Charrière-van Tuyll van Serooskerke lautete. Im Schloß gibt es noch immer Erinnerungen an die eindrucksvolle Frau. Obwohl ihr erstes Buch, ›Les Nobles‹, Aufsehen erregte, weil sie darin ihre eigenen Kreise unter die Lupe nahm, beruht ihr literarischer Ruhm mehr auf ihrer Korrespondenz als auf ihren sonstigen Schriften. Ihr erster Briefwechsel, mit d'Hermanche blieb erhalten, weil der Adressat ihren Briefen solche Bedeutung beimaß, daß er ihre Bitte, die Briefe zu vernichten, ignorierte. Sie war mit Madame de Staël und mit dem Schriftsteller und Politiker Benjamin Constant befreundet und sie schrieb, wie es in ihren Kreisen üblich war, französisch. Weniger üblich war, daß ihre Eltern sie nicht zu einer frühen und einträglichen Heirat zwangen. Als sie schließlich den Schweizer Charrière heiratete, stellte sie die Bedingung, weiter schreiben zu dürfen, wie es ihr gefiel. Sie zog in die Schweiz, wo sie sich als Pamphletistin in der französischen Politik aktiv zeigte. Erschreckt von der Art und Weise, auf die die Französische Revolution in der Praxis Gestalt annahm, wandte sie sich von der Politik ab. In ihren markanten Schriften zeigt sie sich der Nachwelt als eine Feministin *avant la lettre.*

Utrecht – Bischofs- und Universitätsstadt

Obwohl sie eine der ältesten Städte der Niederlande und daher reich an geschichtlichen Bauwerken ist, wird der Anblick UTRECHTS mehr von seiner Lage im Herzen der Niederlande und durch seine Funktion als Handels- und Verkehrsknotenpunkt bestimmt. Utrecht ist von Autobahnen umgeben, die in alle Himmelsrichtungen führen; die Festungsanlagen unserer Zeit, mit Gras bewachsene Lärmschutzwälle, schützen die Einwohner vor der Lärmbelästigung. Wo in früheren Jahrhunderten die Stadtsilhouette von dem 112 m hohen *Dom* beherrscht wurde, sind es heute hohe Wohnblocks und die Schlote des Kraftwerkes am Stadtrand, die die Skyline bestimmen. Doch ist die Bischofsstadt noch immer ein religiöses und kulturelles Zentrum; seit der Erzbischof der Friesen, Willibrord 659 seinen Stützpunkt baute, ist Utrecht das Zentrum der niederländischen Kirchenprovinz geblieben, und die *Universität* hat seit ihrer Gründung 1636 auch eine ehrwürdige Tradition als wissenschaftliches Zentrum aufgebaut.

Plan und Ansichten von Utrecht

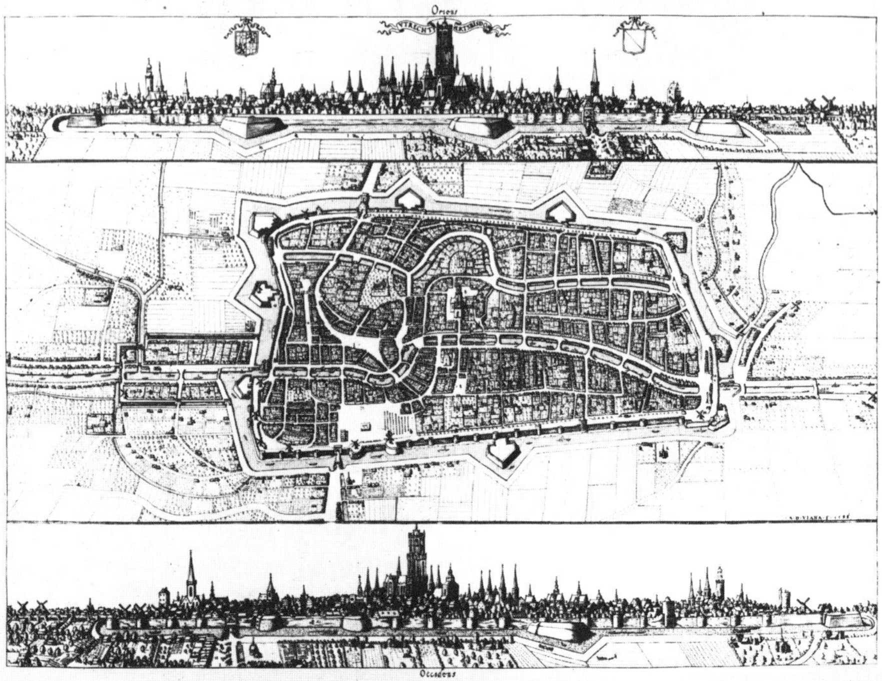

Utrecht: St. Pieterskerk

Im 12. Jahrhundert, als die frühesten Städte in den übrigen Nördlichen Niederlanden sich noch im Aufstieg befanden, war Utrecht bereits ein bedeutendes geistliches und Handelszentrum. Die Macht der Bischöfe von Utrecht beruhte zum bedeutenden Teil auf der Politik der deutschen Kaiser, die ihre weltliche Macht lieber Geistlichen als Grafen und Herzögen mit ihren unvermeidlichen Nachkommen übertrugen. Anfänglich umfaßte das Herrschaftsgebiet der Utrechter Bischöfe den größten Teil der Niederlande nördlich der großen Flüsse. Durch die günstige Lage an einem Rheinarm blühte auch der Handel, und schon früh bot Utrecht einen Anblick des Wohlstandes.

Das änderte sich, als der Rheinarm versandete und der Kaiser seinen Einfluß auf die Bischofsernennungen verlor. Einerseits ging der Handel allmählich an die holländischen Städte über und andererseits mußten die Bischöfe sich hartnäckig gegen die Eroberungslust der anwohnenden weltlichen Herrscher verteidigen: der Grafen von Holland, der Herzöge von Geldern. Stumme Zeugen jenes Kampfes sind die vielen Burgen und Schlösser, deren Reste noch an der Vechtstreek (an der holländischen Seite) und zwischen Zeist und Lek entlang dem Langbroeker Wetering (an der Gelderner Seite) zu sehen sind.

Trotz aller sonstigen Aktivitäten blieb Utrecht hauptsächlich eine kirchliche Stadt mit ihren Kirchen und Domen, ihren Abteien und Klöstern. Der Name des Bischofs Bernoldus oder Bernulphus (1027–1054) ist mit der *St. Pieterskerk* verbunden, die er zwischen 1040 und 1048 erbauen ließ. Im Frans-Halsmuseum in Haarlem hängt ein Gemälde von Saenredam, das diese überwiegend romanische Kirche – mit ihrem südlichen Seitenchor aus dem 14. Jahrhundert – wiedergibt (Farbt. 49). Die Kirche wurde 1970 restauriert.

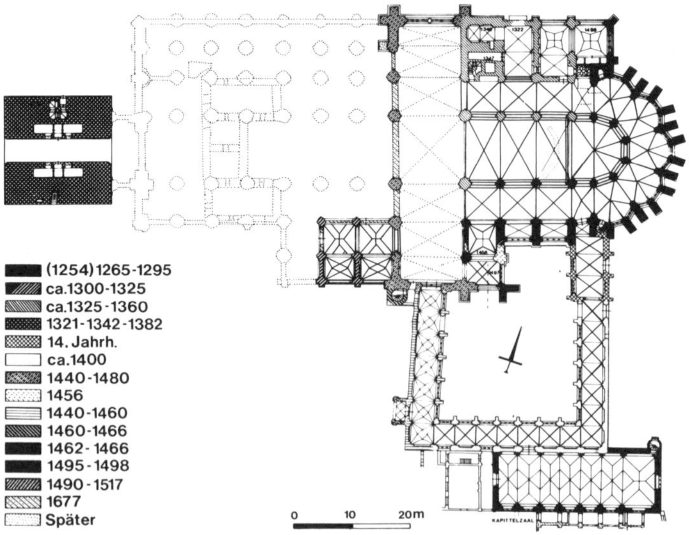

Utrecht: Grundriß des Doms

Zusammen mit der St. Janskerk in Utrecht, der St. Lebuïnuskerk in Deventer und der St. Martinskirche in Emmerich (Deutschland) wird die St. Pieterskerk aufgrund ihrer Stilverwandtschaft (und vermutlicher gemeinsamer Auftraggeber) der Bernulphusgruppe angehörig betrachtet. Ein Orkan, der 1674 Utrecht heimsuchte, zerstörte die Türme von St. Pieter und St. Jan dermaßen, daß sie abgerissen werden mußten. Beide Kirchen erhielten dann auch neue Fassaden.

Derselbe Orkan zerstörte auch das Mittelschiff des *Domes* (Abb. 98, 99), der als einziger der Niederlande – die St. Janskerk in 's Hertogenbosch ist typische Brabanter Gotik – mit den französischen gotischen Kathedralen verwandt ist. Der erste Stein des Chores des Utrechter Doms wurde 1254 an der Stelle gelegt, wo bis dahin der alte romanische Dom gestanden hatte. Das Schiff des romanischen Doms ließ man stehen (bis der Orkan es zerstörte), und der Bau eines 112 m hohen Turmes westlich des Schiffes wurde 1321 begonnen; man arbeitete daran bis 1382. Obgleich zu verschiedenen Zeiten an dem Dom gearbeitet wurde – das Gipsgewölbe des Querschiffs ist aus dem 19. Jahrhundert – ist die Kirche nie ganz fertig geworden. Trotz des fehlenden Mittelschiffes ist die Domkirche sehr beeindruckend. Es ist das höchste Kirchenschiff der Niederlande, innen 32 m hoch. Der Grundriß des verschwundenen Mittelschiffes und der Säulen ist auf dem Domplatz im Pflaster mit grauen Pflastersteinen wiedergegeben. An der Südseite des Chores, in der Kapelle von Jan van Arkel, befindet sich ein steinernes *Retabel* von etwa 1500. Es wurde während des Bildersturms schwer beschädigt (die Köpfe fehlen). Auch das *Grabmal Guy van Avennes*, aus schwarzen Kalksteinen, wurde schwer in Mitleidenschaft gezogen. Die Kapelle von Avennes schmückt eine

Utrecht: der Domturm nach dem Orkan von 1674

Wandmalerei von etwa 1430. Obwohl eine Abteilung des Centraal Museums, das Erzbischöfliche Museum, einige Bilder aus dem 15. Jahrhundert aus dem Dom beherbergt, findet man im Chorumgang *›Das Heilige Grab‹* (1501–6), ein prächtiges Bildhauerwerk des Meisters Gherit Splinters. Weiter gibt es noch ein *Grabmal von 1676* von der Hand Rombout Verhulsts. Jüngeren Datums sind die beiden neuen farbigen *Fenster* von R. N. Roland Holst (1926–36) im Querschiff.

Merkwürdigerweise hat der *Domturm* die Katastrophe von 1674 überlebt. Während die klassische französische Kathedrale zwei Türme hat, besitzt der Dom nur einen, von auffallender Form. Der Turm hat drei Gliederungsabschnitte, deren dritter die achtseitige Laterne mit einer ziemlich kurzen, schiefergedeckten Spitze darstellt. Er war für eine Anzahl anderer gotischer Türme in den Niederlanden das Modell, wie in Maastricht (St. Jan), Amersfoort, Groningen (Martiniturm) und Breda. Wenn man die 465 Stufen zum Domturm bestiegen hat, kann man bei klarem Wetter – was in den Niederlanden freilich eine Seltenheit ist – bis Amsterdam, Rotterdam und Zaltbommel sehen.

Ursprünglich wurde geplant, den Turm noch höher zu ziehen, aber – wie bereits gesagt – der Bau der Kirche wurde nie ganz vollendet. Einer der Gründe war, daß mit der Reformation das System des Ablasses – das den Kirchenbau gefördert hatte – in Mißkredit geriet. Auch für den Bau anderer gotischer Kirchen stand zu wenig Geld zur Verfügung. Das erklärt, warum Utrecht noch so reich an romanischen Kirchen ist: St. Pieter, St. Jan (von der nur der Chor gotisch umgebaut wurde), St. Nicolaas (die im 15. und 16. Jahrhundert zum Teil gotisch wiederaufgebaut wurde) und St. Maria (die im 19. Jahrhundert abgerissen wurde, jedoch aus Bildern Pieter Saenredams bekannt ist).

Pieter Saenredam und Jan van Scorel

Pieter Saenredam (1597–1665) war vor allem als Maler von Kirchen bekannt. Vor seiner Zeit wurden kaum Stadtansichten und realistische Architektur gemalt. Meist waren es Fantasieräume oder -hintergründe, die auf die Leinwand gebracht wurden. Pieter Saenredam ging anders vor. Obwohl er die Gesetze der Perspektive kannte und auch anwandte, folgte er doch auch dem Augenschein. Seine Ölgemälde machte er nach genauen Zeichnungen, in denen er nach Möglichkeiten suchte, Gebäude und Interieurs so ausdrucksvoll wie möglich wiederzugeben, nicht nur nach perspektivischen, sondern auch nach optischen Gesetzen. Aus seinen Gemälden von noch bestehenden Gebäuden kann man ersehen, wie genau er arbeitete, und das macht seine detaillierte Wiedergabe der inzwischen verschwundenen Gebäude (wie z. B. von St. Maria) so glaubwürdig.

In der Tradition Saenredams sind die *Gebrüder Job* (1630–93) *und Gerrit* (1638–98) *Adriaensz. Berckheyde* zu nennen, im Haarlemer Frans Halsmuseum hängen einige ihrer St. Bavo-Interieurs. In Delft arbeiteten in diesem Sinne *Gerard Houckgeest* (ca. 1600–1661), *Hendrick Cornelisz. van Vliet* (1611–75) und vor allem *Emanuel de Witte* (ca. 1617–92). Letzterer zog 1651 um nach Amsterdam, wo er zwar viel Arbeit bekam, aber nicht sehr glücklich wurde, denn 75 Jahre alt legte er Hand an sich selbst.

Der Utrechter Kanoniker *Jan van Scorel* (1495–1562) war der erste Renaissance-Maler der Niederlande, der viele Jahre das Ausland (vor allem Italien) bereist und dort gearbeitet hatte und mit diesen Erfahrungen nach seiner Rückkehr das Kunstleben seiner Zeit befruchtete. 1519 reiste er über Nürnberg und die Steiermark nach Venedig und anschließend über Zypern, Rhodos und Kreta nach Jerusalem. Auf dem Rückweg (1521) kam er nach Rom, wo er etwa drei Jahre blieb. Unter den Schülern van Scorels in Utrecht, ist vor allem *Anthonie Mor* bekannt geworden, der fast sämtliche politische Machthaber seiner Zeit porträtieren sollte.

Spaziergang durch Utrecht

Durch ein Törchen hinter dem Utrechter Dom gelangt man in den Kreuzgang, der einen kleinen Kräutergarten begrenzt. In derselben Straße mit ihren Kanonikerhäuschen gibt es zwei kleine Museen: das *Museum voor hedendaagse kunst* (Gegenwartskunst) und das *Museum van Speeldoos tot Pierement* (von Spieldose bis Straßenorgel). Letzteres besitzt eine Sammlung selbsttätig spielender Musikinstrumente vom 18. Jahrhundert bis heute, die tatsächlich von singenden Nachtigallen bis zu Jahrmarktorgeln reicht.

Die *Oude Gracht* ist Teil des kleinen alten Zentrums. Da Utrecht eine Studentenstadt (Abb. 97) ist und vor allem während der Messen von Menschen überflutet wird, ist seine einladende Innenstadt ein ausgesprochener Vorzug. In den niedrigen Kais, gut ein Stockwerk niedriger als das Straßenniveau, löschten früher die Schiffe vor den Lager-

Utrecht: Oude Gracht mit dem Rathaus

kellern ihre Ladung. Einige jener Keller sind heute kleine Läden und Kneipen mit kleinen Terrassen zwischen den Bäumen unmittelbar am Wasser. Oben an den Kais, am belebten Ladenkanal, stehen noch einzelne prächtige Häuser. Das gilt nicht nur für die Oude Gracht, sondern auch für die *Nieuwe Gracht.* Besondere Erwähnung gebührt dem *Paushuis* am Pausdamm, das 1517 für Kardinal Adriaan Florisz. gebaut wurde, den einzigen Niederländer, der jemals Papst wurde. Es wurde übrigens nie von ihm bewohnt, und jetzt ist dort das *Provinciehuis* untergebracht.

Einen bemerkenswerten Anblick bietet an der *Oude Gracht* eine Fassade in neugriechischem Stil, mit vier schneeweißen Damen (Karyatiden), die von der Jugend des Ortes mit rotem Nagellack bemalt wurden. Am Ende der Gracht, in der Agnietenstraat, befindet sich das anziehende *Centraal Museum.* Die reiche Sammlung hat am meisten Beziehung zu Utrecht, ihren Meistern, seiner Geschichte und Umgebung. In der Dependance auf der Maliebaan ist die didaktische Abteilung.

In der modernen Architektur nimmt die überdachte 'City' *Hoog Catharijne,* am Bahnhof, eine umstrittene Stellung ein. Dieses Denkmal von Kommerzialität wird von vielen als Beispiel empfunden, wie Stadterneuerung sicherlich nicht sein soll. Daran angrenzend hat der talentvolle Architekt Herman Herzberger – er begann als Schüler von Aldo van Eyck – ein *Musikzentrum* erbaut, mit einem runden Konzertsaal, kleinen Läden und Restaurants. Der Architekt mußte einerseits den Stadtlärm fernhalten und andererseits seinen Bau ins Alltagsleben integrieren; er wurde im Januar 1979 eröffnet. Zu seiner Zeit ebenso aufsehenerregend war das von Gerrit Rietveld gebaute *Schröderhaus* (Prins Hendriklaan 50), ein reines Beispiel der De Stijl-Architektur (1924; Abb. 101). Auch die Wohnblocks in der Robert Schumannlaan und der Erasmuslaan sind markante Entwürfe Rietvelds. Während der Entwurf für das *Theater* (1941) von Dudok stammt, entwarf Rietveld wiederum die *Julianahal* (1956), die einen Teil des Messekomplexes bildet.

Im ganzen gesehen, bietet Utrecht, was seine Architektur angeht, einen recht uneinheitlichen Anblick. Schuld daran ist die vollkommene Planlosigkeit, mit der die Stadt sich allmählich von einer Stätte kirchlicher Kunst zu einem industrialisierten Handels- und Verkehrszentrum des 19. und 20. Jahrhunderts, einem Sitz vieler Verwaltungs- und Dienstorganisationen wandelte.

Der Utrechter Höhenrücken

Östlich der Stadt Utrecht dehnt sich eine üppige bewaldete Höhe, der Utrechter Höhenrücken, in der Vergangenheit wie auch heute von fürstlichen und anderen kapitalkräftigen Leuten bevorzugt, um sich dort angenehm niederzulassen.

Das *Schloß* in ZEIST ist ein vornehmes Gebäude, das zwischen 1677 und 1686 von Jacob Roman, unter Mitwirkung von Daniel Marot am Interieur, gebaut wurde. Es ist ein hübscher Barockbau, eine Art Versailles im Kleinen. Nach dem Zweiten Weltkrieg war eine gründliche Renovierung des zerwohnten Gebäudes nötig, und jetzt ist es wieder eine Augenweide, vor allem der *Tuinzaal* (Gartensaal) voller *trompe-l'oeil* in zartem Rosa und zartem Veilchenblau. Das Gebäude dient als Kultur- und Kongreßzentrum. 1745 kaufte ein reicher Amsterdamer, Mitglied der evangelischen Herrnhuter Brüdergemeinde, das Schloß und machte es zum Zentrum der Gemeinde, die nach der Herkunft ihres Gründers Johannes Hus auch als mährische Brüder bezeichnet wird. Sie suchten das Ideal einer Geist- und Gütergemeinschaft in die Praxis umzusetzen. An beiden Seiten der Schloßallee liegen Broederplein und Zusterplein, von stattlichen Herrenhäusern des 18. Jahrhunderts gesäumt, die zum Teil noch von Herrnhutern bewohnt werden, zum Teil dem Reichsdienst für Denkmalpflege Unterkunft bieten. Das Schloß selbst kann besichtigt werden, auch ein Teil des schönen Parks. Am Zusterplein liegt die kleine *Herrnhuter-Kirche,* alles dort ist weiß, die Öfen, die Gardinen, die Orgel.

81 AMSTERDAM Rijksmuseum: ›Die Briefleserin‹ von Jan Vermeer

82 ZAANSE SCHANS

84 DE RIJP Das Rathaus

83 HOORNSE HOP, ein Teil des IJsselmeers

ANNO
1630

85 Kartoffelernte in einem Beemster Polder

86 In Westfriesland (Noord-Holland)

87 Am IJsselmeer in Noord-Holland

88 ALKMAAR Käsemarkt

89 HOOGWOUD Riedgedeckter Bauernhof

91 ENKHUIZEN Zuidertoren

90 ENKHUIZEN De Waag

AARDAPPELEN
GROENTEN
EN FRUIT

92 NAARDEN Luftaufnahme

93 NAARDEN Grote Kerk, Holzpaneel: ›Jonas und der Walfisch‹

94 HILVERSUM Das Rathaus

96 HAARZUILENS Schloß de Haar

95 LOENEN Vreedehof

97 UTRECHT Die Aula der Universität

98 UTRECHT Innenraum des Doms

99 UTRECHT Der Dom

100 UTRECHT Fundatie van Renswoude in der Agnietenstraat, Fassade von 1757

101 UTRECHT Rietveld- oder Schröderhuis

102 AMERSFOORT Stadtansicht

104 GIETHOORN ▷

103 ARNHEM Maarten van Rossumhuis

Im fruchtbaren Gebiet des *Kromme Rijn* (Farbt. 47) finden sich noch viele Reste von Schlössern, die ursprünglich von streitbaren Bundesgenossen der früheren Bischöfe Utrechts gebaut wurden. Es waren eigentlich eher befestigte Landhäuser, ihre Bewohner gehörten nicht dem Hochadel an. Erst in der Zeit der Romantik wurden sie wieder entdeckt und von Leuten, die von der alten Ritterzeit schwärmten, in neugotischem Stil um- oder wiederaufgebaut. Keines davon ist dem Publikum zugänglich, obwohl einzelne Parks es sind. Vom Wege aus kann man sie aber betrachten, zum Beispiel MOERSBERGEN, STERKENBURG, HINDERSTEIN, BEVERWEERD, WALENBURG und SANDENBURG.

Die Industriestadt WIJK BIJ DUURSTEDE weckt in ihrer Altstadt Erinnerungen an das Mittelalter. Zu Unrecht meint man, die hohe *Mühle*, die dort steht, sei die gleiche wie die berühmte ›Mühle von Wijk bij Duurstede‹ von Jacob van Ruysdael, die im Rijksmuseum hängt (s. Farbt. auf der vorderen Umschlagklappe). Diese Mühle gibt es schon lange nicht mehr, und die jetzige ist ein Umbau der Runmolenpoort von 1659. Der baumreiche *Park* wurde 1836 von dem Gartenarchitekten J. D. Zocher angelegt (derselbe, der den Vondelpark in Amsterdam schuf). In diesem Park steht die Ruine eines *Schlosses*, das von verschiedenen Bischöfen Utrechts bewohnt wurde. Seine Glanzzeit erlebte das Schloß, nachdem in der zweiten Hälfte des 15. Jahrhunderts der gelehrte Bischof David, ein Bastard Philipps des Guten, das ursprüngliche Gebäude in fürstlichem Stil umbauen ließ. Als Mitarbeiter daran finden wir u. a. den Maler Jan Gossaert van Mabuse. Von dem Komponisten Jacob Obrecht ist bekannt, daß er der Dirigent der Hofkapelle war.

Gelderland I

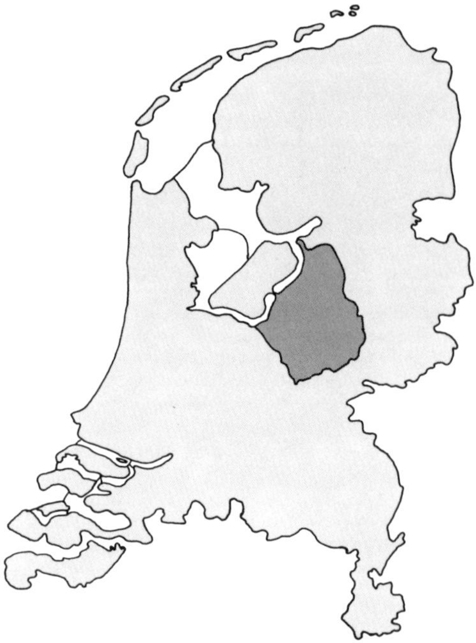

Arnhem

Im Stadtbild von ARNHEM erinnert vieles an die Kriegshandlungen der jüngsten Vergangenheit. Am 17. September 1944 landeten mehr als 10 000 englische Fallschirmjäger in unmittelbarer Umgebung der Stadt, die – zusammen mit einer größeren amerikanischen Überraschungsarmee – Brückenköpfe bei Grave und Nijmegen zu bilden hatten, um die Überquerung der großen Flüsse durch die alliierten Armeen zu sichern. Wäre jener Überraschungsangriff gelungen, wäre den Gebieten nördlich der Flüsse der grausame Hunger-Winter 1944/45 erspart geblieben; aber nach neun Tagen schwerster Kämpfe und schwerster Verluste mußten die Alliierten aufgeben. Nach dem Zweiten Weltkrieg erholte sich Arnhem ziemlich schnell, doch hat der Krieg seine Narben hinterlassen. Das Beste, das man von den großen, heute die Stadt durchschneidenden Autobahnen sagen kann, ist, daß sie eine schöne Aussicht auf den Rhein bieten.

Am *Grote Markt* befindet sich die ganz restaurierte *St. Walburgkerk* und die historische Fassade des *Duivelshuis,* das einen Teil des modernen *Rathauses* bildet (Abb. 103). Es wurde 1540 im Auftrag des berüchtigten Feldherrn Maarten van Rossum erbaut, der aus Rache – weil er keine Genehmigung zu einem goldenen Türklopfer erhielt – grinsende Satyrn an seinem Haus anbringen ließ. An neuer Architektur verdient das *Provinciehuis* von J. J. Vegter Erwähnung als Stilbeispiel der Neuen Sachlichkeit.

In und um Arnhem gibt es viele Museen (u. a. zwei Heeresmuseen). Das lebendige *Gemeentemuseum* liegt auf einem Rheinhügel, es bewahrt eine interessante Sammlung Silber, Tonwaren und archäologische Funde. Es gibt dort auch viele Werke der magischen Realisten zu sehen, wie Carel Willink, Pyke Koch und Dick Ket und von Mitgliedern der Haager Schule Anton Mauve, den Gebrüdern Maris, Paul Gabriel und Weissenbruch. Getrieben von romantischem Naturverlangen scharten sie sich eine Zeitlang in Oosterbeek um die Person des früh verstorbenen romantischen Schriftstellers und Malers Gerard Bilders, so wie sich vorher in Frankreich die Barbizon-Gruppe (Courbet, Daubigny, Millet, Corot) in Barbizon bei Paris um Théodore Rousseau geschart hatte.

Außerhalb von Arnhem, an den Safaripark grenzend, erstreckt sich das *Freiluftmuseum,* das einen guten Überblick über ländliche Wohnformen bietet, wechselnd von authentischen 'Plaggenhutten' bis zu Großbauernhöfen. Über Rundwege verschiedener Länge kann man sich hier ein recht genaues Bild von dem machen, was das ganze Land dem weniger eiligen Reisenden an Sehenswürdigkeiten bietet.

Zwischen Arnhem, Nijmegen und Tiel liegt die Landschaft der Betuwe mit ihren Obstbäumen (Farbt. 50).

Die Veluwe und das Rijksmuseum Kröller-Müller

Ein für die Niederlande einmaliges Gebiet ist der *Nationalpark Hoge Veluwe,* ein ausgedehntes Naturgebiet, ein seltenes Stück wilder Natur in einem dichtbesiedelten Land. Mit seiner Abwechslung von Wäldern und Heideflächen, bizarren Landdünen und gespenstisch geformten Wacholderbäumen bewahrt diese Gegend eine genaue Erinnerung an die Wildnis, die sie am Anfang des vorigen Jahrhunderts noch war.

Die Veluwe ist – neben Drenthe – das Gebiet der Niederlande, in dem man den meisten Heideboden und die meisten Landdünen findet. Weil die Heide im Klima der Niederlande keine natürliche Landschaft ist, wird aus der Heide Wald – wenn sie nicht gerade von Schafen abgeweidet wird. Landdünen bilden sich, wo der entwaldete (und unbebaute) Boden nicht bewachsen ist. Diese kleinen Wüsten entstanden da, wo der Bauer die Heideplaggen stach, die er für den Bau seiner Scheunen und Ställe benötigte. War solch ein kahlgestochenes Stück genügend groß, dann bekam der Wind eine Angriffsfläche, wehte den Sand zu kleinen Hügeln zusammen, die dann wiederum jedes Pflanzenwachstum erstickten.

Außer der Bodenbeschaffenheit spielte auch das Jagdrecht eine Rolle bei der Erhaltung der Veluwer Landschaft. Ursprünglich war die Jagd ausschließlich den Herren von Geldern vorbehalten. Besonders der leidenschaftliche Jäger Willem III. (der König-Statthalter) tat durch Großankäufe 1675 sein Bestes, um die ganze Veluwe zu einer Wildbahn zu machen. Dank der alten Jagdrechte konnte die Stiftung Naturdenkmäler die prächtigen Gebiete bei PUTTEN und GARDEREN ankaufen, die *Hoge Veluwe,* den *Deelerwald,* die *Koninklijke Houtvesterijen* u. a.

Das Landgut, das jetzt *Nationaal Park de Hoge Veluwe* heißt, gehörte einmal zum Besitz des Rotterdamer Industriellen Kröller und seiner kunstliebenden Gattin H.

Kröller-Müller. Die von den Eheleuten zusammengetragene Kunstsammlung bildet den Kern des *Rijksmuseums Kröller-Müller* in Otterlo. In ihrem Auftrag baute Berlage das *St. Hubertusschloß* (1914–20), wobei er entsprechend den exzentrischen Vorstellungen seiner Auftraggeberin das Innere entwarf: die Raumeinteilung, die Ausstattung und das Mobiliar. Frau Kröller-Müller wünschte zum Beispiel nicht zu sehen, wie das Personal den Tee servierte; der sollte auf einmal da sein, als wäre er herbeigezaubert. So mußte Berlage Wände und Schirme ersinnen, die all diese trivialen Dinge auf ästhetische Weise ihrem Auge entzogen.

Überall in dem Gebäude findet man Hinweise auf die Legende des St. Hubertus: Der Jäger Hubertus verfolgte einen Hirsch, der in seinem Geweih ein leuchtendes Kreuz trug; nachdem er endlich mit dem Tier Aug in Auge stand, begann der Hirsch zu sprechen: er, Hubertus, möge sein leichtsinniges Leben aufgeben, in sich gehen und ein gottesfürchtiger Mensch werden. Darstellungen jenes Augenblicks, Hubertus auf den Knien vor dem Hirsch, gibt es an verschiedenen Stellen im Gebäude: auf den farbigen Fenstern in der Halle, auf den Reliefs des Innenhofes usw.

In der Architektur des Turms, mit halbrunden Flügeln zu beiden Seiten, wurde die Form eines Geweihs nachgeahmt.

Der Bau eines Museums, in dem man die ausgedehnte Kunstsammlung unterbringen könnte, war für die Familie Kröller (besonders die Frau) mit vielerlei Problemen verbunden. Es ist die Rede von einem Konflikt mit Berlage und einem abgewiesenen Entwurf Mies van der Rohes, schließlich wurde der Entwurf Henry van de Veldes, mit Ausnahme der Fundamente, infolge der Krisenzeit nicht ausgeführt. (Die Pläne kann man im Architekturmuseum in Amsterdam einsehen.) Es wurde ein vorläufiges Museum gebaut, das mit den Erweiterungen von 1953 und 1972 noch immer dasteht und eine großartige Sammlung von Gemälden beherbergt. Neben einigen Werken aus dem 15., 16. und 17. Jahrhundert beeindruckt vor allem die Sammlung moderner Kunst mit 272 Gemälden und Zeichnungen von Vincent van Gogh und Werken von Piet Mondrian, von Picasso und den französischen Impressionisten. Eine imponierende Skulpturensammlung findet man im Bilderpark, der 1961 beim Pavillon von Rietveld angelegt wurde. Dort findet man Werke u. a. von Maillol, Giacometti, Fontana, Marta Pan.

Apeldoorn – Der Palast Het Loo

Willem III., der schon wegen seiner Jagdleidenschaft erwähnte König-Statthalter, ließ 1685 bei dem kleinen Dorf Apeldoorn am Rand der ausgedehnten Jagdgründe ein *Lustschloß* bauen, um sich dort mit seiner Gattin Mary Stuart niederzulassen. Dies geschah sehr zum Erstaunen seiner ebensosehr auf Jagdgenuß erpichten Zeitgenossen; denn sie kamen dort zwar gern zur Jagd, bauten aber ihre Landhäuser in wohnlicheren Gegenden. Willems eigener Architekt Jacob Roman entwarf zusammen mit dem zur damaligen Zeit noch unbekannten Daniel Marot – einem eingewanderten Hugenotten – ein Louis XIV.-Schloß von beeindruckender Gestalt. Etwa zu gleicher Zeit bauten Roman und Marot das viel kleinere Schloß in Zeist; der letztgenannte sollte später auch an anderen Stellen der Niederlande, besonders aber in der Hofstadt Den Haag, seine Spuren hinterlassen. Wie schlicht und vornehm das *Nieuwe Loo* (so genannt, weil es auch ein Loo aus dem 16. Jahrhundert gab) von außen auch aussieht, innen ist es so üppig und reich ausgestattet, wie man es von einem Entwurf Marots erwarten kann.

Die Gärten des Loo, nach Marots Entwurf angelegt, sollen atemberaubend gewesen sein. Augenzeugen sprechen von einem Irrgarten, versenkten Anlagen mit exotischen Pflanzen, Teichen und Wasserpartien. Versailles sollte mit Loo um den Lorbeer ringen, und Versailles wurde übertroffen, weil die holländischen Springbrunnen unmittelbar an die Bäche der Veluwe mit ihrem perlendfrischen Wasser angeschlossen waren, während Versailles sein Wasser aus einigermaßen stinkenden Wasserbehältern erhielt.

Zur Zeit der französischen Herrschaft wurde Het Loo von König Ludwig Bonaparte umgebaut – der Palast wurde weiß getüncht, die vernachlässigten Gärten wurde zu dem französischen Landschaftspark, den wir heute noch sehen, umgestaltet. Auch Königin Wilhelmina ließ nötige Umbauten ausführen; zur Zeit wird ein umfangreicher Plan zur Restaurierung durchgeführt. Ein Plan, die Gärten in der ursprünglichen barocken Art wiederherzustellen, stieß in der Zweiten Kammer 1977 auf Widerstand, sie fand den Betrag von 5 Millionen Gulden, gemessen am kulturhistorischen Wert, zu hoch.

Ein Teil des Komplexes ist für das Publikum zugänglich: das RIJKSMUSEUM PALEIS HET LOO. Außer Mobiliar und Gemälden gibt es – in den königlichen Ställen – die Schlitten, Kutschen und Automobile, die die Mitglieder des Hauses von Oranien im Laufe der Zeiten beförderten, sowie einen intimen Friedhof, wo die Haustiere der Oranjes beerdigt sind. Ein bemerkenswertes Element im historischen Wagenpark ist der 'Malerwagen', in dem sich Königin Wilhelmina zu malerischen Stellen in der Natur fahren ließ, um sich dort ihrem Hobby, dem Malen, zu widmen.

Hansestädte

Die Veluwe dehnt sich bis zum IJsselmeer aus, an dessen Ufer alte Hansestädtchen im Traum einer großen Vergangenheit dahindämmern. Vom IJsselmeer ist an diesem Ort nichts mehr übrig als ein ziemlich verschmutztes Erholungsgewässer, das *Veluwemeer*, das den neuen Flevopolder vom alten Land trennt. Und die alten Städtchen wie HARDERWIJK und NIJKERK sind erstens kaum Städtchen, und zweitens ist dort nur noch wenig Altes zu finden. Nur ELBURG bietet nach sorgfältiger Restaurierung einen anheimelnden Anblick innerhalb seines historischen rechteckigen Stadtgrundrisses von 250 x 415 Metern. Mitten durch die Stadt läuft ein Kanal, zu dem sämtliche Gassen – mit Ausnahme des Kromme Steeg – entweder parallel oder rechtwinklig verlaufen. Veluwer Feldsteine bilden das Material für die auffälligen kleinen Vorstufen mit den

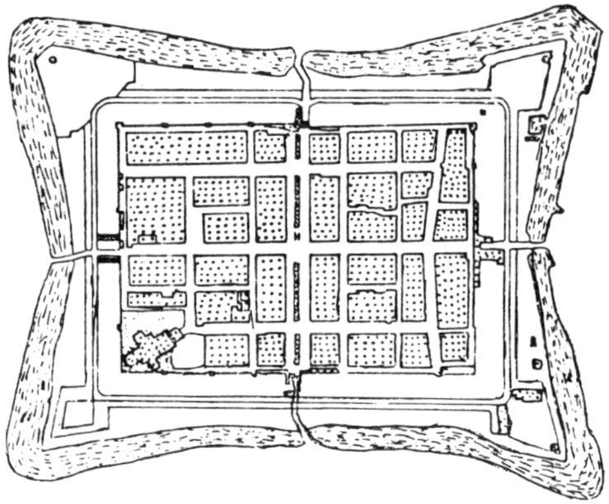

Stadtplan von Elburg

eingelegten Mosaikfiguren, die auf den Beruf des Bewohners deuten: ein Buch bei einem Buchhändler, eine Brezel bei einem Bäcker usw.

Das ursprüngliche Elburg lag näher an der Zuiderzee, aber bei Sturmfluten u. ä. bröckelte die Küste gefährlich stark ab; so erteilte der Herr von Elburg, der damalige Graf von Geldern, 1393 die Genehmigung zum Bau eines neuen Elburg weiter landeinwärts. Der Stadtplaner wurde mit dem Schloß des Herrn von Elburg belohnt. Das Gebäude besteht noch, hinter einem Giebel von 1776 verborgen. Vom Schapensteeg aus hat man aber einen guten Blick auf den mittelalterlichen Stil des Seitengiebels und der Rückseite.

Der Aufstieg der Hansestädtchen am IJsselmeer erfolgte etwa 1350, als die sogenannte Umlandfahrt auf der Ostsee Möglichkeiten zur wirtschaftlichen Expansion bot. Im frühen Mittelalter traten mit der wachsenden Bedeutung der Städte und einem verhältnismäßigen Rückgang der landwirtschaftlichen Produktion Handel und Dienstleistungen mehr in den Vordergrund als je zuvor. Der Handel mit Fellen, Getreide, Holz, Hering und Salz ging sowohl über Land als auch mit (kleinen) Schiffen über die Binnengewässer. Das Zentrum des Handels lag in den Niederlanden lange Zeit im Norden: STAVEREN, GRONINGEN, WORKUM, BOLSWARD, LEEUWARDEN, DOKKUM. Die friesischen Schiffer benutzten zwischen Lübeck und Hamburg den Landweg. Die Verbesserung des Kompaß im 13. Jahrhundert machte die Fahrt über den Sund auch für größere Schiffe möglich, die sonst auf den Binnengewässern fuhren. Die IJsselstädte – voran KAMPEN, aber auch HARDERWIJK, ELBURG, DEVENTER, ZWOLLE und ZUTPHEN folgten – wurden aufmerksam und konnten, da die Friesen sich immer nur des Landwegs bedienten, auch den Norden in seiner Bedeutung überflügeln.

Ein System besonderer partnerschaftlicher Beziehungen war zwischen den mittelalterlichen Städten gebräuchlich. So pflegten die friesischen Handelsstädte Beziehungen mit Hamburg und Lübeck auf der einen Seite und mit Lynn, Yarmouth, London und Portsmouth auf der anderen. Manchmal wuchs sich das zu einem ganzen Komplex von

Sturm und hohe Flut bei Elburg 1776

Interessen aus, wie es bei der deutschen Hanse der Fall war. Dieser Handelsstädtebund, der im 14. Jahrhundert zum mächtigsten Bund des Mittelalters wurde, nahm verschiedene IJsselstädte, auf, was für deren Macht und Ansehen nicht ohne Bedeutung war.

Auch andere niederländische Städte wurden aufgenommen: Nijmegen und Arnhem, Roermond, Staveren, Groningen und später, nach 1500, Venlo und Bolsward. Um jene Zeit war übrigens der Höhepunkt der hanseatischen Macht überschritten, das Zentrum des Handels und der Fischerei hatte sich von der Ost- zur Nordsee (und weiter) verschoben, und die IJsselstädte mußten ihre wirtschaftliche Vormachtstellung an die aufsteigenden holländischen Städte abtreten.

Overijssel I

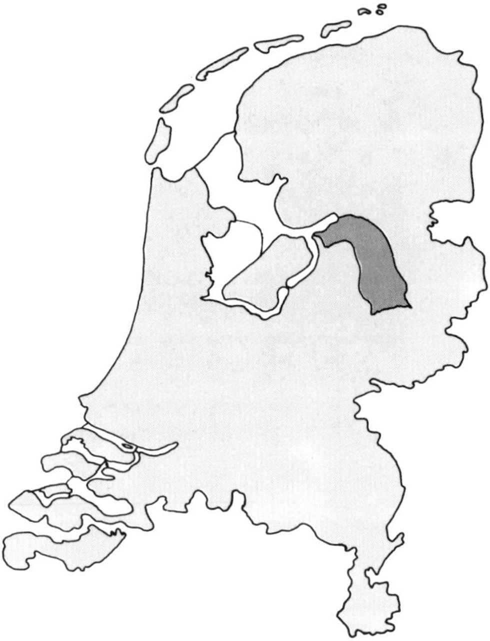

Die IJsselstädte

In einer Zeit, als die meisten holländischen Städte noch ländlichen Charakter hatten, entwickelten KAMPEN, DEVENTER und ZWOLLE sich zu Städten von europäischem Niveau. Eine bedeutende geistliche Strömung hatte ihren Ursprung in Deventer und einen Mittelpunkt in Zwolle: die 'Moderne Devotie'.

Nach zügelloser Jugend verbrannte Geert Groote (1340–1384) auf dem Marktplatz seiner Geburtsstadt Deventer alle seine Bücher über Magie und Astrologie. Zehn Jahre lang zog er als Bußprediger durch Holland und gründete die 'Gemeenschap van broeders en zusters des gemenen levens' und die 'Regulieren van Windesheim'. Heftig wandte er sich gegen die machtlüsterne Geistlichkeit seiner Zeit, wodurch er sich ein Predigtverbot einholte; er zog sich mit Gesinnungsgenossen und Anhängern in eine klosterähnliche Lebensgemeinschaft ohne Gelübde zurück. Die Mitglieder der Gemeinschaft beschäftigten sich mit der Betreuung studierender junger Menschen, mit der Seelsorge und dem Abschreiben von Büchern.

In der Praxis entwickelte sich die 'Moderne Devotie' zu einem richtigen Klosterorden, und der wurde dann auch 1387 in WINDESHEIM bei Zwolle gegründet. Eines der Mitglieder, die sich zu einem betrachtenden Leben verpflichteten, war Thomas von Kempen, der mit seinem Buch ›De imitatione Christi‹, nach der Bibel das verbreitetste Buch der Welt, die 'Devotio moderna' international bekannt machte.

Der Rotterdamer Desiderius Erasmus (1466–1536) erfuhr an der Stiftsschule in Deventer den Einfluß der Windesheimer Brüder, die dort unterrichteten. Nach seinem Klosteraufenthalt erhielt er die Genehmigung, in Paris zu studieren, wo der Same humanistischen Gedankenguts in der Umgebung der französischen humanistischen Kritik aufging und Früchte trug. 1499 zog er nach England, wo er sich mit John Colet, später auch mit Thomas Morus (1478–1535) und Bischof John Fischer befreundete. Während seiner vielfältigen Reisen schrieb er zur Entspannung das ›Lob der Torheit‹ (ca. 1509), sein bekanntestes Buch. In seinen späteren Jahren kehrte er zu einem orthodoxen Katholizismus zurück. 1536 starb er in Basel.

Die geistigen Aktivitäten im Umkreis der IJsselstädte deuten darauf hin, daß in diesem Gebiet die Städte damals eine Blütezeit erlebten. KAMPEN war unwidersprochen das wirtschaftliche Zentrum; schon im 13. Jahrhundert erlangte es die Vorherrschaft über Utrecht. Das erklärt den beeindruckenden Bau des Chores der *St. Nicolaaskerk*, mit dem der Name des Meisters Rutger von Köln, Sohn des Architekten des Kölner Doms, Michael, verbunden ist. Nach sechsjährigem Aufenthalt in Kampen wurde er 1369 Baumeister der bereits begonnenen Kirche. In dem hohen Innenraum, der ebenso schlicht wie eindrucksvoll ist, fallen das Chorgitter auf (von 1552, zu vergleichen mit dem zehn Jahre älteren Chorgitter der Westerkerk in Enkhuizen), die Natursteinkanzel von 1500, die prächtige Orgel (Johan Slegel, 1670–76) und die drei Kerzenkronleuchter, die von dem Gewölbe herabhängen.

Im ältesten Teil Kampens – auf der einen Seite von der IJssel begrenzt, von wo man eine herrliche Aussicht auf die Stadt hat, auf der anderen vom Burgel markiert, einem breiten Kanal, der die Grenze der Stadterweiterungen des 15. Jahrhunderts bildet – befinden sich der *Nieuwe Toren* (Neue Turm; durch den man hindurchlaufen kann) des Amsterdamer Architekten Philip Vingboons und das spätgotische *Rathaus*, das unter anderem einen Schöffensaal mit einem prächtigen Schöffenstuhl und einem Renaissance-Kamin aus Sandstein enthält (Abb. 112). Mit Ausnahme einiger spätgotischer findet man in Kampen hauptsächlich Renaissance-Giebel; auffallend ist die Stilübereinstimmung mit den noordholländischen Städten.

Von den anderen drei IJsselstädten verdient ZWOLLE als Overijssels Hauptstadt Erwähnung (Abb. 108, 111). Mit Ausnahme der eindrucksvollen *Sassenpoort* (1409) gibt es nur noch wenig, das an die reiche Vergangenheit erinnert. Jungen Datums ist Aldo van Eijcks und Theo Boschs Entwurf einer unserer Zeit angepaßten Fußgängerzone mit Wohnhäusern nahe beim alten Zentrum und fast bis an die Wälle, die sehr gut mit der historischen Umgebung harmonisiert.

Das IJsseltal ist ein reizender Landstrich, der viele Landschaftsmaler angeregt hat (unter anderem Jan Voerman). Zutphen zählt man zu Gelderland. Als im 10. Jahrhundert die Utrechter Bischöfe arg von den Normannen bedroht wurden, zogen sie für eine Weile nach DEVENTER an die sichere IJsselseite, doch noch innerhalb ihres

Amtsbereiches. Obwohl sie im nachfolgenden Jahrhundert zurückkehrten, wurde 1046 auf Antrag Bernulfus' mit dem Bau einer großen Basilika, der *St. Lebuïnuskerk*, begonnen. Die romanische Kirche wurde im 15. Jahrhundert zu einer spätgotischen Hallenkirche umgebaut, aber die romanische Krypta ist gut erhalten (Abb. 109). Auch die ursprünglich romanische *Bergkerk* in einem Stadtteil mit mittelalterlichen Zügen, wurde in späteren Jahrhunderten stark umgebaut.

Gegenüber der Lebuïnuskerk befindet sich das *Rathaus* von Jacob Roman (1693). Der Seitenflügel von Philip Vingboons ist wegen seines kostbaren Interieurs berühmt. Übrigens wurde hier Naturstein (Bentheimer) in verschwenderischer Weise verwendet, denn Deventer war eine Lagerstelle dafür, und wo es viel gibt, ist man nicht kleinlich. Neben dem Rathaus steht das *Polizeiamt* mit der Fassade von 1632 (Abb. 110). Die *Waage* ist ein kleines köstliches gotisches Gebäude von 1528, am Nordgiebel guckt ein Männchen mit Narrenkappe in einen Kessel; in weniger empfindsamen Zeiten wurden in der Waage Falschmünzer in einen Kessel siedenden Öls gesteckt, wie es zum Beispiel 1431 dem Herrn von Batenburg erging. Dort ist jetzt ein *Historisches Museum* untergebracht, es bietet wertvolle Auskünfte über Fahrräder um die Jahrhundertwende. In Deventer wurde 1431 von dem Schmied des Ortes, Burgers, das erste Exemplar dieses nationalen Fortbewegungsmittels angefertigt. Kinderspielzeug gibt es u. a. im *Huis de Drie Haringen* (1575, Vredeman de Vries-Stil) zu sehen, das ursprünglich die Wohnung eines Fischgroßhändlers war.

Gelderland II

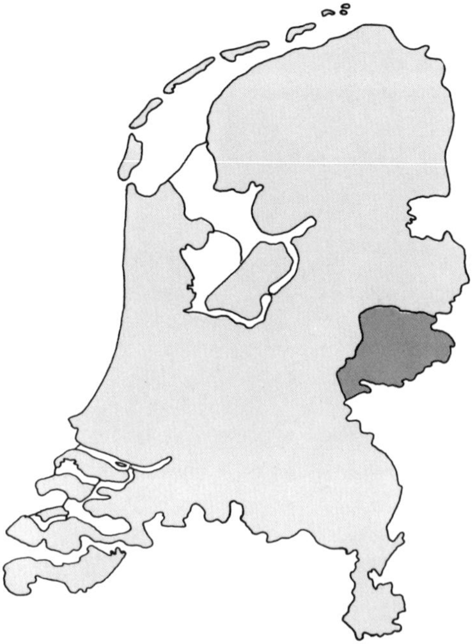

Zutphen und das Achterhoek

In der kleinen Kuppel auf dem Bourgonje-Turm in ZUTPHEN wohnte und arbeitete der Physiker Martinet, der in seinem ›Katechismus der Natur‹ (1729 ins Englische, Deutsche, Japanische und Malaisische übersetzt) seine Ansichten auseinandersetzte über Eisen, das von allein wächst, Apfelmus, der gegen Pocken hilft und den genauen Tag zum Maulwurfsfang (9. März).

Zutphen hat noch Teile der alten *Stadtmauer* aus dem 15. Jahrhundert (Abb. 106). Am Gravenhof steht die 1105 gegründete *St. Walburgskerk* (Abb. 107), auch Grote Kerk genannt. Im Innern findet man Fresken aus dem 14. und 16. Jahrhundert. Die Librije im Kapitelsaal der Kirche birgt seltene Handschriften und Wiegendrucke.

Der östliche Teil Gelderlands, südlich von Twente gelegen, wird 'Graafschap', 'Achterhoek' (hintere Ecke) oder auch 'Garten von Holland' genannt. Landschaftlich ist es tatsächlich eine besonders angenehme Gegend. Zwischen VORDEN, LOCHEM und RUURLO liegt das üppige hügelige Land mit seinen kleinen Schlössern; es hat keinen Sinn, sie alle aufzuzählen, denn sie sind dem Publikum nicht zugänglich. Die ANWB (der holländische ADAC) hat eine Acht-Schlösser-Route beschrieben, die man auf Anfrage erhalten kann. Um *Winterswijk* liegen in einer schönen Parklandschaft einige gut erhaltene niedersächsische Bauernhöfe.

Overijssel II

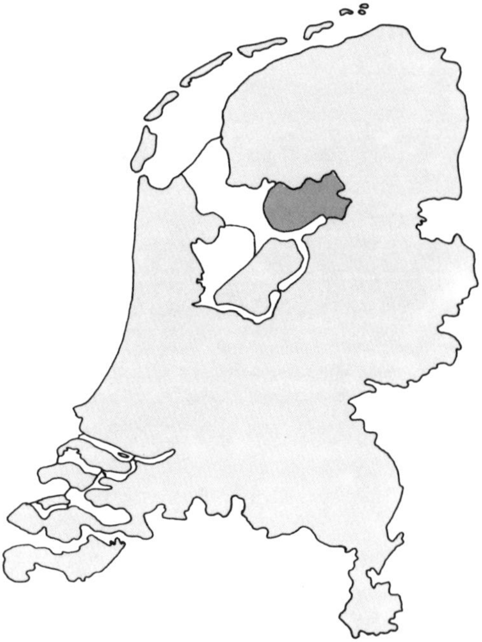

De Kop van Overijssel

Im Dreieck zwischen der IJsselmündung, den Drenther Heidegebieten und dem Friesischen Gaasterland liegt ein weites Torfgebiet, daß eines der unberührtesten Naturgebiete der Niederlande darstellt, 'der Kop van Overijssel'. Wohl ist bekannt, daß sich schon im Mittelalter kleine Gruppen von Menschen mit der Urbarmachung des Bodens befaßten, doch die Unzulänglichkeit des Gebietes und die armseligen Existenzmöglichkeiten bildeten eine Schranke zur Außenwelt. Dahinter behauptete sich eine geschlossene Gesellschaft mit etwas puritanischem Einschlag und starker gegenseitiger Bindung. Frühere Moorkolonien wie ROUVEEN und STAPHORST sind touristische Attraktionen. Auf einem Sandrücken im früheren Moorland wurden die Bauernhöfe errichtet: eine lange Aneinanderreihung von Schilfdächern und mit frischen Farben gestrichenes Holzwerk. Obwohl die Zivilisation auch an diesem Teil der Welt nicht vorübergegangen ist – manche Bäuerin in Tracht benutzt moderne Verkehrsmittel –: fotografieren läßt man sich dort ungerne.

Im Seengebiet westlich von Meppel, das durch die Torfgewinnung entstanden ist, liegt GIETHOORN, als das Venedig des Nordens bekannt (Abb. 104). Obwohl die Natur in diesem Gebiet durch ihre Stille und Schönheit noch etwas Geheimnisvolles hat, ist Giethoorn im Ganzen lieblich, eine Puppenstube für Erwachsene. Fast sämtlicher Verkehr geht übers Wasser mit (bisweilen motorisierten) Kähnen verschiedener Größe. Die meist renovierten Bauernhöfe liegen auf grünen Inseln, verbunden durch hübsche Laufstege, umrahmt von malerischen kleinen Gräben.

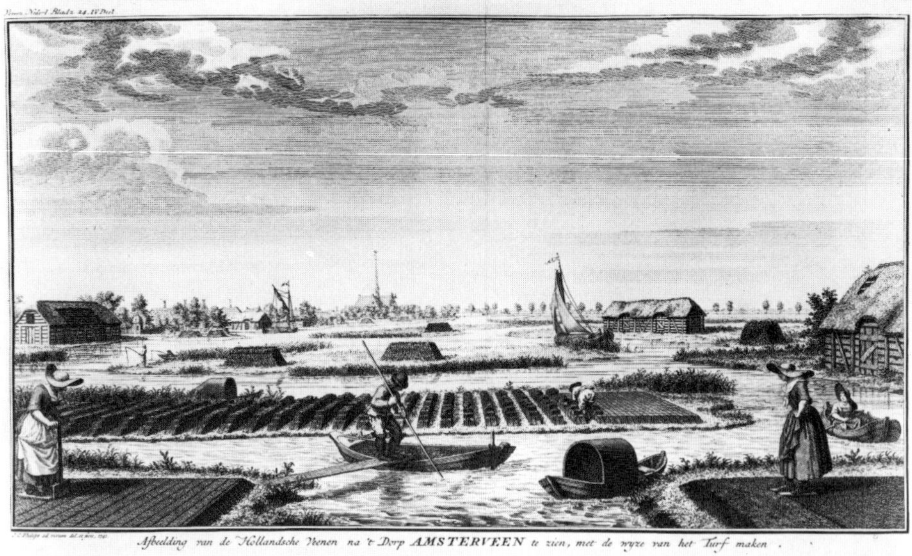

Torfstechen. Aus dem Atlas van Stolk

Von KALENBERG nach OSSENZIJL läuft ein schmaler Weg quer durch die *Weerribben*, ein reich mit Schilf bewachsenes ehemaliges Torfstechergebiet. Als 'Rippen' bezeichnet man Torfstriche, die man mindestens 3 m breit stehen ließ, als 'Tisch' zum Trocknen des Torfs und weiterhin wirksam als Wellenbrecher, wenn der Sturm die ausgetorften Tümpel zu tobenden Seen werden ließ. Den struppigen Pflanzenwuchs halten besonders die aus Schweden eingeführten Kühe (Farbt. 51), die ganz begierig auf Sträucher und Schilf sind, in seinem Zustand.

Der Weg nach Ossenzijl führt an einem echten Tjasker vorbei (Farbt. 29), der kleinsten Art von Windwassermühlen, die von Hand nach dem Wind ausgerichtet wird, und an einzelnen, mehr oder weniger den Erfordernissen der Zeit angepaßten Torfstecherhäusern vorbei. Ein authentisches Häuschen steht auch noch da: eine Hütte mit Löchern als Fenster und einer Tür, durch die Erwachsene nur gebückt eintreten können.

Friesland

Warften und Wehre

Friesland steht im Ruf, die eigenwilligste Provinz der Niederlande zu sein. Tatsache ist, daß die Friesen eine eigene Sprache sprechen, das Friesische, das in den Schulen als Zweitsprache gelehrt wird. Das friesische Leben blüht in eigensprachlicher Autonomie und in einem kulturellen Bewußtsein, das bis auf den Groninger Dichter Bernlef aus dem 8. Jahrhundert und auf Bischof Bonifatius zurückgeht, der 754 bei DOKKUM ermordet wurde. Jahrhunderte hindurch hat Friesland nicht nur für die Erhaltung seiner eigenen Sprache und Kultur, sondern an zwei Fronten, um sein Land zu behalten, gekämpft: gegen das Meer und gegen fremde Herrscher.

Einerseits waren die künstlichen Warften anzulegen, die Seedeiche zu bauen, die Einpolderungen zu betreiben, andererseits galt es, sich der Römer, der Normannen und eine Zeitlang auch der Holländer zu erwehren. Erst zur Zeit der spanischen Herrschaft schlossen die Friesen eine Übereinkunft mit den Holländern und Seeländern und schlossen sich der Vereinigten Republik an, mit einem eigenen Statthalter, einer eigenen Admiralität, einer eigenen Gesetzgebung. Der intellektuelle Status Frieslands wurde durch die Gründung (1584) der Universität in FRANEKER symbolisiert, zehn Jahre nach Leiden und 1811 von Napoleon aufgehoben.

Der römische Schriftsteller Plinius der Ältere (23–79) schrieb über das Land der Friesen: »Dort stürzt sich der Ozean mit zwei Zwischenpausen tagsüber und bei Nacht in einem gewaltigen Strom über ein unermeßliches Land, so daß man bei diesem ewigen Kampf am Lauf der Natur zweifelt, ob der Boden zum Land oder zum Meer gehört.

Dort lebt ein armseliges Volk auf hohen Hügeln, oder besser: auf von ihnen mit der Hand aufgeworfenen Höhen, so hoch wie das ihrer Erfahrung nach höchste Niveau der Flut, und darauf haben sie ihre Hütten gebaut. Sie scheinen wie Fahrende, wenn das Wasser die Umgebung bedeckt, aber wie Schiffbrüchige, wenn das Wasser sich zurückgezogen hat und sie um ihre Hütten die Fische jagen, die mit dem Wasser zu fliehen versuchen. Vieh haben sie nicht, und sie können sich also nicht mit Milch ernähren wie ihre Nachbarn. Ebensowenig gelingt es ihnen, Wild einzufangen, weil weit und breit das Meer die Sträucher weggespült hat. Aus Schilf und Binsen machen sie eine Art Seil, woraus sie Fischnetze knüpfen. Erdklumpen, die sie mit den Händen ausgraben, lassen sie mehr vom Wind als von der Sonne trocknen; dann brennen sie diese, um ihr Essen zu kochen und ihre vom Nordwind steif gewordenen Glieder zu wärmen.«

Im Norden Frieslands und Groningens gibt es noch eine Anzahl Warftdörfer. Die Funde, die bei Ausgrabungen gemacht wurden, deuten auf ein weniger armseliges Dasein hin als Plinius es andeutet. Die vielen Gegenstände aus Knochen, die im *Friesischen Museum* in LEEUWARDEN aufbewahrt werden – Webkämme, Gewichte eines senkrechten Webstuhls, Würfel, Spindeln, Schlittschuhe u. a. deuten nicht nur auf eine gewisse entwickelte Wirtschaft, sondern auch auf das Vorhandensein von Vieh. Wie sonst hätten die Friesen den Tribut an die Römer mit Fellen zahlen können, hätten sie kein Vieh gehabt? Übrigens hat man bei weiteren Ausgrabungen unter der römischen Schicht Überreste einer Daseinsweise gefunden, die besser zur Beschreibung des Plinius paßt, aber ein paar Jahrhunderte früher zu datieren ist.

Obgleich das friesische Land höher liegt als das holländische, wurden die ersten Seedeiche schon im 12. Jahrhundert angelegt, denn das Meer war immer begierig, Land abzuschwemmen. Bei den ersten Deichen handelt es sich um ein ständiges Erhöhen der Warften, meist nicht höher als 3 m, doch wurde in HOGEBEINTUM eine Höhe von 10 m erreicht.

Mit Einpolderungen begann man erst im 17. Jahrhundert, als der Boden infolge der regen Urbarmachung im Westen der Provinz rar wurde. Schleusen wurden gebaut, um das überschüssige Wasser in die Nordsee abzuleiten, aber dann entstanden Schwierigkeiten. Zwar ist Friesland so flach, daß man – um mit dem Schriftsteller Joop Waasdorp zu sprechen – nur auf einer Zeitung stehen muß, um das ganze Land zu überblicken; doch liegt das Seengebiet bedeutend niedriger als der Nordteil. Dort sammelte sich daher das Wasser, und die Schleusen standen trocken. Zur Zeit sorgen zwei Pumpwerke, eins bei LEMMER und eins bei STAVEREN, für den rechten Wasserstand der friesischen Binnengewässer. Obwohl man im Norden im friesischen Watt Land gewinnt (Farbt. 53), gibt es doch Trockenlegungen in Friesland kaum. Der Sandboden machte die friesischen Seen wirtschaftlich wenig interessant, während ihre Funktion als Wassersammelbecken und Erholungsgebiet sehr geschätzt wird. Als Naturgebiet sind die Seen wirklich schön: blaue Wasserflächen, grüne Wiesen mit dem schwarzweiß gefleckten friesischen Vieh. Das Oberflächenwasser ist verhältnismäßig kaum verunreinigt in diesem weiten Land, das eine Verschmutzung der Luft mehr zu befürchten hat. Friesland ist das Land des Windes und der Schattenrisse: in weiter Entfernung zeichnen sich die Umrisse eines schmächtigen Kirchleins oder eines Getreidesilos ab. Neben dem Schlittschuhlaufen ist das Segeln der besondere friesische Volkssport.

Friesische Ortschaften

Unter den kleinen Städten am IJsselmeer ist MAKKUM wegen seiner Keramik und HINDELOPEN wegen seiner Holzschnitzerei und -malerei bekannt. Hindelopen war schon im 14. und 15. Jahrhundert ein bedeutendes Hansestädtchen, seine Hochblüte erlebte es jedoch im 17. und 18. Jahrhundert, zur Zeit der Frachtfahrten nach Skandinavien. Hindelopen hatte keinen eigenen Hafen, nur eine Reede, und die Schiffe wurden in Amsterdam beladen. Die Hindeloper lebten ziemlich getrennt vom übrigen Friesland – sie haben auch einen eigenen Dialekt – und entwickelten in dieser Abgeschiedenheit eine eigene Schnitzkunst (Abb. 115). Das *Hidde Nijlandmuseum* beherbergt hübsche Muster von bearbeiteten Möbeln, malerischen Trachten und andere Formen der Volkskunst. In den Motiven und Farben – grün, sanft blau, rot – ist der Einfluß der skandinavischen Ornamentik zu erkennen, während sie auch manche Übereinstimmung mit der Zaaner Kunst aufweisen. Einige alte Wohnhäuser zeigen übrigens mehr Verwandtschaft mit dem Baustil, der auf den Watteninseln vorkommt – Mauerwerk mit Verzierungen aus rotem und gelben Backstein – statt mit dem holländischen Baustil (Abb. 116).

Die echte Hindelopener Wohnung besteht aus einem rechteckigen Raum zwischen spitzen Giebeln aus gelbem Stein. Die Eingangsseite – zum Wasser hin – ist am reichsten verziert. An der Straßenseite gibt es manchmal nicht einmal eine Tür; dort liegt das Prunkzimmer. Genau wie es bei den Kapitänswohnungen in Buiksloot und Krommenie (Noord-Holland) der Fall war, hatte man an der Wasserkante noch ein Sommerhaus, das 'Litshuis', in dem die Frau während der Sommermonate wohnte. Um keinen Staub aufzuwirbeln, wurde das Bett nur alle sechs Tage einmal gemacht. Sehr tugendsame Frauen versuchten sogar, das ganze Litshuis so makellos zu halten und zogen sich in den Farbenschuppen zurück.

WORKUM, das früher unmittelbar am Wasser lag, besaß einen eigenen Hafen und war auch eine tüchtige Hansestadt. Um den historischen Markt stehen das vornehme *Rathaus* aus dem 18. Jahrhundert, die freundliche *Renaissance-Waage* und die nie ganz fertiggebaute spätgotische *Kreuzkirche* brüderlich zusammen. Die Kirche ist bekannt wegen der neun bemalten Zunft-Totenbahren aus dem 18. und 19. Jahrhundert. Die Ärztebahre ist mit lateinischen Inschriften geschmückt und wurde bis zum letzten Krieg noch verwendet. Es gibt eine Bahre für Großschiffahrer und eine für Kleinschiffahrer; denn es war ebenso undenkbar, daß ein Seeschiffer auf einer Binnenschiffer-Bahre zu Grabe getragen worden wäre wie umgekehrt. Von den beiden Kinderbahren ist die eine für Kinder im allgemeinen bestimmt, während die andere den Kindern der Großschiffer vorbehalten ist. Auf einigen Bahren stehen holperige Knüttelverse von rührender Einfalt. Die schwarze, unbemalte Trage ist für die Allerärmsten, unidentifizierbare Schiffbrüchige und Selbstmörder.

Hinter dem Markt befindet sich die *Doopsgezinde Vermaning* (1694; Abb. 114), die schlichte quadratische Schutzkirche der Nachfolger des Menno Simonsz. Der war ein einflußreicher Pfarrer in Witmarsum, der 1536 aus der römisch-katholischen Kirche austrat und die 'Doopsgezinde Broederschap' gründete. Die Mennoniten mußten sich nicht nur gegen den katholischen Machthaber, sondern anfänglich auch gegen die protestantischen Machthaber zur Zeit der Republik behaupten. Erst 1672 wurde den Mennoniten erlaubt, ihren Gottesdienst öffentlich zu halten; doch auch nach jener Zeit behielten ihre Kirchen die Gestalt von Schutzkirchen. In dem einfachen quadratischen Raum sitzen die Männer um die Frauen herum, um sie bei Überfällen zu schützen.

Die wichtigsten gotischen Kirchen Frieslands sind in dem vornehmen Provinzort Bolsward und dem etwas größeren Franeker zu finden. Die *Grote* oder *St. Maartens-*

Bolsward: die Grote Kerk 1864

Bolsward: das Rathaus

kerk in BOLSWARD stammt aus dem 15. Jahrhundert und steht auf einer Warft, die etwa zu Anfang unserer Zeitrechnung aufgeworfen wurde und in der Überreste einer kleinen Holzkirche und eines einschiffigen kleinen Kirchengebäudes aus Tuffstein gefunden wurden. Die jetzige Kirche hat einen besonders schönen Satteldachturm, wie man ihm in Friesland öfter begegnet.

Innen zieht der hohe Chor die Aufmerksamkeit mit seinem Lichteinfall auf sich; es gibt Gewölbemalereien aus dem 15. Jahrhundert zu bewundern und vor allem drei glanzvoll geschnittene Chorbänke aus dem 15. Jahrhundert, die leider leicht beschädigt sind. Das Prunkstück mit dem Wappen Bolswards und Szenen über Judith und Holofernes ähnelt ein wenig der Bank in der Onze Lieve Vrouwekerk in Breda, und man nimmt an, daß die Bank in einer Brabanter Werkstatt hergestellt wurde. Die Kirche hat nicht nur eine berühmte Orgel (A. A. Hinsch, Groningen, 1775–1781), sondern auch eine ausgezeichnete Akustik. In den Sommermonaten werden dort regelmäßig (meistens dienstags abends) Orgelkonzerte gegeben. Die Kanzel aus dem 17. Jahrhundert hat vier kunstvoll geschnittene Paneele, die die vier Jahreszeiten darstellen (Abb. 119). Der Winter wird in diesem Land der legendären Elf-Städte-Fahrt über 200 km selbstverständlich mit einem Paar Schlittschuhen, mit Wachskerzen, einem Bündel Schwefelhölzer und Schneespuren dargestellt.

Das *Rathaus* von Bolsward ist ein schönes Beispiel für das Aufblühen der Baukunst in Friesland zu Ende des 16., Anfang des 17. Jahrhunderts. Der Giebel über seinem Eingang ist reich mit den typischen Vredeman de Vries-Ornamenten geschmückt. Hans Vredeman de Vries (1527–1606) wurde als Sohn eines deutschen Soldaten in Leeuwarden geboren. 22 Jahre alt, zog er nach Mechelen und Antwerpen, wo er an der Herstellung der Triumphbögen für die 'Blijde Incomste' (froher Einzug) Karls V. mitarbeitete. Bevor er in die Niederlande zurückkehrte, arbeitete er in Hamburg, Prag (für Kaiser Rudolf II.) und Danzig. Er studierte die Schriften der bekanntesten Ornament- und Architekturtheoretiker seiner Zeit und kombinierte in dem nach ihm benannten Ornamentstil niederländische, deutsche, flämische und andere Elemente. Außer in den Niederlanden wurde sein Stil in Norddeutschland geschätzt. Die typischen Spitzgiebel mit den ein- und ausschwenkenden Umrissen und dem Rollwerk sind leicht zu erkennen.

Zwischen den vielen schönen Giebelchen in Bolsward gibt es zwei typisch friesische Prachtstücke, gelegen am *Dijlakker Nr. 15* (1720) und *38* (etwas später).

Auch das freundliche Städtchen FRANEKER hat eine interessante gotische Kirche mit einem Dutzend Heiligengemälden aus dem 15. Jahrhundert auf den Pfeilern des Chores und des Schiffes. Bis zur französischen Zeit hatte Franeker eine Universität, die Friesische Akademie, die u. a. vom Philosophen und Mathematiker Descartes (1596–1650) besucht wurde. In der *Voorstraat* stehen noch die vornehmen Professorenhäuser von damals.

Unmittelbar am schönen *Renaissance-Rathaus*, an der Eise Eisingastraße 3, baute der Wollkämmer Eise Eisinga zwischen 1774 und 1781 in seinem Schlafzimmer – mit der Bettnische, hinter der der Mechanismus verborgen ist, der das Ganze in Bewegung hält – ein vollständiges *Planetarium*, das bis zum heutigen Tage genau das Datum, die Uhrzeit, den Tag und den Stand von Planeten und Sternen angibt. Eisinga war Autodidakt, aber eine Naturbegabung ohnegleichen auf mathematischem wie technischem Gebiet. Das angrenzende Haus, ein Jugendstil-*Kaffee- und Teegeschäft*, ist vollständig mit Fliesenbildern und Kupferornamenten ausgestattet (Abb. 118).

Von HARLINGEN aus, das nördlich des Abschlußdeiches liegt, fahren die Boote nach den Watteninseln *Vlieland* und *Terschelling* ab. Das Zentrum Harlingens ist anziehend und voller Atmosphäre. In gewissem Sinn verdankt die Ortschaft ihr Dasein dem portugiesischen Statthalter Caspar de Robles, dessen *Denkmal* auf dem Deich steht. Von ihm wird erzählt – wie übrigens auch von Alba, der einen neuen Zuiderzee-Deich anlegen ließ –, daß er nach der Allerheiligenflut von 1570 während der Wiederinstandsetzungsarbeiten an den Deichen 1573 zu den wenig kooperativen Deichgenossen, als diese sich auf ihre Freibriefe beriefen, sprach: »Holt eure Freibriefe hervor und legt sie am Ufer gegen das Meer aus, wenn es am stärksten erzürnt ist; falls sie dann die Wellen abwehren können, so sollt ihr befreit sein; sonst werdet ihr mit den anderen arbeiten oder zahlen müssen.«

LEEUWARDEN, auf drei Warften erbaut (Farbt. 52; Abb. 122, 123), ist nicht nur die größte Stadt Frieslands, sondern in jeder Hinsicht auch die Hauptstadt. Im stilvollen Zentrum werden die Kanäle von hohen, gemauerten Brücken überspannt, die dort 'Pijpen' heißen. Leeuwarden ist die Geburtsstadt Margarete Zelles (geb. 1876), die unter dem Namen Mata Hari als legendäre Tänzerin, Spionin und *femme fatale* international bekannt wurde. Die friesischen Statthalter residierten zwischen 1584 und 1747 in Leeuwarden; der erste war Willem Lodewijk, ein Neffe Wilhelms des Schweigers. Als dessen Nachkomme Willem III., der Statthalter-König, nach einem Sturz vom Pferd 1702 kinderlos starb, stellte sich heraus, daß der friesische Statthalter Johan Willem Friso aus der Nebenlinie Nassau-Dietz der gesetzliche Erbe war. Er und seine Nachkommen, unter ihnen das regierende Fürstenhaus, nennen sich Prinzen und Prinzessinnen von Oranien-Nassau. Johan Willem Friso liegt zusammen mit den anderen Mitgliedern der Familie in der *Grote Kerk* in Leeuwarden begraben.

Im *Prinsentuin* (Prinzengarten), dem ehemaligen statthalterlichen Park, befinden sich *Pier Pandermuseum* und *Pier Pandertempel*. Pier Pander war der Sohn eines friesischen Schiffers, der weiße Marmorskulpturen in einem etwas akademischen Stil schuf. Das Museum verfügt auch über Jugendstil-Gläser und -Keramiken. Im *Princessehof*, einem Gebäude aus dem 17. Jahrhundert, das zwischen 1730 und 1765 von der Witwe Johan Willem Frisos bewohnt wurde, ist jetzt das *Gemeentemuseum* mit einer der größten Keramiksammlungen der Niederlande untergebracht, darunter eine glanzvolle orientalische Sammlung und niederländischer Jugendstil (Rozenburg und Utrecht). Im Keller befinden sich Mosaiken vom 16. bis nahe zum 19. Jahrhundert. Noch schöner ist das *Friesische Museum* am Turfmarkt, von 1781. Es vermittelt einen Überblick über die friesische Kultur von der Vorgeschichte (Warftfunde) bis in das 19. Jahrhundert. Man findet dort friesische Silberschmiedekunst (unter ihr der sogenannte 'Popta-Schatz'), Möbel aus Hindelopen und Ameland, verschiedene einheimische Trachten, Fliesen und Keramik, Stil-Zimmer mit einem echten Rembrandt: dem Porträt des Verlobten des Malers Saskia van Uilenburg, der Tochter des Bürgermeisters von Leeuwarden, ein Jahr bevor sie in der (nicht mehr vorhandenen) kleinen Kirche in der St. Anna Parochie heirateten. Der 'Popta-Schatz' stammt aus dem Popta-Schloß oder Heringastate in MARSSUM, etwas westlich von Leeuwarden, einem renaissanceähnlichen Bauwerk mit zwei birnen- oder zwiebelförmigen Turmspitzen.

Außerhalb der Städte wird die Landschaft – was menschliche Bautätigkeit anbetrifft – von Bauernhöfen und Kirchen bestimmt. Friesland hat mehr als dreihundert geschützte Kirchen und verschiedene Typen von Bauernhöfen. Südlich von Leeuwarden sieht man ziemlich viele typische Kopf-Hals-Rumpf-Bauernhöfe, in denen der Milchkeller sich meistens unter dem Kopf, dem Wohnhaus, befindet. Auf dem Rumpf steht oft das Ulebord, ein Schmuck, der auch auf den großen Schilfdachhöfen des Westens

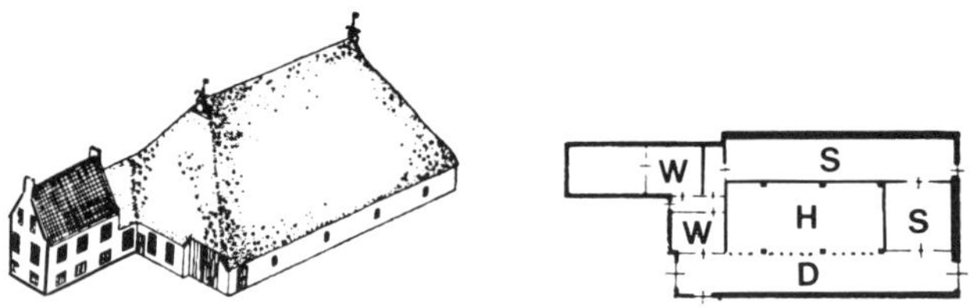

Kopf-Hals-Rumpf-Bauernhof.
W = Wohnraum
S = Stall
D = Diele oder Tenne
H = Heuboden

(Noord-Holland) prangt: zwei symmetrische Schwäne mit gebogenen Hälsen beiderseits einer reich geschnitzten Spitze. Die Öffnung soll den Zweck haben, den Eulen Zugang zum Mäusefangen zu verschaffen und bösen Geistern die Möglichkeit zum Entweichen zu bieten.

Frieslands Kirchen

Die große Zahl (340) von Kirchdörfern in Friesland erklärt sich aus der Mentalität der Bevölkerung und aus der natürlichen Gestaltung des Gebietes. Friesen, die im eigenen Kreis den Herrn loben können, werden nur ungern von ihrer Warft herabklettern, Regen und Wind trotzen, um irgendwoanders zur Kirche zu gehen. Die Warftdörfer – die übrigens in Groningen besser erhalten sind als in Friesland, man kann sie auf der Karte an den Nachsilben *-um, -werd, -wier* und *-terp* erkennen – sind selbstverständlich nicht die einzigen Dörfer mit einer eigenen Kirche; denn Friesland war in dem Zeitabschnitt vom 10. bis zum 13. Jahrhundert ziemlich wohlhabend, in einer Atempause zwischen den Normanneneinfällen und den heftigen Parteistreitigkeiten des 14. Jahrhunderts, als die meisten kleinen Kirchen gebaut wurden. Viele der einfachen friesischen Dorfkirchen sind romanisch: schwere, breite, nicht sehr hohe Gebäude.

Wenn sie nicht auf einer hohen Warft stehen, wie in JANUM oder HOGEBEINTUM, ist es bisweilen nicht einzusehen, warum sie dort stehen, wo sie stehen. In verschiedenen

Das Dorf Rinsmageest

Dörfern sind legendäre Erklärungen über zwei Ochsen im Umlauf, die abends freigelassen wurden, und wo sie dann morgens vorgefunden wurden, dahin hatte sie Gottes Hand geführt, und da wurde die Kirche gebaut. Mit ihren einigermaßen gedrungenen Satteldachtürmen passen die Kirchen sich gut der Landschaft an. Einige der älteren wurden ohne Glockenturm gebaut. Als man um 1300 herum anfing, Glocken zu verwenden, wurden in den ärmeren (Sand-)Gegenden in Südost-Friesland die Glocken in einem Glockenstuhl oder auch vor der Kirche unter einem Vordach aufgehängt, wie in Janum.

Viele Kirchen hatten sowohl an der Nord- als auch an der Südseite eine Türöffnung, wobei die an der Nordseite, das 'Normannentürchen' genannt, meist wieder zugemauert wurde. Da der nördliche Eingang auch etwas niedriger ist, heißt es in der Legende, die Normannen hätten sich diese Türchen ausgedacht, damit die Friesen sich vor ihnen bücken mußten. Das klingt freilich etwas befremdend, weil ja die Kirchen gebaut wurden, als die Normannen schon längst verschwunden waren. Der tatsächliche Grund ist ein recht praktischer. Der Boden um die kleine Kirche wurde allmählich angeschüttet, weil Generationen lang bis an den Eingang die Gräber angelegt wurden. Nachdem man von der Gewohnheit, zwei Eingänge zu benutzen, abkam, mauerte man den kälteren zu. Bei einigen mittelalterlichen Dorfkirchen sieht man am Boden in der Kirchenmauer beim Chor oder im Chor Löcher oder Spalten, bisweilen vergittert. Sie werden Hagioskopen oder Leprosenfenster genannt. Da es oft nicht möglich ist, von dort aus die Handlungen in der Kirche zu verfolgen, scheint es unwahrscheinlich, daß es sich hierbei um eine Vorrichtung für Aussätzige handelt. Wahrscheinlich sind es Reliquienfenster; denn manchmal konnte der schwache Schein einer Reliquie jemanden von einer schrecklichen Krankheit heilen oder vor einer unmittelbaren Gefahr schützen.

Die hübschesten kleinen Kirchen – in Janum und Rinsumageest – wurden von Mönchen des Zisterzienserklosters Klaarkamp gebaut. Janum hat in seiner kleinen Kirche eine Dépendance des Friesischen Museums: inmitten von Grabsteinen und Kapitellen aus anderen Kirchen steht eine Anzahl spätmittelalterlicher Malereien und Holzskulpturen. In Rinsumageest ist eine dreischiffige romanische Krypta mit schlanken Sandsteinsäulen und bearbeiteten Kapitellen zu bewundern.

Dokkum und die Watten

Jedes niederländische Schulkind lernt, daß 754 der angelsächsische Missionar Bonifatius bei Dokkum ermordet wurde. Automatisch macht ein solches Ereignis eine Stadt zu einer Art Wallfahrtsstätte, eine der ältesten Formen des Tourismus und daher wirtschaftlich wichtig. Ehe der Hafen verschlammte, war die nördlichste Stadt Frieslands übrigens eine ziemlich wohlhabende Hafenstadt. Ein halbes Jahrhundert lang hatte die friesische Admiralität dort ihren Sitz. Als der Hafen verschlammte, ließ sich die Admiralität in Harlingen (1646) nieder. Dokkum ist heute ein ganz stiller Ort, auf zwei Warften gebaut (daher die bisweilen etwas geneigten Straßen). Im 19. Jahrhundert baute Cuypers dort eine römisch-katholische Kirche.

Nördlich von Dokkum liegt HOLWERD mit einer langen Mole, die bis ins friesische Watt reicht. Von dort fährt das Boot nach AMELAND ab. Die Mole durchschneidet ein Landgewinnungsgebiet, in Rechtecke parzellierter Schlamm, soweit das Auge reicht (vgl. Farbt. 53). Die mit blauen Seilen abgeteilten Parzellen werden vorerst nur von Vögeln betreten, die flinken Fußes ihrer Beute nachjagen. Schon im 16. Jahrhundert bestanden Pläne zur Landgewinnung, wie die des Wasserbauingenieurs Andries Vierlingh (1500–70), der ein System von rechtwinklig zueinanderstehenden Dämmen empfahl. Während der Krisenjahre, 1935, griff die Obrigkeit die Urbarmachung als eine Form von Arbeitsbeschaffung in großem Umfang auf. Gewählt wurde das schleswig-holsteinische System: eine Fläche von 400x400 m wird mit Reisig- und Pfahldämmen abgeschlossen. Im Windschatten erhalten die Sinkstoffe die Möglichkeit sich in der abgegrenzten Fläche abzusetzen, die mit Gräben in kleine Felder von 5 m Breite aufgeteilt wird. Zwei Hauptgräben, in die sämtliche Gräben münden, durchschneiden das Absetzfeld. Etwa zweimal jährlich werden die Gräben, die parallel zum Deich verlaufen, vertieft, und der Schlick wird auf die kleinen Felder geworfen, wo er einen guten Nährboden für Glaskraut, Grodengras und englisches Ried oder Schilfgras bildet. In seiner Verlassenheit ein eindrucksvolles Gebiet, eine von Menschenhand gebaute Brutkammer der Natur, deren Stille ab und zu vom Lärm eines Düsenjägers zerrissen wird.

Das Wattengebiet (Farbt. 54), ein einmaliges Naturgebiet mit eigener Pflanzen- und Tierwelt, ist von industrieller und touristischer Verschmutzung und von Lärm bedroht. In Schleswig-Holstein und Niedersachsen ist es offiziell verboten, Tiere aufzuscheuchen, aber in den Niederlanden ist man noch nicht weiter gegangen, als Sportflieger zu bitten, nicht zu niedrig über die Seehundkolonien zu fliegen. Große Teile TEXELS, VLIELANDS, TERSCHELLINGS und AMELANDS werden, obwohl sie herrliche Naturgebiete sind, als Militärübungsplätze verwendet, vor allem von der Luftwaffe, die dort Übungen durchführt, die auf dem dichtbesiedelten Festland kaum möglich sind. Auch die Natopartner werden gastfreundlich aufgenommen, aber mit Rücksicht auf die Badegäste dürfen zwischen dem 1. März und dem 15. September keine explosiven Bomben verwendet werden.

Wie rührend das Bestehen eines Tierreservats in den Watten auch sein mag, es ist traurig, daß von Öl beschmierte oder aus sonstigen Gründen behinderte Vögel und Seehunde gereinigt und wieder so weit hergerichtet werden müssen, daß sie sich selber retten können. Obwohl die niederländischen Watten weniger als die deutschen durch Planungen von Tiefseehäfen und Öltankerfahrrinnen bedroht sind, auch in den Niederlanden ist die Industrie – stärker als der Tourismus – der große Verschmutzer. Durch Groningen läuft bereits ein Schmutzrohr, das Abwässer der Zucker-, Kartoffelstärke- und Rauhfaserplattenfabriken abführt und ein wenig nördlich von Roodeschool ins

Watt fließen läßt. Ein zweites Schmutzrohr wurde von Groningen zum Dollart angelegt, aber einige Betriebe bekamen noch keine Erlaubnis, ihren Schmutz dorthin abzuleiten. Eine niederländische Regierungskommission, die die Lage im Wattengebiet studierte, gab 1974 Empfehlungen, die der Industrie Einhalt gebieten und die Möglichkeit, die Naturgebiete zu erhalten, vergrößern. Mit Ausnahme eines kleinen Gebietes erklärte man sich gegen Einpolderungen sowie Dämme und Brücken, während den Bohrungen und der Lärmbelästigungen gewehrt wird. Jedoch hat die niederländische Regierung dem NAM (Nederlandse Aaardolie Maatschappij) die Zustimmung gegeben, dort nach Erdgas zu bohren. Es besteht also immer weniger Hoffnung, daß die Wochenstube der zahlreichen Nordseefische ziemlich unberührt und daß die reizenden Watteninseln mit ihren netten kleinen Orten erhalten bleiben: NES auf Ameland, WEST-TERSCHELLING auf Terschelling, OOST-VLIELAND auf Vlieland – mit ihren Überresten der Bebauung des 18. Jahrhunderts mit gelben Backsteinmotiven.

Groningen

Bodenschätze, Kirchdörfer, Industrieanlagen

Traditionell ist Groningen wegen seiner Torfgewinnung seit dem 16. Jahrhundert bekannt, aber die jüngere Geschichte hat gezeigt, daß dort mehr im Boden steckt als Torf. Obwohl an verschiedenen Orten Westfrieslands, an der Zaan und an Frieslands Küste glückliche Privatpersonen über ein eigenes Gaslager unter ihrem Garten oder Haus verfügen, dauerte es bis 1948, ehe die Nederlandse Aardolie Maatschappij (Erdölgesellschaft) bei Coevorden nach Gas bohrte. Es folgten eine ganze Reihe von Bohrungen und die fünfunddreißigste bei SLOCHTEREN traf mitten ins Schwarze: Eine Gasblase war angebohrt worden, die sich unter einem großen Teil der Nordniederlande ausdehnt und, neben dem unterirdischen Gasreservoir in Texas, eine der größten der Welt ist. Zur Zeit sind die Niederlande – nach den USA, der UdSSR und Kanada – der viertgrößte Gaslieferant der Welt, doch der Vorrat nimmt eilends ab. Wenn die Niederlande 1985 nicht genug Erdgas einführen, müssen dann sämtliche Gasanschlüsse wieder abgeändert werden. Nach einem Zeitungsbericht wird der Boden von Groningen infolge der Gasgewinnung innerhalb einiger Jahre etwa 40 cm niedriger werden. Abgesehen von Öl, das in geringem Maße in Drenthe gewonnen wird, werden Salzschichten bei WINSCHOTEN und HEILIGERLEE abgebaut; eine große Menge Magnesium- und Kaliumsalze fand sich unter UITHUIZERMEDEN und noch einigen anderen Orten in Groningen und Friesland.

Die Provinz Groningen wird in hohem Maße von der Stadt GRONINGEN bestimmt. Der einzige weitere Ort mit Stadtrecht ist APPINGEDAM. Der Norden der Provinz ist übrigens mit Kirch- und Warftdörfern übersät, die ihre typische runde Warftform behalten haben und deren Kirchen meistens von Grauen oder Zisterzienser-Mönchen gebaut wurden, die die Landwirtschafts- und Wasserbauingenieure des Mittelalters waren. Sie brachten auf ebenso fachmännische wie erfinderische Weise die Kirchenbaukunst durch wechselnde Verwendung von Backstein zu einer Blüte. Zum größeren Teil sind es romano-gotische kleine Kirchen mit auffallend dekorativem Mauerwerk sowohl an den Außen- wie an den Innenwänden. Die Rippen der Gewölbe und die Felder zwischen den Rippen sind oftmals in verschiedenen Arten von Flechtwerk aus Backstein und in Ziermustern gemauert. Manchmal laufen die Rippen zu einer Rosette zusammen, die, wie die Gewölbe selbst, oft bemalt ist. Die schönsten *Kirchen* findet man in GARMERWOLDE bei Groningen (eine Kreuzkirche aus dem 13. Jahrhundert mit getrenntem Turm und Gewölbemalereien), in LOPPERSUM (Abb. 125, 126; Gewölbemalereien) und LEERMENS (Abb. 128; Rosette). Auch die äußerst hübsche kleine einschiffige *Kirche* in BIERUM, die auf einem Bein zu stehen scheint (Abb. 124), hat im Westbau Gewölbemalereien. Eine Fahrt vom Fischerort ZOUTKAMP an der Lauwerszee (Farbt. 55) über ULRUM ostwärts führt an einer Reihe reizender Kirchdörfer, Schlösser und historischer Bauernhöfe vorbei.

LEENS besitzt eine *Reformierte Kirche* mit einem Schiff aus Tuffstein von 1100 und einem Chor aus Tuff- und Backstein von 1200. Die Kirche hat melonenförmige Gewölbe mit Kreuzrippen, die bezeichnend für den romano-gotischen Baustil sind, und eine Einrichtung aus dem 17. und 18. Jahrhundert. Ein kleiner Landweg mit vornehm aussehenden Häusern aus dem späten 19. Jahrhundert führt zur BURG VERHILDERSUM (Vrouwe Hilda's Heem), restauriert und eingerichtet im Stil des 18. Jahrhunderts, einschließlich des geometrischen Gartens. PIETERBUREN ist der Ausgangspunkt für verschiedene Wattwanderungen, einen übrigens nicht ungefährlichen Sport: ein kleiner Orientierungsfehler, und die Wattwanderer werden von der kommenden Flut überrascht. Es ist auch Geburtsort Dick Sonoys (Diderick), Anführers der Wassergeusen.

In der *'Olde kosterije'* des kleinen Warftortes WARFFUM wurde das *Museum Het Hogeland* mit rührenden Erinnerungsstücken eingerichtet. Die kleine *Schule* und die *Kneipe* mit den danebenliegenden *Lädchen* sind völlig authentisch und nicht besonders für Touristen hergerichtet. Die eindrucksvollen *Bauernhöfe* des Kopf-Hals-Rumpf-Typs liegen ringsherum und sind von prächtigen Gärten umgeben. Die *Menkemaborg* in UITHUIZEN, die besterhaltene Burg Groningens, ist als *Museum* eingerichtet. Die Gärten dieser Festung aus dem 15. Jahrhundert wurden nach den Zeichnungen von 1750 wiederhergestellt: geometrische Anlagen innerhalb kurzgeschorener Heckenzäune, rosenbewachsene Wandelgänge aus Sträuchern, ein Kräutergarten, ein Irrgarten. Dort stehen Gartenskulpturen und eine besonders einfallsreiche Sonnenuhr von 1722.

Der Norden Groningens beeindruckt durch seine Verlassenheit. Baudenkmäler findet man dort nicht. Hier und da häufen sich die Bauernhöfe zu einem Weiler mit Namen wie KLEINE HUISJES (bei Pieterburen) oder DOODSTIL (südlich von Uithuizen). Das Wachstum des Landes ist deutlich. Hinter den ersten Deichen liegen in grünen Äckern, reichlich mit Gärten umgebene *Bauernhöfe*, deren Wände mit Efeu bewachsen und die von der Welt durch ein schmiedeeisernes Gitter abgeschlossen sind. Durch einen Durchgang im Deich kommt man erneut auf bearbeitete Äcker mit etwas weniger fürstlichen und ein wenig moderneren Bauernhöfen. Mit dem nächsten Deich ist es noch nicht zu Ende, denn dahinter liegt das Landgewinnungsgebiet, das ans uferlose Watt grenzt. Nördlich von Uithuizen liegt am äußersten Deich die Erdgasverarbeitungsstation gespenstisch einsam, aber mit blinkenden Leitungen und Rohren und von zwei ewig brennenden Flammen flankiert.

Folgt man dem Weg entlang dem äußersten Deich, kommt man von selbst zu dem 1973 geöffneten EEMSHAVEN, der jetzt noch ziemlich still daliegt, doch die Gründungen industrieller Riesen werden nicht mehr lange auf sich warten lassen. Die '*Nederlandse Gasunie*' hat einen Gas-Terminal geplant für flüssiges Erdgas und einen Kohlegasofen. Auch der NAM (Nederlandse Aardolie Maatschappij) will dort bauen. Wie man in Groningen auch über solchen wirtschaftlichen Anstoß erfreut ist, so fürchtet man die Entstehung eines zweiten 'Rheinmündungsgebietes'. Man versucht eine Lehre daraus zu ziehen, wie die unbeherrschte industrielle Ausdehnung in DELFZIJL drei Dörfer von der Landkarte fegte: Oterdum, Heveskes und Weiwerd. Eine schützende Gebietsplanung kam dort zu spät.

DELFZIJL wurde 1876 nach dem Bau des Emskanals ein Vorhafen von Groningen. 1951 wurde bei HEILIGERLEE (nahe Winschoten) eine starke Salzschicht in einer Tiefe von etwa 400 m entdeckt. Im Delfzijl wurden sofort drei Fabriken gebaut: für Salz, Soda und Chlor. Seitdem wurde das Industriegebiet um einen großen Aluminiumbetrieb, eine große chemische Industrie und Kabel- und Kunststoffbetriebe erweitert.

Fahrt zum Dollart – Moorkolonien

Dem Liebhaber der Deichlandschaft ist eine Fahrt zu empfehlen vom Industriestädtchen DELFZIJL über OTERDUM (wo man mit dem Auto ein ganzes Stück auf die Mole fahren kann) nach TERMUNTERZIJL (einem winzigen Garnelenfischerort), durch die neuen Polder JOHAN KERKHOVEN und CAREL KOENRAAD bis zum DOLLART, einem ebenso herrlichen wie unzugänglichen Naturgebiet, das vom Wechsel der Gezeiten beherrscht wird und einen großen Reichtum an Vögeln und Pflanzenwachstum aufweist (Farbt. 56).

1277 schlug bei einem schweren Sturm die Ems über die niedrigen Deiche und verschlang den größten Teil des damaligen Reiderlands: die Stadt OTUM, dreißig Dörfer, eine Anzahl Schlösser und Bauernhöfe. Nach der Katastrophe hatte sich eine tiefe Bucht gebildet, eben der Dollart. Zeitgenossen sahen in der Überschwemmung eine Strafe für die Reiderländer, die nach der Überlieferung reich, hochmütig und wenig

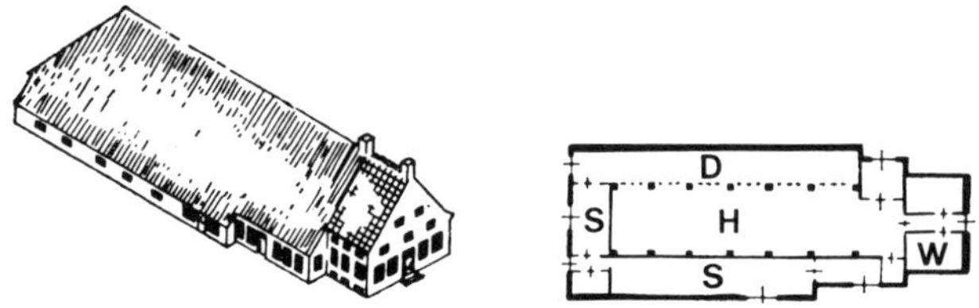

Oldambt-Bauernhof
W = Wohnraum
S = Stall
D = Diele oder Tenne
H = Heuboden

fromm waren. Fischer wollen bei ruhigem Wetter Häuser und Türme in der Tiefe liegen sehen und die Glocken der ertrunkenen Stadt Otum läuten hören haben.

Die wahre Ursache der Katastrophe wird wohl in dem traurigen Zustand der Deiche gelegen haben, der die Folge eines endlosen Gezänks über die Instandhaltungskosten war. Auch später kam es aus dem gleichen Grund noch zu Überschwemmungen; 1411 kam das Wasser bis vor Winschoten.

Im Laufe des 15. Jahrhunderts konnte die Stadt Groningen das Eigentumsrecht über dieses Land erwerben, und nach und nach wurde das Land zurückgewonnen. Das Oldambt ist wegen seiner wohlhabenden landwirtschaftlichen Betriebe und seiner schönen Bauernhöfe auf dem fruchtbaren Meereston des Dollarts bekannt. Fürstliche Bauernhöfe trifft man vor allem in der Gegend um Nieuw-Beerta, Finsterwolde und Midwolde an; sie stehen hinter reichverzierten Zugangsgittern und sind von parkähnlichen Gärten umsäumt.

Zwischen dem neuen Eemshaven und dem Industriezentrum Delfzijl liegen einige zum Teil schon erwähnte stille Warftdörfer, wie 't Zandt, Leermens (Abb. 128), Zeerijp (Abb. 127) und Westeremden. In Loppersum (Abb. 125, 126) und Middelstum erinnern die schönen ziemlich großen gotischen Kirchen an frühere Zeiten, als jene Orte noch bedeutende Zentren der Gegend waren. In Stedum befindet sich ein Grabmal Rombout Verhulsts. Appingedam ist eine kleine Festungsstadt (1327).

Angeregt durch den ständig wachsenden Brennstoffbedarf (Torf), durch die wachsende industrielle Tätigkeit in den aufstrebenden Städten – vor allem Hamburg mit seinen torfverschlingenden Bierbrauereien und Ziegeleien – übernahm Groningen im 16. Jahrhundert die Führung im Abbau der braunen Sümpfe mit feuchtem Moos und Heide, die sich weit und breit zwischen Deutschland und Drenthe ausdehnten. Die Stadt Groningen kaufte den wüsten Boden im Osten und stellte Gesellschaften Parzellen zur Verfügung, die die Pacht in Torf aufbringen mußten. Die Bearbeitung des freigelegten Bodens und die Art der Niederlassungen wurden vertraglich genau festgelegt; denn wenn die Stadt weiterhin Mietgelder bekommen wollte, mußten auf dem abgetorften Land Bauernhöfe gebaut werden. Im 17. Jahrhundert bestanden Hoogezand, Sappemeer und Zuidbroek schon als Moorkolonien, doch wandelten sich diese im Laufe der Zeit zu landwirtschaftlichen Kolonien. Im 18. Jahrhundert mußte man den Torf anderswo suchen, z. B. auf der Grenze zwischen Groningen und Drenthe, wo STADSKANAAL gegründet wurde. Dieser kleine Ort erhob als Nutznießer des Kanals, dem er seinen Namen verdankte, Zölle. Eine andere Kompanie kaufte fünf Moorstücke entlang dem Pekel A und begann 1599 mit dem Abtorfen.

Die Abtorfung ging meistens wie folgt vor sich: Zuerst wurde ein Kanal gegraben, das Haupttief, das für die Entwässerung der oberen Torfschicht sorgte. An beiden Seiten des Kanals wurde der Torf abgestochen. Anschließend legte man Nebenkanäle an, die sogenannten Stichkanäle, die rechtwinklig zum Haupttief standen und das Land in 'Inseln' unterteilten. Die Torfgräber ließen sich längs der Kanäle nieder, und weil der Transport übers Wasser ging, entstanden auch Schiffsbauwerften, Reepschlägereien, Ankerschmiedewerke usw. An den Köpfen der Inseln wurden Bauernhöfe gebaut, während sich entlang dem Haupttief Händler, Ladenbesitzer und Handwerksleute mit ihren Geschäften und Werkstätten niederließen. Diese Entstehungsweise erklärt die langgezogene Form – Stadskanaal ist nicht weniger als 25 km lang – der alten Moorkolonien. Sie bilden buchstäblich eine lange Straße. Zur Düngung der Äcker, der freigelegten Fläche, wurde jahrhundertelang Groninger Straßenschmutz benutzt. Von den bettelarmen Bewohnern Oost-Drenthes wurde auch wohl das feuchte, saure Torfmoor in Brand gesteckt, eine Düngungsart, die auf dem Boden den Anbau von Buchweizen ermöglichte. Während der Monate Mai und Juni stieg aus Tausenden Hektar brennenden Moores ein alles erstickender Qualm auf, ein bläulicher Dunst, der die Sonne verfinsterte und den Bewohnern tränende Augen und Atmungsschwierigkeiten brachte. Bisweilen trieb der Moorqualm bis nach Skandinavien oder Frankreich, wo man erstaunt zu ergründen versuchte, woher diese Naturerscheinung kam.

Bis weit ins 19. Jahrhundert waren Hafer und Roggen die wichtigsten landwirtschaftlichen Produkte, danach kamen die Kartoffeln. Da eine 'Kartoffelmüdigkeit' eintreten kann, darf nicht mehr als ein Drittel des Ackerbodens mit Kartoffeln bepflanzt werden; auch Gerste, Weizen und Zuckerrüben werden angebaut.

Auf agrar-industriellem Gebiet ist die Gegend der Torfkolonien seit dem vorigen Jahrhundert bekannt für ihre stark schmutzenden Kartoffellstärke- und Rauhfaserplattenfabriken.

Besonders VEENDAM entwickelte sich zu einem Zentrum der Kartoffelstärkeindustrie. Als bedeutendster Sitz der Torfschiffahrt hatte Veendam sich zu einem Knotenpunkt maritimer Betriebsamkeit entwickelt, aber mit dem Bau immer größerer Schiffe, die die Fehnkanäle nicht befahren konnten, begann die Seefahrtbranche zu kränkeln. Am Ende des 19. Jahrhunderts begann dann die Herstellung von Kartoffelstärke als willkommene industrielle Ausweichmöglichkeit, auf die sich ehemalige Seekapitäne, Reeder und Schiffbauer tatkräftig stürzten. Die Stärke ist vielseitig verwendbar, außer als Grundstoff für Nudeln, Makkaroni, Puddingpulver usw. wird die Kartoffelstärke auch als Preßstoff (Radiogehäuse, Telefongehäuse) und als Klebstoff gebraucht. Die Twenter Textilindustrie, die sich ungefähr zur selben Zeit ausbreitete, benutzte sie zum

Stärken der Garne. Die Groninger Rauhfaserplattenindustrie verdankt ihr Entstehen den Strohüberschüssen im Oldambt. Da das Grundwasser am Ort für die Plattenherstellung ungeeignet ist, ließ die Industrie sich anderswo nieder, z. B. in Oude Pekela, das jetzt nur noch ein kleiner Industrieort ist. Die Produktion ist übrigens auch rückläufig, weil das Strohangebot zurückgeht und als Rohstoff in wachsendem Maße Altpapier verwendet wird, das auch anderswo gesammelt und bearbeitet werden kann.

Groningen und Umgebung

Die Stadt Groningen, Hauptstadt der gleichnamigen Provinz, ist seit 1614 Universitätsstadt, aber auch in anderen Beziehungen die wichtigste Stadt im Nordosten der Niederlande. Schon im 13. Jahrhundert war Groningen der zentrale Marktplatz dieses Landesteils.

Groningen hat nicht nur eine reiche Vergangenheit, von der noch einige Monumente um den *Grote Markt* zeugen (Abb. 129). In jüngerer Zeit hat die Groninger Stadtverwaltung einen interessanten Weitblick für die Zukunft gezeigt. 1971/72 entwarf eine Gruppe Groninger, mit dem jungen sozialistischen Stadtrat Max van den Berg an der Spitze, einen neuen Plan für die Innenstadt, der sich auf eine menschliche Städtebau-Auffassung gründet. Die sich zurückziehenden deutschen Armeen hatten zu Ende des Zweiten Weltkrieges schon genug Schaden angerichtet, so sollte das Abreißen der Häuser für den Durchgangsverkehr und der Bau von Betonklötzen zugunsten der Restaurierung bestehender Gebäude und Viertel aufhören. Man ist inzwischen in dem Bestreben, die Innenstadt zu einem gastlichen Ort zu machen, schon ein gutes Stück weitergekommen.

Groningen ist die einzige Stadt, in der eine Verkehrsplanung schon seit Jahren betrieben wird. Die Stadt ist in vier Zonen unterteilt, die zwar unter sich mit dem Auto erreichbar sind, aber nur über eine Ringstraße. Die Innenstadt ist so klein, daß man dort zu Fuß gehen kann, was weiter durch sehr strenge Parkvorschriften gefördert wird. Der *Grote Markt* ist nicht mehr die bunte Autofläche von vor zehn Jahren, sondern ein echter Volksmarkt, der dem *Martinitoren* (Martinsturm) und dem *Goudhuis* (Goldhaus) eine anziehende Umgebung bietet.

In Groningen wurde der Maler Jozef Israels (1824) geboren und zu seiner Ehre wurde auf dem *Herenplein* eine Statue nach einem seiner Gemälde errichtet (1922), dem ›Gang langs het kerkhof‹. Auch der Maler des ›Scheveninger Panoramas‹, Hendrik Mesdag (1831–1915), wurde in Groningen geboren.

Nachdem es drei Jahre geschlossen war, ist 1978 das *Groninger Museum* wieder eröffnet worden. Der junge Direktor neigt zu einer thematischen Ausstellungsweise in der Art des Centraal Museums in Utrecht. Die Sammlung umfaßt außer einer wichtigen

Collection fernöstlichen Porzellans, Werke von 'De Ploeg', einer Gruppe expressionistischer Groninger Maler, 1918 in der Nachfolge der 'Brücke' in Deutschland gegründet. Die bekanntesten Mitglieder sind: Jan Wiegers, Johan Dijkstra, Jan Altink, Wobbe Alkema und nicht zuletzt H. N. Werkman, eine glänzende Persönlichkeit, bekannt vor allem durch seine Graphik, die starken Einfluß auf die kommende Generation ausübte.

Was die Geschichte der Stadt Groningen betrifft, so stellt man fest, daß vom 13. Jahrhundert an der Wohlstand ständig steigt. Die zentrale Lage spielte dabei eine bedeutende Rolle, denn alle Land- und Wasserwege des Nordens kamen in Groningen zusammen. Schiffe aus Groningen fuhren über die Ems und die Nordsee nach England, Skandinavien, der deutschen Küste und den Ostseeländern. Die Stadt bezog ebenfalls Einkünfte aus der Torfgewinnung im Osten. Die Gründung einer Hochschule (1614) verlieh ihr auch intellektuelles Ansehen. Die Stadt wuchs so schnell um ihren alten Kern – den *Grote Markt* und den *Vismarkt* –, daß sie im 13. Jahrhundert innerhalb des sie umgebenden Ringgrabens vollständig bebaut war. Im 15. Jahrhundert wurden die *Martinikerk* und die *A-Kerk*, ursprünglich Kirchen aus dem 13. Jahrhundert, zu eindrucksvollen Bauwerken im gotischen Stil vergrößert. Anfang des 17. Jahrhunderts war der Umfang der Stadt verdoppelt.

Der Zweite Weltkrieg fegte viele historische Gebäude hinweg, doch befindet sich bei der Martinikerk noch ein reizender Stadtteil. Der *Prinsenhof* (Abb. 130) war im 15. Jahrhundert ein Kloster der Brüder vom Gemeinsamen Leben, wurde aber später, als Prinz Maurits dort für einige Zeit gewohnt hatte, Statthalterhof. Eine Sonnenuhr von 1730 krönt die *Poort* an der Turfsingel und hält den Vorübergehenden vor: »De verleden tijd is niets, de toekomst onzeker, het heden onstandvastig, zorg dat uw tijd niet verloren gaat«. (Die Vergangenheit ist nichts, die Zukunft unsicher, das Heute unbeständig, sorgt dafür, daß eure Zeit nicht verloren geht).

Zwischen Groningen und ADUARD liegt das Land, das bis zur Zeit der Reformation dem reichen Kloster Aduard gehörte. Es war 1192 von Zisterziensermönchen gegründet worden und berühmt für seine geistigen und irdischen Schätze. Die Mönche, die in jener Gegend in etwa 35 Klöstern wohnten, waren auf weltlichem Gebiet sehr aktiv, namentlich bei Landurbarmachung und Landgewinnung. Sie bauten Deiche und kultivierten das gewonnene Land; aber daneben ist auch bekannt, daß sie bei örtlichen Streitigkeiten Partei ergriffen und unter Umständen tüchtig mitstritten. Es wird vermutet, daß auf die Zisterzienser, die auch als Steinbrenner tätig waren, die Verbreitung der Groninger Backsteinarchitektur zurückzuführen ist. Ein prächtiges Beispiel soll das *Kloster* von Aduard gewesen sein, daß 1580 von den Bilderstürmern in eine Ruine verwandelt wurde. Sämtliche Bücher wurden verbrannt, die Klosterschule zerstört, nur das Refektorium blieb stehen, es dient heute als *Reformierte Kirche*. Der Fußboden besteht z. T. noch aus den ursprünglichen überglasten Fliesen, geschmückt mit einem eindrucksvollen Blumenmotiv. Diese Fliesen sind einmalig in den Niederlanden. Nördlich von Aduard sind noch einige schöne Bauernhöfe zu bewundern, wie der weißgetünchte Hof *De Dageraad* aus dem späten 19. Jahrhundert, am Wege nach Ezinge.

Genau wie die Stadt Groningen liegt der kleine Ort MIDWOLDE auf der Grenze zu Drenthe. Auf dem vorbildlich gepflegten Friedhof steht die *Kirche* mit einer reichen Innenausstattung. Die hölzerne Kanzel weist eine optische Eigentümlichkeit auf: die Stützen, auf denen das Geländer ruht, erscheinen, wenn man an ihnen entlanggeht, sehr dünn und dann wieder ganz stark, obwohl sie in Wirklichkeit alle die gleichen Abmessungen haben. Von Rombout Verhulst ist das Prunkgrab (1665–69) für den deutschen Grafen von Inn- und Kniphausen, der dort mit langen Marmorlocken neben seiner Gattin Anna van Ewsum ausgestreckt liegt. In Wirklichkeit heiratete die schöne Witwe in zweiter Ehe ihren Schwager, den sie ebenfalls überlebte und in dem Prunkgrab beisetzen ließ. Die Skulptur von Bartholomeus Egger (1714) ist deutlich von geringerer Qualität, und der Dargestellte wirkt dort ein wenig steif.

Seitlich der Kirche führt eine Baumreihe zum Landhaus *De Nienoord*, wo Anna van Ewsum mit ihren Gatten und den sieben Kindern aus erster Ehe wohnte. Der Haupteingang liegt in dem kleinen Ort LEEK. Das weißgetünchte Gebäude, in dem sich jetzt ein *Fahrzeugmuseum* befindet, stammt aus dem 19. Jahrhundert und kann deshalb nicht das Lustschloß der Ewsums gewesen sein. Das wurde nämlich 1846 niedergebrannt, wie man behauptet, von dem letzten Junker, einem menschenscheuen Sonderling.

Im Park steht eine von außen nicht besonders auffallende kleine Kuppel aus dem 18. Jahrhundert, auf deren Innenseite ein Märchen von feenhaften Posaunenengeln auf delphinähnlichen Fabeltieren dargestellt ist, gehüllt in Gewinde und Girlanden, und das alles aus Tausenden Stückchen von Marmor und aus so vielen Muscheln, wie ein ganzer Strand sie nicht hergibt. Seejungfern, mit Kronen und Engelsköpfchen verzierte Medaillons, ovale Spiegel und Mohrenköpfe mit rollenden Augen; man kann sich dort die Augen ausgucken. Zu Ende des 17., Anfang des 18. Jahrhunderts war die Muschelgrotte die große Mode in der französischen und italienischen Gartenarchitektur, doch in späteren Zeiten wurden solche Kunstwerke meist wieder abgerissen; hier ist also noch eine der wenigen, die in den Niederlanden erhalten sind.

Der Legende nach war es eigentlich die Schatzkammer der adligen Familie. Eine Magd, die sich die Schätze heimlich ansehen wollte, blieb dort zur Strafe so lange mit Kisten und aber Kisten voller Muscheln eingeschlossen, daß sie die Wände völlig mit Muscheln beklebte. Als sie nach zwanzig Jahren endlich befreit wurde und ihr gealtertes Gesicht im Leekstermeer erblickte, fiel sie vor Schrecken tot um.

105 HEINO Schloß Nijenhuis

106 ZUTPHEN Alte Stadtmauer

107 ZUTPHEN St. Walburgskerk

108 ZWOLLE Das Karel V.-Huis in der Sassenstraat 33, Fassade von 1571

110 DEVENTER Das Polizeiamt mit Fassade von 1632 neben dem Rathaus

109 DEVENTER Krypta der St. Lebuïnuskerk

ANNO
VIGILATE ET ORATE
1614

112 KAMPEN Der Schepen-Saal im Rathaus

111 ZWOLLE Grote Kerk

113 KATLIJK Die Kirche

115 HINDELOPEN Schrankbettwand in einem Haus in der Straße 'Nieuwstad'

114 WORKUM De Doopsgezinde Vermaning

116 HINDELOPEN Haus 12 in der Straße 'Buren'

117 BEETSTERZWAAG Geschäft mit Jugendstil-Tableau

118 FRANEKER Jugendstil-Kaffee- und Teegeschäft, daneben das Eise Eisingaplanetarium

119 BOLSWARD Detail der Kanzel der Grote oder St. Maartenskerk

120 BEETSTERZWAAG Harinxmastate

123 LEEUWARDEN Die Kanselarij auf dem Turfmarkt [

121 SNEEK Waterpoort

122 LEEUWARDEN Haus St. Jacobstraat 13

124 BIERUM Die Kirche

125 LOPPERSUM Die Kirche

126 LOPPERSUM Deckengemälde der Kirche

127 ZEERIJP Innenraum der Kirche

128 LEERMENS Die Kirche

130 GRONINGEN Prinsenhof

131 OLDENZAAL St. Plechelmuskerk

129 GRONINGEN Goudkantoor am Grote Markt

134 ANLO Wandmalereien in der Kirche ▷

132 OLDENZAAL Inneres der Plechelmuskerk

133 ANLO Die Kirche

Drenthe

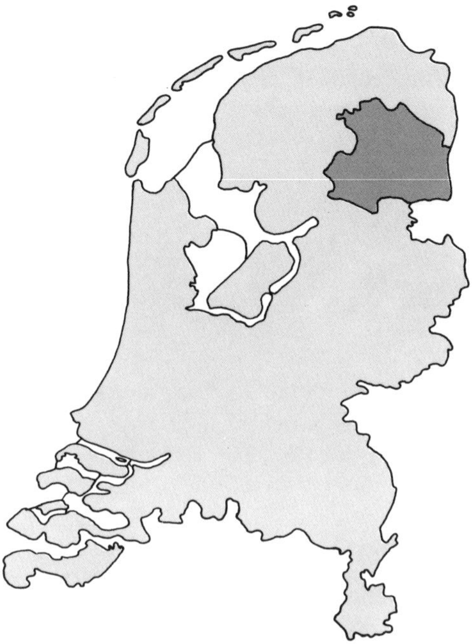

Nach Zeeland ist Drenthe die am wenigsten bevölkerte Provinz der Niederlande. In jüngerer Zeit ist zwar etwas Industrialisierung in Gang gekommen – im Zusammenhang mit dem Erdgas und der Ölgewinnung im Süden und Osten –, aber sonst wird Drenthe von kleinen Bauerngemeinschaften bewohnt, die einen verhältnismäßig geringen Teil des Bodens bebauen und den wüsten Boden unberührt lassen. Die Natur ist nirgends so üppig wie in Drenthe, und das gibt dieser Provinz ihren besonderen Reiz.

Eschdörfer und der Hauptort Assen

Die steinernen Hünengräber der prähistorischen Bewohner deuten darauf hin, daß die Drenther Ebene, ein Überbleibsel der vorletzten Eiszeit, schon in der Urzeit bewohnt war. Der Hondsrug bildet eine Falte in der Landschaft, die Wasserscheide zwischen dem Moorgebiet im Osten *(Oostermoer)* und den Sand- und Kulturböden im Westen (das *Ellertsveld*). Die Bauerngemeinschaften ließen sich oft in einem sogenannten '*esdorp*' (Eschdorf) nieder, das ist eine Anzahl einzeln stehender oft sehr schöner Bauernhöfe, die sich um einen Anger gruppieren, einen kleinen Grasplatz mit Bäumen und Brandteichen (Dobben). Um das Dorf herum liegen auf Sandboden zwei oder drei Eschen (Feldmark) Acker, die meistens von 'Strubben' umsäumt sind, niedrige Bäume und Gestrüpp, das mehrere zehn Meter tief sein kann und ursprünglich dazu gedacht war, streunende Schafe abzuhalten. Die Eschdörfer, auf der Grenze des Bachtals und des Eschbodens gelegen, gehören zu den schönsten Ortschaften der Niederlande.

Im Gegensatz zu Friesland und Groningen hat Drenthe wenig Kirchdörfer, insgesamt nicht mehr als fünfzig. Kleinere Dörfer und Weiler zogen immer guten Mutes zum benachbarten Hauptdorf, um dort zur Messe zu gehen. Da die Drenther Dörfer meistens längs der alten Sandwege lagen, war Beförderung nie ein so großes Problem, und hinzukam, daß der Rohstoff für den Bau von Kirchen knapp war (Backstein, also Ton). Schließlich sind die Drenther auch weniger individualistisch und mehr im Gemeinschaftsdenken geübt. Traditionell waren die wüsten Böden – Wälder und Heidefelder –, die um die Eschböden lagen, Gemeinschaftsbesitz. Von den ausgedehnten Heidefeldern, die so große Anziehungskraft auf schwermütige Maler wie Mauve und van Gogh ausübten, ist übrigens nur ein echtes übriggeblieben: die *Dwingeloose Heide.* Unweit der Radioteleskope, die jedes Geflüster im All auffangen, zieht noch täglich unter der Obhut eines Schafhirten eine Herde Drenther Schafe mit ihren merkwürdigen, eleganten langhaarigen Pelzen vorüber.

Die Provinz hieß früher 'Het Landschap Drenthe'. Es war kein Bedarf an Städten, denn es war kein Bedarf an Verwaltungszentren. Gericht hielten die Drenther in eigener Regie bei der heiligen Eiche (Norgerholt und Balloerkuil). Sogar ASSEN, die Hauptstadt, hat kaum städtische Allüren. Das Herz Assens ist der städtisch bebaute alte Anger. In Nr. 1 befindet sich im ehemaligen Provinzhaus das Provinciaal Museum. Die meisten Verwaltungsgebäude sind aus dem 19. Jahrhundert, und das gilt auch für einen bedeutenden Teil der Privatbauten. Die gemütliche Atmosphäre dieses ordentlichen Städtchens wird alljährlich grob durch Motorrennen – die T. T. – gestört, die die Nerven und die Moral der unerschütterlichen Drenther Bevölkerung stark angreifen.

In Assen gibt es keine historischen Gebäude zu bewundern wie sie die Hauptstädte der anderen niederländischen Provinzen schmücken; aber man findet dort Schätze einer älteren Vergangenheit gesammelt. Das *Provinciaal Museum von Drenthe* beherbergt eine ganze Zahl wichtiger historischer Funde wie Waffen, Werkzeuge, Keramik und Grabfunde aus Stein- und Bronzezeit. Man findet dort auch das sogenannte 'Pesser Schiff' sowie einige romanische Taufbecken. Wie die Verwaltungsbeamten im 17. und 18. Jahrhundert lebten, kann man in den Stilzimmern des Ontvanger (Steuereinnehmerhaus) sehen.

Hünengräber

An mehreren Stellen in Drenthe, vor allem im Osten, trifft man in Gestalt von Hünengräbern auf die Spuren der sogenannten Trichterbecherkultur, Grabdenkmäler eines Volkes, das hier etwa 2700 vor Chr. gelebt haben muß. Obwohl die etwa 50 Hünen-

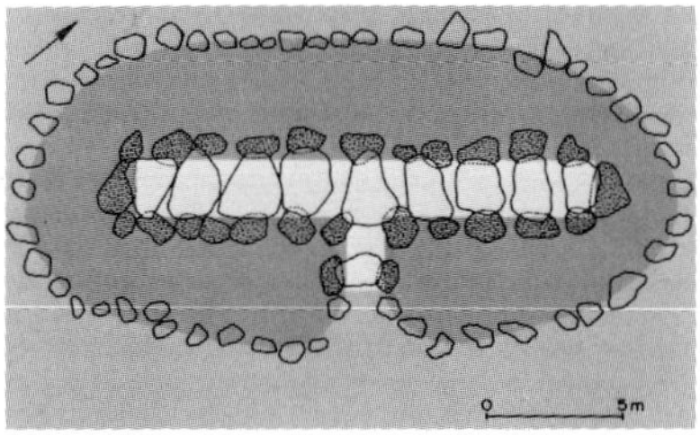

Grundriß eines Hünengrabes in Havelte, Drenthe

gräber, die hier zu finden sind, alle in Gestalt und Größe unterschiedlich sind, haben sie doch eine Anzahl gemeinsamer Merkmale.

Es handelt sich um rechteckige, gangartige Räume, aus parallel stehenden Steinen gebildet, mit einem Dach aus flachen Felsplatten abgedeckt. Die beiden Schmalseiten sind mit einem Schlußstein geschlossen. Die Eingänge sind verschieden; manchmal ist er ein kleiner Gang in der Art wie das Grab selbst, der rechtwinklig in der Mitte der Südseite eingebaut ist. Manchmal bildet er auch ein Portal, von dem eine kleine Treppe hinabführt oder er besteht einfach aus zwei Seitensteinen, die entfernt werden können. Die Öffnungen zwischen den großen Steinen sind mit kleineren Steinen aufgefüllt und die übrigen Spalten mit Ton. Das Grab ist mit einem ovalen Zaun von Steinen umgeben. Darüber wurde einst von den Verwandten des Toten ein Erdhügel aufgeschüttet, der freilich im Laufe der Jahrhunderte meistens verschwunden ist.

Das Hünengrab *De Papeloze Kerk* zwischen SLEEN und SCHOONOORD wurde größtenteils in seinem ursprünglichen Zustand wiederhergerichtet; der Keller und der Steinkranz sind authentisch, jedoch wurde, um alles gut zu zeigen, ein Teil des Deckhügels weggelassen. Dieses Hünengrab ist das einzige, für das Eintrittsgeld entrichtet werden muß; aber aus der dort erhältlichen Information kann man z. B. erfahren, daß die großen Decksteine bis zu 25 000 kg wiegen können. Der Name 'Papeloze Kerk' erinnert an die heimlich gehaltenen Gottesdienste, Heckenpredigten, die hier in den frühen Tagen der Reformation stattfanden. Und das wirklich ohne Pfarrer, aber mit einem protestantischen Geistlichen, der seine Gemeindeversammlung in einem prähistorischen Grab leitete, das in jener Zeit ziemlich zerstört dalag: »Ein Krater mit 18 großen Steinen.« Falls ihr Zusammentreffen verraten wurde, konnten die Gläubigen sich hier leicht aus dem Staube machen.

Die meisten Hünengräber liegen im Osten der Provinz. Am ländlichen kleinen Weg zwischen dem Angerdorf BRONNEGER und dem etwas größeren BORGER liegt das größte Hünengrab Drenthes. Es wurde 1685 geöffnet und erstmalig unter der Führung der Groninger Dichterin Titia Brongersma, in ihrer Zeit ziemlich bekannt, durchsucht. In der Umgebung Borgers gibt es noch zehn kleinere Hünengräber; aber besondere Erwähnung verdient das einmalige *Langgraf op Schimmer-es* am Weg nach ODOORN; es hat zwei Grabkeller und einen ovalen Ring aus 52 aufrecht stehenden Steinen.

Man hat sich lange Zeit die Frage gestellt, wie die Urbewohner mit ihren primitiven Werkzeugen die kolossalen Hünengräber bauen konnten. Aus Funden ist aber der Eindruck entstanden, daß sie Hilfskonstruktionen benutzten. Die Decksteine wurden vor viertausend Jahren unter Zuhilfenahme von Holzrollen und Hebeln auf ansteigender Rampe emporgewuchtet, bis sie auf die Tragesteine zu liegen kamen. Die Toten wurden ausgestreckt oder im Hocksitz auf den mit flachen Steinen ausgelegten Boden gelegt und mit Grabspenden und Vorräten für die Reise in die Unterwelt umgeben. Aus den Funden kann weiter in Erfahrung gebracht werden, daß über Generationen hin Tote im selben Grabkeller bestattet wurden. War der Boden voll geworden, legte man darüber einfach eine neue Schicht Steine, eine zweite Bepflasterung.

Daß all diese interessanten Hinweise auf eine prähistorische Drenther Kultur die Vorstellungskraft vieler anregt, ist nicht erstaunlich. Der pittoreske Drenther Amateurarchäologe Tjerk Vermaning hat bereits eine Menge bedeutender Funde, wie Werkzeuge aus Feuerstein und Faustkeile, gemacht. Sehr zu seinem Mißvergnügen wird die Echtheit einer Anzahl seiner Funde von Fachleuten angefochten.

Nördlich von Assen, zwischen den Kirchdörfern (Eschdörfer mit einer Kirche) Norg und Vries befinden sich die schönen Zeyer 'strubben', Eichenwald mit reichem Pflanzen- und Blumenwachstum und hier und da Tumuli.

Etwas weiter nördlich befindet sich ein Hünengrab, und wieder etwas nördlich davon liegt das Noordse Veld mit etwa 50 Tumuli. Die meisten jener Grabhügel liegen in den Wäldern versteckt und sind deshalb schwer zu finden. Für den Laien kaum zu sehen ist ein 27 ha großer prähistorischer Ackerkomplex, das sog. *Celtic Field*, das seit 1660 bekannt und auf topographischen Karten als »heidnischer oder ehemaliger römischer Lagerplatz« beschrieben wird.

Da der Nebel bei den Grabhügeln, im Volksmund '*bargen*' genannt, manchmal auch in weißen Fetzen aufzieht, regte diese gespenstische Wohnstätte der fernen Ahnen zu zahlreichen Legenden über '*witte wieven*' (weiße Weiber) an: zwar unheimliche, aber nicht bösartige Personen weiblichen Geschlechts, die von ihren kalten Wohnstätten aus manchmal Geschlechtsgenossinnen zu Hilfe kamen, wenn es sehr nötig war.

Bei Ballo, unweit von Rolde, liegen ein *Hünengrab* (Farbt. 57) und einige Tumuli, z. T. in einem kleinen Wald versteckt, am Rande des Eschlandes. Wenn man mit dem Wetter ein bißchen Glück hat, ist es ein phantastischer Anblick; der grüne Acker, der öde Sandboden, der einsame, uralte Baum und dann die großen, grauen Steine unter dem Drenther Wolkenhimmel.

Drenther Dörfer – Das Zuidoosthoek

Die Schönheit Drenthes liegt mehr in den eindrucksvollen Vorzügen der Natur als in den Denkmälern einer kulturellen Überlieferung. Während man in den anderen Provinzen wie von einem Zimmer ins andere läuft und ein Gebäude wegen seines Inneren genauso lobt wie wegen seines Äußeren, geht man in Drenthe in den Garten, um sich dort Sträucher, Pflanzen und vorgeschichtliche Steine anzusehen. Am besten kann man Drenthe mit dem Fahrrad erkunden. Fast überall kann man Fahrräder mieten, und es gibt viele besondere Radwege, die es ermöglichen, Teile der Landschaft zu erreichen, in deren Nähe man mit dem Auto nicht kommen kann. Das gilt u. a. für Gegenden wie das *Noordse Veld* und verschiedene der Stellen, wo Hünengräber zu finden sind. Ein Vorteil des Fahrrads ist es auch, daß man mehr sieht und riecht als von der Innenseite einer Autoscheibe aus.

Etwas südlich des Zuidlaarder Meeres – auf der Grenze nach Groningen – liegt das stattliche kleine Dorf ZUIDLAREN, das wegen seines Pferdemarktes bekannt ist. Dieser kleine Ort zieht auch an anderen Tagen als dem dritten Oktoberdienstag viele Besucher an. Er hat noch eine Anzahl Anger mit Brandteichen zwischen den Bäumen: *dobben*. An den Angern stehen nicht mehr viele Bauernhöfe, man stößt dort auf die moderne, zum Ganzen gar nicht passende *Prins Bernhardhal*. Auf dem Weg nach HOOGEZAND steht in einem leuchtenden Park die Havezate (das Rittergut) *Laarwoud*, heute *Rathaus*. Es wird erzählt, daß dieser Park seine Entstehung der Schufterei junger Väter verdankt, deren Gattinnen innerhalb von neun Monaten nach der Hochzeit niederkamen. So viele Tage, wie das Kind zu früh geboren worden war, mußten die Väter im Park arbeiten.

An der Südseite, am Weg nach Anlo, liegt bei einem Hünengrab ein für Drenthe ganz unüblicher Bauernhof aus Backsteinen, die *Schipborg*, die 1914 von H. P. Berlage gebaut wurde.

Die hübsche kleine Kirche ANLOS stammt aus dem 12. Jahrhundert und liegt auf einem weiten Anger (Abb. 133). Im Gegensatz zu Turm und Schiff ist der Chor gotisch. Das Innere birgt Wandmalereien (Abb. 134) und einige Sandsteinsargdeckel aus dem 12. Jahrhundert. Auch das kleine Dorf selbst ist hübsch.

ORVELTE wurde so herrlich restauriert, daß es als Beispiel für das Denkmaljahr 1975 ausgewählt wurde. Sogar die alte Beleuchtung mit Holzlaternen wurde wieder instandgesetzt, und es ist dort so, wie es einmal gewesen sein soll. Nur wohnen in den Bauernhöfen keine Bauern mehr. Ein Bauernhof wurde als *Museum* hergerichtet.

Das *Zuidoosthoek*, die Südostecke von Drenthe, war stets ein armseliges Moorgebiet mit kleinen Bauern, die hart schuften mußten, um ihr kärgliches Dasein zu fristen. Nach dem Zweiten Weltkrieg entwickelte sich einige Industrie, seit AKU dort eine Enkalonfabrik gründete. Jetzt ist EMMEN nach Groningen und Leeuwarden die drittgrößte

Industriestadt des Nordens. Am Stadtrand, an die Wälder grenzend, wurden einige moderne Wohnviertel gebaut, die internationales Interesse erregten (z. B. Angerslo).

Die einzige Stelle in den Drenther Moorkolonien, wo man noch einen Eindruck davon hat, wie es früher einmal war, ist in Bargercompascuum unweit der deutschen Grenze zu finden. Im *Moormuseum Het Aole Compas* begegnet man inmitten moderner Häuser einem kleinen Reservat: Hütten aus Torfplaggen und Abfallholz, halbdunkle Räume von winzigen Ausmaßen, in denen ganze Familien zusammenhockten.

Die Torfgräber stammten zum großen Teil aus den armen deutschen Gebieten. Sie waren ein rohes, trinksüchtiges Völkchen, von der Außenwelt abgesondert in ihrem elenden Dasein, für das sich niemand interessierte. Sie lebten ja auch ziemlich abgeschnitten; denn durch das sumpfige Moor liefen kaum Wege. In Aole Compas stehen die alte *Kneipe,* die einfache kleine *Kirche* und die kleine *Schule.* An jedem Stück findet man einen lehrhaften kleinen Reim. So steht auf einer der Dampfmaschinen, die dazu verwendet wurden, den gestochenen Torf in mitleidlosem Tempo zur weiteren Verarbeitung hinauf zu befördern:

»Rust uit stalen monster, na uw werk in het veen /
Gij liet ons steeds zwoegen, dus voor u geen geween /
Gij daagde ons uit, door stampen en gillen, want uw honger
naar veen was niet te stillen.
Zo hebt gij ons vele jaren getergd en vaak
*onze laatste krachten gevergd.«**

In der Nähe von Schoonebeek wird Erdöl gewonnen. An vielen Stellen, wo früher hohe Bohrtürme standen, versehen jetzt die weniger auffälligen 'Ja-Knikkers' (Pumpen) ihre nützliche Arbeit. Als vor einigen Jahren durch einen technischen Fehler ein wilder 'Springbrunnen' entstand, wurde ganz Schoonebeek von einem Ölschleier bedeckt. Von Schoonebeek aus findet eine Führung durch das Ölgebiet statt.

* Ruh dich aus, du Monster aus Stahl, nach deiner Arbeit im Moor. Du ließest uns immer schuften, also für dich kein Geweine. Du fordertest uns heraus durch Stampfen und Pfeifen, denn dein Hunger nach Torf war nicht zu stillen. So hast du uns viele Jahre gequält und oft unsere letzten Kräfte gefordert.

Overijssel III

Die Provinz Overijssel gliedert sich in verschiedener Hinsicht in einen westlichen Teil, entlang der IJssel – ein Gebiet mit früher städtischer Entwicklung, die wir als 'Overijssel I' besprochen haben – und ein östliches, stark industrialisiertes Gebiet, *Twente.*

Der Zwischenteil, der sich um die Nord-Südachse Ommen-Holten herum erstreckt, ist zwar ein sehr schönes, baumreiches Gebiet mit schönen Schlössern, aber viel mehr gibt es über *Salland* nicht zu erzählen, als daß diese Schlösser, gelegentlich mit Ausnahme des Parks, für das Publikum nicht zugänglich sind. Es ist übrigens ein angenehmes Feriengebiet.

Twente

Twente, der östliche Teil Overijssels war lange Zeit ziemlich weltabgeschlossen, im Westen von Ödland, Sümpfen und Heide begrenzt, im Osten durch das deutsche Münsterland. Abgesehen von einigen energischen Handeltreibenden aus Vriezenveen und Rijssen, deren Beziehungen bis nach Osteuropa reichten, war das Leben dort bitter. Die Hälfte des Jahres stach man Plaggen auf der Heide, um das Land zu düngen.

Vieh gab es kaum und Futter noch weniger. Manchmal waren die Tiere den Winter über so schwach geworden, daß sie im Frühjahr mit Schlitten zur Weide gebracht werden mußten. Zum Transport der Plaggen diente dann eine noch einigermaßen kräftige Kuh, wenn nicht gar Frau oder Tochter diese Arbeit auf sich nehmen mußten. Geld gab es kaum, und wo es vorhanden war, wurde es nicht als Zahlungsmittel verwendet, sondern als Besitz gehortet. Die Bauern buken ihr Brot selbst und brauten auch ihr Bier. Die Pacht zahlten sie in Naturalien.

In dem abgelegenen Twente drangen moderne Landwirtschaftstechniken nicht schnell vor, jedoch blieben die alten Fertigkeiten erhalten: es wurde viel gesponnen und gewoben. Die Wolle kam von den Schafherden, die die Heide bevölkerten, und auch der Flachs wuchs dort reichlich. Diese Heimindustrie, ursprünglich zur Deckung des eigenen Bedarfs, lieferte auch Überschüsse, mit denen man Handel treiben konnte. Es war alles ein wenig primitiv, aber das war der Anfang der heutigen, umfassenden Twenter Textilindustrie.

Eine nicht unbedeutende Rolle in der wirtschaftlichen Umwandlung spielte das altgermanische 'Anerbenrecht' oder Blieverszede. Da weder das römische noch das napoleonische Recht die alten Sitten hatte verdrängen können, galt noch immer die Erbschaftsregelung, daß ein Kind, meistens der älteste Sohn, den Bauernhof bekam und die anderen Kinder mit einem Platz am Herd oder einer kleinen Abfindung zufrieden sein mußten. Die Belange des Besitzes wurden über die Belange des Kindes gestellt. Soweit sie das elterliche Haus nicht verließen, gingen erwachsene Kinder Beschäftigungen wie Spinnen und Weben nach. Manchmal entfaltete sich diese Heimindustrie so stark, daß der landwirtschaftliche Betrieb sich daneben als ein armseliges Hantieren auf dürrem Acker ausnahm.

Die Käufer des Leinens regten die Heimwerker an, moderne Webstühle anzuschaffen und lieferten auf Wunsch Garne. Auf diese Weise entstanden die ersten kleinen Textilfabriken. Einer der großen Namen, die sich mit dieser Frühform der Industrie verbanden, war der der westfälischen Familie *van Heek*, die sich im 18. Jahrhundert in Twente niederließ und sich dort mit Webstoffen (besonders Baumwolle) beschäftigte.

Obwohl die Textilindustrie schon im Mittelalter, z. B. in Brügge und Umgebung, zur Blüte gekommen war, dauerte es noch bis ins 16. Jahrhundert, ehe dieser Zweig im Norden in Städten wie Deventer, Leiden, Amsterdam, Groningen und vor allem Amersfoort zur Entfaltung kam. In Twente galten keine strengen Zunftbestimmungen, und dort wuchs Flachs, daher war es eine gute Gegend, um sich niederzulassen. Außer dem inländischen Markt gab es auch eine beträchtliche Tuchausfuhr. Zu Ende des 18. Jahrhunderts gewann die billige Baumwolle die Überhand. Während die Tuchindustrie schwerer internationaler Konkurrenz seitens der Britischen Inseln ausgesetzt war, gab es also in den Niederlanden keine Not. Leinen war schon das wichtigste Produkt ge-

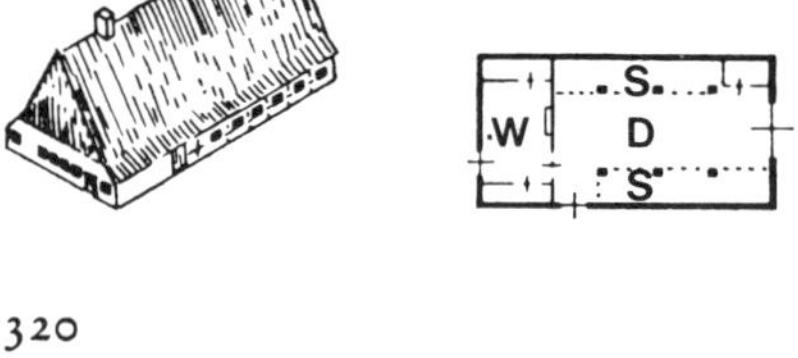

Bauernhof in Twente,
W = Wohnraum
S = Stall
D = Diele oder Tenne

wesen, das die VOC in die niederländischen Kolonien exportierte, jetzt führte man die Baumwolle billig ein, und dasselbe Schiff transportierte in seinem Laderaum auf dem Rückweg die maschinell bedruckten Rollen Kleiderstoffe.

Eine schwere Zeit hatte Twente Anfang des 19. Jahrhunderts zu bestehen, als die Nord- und Südniederlande in einem Königreich vereinigt waren. König Willem I. förderte Kohle und Erz im Süden, dem Industriebereich, und im Norden, so meinte er, sollten Handel und Landwirtschaft blühen. So schützte der König zwar die flämische Garnindustrie, ließ aber die Twenter Textilindustrie verkümmern. Doch nach der Trennung von Belgien 1830 kam die Wende.

Die großen niederländischen Handelsgesellschaften hielten Ausschau nach einer Gegend, in der die Löhne niedrig waren und wo man zugleich mit der Heimindustrie vertraut war, die also für die industrielle Niederlassung geeignet erschien. Der arme Teil Brabants, die Meierij, kam durch seine Lage in der Nähe Belgiens (Schmuggel) weniger in Frage als Twente. Das goldene Baumwolljahrhundert Twentes (1830–1930) begann – jedoch auf Kosten wieviel menschlichen Elends?

In den armen Weberfamilien arbeiteten, da wenig Fachkenntnisse zur Herstellung einfacher Gewebe erforderlich sind, sämtliche Familienmitglieder mit, bis hin zu den Kindern von fünf bis zwölf Jahren, das heißt immerhin so lange, bis das sogenannte 'Kinderwetje' (Gesetz, das die Kinderarbeit regelte) von van Houten kam (1874).

Bis zur Einführung der Dampfweberei (1852) wurde in Twente von Hand gewebt – ein überaus anstrengender Beruf. Die alten Weber sahen danach aus: schwache Knie, daher ein eigentümlicher Gang, leichenblasse Gesichter. Das Weben geschah hauptsächlich mit Kniekraft, der Oberkörper machte an einem Arbeitstag von elf Stunden im Schnitt 46 200 Pendelbewegungen, und die Füße wurden 39 200 mal versetzt. Ein Liedchen sagt:

»Er zat een wever op zien getouw,	(Es saß ein Weber auf seinem Webstuhl,
Grauw van honger und blauw van de kou.«	Grau vor Hunger und blau vor Kälte.)

Zur selben Zeit, als die erste Dampfweberei dort eingeführt wurde, erhielt Twente auch bessere Transportverbindungen in Form von Kanälen und Eisenbahnen. Die Wende kam nach dem Ersten Weltkrieg, als man die Konkurrenz Japans auf dem internationalen Markt fürchten mußte, die Kunstseide entwickelt wurde und die allgemeine Krise sich bemerkbar machte. Vieles wurde auf den Rücken der Arbeiter abgewälzt. Alte Volksweisen wissen davon zu berichten:

»De webers nemen geen leerjongen an	(Die Weber stellen keinen Lehrling an,
Die niet zes weken hongerlieden kan.«	der nicht sechs Wochen hungern kann.)

Die Arbeit der Textilarbeiter gehörte vor dem Zweiten Weltkrieg zu den schlecht bezahltesten, und die Hoffnung, einen neuen Markt in den neuen selbständigen Staaten der Dritten Welt zu finden, verflog, als sich herausstellte, daß einige dieser Länder, wie Indien und Pakistan, höchst billig ihre Textilien selber herstellen konnten. International gab es den wachsenden Marktanteil Osteuropas, Hongkongs und Japans. Gegenwärtig richtet sich die Twenter Textilindustrie mehr auf das eigene Land und den europäischen Markt ein, aber es geht Twente trotz Regierungsunterstützung nicht gut.

Hengelo, Almelo, Enschede

Die wichtigsten Städte sind HENGELO, ENSCHEDE, OLDENZAAL (Abb. 131, 132) und ALMELO. Hengelo hat eine bedeutende Maschinen- und Metallindustrie aufzuweisen, während sich am Twenter Kanal auch eine der größten Niederlassungen der Akzo befindet, des Chemie-Riesen, der aus der Verschmelzung der Koninklijke Zoutindustrie (Königliche Salzindustrie), der Zwaneberg-Organon und der Algemene Kunstzijde Unie (Allgemeine Kunstseide-Union) entstanden ist. Die Niederlande sind der größte Exporteur raffinierten Salzes. Bei Hengelo liegt soviel Salz im Erdboden, daß es den Weltbedarf für einige Jahrhunderte decken könnte – sofern dort nicht Atommüll gelagert wird.

Zwischen Enschede und Hengelo liegt das Gelände von *De Twentse Hogeschool,* die wegen ihrer interessanten Architektur (die Bastille) berühmt ist. Die ebenso von Piet Blom gebaute '*Kasbah*' in Hengelo umfaßt einen Komplex untereinander verbundener, aber nicht auf gleichem Niveau liegender Räume, die sich in Gestalt Größe und Aufgabe unterscheiden. Das Ganze hat etwas von einem Pfahldorf an sich. Es gilt als Beispiel für alternatives Wohnen.

In ALMELO haben sich verschiedene Industrien niedergelassen; es werden Textilmaschinen hergestellt, Computer gebaut und in zunehmendem Maße Uranmoleküle mittels Ultrazentrifugen angereichert.

ENSCHEDE ist nach Arnhem und Groningen das drittgrößte kulturelle Zentrum der östlichen Niederlande, mit eigenem Orchester, einer Operngesellschaft, einem Fußballverein, einem *Textilmuseum* und – dank der schon erwähnten Textilbarone van Heek – dem *Rijksmuseum Twente.* Außer kirchlichen Handschriften beherbergt dieses Museum eine bedeutende Sammlung niederländischer Malerei aus dem 15. und 16. Jahrhundert, darunter Werke von Memling und Holbein. In der Sammlung der nordniederländischen Malkunst vom 15. bis zum 18. Jahrhundert kann man hübsche Porträts finden: Ruysdael, van Goyen neben der Barbizon- und Haager Schule und (hauptsächlich deutsche) Tierstilleben von 1850 ab. Das Museum stellt auch schöne Delfter Ware aus und verfügt über eine 'Oudheidkamer' (archäologische Abteilung) mit interessanten Bodenfunden. Im Garten steht ein echtes 'Lös Hoes', die älteste Art von Bauernhof, bei der die ganze Bauernfamilie in einem offenen Raum mit dem Vieh zusammen lebte.

NEDERLANDS WATER-NOOD

VAN DEN JAARE MDCCXL. MDCCXLI. en MDCCXLVII.

WIen 't lust den ramp te zien, daar Nederland om ſchreit,
Beſchouw' dit TAFEREEL, en volg' met zyn gedachten
Den *Dichter* in dit *Jacht*, daar hem zyn *Zang ſter* leid,
En uit doet weiden in des Landmans jammerklagten.
Hoe vreeslyk bruiſcht de *Vloed* door d' opgeborſten *Dyk!*
Een tal van *Dorpen* word door 't ſtroomend nat bedolven:
De ſchoonſte Landſtreek ſchynt een holle Zee gelyk:
Men klimt op *Dak* of *Boom*, voor 't woeden van de golven.
't Is al in rep en roer om in dien WATERS-NOOD
Den Armen *Vluchteling* met *Schuiten* af te haalen;
Daar andren in den vloed reeds worſtlen met de dood,
Of bloot ſtaan op den *Dyk* voor allerhande quaalen.
Men ziet 'er *Vrouwen*, die met deerelyk gekarm,
Omringd van *Kinderen*, zich op de vlucht begeeven;
Gelukkig dat zy die nog redden op den arm,
Daar al haar goed vergaat, en al haar *Vee* moet ſneeven.
De *Stedeling* doet door 't *Geſchut* zyn' nood verſtaan.
De vlugge *Faam*, om hoog, bazuint deez' zwaare plaagen.
De *zes Rivieren*, die den rand van 't ſtuk beſlaan,
Doen zien dat gantſch Europe om 't zelve leed moet klaagen.

LUCAS PATER.

Te Amſterdam by KORNELIS DE WIT, *Boekverkooper*, 1747.

Dank

Für Unterstützung danke ich herzlich:
Duco van Weerlee, Inez van Eijk, Henk Pronk, Truus Venema-Gerritsen, Mevr. Drs. E. Hartkamp-Jonxis (CRM), meiner Mutter E. Rona-Kármán, Rudi Molegraaf, Nederlandse Kastelenstichting, P. A. de Graaf (Rijksbureau voor Kunsthistorische Documentatie) und J. van der Heuvel (Rijksdienst voor de Monumentenzorg, Zeist)
Pläne und Zeichnungen zu übernehmen, gestatteten mir freundlicherweise:
Drs. J. Buisman (*Nederland, zoals het was – zoals het is,* I. u. II., Baarn 1975)
Uitgeverij P. N. van Kampen & Zoon, Amsterdam (*Kunstreisboek voor Nederland,* Amsterdam 1977)
Uitgeverij De Walburg Pers Zutphen (Drs. Arthur Steegh: *Kleine Monumentenatlas van Nederland,* Zutphen 1976)

Literatur

Buisman, J.: *Nederland zoals het was-zoals het is.* Bd. I u. II. Bosch & Keuning N. V., Baarn
Bouman, *Jan: Het Merckwaerdigste Meyn Bekent.* Heuff, Nieuwkoop
Klok, R. H. J.: *Archeologisch reisboek voor Nederland.* Fibula-van Dishoeck, Haarlem 1977
Kuile, E. H. ter: *De Romaanse Kerkbouwkunst in de Nederlanden.* De Walburg Pers, Zutphen 1975
Kunst, Ambacht en Volksgebruiken – Zuid-Limburg. Het Wereldvenster, Baarn
Kunstreisboek voor Nederland, zevende herziene druk. P. N. Kampen & Zoon, Amsterdam 1977
Nederland wat ben je nog mooi. Elsevier, Amsterdam/Brüssel 1975
Romein, Jan und Annie: *De Lage Landen bij de Zee.* 3. druk. Uitgevermaatschappij W. de Haan N. V., Utrecht 1949
Roy van Zuydewijn, Noortje de: *Met het Oog op onderweg.* P. N. Kampen & Zoon, Amsterdam 1975
Steegh, Arthur, *Kleine Monumentenatlas van Nederland.* De Walburg Pers, Zutphen 1976
Steensma, Regn.: *Vroomheid in hout en steen. Middeleeuwse Kerken in Noord-Nederland.* 4. Aufl., Bosch & Keuning N. V., Baarn 1972
Timmers, J. J. M.: *De Glorie van Nederland.* Elsevier, Amsterdam/Brüssel 1975
Vries, Schellart und Theo de: *Burchten en Kastelen, stenen getuigen van onze Historie.* Nederlandse Kastelenstichting Muiderberg

Bildnachweis

Amsterdam, Amsterdams Historisch Museum: Farbt. 39
Amsterdam, Gemeentelijk Archiefdienst: Farbt. 37, 38
Amsterdam, Stedelijk Museum: Fig. S. 106
Amsterdam, Historisch topografische Atlas. Gemeentelijke Archiefdienst: Abb. 65, 66, 67, 68; Fig. S. 217, 218, 219, 228
Amsterdam, Rijksmuseum: Farbt. 10, 36 und Umschlagklappe vorn; Abb. 79, 80, 81
Amsterdam, Stedelijk Museum: Farbt. 59; Abb. 78
Amsterdam, Uitgeverij Ploegsma: Farbt. 4, 32
Delft, Topografiische Dienst: Abb. 92
Den Haag, Foto A. Dingjan: Abb. 54, 55
Den Haag, Kollektie Haags Gemeentemuseum: Farbt. 22
Den Haag, Rijksbureau voor Kunsthistorische Documentatie: Abb. 49; Fig. S. 16, 25, 49, 71, 102, 104, 202, 204, 205, 209, 210, 215, 216, 220/21, 224, 243, 245, 247, 281, 285, 335, 338, 350, 370, 373
Den Haag, Koninklijk Kabinet van Schilderijen 'Mauritshuis': Farbt. 31
Haarlem, Frans Halsmuseum: Farbt. 35, 49
Haarlem, Teylers Stichting: Abb. 61
Heerlen, DSM Hoofdkantoor: Farbt. 6–9
Rotterdam, Atlas van Stolk: Abb. 19, 48; Fig. S. 11, 12, 14, 66, 76/77, 141, 144, 145, 146, 147, 148, 203, 212, 237, 271, 277, 323, 348
Rotterdam, Museum Boymans-Van Beuningen: Farbt. 26; Abb. 40
Rotterdam, VVV, Stadhuisplein 19: Abb. 39
Zeist, Rijksdienst voor de Monumentenzorg: Abb. 2, 3, 8, 9, 14, 15, 16, 17, 20, 21, 22, 23, 24, 26, 27, 28, 30, 31, 32, 34, 35, 36, 38, 42, 43, 50, 51, 52, 53, 56, 57, 89, 90, 91, 93, 94, 95, 96, 98, 99, 100, 101, 102, 103, 105, 107, 108, 109, 110, 111, 112, 114, 115, 116, 118, 119, 121, 122, 123, 124, 125, 126, 127, 128, 129, 130, 131, 132, 133, 134; Fig. S. 50

Alle übrigen Farb- und Schwarzweißaufnahmen einschließlich der Umschlagvorder- und -rückseite stammen von der Autorin

Raum für Ihre Reisenotizen

Anschriften neuer Freunde, Foto- und Filmvermerke, neuentdeckte gute Restaurants, etc.

Raum für Ihre Reisenotizen

Anschriften neuer Freunde, Foto- und Filmvermerke, neuentdeckte gute Restaurants, etc.

Die offizielle Provinzeinteilung der Niederlande

Praktische Reisehinweise

Allgemeine Hinweise

Karten

Die niederländische Touristenorganisation ANWB steht den Verkehrsteilnehmern zu Diensten unter der Voraussetzung, daß sie Mitglieder entweder der ANWB oder einer ausländischen Schwesterorganisation sind, in Ihrem Falle also des ADAC. Sie gibt zuverlässige Auto-, Tourismus- und Wasserwegekarten heraus. Die *Autokarten* gliedern die Niederlande in drei Teile: Norden, Mitte und Süden. Die sehr ausführlichen touristischen Karten mit vielen Einzelheiten teilen das Land in zwölf Teile auf und kosten zwischen fünf und sechs Gulden je Stück (nur für ADAC-Mitglieder). Nicht nur die Art der Straßen, sondern auch ihre Besonderheiten sind deutlich mit Farben gekennzeichnet. Baudenkmäler, wie Schlösser, Ruinen, Mühlen und Kirchen, Tageserholungsgebiete, Naturparks mit gekennzeichneten Wanderwegen, Hünengräber, Tierparks, Auto- und sonstige Fähren, Entenparks und anderes mehr lassen sich anhand dieser Karten leicht finden. Auf den Rückseiten der Karten sind die Straßenwacht-Stationen mit Telefonnummern und weiteren nützlichen Daten verzeichnet. Der einzige Nachteil für Ausländer ist, daß alles auf Niederländisch geschrieben ist, aber sicher wird die Zeichenerklärung dem Deutschsprechenden kaum Schwierigkeiten bereiten.

Eine kleine Warnung an Verkehrsteilnehmer: Wenn nicht anders angezeigt (auf die Straße gemalte Haizähne, in Verbindung mit Verkehrsschildern), gilt die *Rechts-vor-Links-Vorfahrt*, die *öffentlichen Verkehrsmittel haben immer Vorfahrt*, und der Niederländer besteht auf seinem Vorfahrtsrecht.

Hauptsitz der ANWB: Den Haag, Wassenaarseweg 220, Tel.: 070–264426.

Touristische Routen

In diesem Reiseführer sind keine besonderen Routen verzeichnet, weil auf den oben erwähnten ANWB-Karten die touristisch reizvollen Straßen deutlich grün gekennzeichnet sind. Weiter hat dieselbe Organisation besondere touristische Routen ausgearbeitet, denen man anhand besonderer Schilder (sechseckig, weiß mit blauen Buch-

Feriengebiete des ANWB und Fahrradwandergebiete:
1 Noord-Veluwe 2 Midden-Veluwe 3 Zuid-Veluwe 4 Hondsrug 5 Friese Meren 6 Westerschelde 7 Mergelland 8 Ommelanden 9 Salland 10 Beek en Brink 11 Hollands Midden 12 Kempen 13 Noord-Twente 14 Friese Wouden 15 Lek en Linge 16 IJssel en Berkel 17 Slinge 18 Hollands Noorden 19 Koggen 20 Midden-Zeeland 21 Noordenveld 22 Middenveld 23 Lek en IJssel 24 Gelderse Vallei 25 Schouwen-Duiveland 26 Noordwest-Overijssel 27 West-Brabant 28 Gelre-Gulick 29 Westergo 30 Friese Terpen 31 Maasland 32 Peel en Maas 33 Zuid-Twente 34 Eems-Dollard

I Hamaland (Achterhoek) II Maas-Schwalm-Nette (M.-Limburg) III Dr. Picardt (Z.O.-Drenthe-Overijssel) IV Taxandria (W.-Kempen) V Westerwolde-Hümmling (Groningen) VI Limburgia

staben) leicht folgen kann. Nebenstehende Karte gibt eine Übersicht, zugleich über Fahrradrouten.

Routenbeschreibungen (in Niederländisch) sind bei den in vielen Städten vorhandenen ANWB-Büros erhältlich.

Restaurants

Von Michelin mit Stern ausgezeichnete Restaurants befinden sich u.a. in: **Alkmaar:** ›Rôtisserie Rue de Bois‹, v.d. Boschstraat 3, Tel. 072–119733

Amersfoort: ›De Witte‹, Utrechtseweg 2, Tel. 033–14142

Bei Amsterdam: Amstelveen: ›Ile de France‹, Pieter Lastmanweg, Tel. 020–453509

Ouderkerk aan de Amstel: ›Bistro Klein Paardenburg‹, Amstelzijde 59, Tel. 02963–1335

Apeldoorn: ›De Echoput‹, Amersfoortseweg 86, Tel. 05769–248

Beek: ›La Diligence‹, Maastrichterlaan 29, Tel. 04402–1425

Bennebroek: ›Oude Geleerde Man‹, Rijksstraatweg 51, Tel. 02502–6990

Bloemendaal: ›De Bokkedoorns‹, Zeeweg 53, Tel. 023–263600

Blokzijl: ›Kaatje bij de Sluis‹, Brouwerstraat 20, Tel. 05272–577

Delden: ›Carelshaven‹, Hengelosestraat 30, Tel. 05407–1305

Delft: ›Le Chevalier‹, Oude Delft 125, Tel. 015–124621

Eindhoven: ›Karpendonkse Hoeve‹, Sumatralaan 3, Tel. 040–813663

Enter: ›De Twentse Hoeve‹, Langevoortseweg 12, Tel. 05408–1441

Gulpen: ›Truite d'Or‹, Euverum 7, Tel. 04450–1500

Den Haag: ›Saur‹, Lange Voorhout 51, Tel. 070–600772

Bei Den Haag: Leidschendam: ›Villa Rozenrust‹, Veursestraatweg 104, Tel. 070–277460 –. **Wassenaar:** ›De Kievit‹, Stoeplan 27, Tel. 01751–79403

Heelsum: ›De Kromme Dissel‹, Klein Zwitserlandlaan 5, Tel. 08373–3118

Bei Hoogeveen: Pesse: ›Het Oude Jachthuis‹, Eursinge 12, Tel. 05280–333

Bei Hulst: St. Jansteen: ›Thermidor‹, Gentsevaart 2, Tel. 01140–3269

Kruiningen: ›Rôtisserie Inter Scaldes‹, Zandweg 2, Tel. 01130–1753

Laren: ›Auberge Postillon de la Provence‹, Westerheide 2, Tel. 02153–87974

Leiden: ›Rôtisserie Oudt Leyden‹, Steenstraat 51, Tel. 071–133144

Maastricht: ›Au Coin des Bons Enfants‹, Ezelmarkt 4, Tel. 043–12359, und ›Chez Jacques‹, Brusselsestraat 15, Tel. 043–16291

Nähe Maastricht: ›Château Neer-Canne‹ Cannerweg 800, Tel. 043–13406

Middelharnis: ›De Hooge Heerlijkheid‹, Voorstraat 21, Tel. 01870–3264

Limmen: ›De Glastronome‹, Rijksweg 100, Tel. 02205–1296

Rotterdam: ›Coq d'Or‹, van Vollenhovenstraat 25, Tel. 010–366405

Scherpenzeel: ›De Witte Holevoet‹, Holevoetplein 282, Tel. 03497–1336

Valkenburg: ›Prinses Juliana‹, Broekhem 11, Tel. 04406–12244 (zwei Sterne)

Oegstgeest: ›De Beukenhof‹, Terweeweg 2, Tel. 071–153188

Wellerlooi: ›Hostellerie de Hamert‹, Hamert 2, Tel. 04703–1260
Wittem: ›Kasteel Wittem‹, Wittemer Allee 3, Tel. 04450–1208
Wolphaartsdijk: ›'t Veerhuis‹, Wolphaartsdijkseveer 1, Tel. 01198–326
Wijk bij Duurstede: ›Duurstede‹, Maleborduurstraat 7, Tel. 03435–2946
Yerseke: ›Nolet-Reijmerswale‹, Burgemeester Sinkelaan 5, Tel. 01131–1642
Bei Zeist, Bosch en Drin: ›Hoefslag‹, Vossenlaan 28, Tel. 030–784395 (zwei Sterne).
Zuid-Laren: ›Les quatre Saisons‹, Stationsweg 41, Tel. 05905–3288

Obwohl im Preis das Bedienungsgeld eingeschlossen ist, lassen nette Leute bei guter Bedienung 3–10% als Trinkgeld zurück.

Museen

Die wichtigsten Museen befinden sich in **Amsterdam, Arnhem, Eindhoven, Enschede, Den Haag, Haarlem, Leeuwarden, Leiden, Maastricht, Otterlo, Rotterdam** und **Utrecht.**

Der Staatsverlag in Den Haag bringt im Auftrag des Ministeriums CRM (Cultuur, Recreatie en Maatschappelijk Werk) 1979 die 7. Auflage des vollständigen Führers zu den niederländischen Museen und Besucherzentren, ›De Nederlandse Musea‹, heraus. Der Preis wird bei etwa 25 Gulden liegen. Außerdem gibt der Staatsverlag 1979 eine völlig neue Art von Museumsführer unter der Schirmherrschaft der Nederlandse Museumvereniging und des Ministeriums CRM heraus. Dieser Führer gibt eine kurze Beschreibung der Provinzen, ihrer Museen und der dort befindlichen Sammlungen mit ausführlichem Sach-, Orts- und Museumsregister.

Kirchen und Baudenkmäler

Die Kirchen, die noch als solche benutzt werden, haben keine festen Öffnungszeiten. Die meisten sind aus Furcht vor Diebstählen geschlossen. Die Zeit der Gottesdienste ist meistens draußen angeschlagen, und während dieser Zeit oder über den Küster, den örtlichen VVV oder das Rathaus kann man die Kirche besuchen.

Die wichtigsten ROMANISCHEN KIRCHEN befinden sich in **Maastricht** *(St. Servaaskerk* und *Onze Lieve Vrouwekerk)* und in **Kerkrade-Rolduc.** Die wichtigsten GOTISCHEN KIRCHEN sind die *St. Jans-Kathedrale* in **'s Hertogenbosch** und der *Dom* in **Utrecht.** Andere interessante Kirchen sind im Text erwähnt oder im Teil ›Orte von A–Z‹ (S. 334ff.) zu finden. Die wichtigsten GOTISCHEN RATHÄUSER befinden sich in **Alkmaar, Culemborg, Doesburg, Gouda, Elburg, Haarlem, Kampen, Middelburg, Veere, Vianen.** Weitere bedeutende GOTISCHE BAUDENKMÄLER sind die *Waag* in **Deventer,** das *Deichamt* von Delfland in **Delft,** gotische Wohnhausgiebel in **Dordrecht, Veere, Goes, Zierikzee, Utrecht, Amersfoort, Venlo, 's Hertogenbosch.**

Es ist ein Ding der Unmöglichkeit, sämtliche RENAISSANCEBAUTEN aufzuzählen. Doch folgt hier eine Aufzählung der Orte mit dem schmucksten HISTORISCHEN STADTKERN: **Alkmaar, Amersfoort, Amsterdam, Bolsward, Delft, Deventer, Enkhuizen, Gouda, Den Haag, Haarlem, Hoorn, Kampen, Leeuwarden, Leiden, Maastricht, Middelburg, Nijmegen, Veere, Zierikzee.**

Abgesehen davon, daß die wenigen SCHLÖSSER, die Holland hat, von größeren Landhäusern kaum zu unterscheiden sind, haben sie in einigen Provinzen auch noch unterschiedliche Namen: was in Friesland ein *State* oder *Stins* ist, heißt in Groningen *Borg*, in Drenthe *Havezate* und in Utrecht *Ridderhofstad*.

VVV (Vereinigung voor Vreemdelingenverkeer – Verkehrsamt)

Im Kapitel ›Orte von A–Z‹ (S. 334ff.) sind die meisten VVV-Büros mit Telefonnummern verzeichnet. Die mit + gekennzeichneten sind die größeren, und die mit * gekennzeichneten geben Auskünfte über die Provinz. In den Großstädten können die VVV's meistens auch Auskunft über Theater- und Musikveranstaltungen usw. erteilen. In Amsterdam gibt es dafür ein besonderes Informationszentrum, das in ›Orte von A–Z‹ erwähnt ist. Weiter findet man natürlich in den großen örtlichen Zeitungen Film-, Musik- und Theaterprogramme der betreffenden Stadt.

Geschäfte

Im allgemeinen sind die Geschäfte von 9 bis 18 Uhr geöffnet, samstags von 9–17 Uhr. In einigen Großstädten gibt es Abend-, Sonntags- und spezielle jüdische Geschäfte. Sonntags sind sonst alle Geschäfte, mit Ausnahme einiger Zeitungskioske in den großen Städten, geschlossen.

Es gibt im allgemeinen keine Richtlinien für besondere Ruhetage. In Amsterdam z.B. sind die Großkaufhäuser und Supermärkte am Montagmorgen geschlossen, die Metzgereien am Montagnachmittag, die Bekleidungs-, Bücher-, Papierwaren- und die meisten Fischgeschäfte sind den ganzen Montag geschlossen; die Lebensmittelgeschäfte, Drogerien, Friseure haben am Dienstagnachmittag geschlossen, Gemüsehändler den ganzen Mittwoch. In einigen Orten sind die Geschäfte in der Stadtmitte an einem Abend der Woche bis 21 Uhr geöffnet.

Trachten

Volkstümliche Trachten werden noch getragen in Bunschoten-Spakenburg, Walcheren, Marken, Staphorst, Scheveningen, Volendam, Urk.

Kasinos

Kasinos gibt es in Valkenburg, Zandvoort und Scheveningen.

Orte von A - Z

Aalsmeer (Noord-Holland)

Auf der größten *Blumenauktion* der Welt werden täglich u.a. 2 bis 3 Millionen Rosen in 80 verschiedenen Sorten angeboten. Im Gebäude befindet sich eine Besuchergalerie. Die Auktionshalle ist täglich von etwa 7.45 bis 11 Uhr geöffnet, sonntags geschlossen.

Aardenburg (Zeeuws-Vlaanderen, Zeeland)

Einer der ältesten Orte in Zeeland. – *St. Bavokerk*, geöffnet täglich von Mai bis Okt. 10–12 und 14–16 Uhr, von Okt. bis Mai 14–15 Uhr. – *Gemeentemuseum*, Markstraat 18, Ausgrabungsfunde, geöffnet Montag bis einschl. Freitag 10.30 bis 17 Uhr, (1. Mai–1. Okt. Sa. 10.30 bis 17 Uhr, 15. Juli–Ende Aug. So. 13.30 bis 17 Uhr). – *VVV-Büro:* Markstraat 18, Tel. 01177–1844.

Aarle-Rixtel (Noord-Brabant)

Schloß Croij zwischen Aarle-Rixtel und Stiphout (teils Anfang 15., Anfang 16. Jh.), mutet eher niederrheinisch als brabantisch an, möglicherweise von dem mächtigen deutschen Orden beeinflußt, der auch das Klosterschloß in Gemert bauen ließ. Das hübsche, verspielte Gebäude aus Backstein (innen noch nicht zu besichtigen) ist als Kulturzentrum vorgesehen (Abb. 17).

Alkmaar (Noord-Holland)

Holländische Schulkinder lernen noch immer im Geschichtsunterricht: »Bei Alkmaar begann der Sieg.« Denn 1573 wurden die Spanier bei Alkmaar geschlagen. Die *Grote of St. Laurenskerk* (1497–1501) ist das nördlichste Bauwerk von Anthonis Keldermans und typisch brabantisch-holländisch. Die hervorragende Orgel (1641, Jacob van Campen) gehört zu den besten der Niederlande. Floris V. ruht dort in einem Frührenaissance-Grab. Die monumentale Gewölbemalerei stammt von den Gebrüdern Oostzanen. – Der *Käsemarkt*, der in den Sommermonaten jeden Freitag stattfindet, ist eine malerische touristische Attraktion, bei der die Käseträger in ihren Trachten aus dem 17. Jahrhundert die Fabrikkäse auf hölzernen Tragen zur *Waag* tragen, wo jede halbe Stunde aus dem Glockenturm kleine Reiter mit einem Trompeter erscheinen. Das alte Zentrum um die Waag herum zeigt das Bild eines holländischen Städtchens mit der Atmosphäre des 17. Jahrhunderts, hübsche Giebel und Ziehbrücken innerhalb des Stadtrings. – Das *Stedelijk Museum* zeigt nicht nur Schützengemälde, die Geschichte Alkmaars und altes Spielzeug, sondern es gibt auch einige luxuriöse Überbleibsel einer verschwundenen Schokoladenfabrik zu bewundern sowie prächtige Ostereier und eine komplette goldene Kutsche aus Zuckerwerk. – *Stedelijk Museum*, Doelenstraat 3. Öffnungszeiten: Mo bis einschl. Do 10–12 und 14–17, Fr 10–17, So und Feiertage 14–17, Sa geschlossen. – + *VVV-Büro:* Waagplein 3, Tel. 072–14284

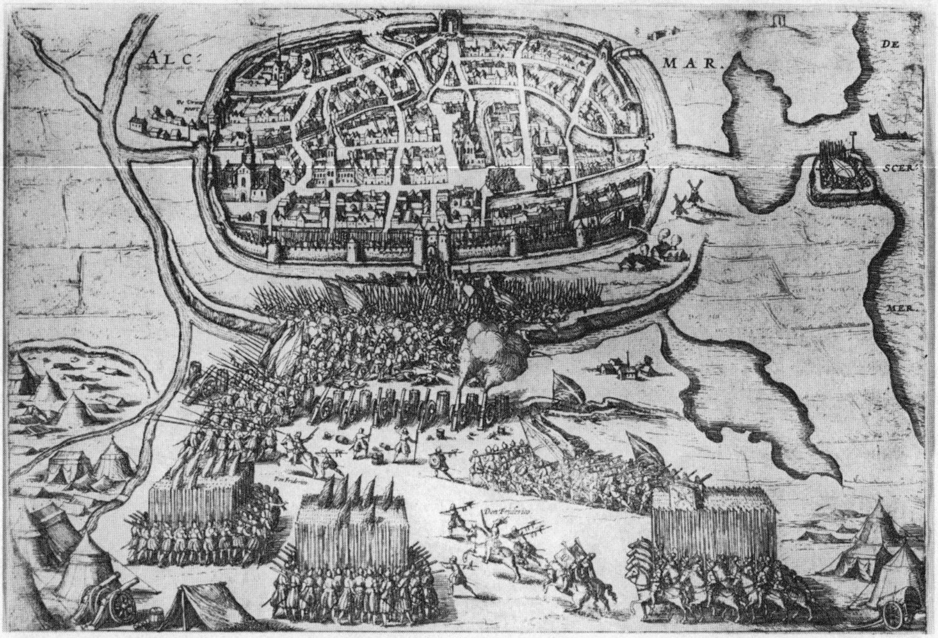

Die Schlacht bei Alkmaar im Jahr 1573

Amerongen (Utrecht)

Schloß Amerongen, 1676 von Maurits Post, Sohn des Pieter Post, zu einem fürstlichen Muster holländischer Renaissance wiedererrichtet, nachdem es die Franzosen 1673, als Ludwig XIV. es verlassen mußte, in Brand gesteckt hatten. Auch das wertvolle Interieur, die Halle, das Treppenhaus und die Decken stammen noch aus dem 17. Jahrhundert. Das in schlichten Maßverhältnissen erbaute Schloß hat schöne Holzverkleidungen. Öffnungszeiten: 1. April bis 1. Nov., Di bis einschl. Sa 10–17, So und Feiertage 14–17 Uhr. – *VVV-Büro:* Juni–Aug., Kon. Wilhelminaweg, Tel. 03434–2020.

Amersfoort (Utrecht)

Der alte Kern des Städtchens – der Geburtsort Piet Mondrians (1872 bis 1944) – mit seinen stillen kleinen Kanälen und engen Gäßchen ist ringförmig von Kanälen umgeben. Im Mittelalter ein blühendes Handelszentrum, Mitglied der mächtigen Norddeutschen Hanse, verdankte Amersfoort seinen Reichtum den Brauereien und der Tuchindustrie. Als es über seine Umwallung hinauswuchs, wurde Anfang 1450 mit einer zweiten Umwallung begonnen, die 1561 beendet war. Die erste Umwallung war nun ohne Bedeutung, und so verkaufte die Stadtverwaltung die Grundstücke an ihrer Innenseite an Privatpersonen, die dort

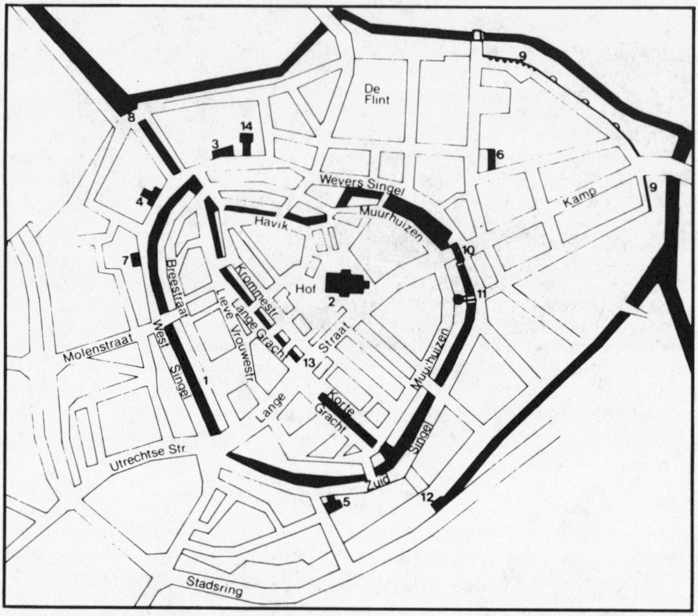

Amersfoort
1 O.L.-Vrouwetoren 2 St. Joriskerk 3 St. Agathakapel 4 St. Pieters- en Bloklandsgasthuis 5 Klooster Marienhof 6 Godshuis de Poth 7 Oude Stadhuis 8 Koppelpoort 9 Stadtmauer 10 Kamperbinnenpoort 11 Plompe- oder Dieventoren 12 Waterpoort Monnikendam 13 Lutherse Kerk 14 Kerk St. Franciscus Xaverius

Häuser und Betriebe bauten: die *Wandhäuser* von Amersfoort. Ein mittelalterliches malerisches Ganzes mit einigen hübschen jüngeren Giebelfronten wie z.B. dem Renaissance-Giebel von Nr. 109. Das Haus an der Ecke der *Krankeledenstraat* und des *O.L. Vrouwekerkhof* mit Treppengiebel stammt von ca. 1500. Von der zweiten Umwallung sind noch diese Tore übrig geblieben: der *Monnikendam*, ein Wassertor, und die *Koppelpoort*, sowohl Wasser- als auch Landtor. Obgleich ein einmaliges Monument, wurde doch der südliche Teil 1958 für den Verkehr abgerissen. Der *O.L. Vrouwetoren* ist einer der schönsten spätgotischen Türme in den Niederlanden, seine spätere Form wurde von dem Domturm in Utrecht inspiriert. Die Kirche, zu der der Turm gehörte, wurde im 18. Jahrhundert als Pulverlager verwendet. Dieses Lager explodierte 1787, und was von der Kirche übrigblieb, wurde abgerissen. – Das *Flehite Museum*, Westsingel, ist ein nettes kleines historisches Museum. Man findet dort Erinnerungen an Johan van Oldenbarneveldt, einen der berühmten

Bürger von Amersfoort, wie z.B. den Stock auf dem der 72jährige Staatsmann sich stützte, als er das Schafott vor dem Rittersaal in Den Haag bei seiner Hinrichtung in 1619 bestieg. – + *VVV-Büro:* Stationsplein 8a, Tel. 033–12747

Ammerzoden (Flußgebiet – Gelderland)

Schloß Ammersoyen. Öffnungszeiten: 1. Juni bis 1. Sept. 10–17 Uhr, So 13–17, Nov.–Febr. und Mai nur Sonntagnachmittag 13–17 Uhr, Sept.–Dez. und Januar den ganzen Monat geschlossen.

Amstenrade (Limburg)

Schloß Amstenrade muß früher etwa vom gleichen Bautyp gewesen sein wie Schloß Hoensbroek. Es wurde aber 1784 nach den Plänen des Bartholomé Digneffe zu einem übrigens nie fertig gewordenen Landhaus umgebaut. Die Gräben sind zugeschüttet; das Ganze ist von einem schönen englischen Park umgeben. Das Gebäude (innen nicht zu besichtigen) zeigt ein hübsches Farbenspiel durch die Kombination von warmgelben Mergel, grauem Namenstein und Backsteinen. – Dem Eingangstor gegenüber steht die kleine Kirche aus dem 19. Jahrhundert mit dem doppelten Turm vis-à-vis von einem noch bewohnten geschlossenen Hof (17. Jh.), eine Zusammenstellung, die noch recht mittelalterlich anmutet.

Amsterdam (Noord-Holland)

Hauptstadt der Niederlande. – *Allard Pierson Museum*, Turfmarkt 127: Archäologische Gegenstände aus Ägypten, Griechenland, dem römischen Reich und dem Mittleren Osten. Öffnungszeiten: Di bis einschl. Fr 10–16.30; Sa, So und Feiertage 13.15–16.30. – *Museum Amstelkring* (Ons Lieve Heer op Solder), O.Z. Voorburgwal 40: Eine Schutzkirche in einem Wohnhaus aus dem 17.–18. Jh., mit kirchlicher Kunst des 16.–19. Jh., gibt einen Überblick über die Amsterdamer Schutzkirchenperiode. Öffnungszeiten: Mo bis einschl. Sa 10–17 Uhr; So und Feiertage 13–17 Uhr. – *Amsterdams Historisch Museum*, Kalverstraat 92. Öffnungszeiten: Mo bis einschl. Sa 9.30–17 Uhr; So und Feiertage 13–17 Uhr. – *Stichting Architectuurmuseum*, Droogbak 1a: Niederländisches Dokumentationszentrum für Baukunst, Archive privater Architekten von 1850 ab, Architektenvereine, Nachbildungen von Bauwerken, Schriftstücke von und über Architekten und ihre Werke. Vorübergehende Ausstellungen. Öffnungszeiten: Mo bis einschl. Fr 10–17 Uhr, Sa und So 13–17 Uhr. – *Filmmuseum*, Vondelpark 3, zeigt Mi und Do abends alte Filme. – *Joods Historisch Museum* (Jüdisches Museum), Waaggebouw, Nieuwmarkt 4. Öffnungszeiten: Mo bis einschl. Sa 9.30–17 Uhr, So und Feiertage 13–17 Uhr. – *Huis van Loon*, Kreizersgracht 672, Öffnungszeiten: täglich außer Mi 10–12 und 13–16 Uhr. – *Museum Het Rembranthuis*, Jodenbreestraat 4–6. Öffnungszeiten: Mo bis einschl. Sa 10–17 Uhr; So und Feiertage 13–17 Uhr. – *Rijksmuseum*, Stadhouderskade 42. Öffnungszeiten: Mo bis einschl. Sa 10–17 Uhr, So 13–17 Uhr; 1. Januar geschlossen. – *Rijksmuseum 'Nederlands Scheepvaart Museum'*, Kattenburgerplein 1. Öffnungszeiten: Mo bis einschl. Sa 10–17 Uhr; So und Feiertage

Überschwemmung von Amsterdam im November 1775

13–17 Uhr. – *Rijksmuseum Vincent van Gogh*, Paulus Potterstraat 7. Öffnungszeiten: Mo bis einschl. Sa 10–17 Uhr: So und Feiertage 13–17 Uhr. – *Stedelijk Museum*, Paulus Potterstraat 13. Öffnungszeiten: Mo bis einschl. Sa 9.30 bis 17 Uhr; So und Feiertage 13–17 Uhr. – *Toneelmuseum* (Theatermuseum), Herengracht 168. Öffnungszeiten: Mo bis einschl. Sa 10–17 Uhr; So 13–17 Uhr. – *Tropenmuseum*, Linnaeusstraat 2a: Volkskunde und Kunstgegenstände aus tropischen und subtropischen Ländern, Entwicklungshilfe. Öffnungszeiten: Mo bis einschl. Sa 10–17 Uhr, So 12–17 Uhr. – *Museum Willet-Holthuysen*, Herengracht 605. Öffnungszeiten: Mo bis einschl. Sa 9.30–17 Uhr, So 13–17 Uhr. – *De Nieuwe Kerk*, wird z. Z. restauriert. Bei Tage hat man dort Zugang. – *De Oude Kerk*, bereits restauriert. – *Paleis*, N.Z. Voorburgwal, Dam. Öffnungszeiten: Juni, Juli, Aug. (es sei denn Empfänge finden statt), Mo bis einschl. Fr 10–12, 13–16 Uhr. – *Het Bijbels Museum*, in vier Häusern mit Halsgiebel aus Sandstein, 1662 von Philips Vingboons auf der Herengracht 362–368 erbaut: eine kleine, sehr reich geschmückte Häuserreihe. – *Werf 't Kromhout*, Hoogtekadijk 147: Historische Schiffsmodelle, Schiffsreparaturen, Öffnungszeiten: Mo bis einschl. Sa 10–16 Uhr; So und Feiertage 13–16 Uhr; 25.12. und 1.1. geschlossen. – *Anne Frankhuis*, Prinsengracht 263, Öffnungszeiten: Mo bis einschl. Sa 9–17 Uhr, So 10–17 Uhr. – * *VVV-Büro:* Rokin 5, Tel. 020–266444. – *Cisca*, Stadttheater, Leidseplein 26, Tel. 020–229011. Das kulturelle Informations-

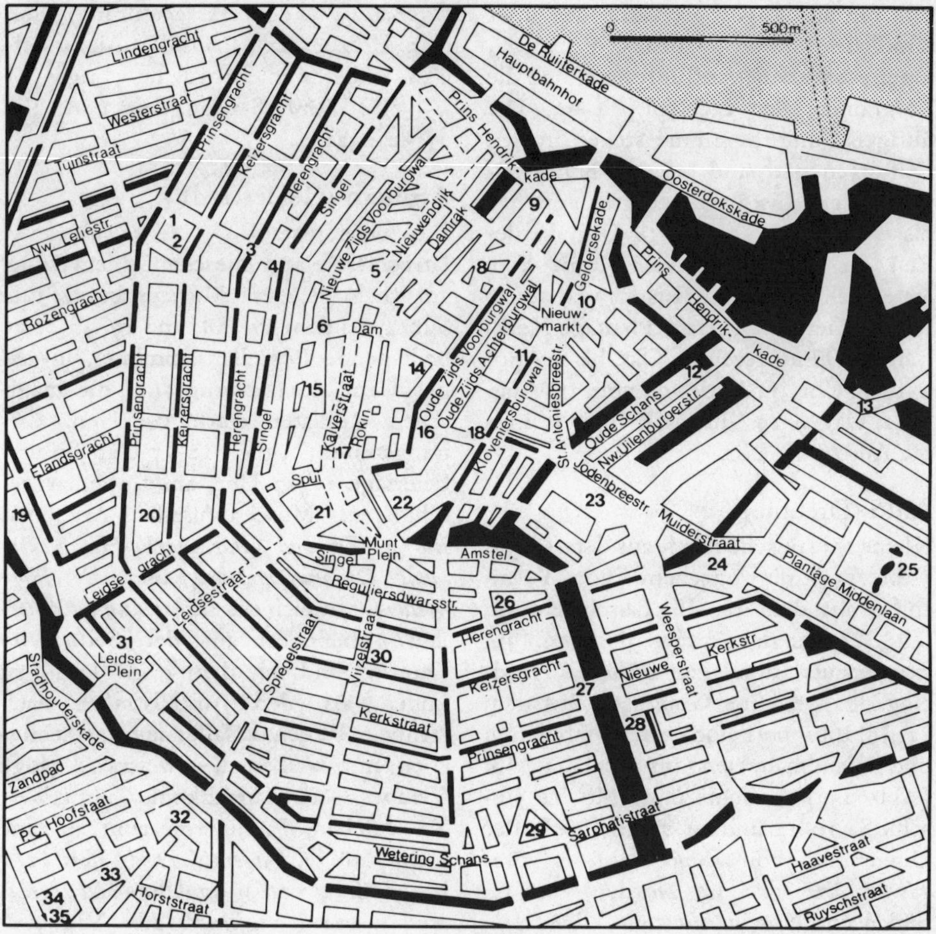

Amsterdam

1 Anne Frankhuis 2 Westerkerk 3 Toneelmuseum 4 Hoofdpostkantoor 5 Nieuwe Kerk 6 Koninkl. Paleis 7 Nationaalmonument 8 Oude Kerk 9 Ons' Lieve Heer op Solder 10 Joods Historisch Museum 11 Wijnkopersgildehuis 12 Montelbaanstoren 13 Scheepvaartmuseum 14 De Brakke Grond 15 Amsterdams Historisch Museum 16 Stadhuis 17 Begijnhof 18 Oudemanhuispoort 19 Hoofdbureau van Politie 20 Bijbels Museum 21 Madame Tussaud 22 Ned. Pers Museum 23 Rembrandthuis 24 Hortus Botanicus 25 Zoologisch Museum 26 Museum W.-Holthuysen 27 Magere Brug 28 Theater Carré 29 Frederiksplein 30 Fodormuseum 31 Stadsschouwburg 32 Rijksmuseum 33 Van Goghmuseum 34 Stedelijk Museum 35 Concertgebouw

zentrum und Tagesbüro informiert über sämtliche Theater-, Musik-, Kabarett-, Opern- und Ballettaufführungen und die Programme der Lichtspieltheater. Die übrigen Filmprogramme stehen in den Zeitungen und sind bei den Kinos angeschlagen. Cisca ist geöffnet von Mo bis einschl. Sa von 10–18 Uhr, in der Zeit der ›Zehn Tage der Kunst‹ (die ersten zehn Tage der Saison) von 10–20 Uhr. – Tiergarten Artis, Plantage Kerklaan 40. Öffnungszeiten: Okt. bis 1. April 9–16.30 Uhr, im April und vom 16. Aug. bis 1. Okt. 9–19 Uhr, Mai, Juni, Juli bis 16. Aug. 9–20 Uhr.

Anlo (Drenthe)

Kleine romanische *Kirche* aus dem 12. Jh. (Abb. 133) mit gotischem Chor; Turmspitze aus dem 18. Jh. Satteldachturm mit Treppengiebeln aus dem 19. Jh. Eingemauert über dem früheren Nordeingang: steinerne Grabplatte aus dem 12. Jh. Im Innern noch zwei Grabplatten und Wandmalereien aus dem 15. Jh. (Abb. 134). Besichtigung: Mo bis einschl. Sa 10–12 und 14–17 Uhr. – In der Umgebung von Anlo gibt es fünf *Hünengräber*, drei im Norden, eins im Süden und eins im Westen. – *De Schipborg*, Bauernhof 1914 von H.P. Berlage gebaut; nicht zu besichtigen.

Apeldoorn (Gelderland)

Rijksmuseum Paleis 't Loo, Koninklijk Park 1, Eingang Amersfoortseweg. Königliche Ställe: Ausstellung von Malereien usw. Noch in Gebrauch befindliche Ställe: Pferde, Kutschen, Schlitten, Automobile. Öffnungszeiten: täglich 10–17 Uhr; 1. Weihnachtstag geschlossen. – *Centraal Beheer* (Zentralverwaltung) (Herman Herzberger), Prinz W. Alexanderlaan. Inneres nicht zu besichtigen. – + *VVV-Büro:* Stationsplein 13 A, Tel. 055–210421.

Arnhem (Gelderland)

Provinzhauptstadt. – *Gemeentemuseum*, Utrechtseweg 87. Dieses auf einem Hügel am Rhein gelegene Museum besitzt u.a. Silber aus dem 17., 18. und 19. Jh., eine bedeutende Porzellansammlung, in seiner Gemäldesammlung sind die magischen Realisten stark vertreten. Öffnungszeiten: täglich 10–17 Uhr, So und Feiertage 11–17 Uhr, am 1. Januar geschlossen. – Museen außerhalb Arnhems: *Burgers Zoo und Safari-Park*, *Het Nederlands Openluchtmuseum*, und *De Hoge Veluwe* (wo sich das *Rijksmuseum Kröller-Müller* befindet) auf der Seite von Otterlo, sind mit dem PKW leicht zu finden. An den Ausfallstraßen nach Arnheim stehen auffallende blaue Schildchen mit weißen Kennzeichen: Hoge Veluwe = ein Hirschkopf, Tierpark = ein Äffchen, Freilichtmuseum = eine kleine Mühle. *Burgers Zoo und Safari-Park* ist geöffnet von 9–17 Uhr. *Het Rijksmuseum voor Volkskunde*, '*Het Nederlands Openluchtmuseum*', nahe dem Safari-Park, gibt auf eindringliche Weise in prachtvoller Umgebung ein Bild niederländischer Dorfkultur. Öffnungszeiten: 1. April bis 1. Nov. 9–17 Uhr; So 10–17 Uhr; in den Monaten Juni, Juli und August bis 17.30 Uhr. – * *VVV-Büro:* Stationsplein 45, Tel. 085–452921.

Asselt (Limburg)

Der freundliche kleine Weiler Asselt an

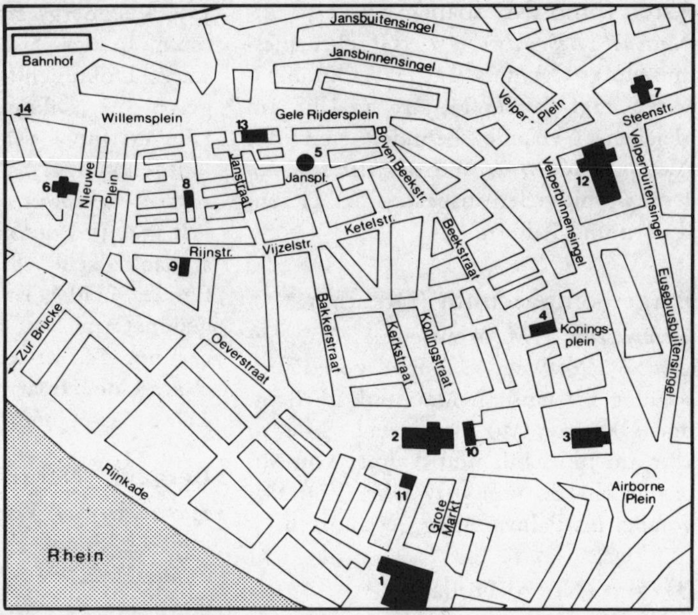

Arnhem

1 *Sabelspoort met Provinciehuis*
2 *Grote- oder St.-Eusebiuskerk*
3 *St.-Walburgskerk*
4 *Waalse Kerk*
5 *Koepelkerk*
6 *R.-K. St.-Eusebiuskerk*
7 *R.-K. St. Martinuskerk*
8 *Voorm. Lutherse Kerk*
9 *Voorm. St.-Petersgasthuis*
10 *Duivelshuis met stadhuis*
11 *Waag*
12 *Musis Sacrum*
13 *Fromberghuizen*
14 *zum Gemeentemuseum*

der Maas besteht aus einigen prachtvollen *Bauernhöfen*, einem *Hotel*, einem folkloristischem *Museum* und vor allem einer merkwürdigen, romantisch gelegenen kleinen römisch-katholischen *Kirche* aus großen Kiesel- und Feldsteinen. Die älteren Teile der kleinen Kirche, die an der Stelle einer zerstörten Burg gebaut wurde, sind aus dem 11. Jh. Der strudelnde Fluß nagte bei Überschwemmungen das Ufer immer mehr ab, und 1515 stürzte der Turm an der Westseite ein. Diese Seite wurde zugemauert und als Chor verwendet, was ganz unüblich ist, da sich in christlichen Kirchen der Chor aus liturgischen Gründen sonst an der Ostseite befindet. An der Ostseite wurde ein neuer Turm gebaut. Cuypers restaurierte die Kirche 1916–18 und baute an der Westseite den neuen Chor. Über dem Osteingang steht in einer Nische der Heilige Dionysius mit seinem abgeschlagenen Kopf in den Händen.

Assen (Drenthe)

Provinzhauptstadt. – *Provinciaal Museum van Drenthe*, Brink 1–3, und *Ontvangershuis* (Steueramt) ein Herrenhaus aus dem 18. Jh., Brink 5–7. Öffnungszeiten: Di bis einschl. Fr 9.30–17 Uhr, Sa und So 13–17 Uhr, Weihnachtstage und 1. Jan. geschlossen. – *Automuseum B. V.*, Rode Heklaan 3: Automobile, Motorräder und Fahrräder von 1865 bis 1940. Öffnungszeiten: tägl. 10–18 Uhr. – *TT-Rennen:* letzter Samstag im Juni. – * *VVV-Büro:* Brink 42, Tel. 05920–14324; dort gibt es auch Auskunft über Fahrrad-Wegstrecken.

Asten (Noord-Brabant)
National Beiaardmuseum (Glockenspielmuseum), Ostaderstraat 23. Öffnungszeiten: tägl. (außer Mo) 10–17 Uhr. Im gleichen Gebäude befindet sich das *Natuurstudiecentrum* und das *Museum Jan Vriends*, mit vielen ausgestopften Tieren, Käfern und Faltern.

Bargercompascuum (Drenthe)
Veenmuseum (Moormuseum) *'t Aole Compas*, Postweg. Geöffnet von Palmsonntag bis einschl. Mai und im Sept. und Okt. von Mo bis einschl. So 9–17 Uhr, im Juni, Juli und August von Mo bis einschl. So von 9–18 Uhr. Von November bis Palmsonntag geschlossen.

Bergen (Noord-Holland)
Bergen-Binnen, zum Stranddorf Bergen aan Zee gehörend, ist ein *Künstlerzentrum*. Gaststätten, Restaurants und Geschäfte sind rund um die Ruine der Kirche aus dem 16. Jh. im anmutigen Zentrum gruppiert. Weiter gibt es das Viertel Park Meerwijk, das von Architekten der Amsterdamer Schule gebaut wurde, dort befindet sich u. a. das Atelier von Charley Toorop, 1917 von P. Kramer gebaut. Leo Gestel (1881–1941), der Begründer der Bergener Malerschule, wohnte dort als erster. Er erfuhr starke Beeinflussung durch den Kubismus von Le Fauconnier. Viele junge Künstler, unter ihnen die Gebrüder Wiegman, J. Maks, folgten Leo Gestel nach Bergen. – + *VVV-Büro:* Plein 1, Tel. 02208–2124 und 3100

Bergen op Zoom (Noord-Brabant)
Gemeentemuseum 'Het Markiezenhof' (Abb. 31), Steenbergsestraat 6–8. Dieses Museum besitzt Stilzimmer, Kunsthandwerk, Dokumentationen zur Festungsgeschichte. Öffnungszeiten: tägl. 14–17 Uhr, 15. Juni – 15. Aug. auch 10–12 Uhr (ausgenommen Sa und So). – Im *Onze Lieve Vrouwepoort*, einem massiven Überrest (14. Jh.) der alten Umwallung, eine archäologische Sammlung heimischer Funde. Leider ist das Museum selten geöffnet: nur am Samstag nach Verabredung. Tel. 01640–35705. – + *VVV-Büro:* Hoogstraat 2/Ecke Grote Markt, Tel. 01640–35660.

Bergeyk (Noord-Brabant)
Eicha Museum, Eerselsedijk 2a: archäologische Funde aus den Kempen. Öffnungszeiten: Mo bis einschl. Fr 10–12 und 13.30–17 Uhr. – Etwa zehn Minuten Fußweg vom Museum entfernt an dem Eerselsedijk ein restaurierter *Pfahlkranz-Grabhügel*, das 'Galgenbergje'.

Biesbos (Noord-Brabant)
Rundfahrten ab Gorinchem, Rederij van Straten, Kerkstraat 8, Woudrichem, Tel. 01833–1212, 1510 und 1622–792. Drimmelen: Rederij Zilvermeeuw, Weitjes 3, Tel. 01626–2609 oder 2133, ab April bis Mitte Oktober. Lage Zwaluwe: Biesboschtours, Flierstraat 108, Tel. 01684–2647 oder 2411. Geertruidenberg: Stad Geertruidenberg, Tel. 01621–4333

Blokzijl (Overijssel)
Der halbrunde *Hafenkolk* des winzigen Ortes deutet mit der Bebauung, die an Amsterdam erinnert, auf eine Bindung zu dieser Stadt im 17. und 18. Jh. hin, als Blokzijl noch Ausfuhrhafen für die

Produkte aus Overijssel, wie Torf, Schilfmatten und Holz, war.

Bokhoven an der Maas (Noord-Brabant)

In der kleinen *Pfarrkirche* befindet sich das fürstliche Grabmal des ersten Grafen von Bokhoven, Egbert van Immerzeel und seiner Gattin Helena de Montmorency. Dieses Meisterwerk aus Marmor stammt von Artus Quellinus dem Alten (1609–68), dem Antwerpener Bildhauer, der u.a. Aufträge für das Amsterdamer Rathaus, den jetzigen Palast auf dem Dam, erhielt. Die kleine Kirche ist nur geöffnet bei Gottesdiensten.

Bolsward (Friesland)

Maartenskerk. Geöffnet: 1. Mai bis einschl. 30. Sept. Mo bis einschl. Fr 9–12 und 13.30–17 Uhr; 1. Juli bis einschl. 15. Aug. auch Sa 10–13 und 14–16 Uhr. – *Rathaus* mit Antiquitätenkabinett: Öffnungszeiten: 1. Mai bis einschl. 30. Sept., Mo bis einschl. Fr 9–12 und 14–17 Uhr. – *VVV-Büro:* Broereplein 1, Tel. 05157–2727.

Borger (Drenthe)

Elf *Hünengräber:* ein sehr gut erhaltenes und bedeutendes gerade nördlich vom Dorf, zwei östlich von Drouwen, ein anderes etwas südlicher, fünf westlich von Bronneger, zwei südlich der Straße nach Buinen. – Dauerausstellung ›Das Hünengrab in Drenthe‹ im niedersächsischen Bauernhof *'t Flint'nhoes*, Hoofdstraat 3. Öffnungszeiten: Ostern bis einschl. Sept. und in den Schulferien, Di bis einschl. Sa 10–12 und 14–17 Uhr; So 14–16.30 Uhr; Okt. bis Ostern Sa und So 14–16.30 Uhr. – + *VVV-Büro:* Grote Brink 2a, Tel. 05998–4855.

Breda (Noord-Brabant)

Plan: s. S. 344

In der ehemaligen Fleischhalle (1614), deren Giebel 1772 umgebaut wurde: *Stichting Stedelijk Museum voor Geschiedenis en Oudheidkunde en Bisschoppelijk Museum*, Grote Markt 19. – *Historisch Museum van de Baronie van Breda*, im selben Gebäude Gegenstände kirchlicher Kunst, vor allem aus dem Bistum Breda. Öffnungszeiten: Mo bis einschl. Sa 10–12.30 und 13.45–17.30 Uhr; So und Feiertage 14–17.30 Uhr; 1. Jan., 25. Dez. und Rosenmontag geschlossen. –*Kasteel Breda*, jetzt Königliche Militärakademie, Kasteelplein, Schloßgarten Valkenberg, freier Zutritt; Schloß zu besuchen während des Stadtrundgangs mit dem VVV. – *Grote of Onze Lieve Vrouwekerk*, Kerkplein. Zutritt: Mai bis einschl. Sept., Di bis einschl. Sa 10–12 und 14–16 Uhr; Mo 14–16 Uhr. –*Begijnenhof*, Catharinastraat, in der unmittelbaren Nähe der Grote Kerk (Farbt. 18). In den kleinen Häusern des 17. und 18. Jh. wohnen noch immer einige Beginen. Ganz hinten, hinter dem botanischen Garten, steht die Waterstaatskapel (1836) von A. van der Aa. – * *VVV-Büro:* Willemstraat 17, Tel. 076–225733.

Brielle (Zuid-Holland)

Tromp Museum, Venkelstraat 5, ein Streekmuseum (Regionalmuseum). Öffnungszeiten: Mai bis einschl. Aug. 10–17 Uhr, Di geschlossen; Sept. bis einschl. April 10–17 Uhr, Di und So geschlossen, Feiertage geschlossen.

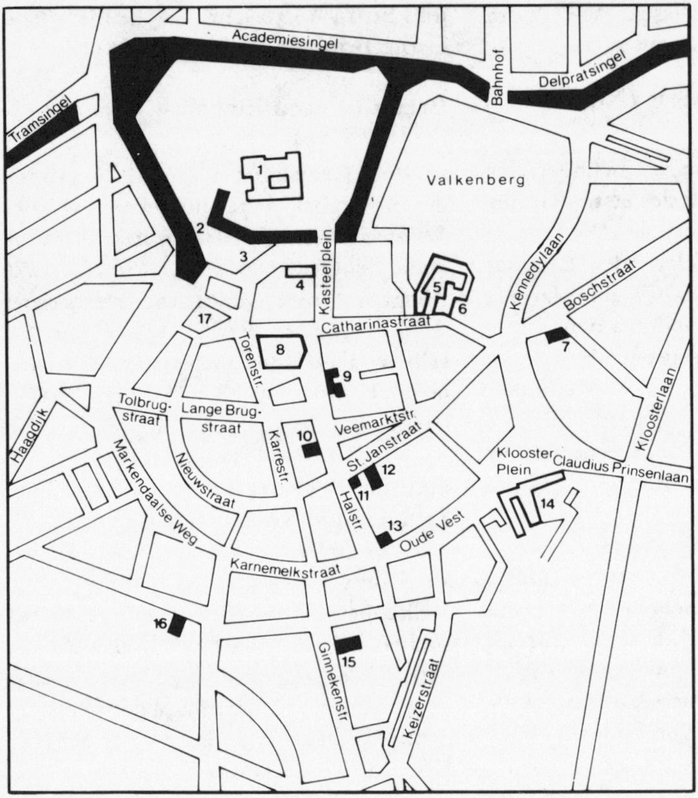

Breda

1 *Kasteel*
2 *Torens Spanjaardsgat*
3 *Huis Brecht*
4 *Gouverneurshuis*
5 *Begijnhof*
6 *Waalse Kerk*
7 *Voorm. Oudemannenhuis (De Beyerd)*
8 *Grote Kerk (O.L. Vrouwekerk)*
9 *Raadhuis*
10 *Vleeshal*
11 *Hoofdwacht*
12 *St. Antoniuskerk*
13 *Voorm. Tuchthuis*
14 *Voorm. klooster St. Catharinadal*
15 *St. Joostkapel*
16 *Groot Arsenaal*
17 *Vismarkt mit Vishal*

Brouwershaven (Schouwen-Duiveland, Zeeland)
Ned. Herv. Kerk (Reformierte Kirche) aus dem 15./16. Jh. am Korenmarkt. Zu besichtigen: 15. Juni–15. Aug., Mo bis einschl. Fr 14–16.30 Uhr. Außerhalb dieser Zeit: Fragen sie bei der Küsterin Frau de Jonge an, Noorddijkstraat 44, Tel.: 01119–468. – *VVV-Büro:* Haven Noordzijde 1, Tel. 01119–314.

Delft (Zuid-Holland)
Het Prinsenhof Museum, Agathaplein 1: Kugeleinschüsse vom Mord an Willem van Oranje. Weiteres über Willem van Oranje; Meister aus Delft aus dem 16., 17. und 18. Jh., Kunsthandwerk. Öffnungszeiten: Mo bis einschl. Sa 10–17 Uhr; So und Feiertage 13–17 Uhr; 1. Jan. geschlossen. – *Rijksmuseum Lambert van Meerten*, Oude Delft 99: Fliesen und Fliesenbilder. Öffnungszeiten: Mo bis einschl. Sa 10–17 Uhr; So und Feiertage 13–17 Uhr; 1. Jan. geschlossen. – *Paul Tétar van Elven Museum*, Koornmarkt 67. Das Wohnhaus (18. Jh.) des Malers (1823–96) mit Atelier und Stilzimmer aus dem 18., 19. Jh. mit einem Rokokozimmer. Öffnungszeiten: 15. April bis 15. Okt., Di bis einschl. Sa 11–17 Uhr. –

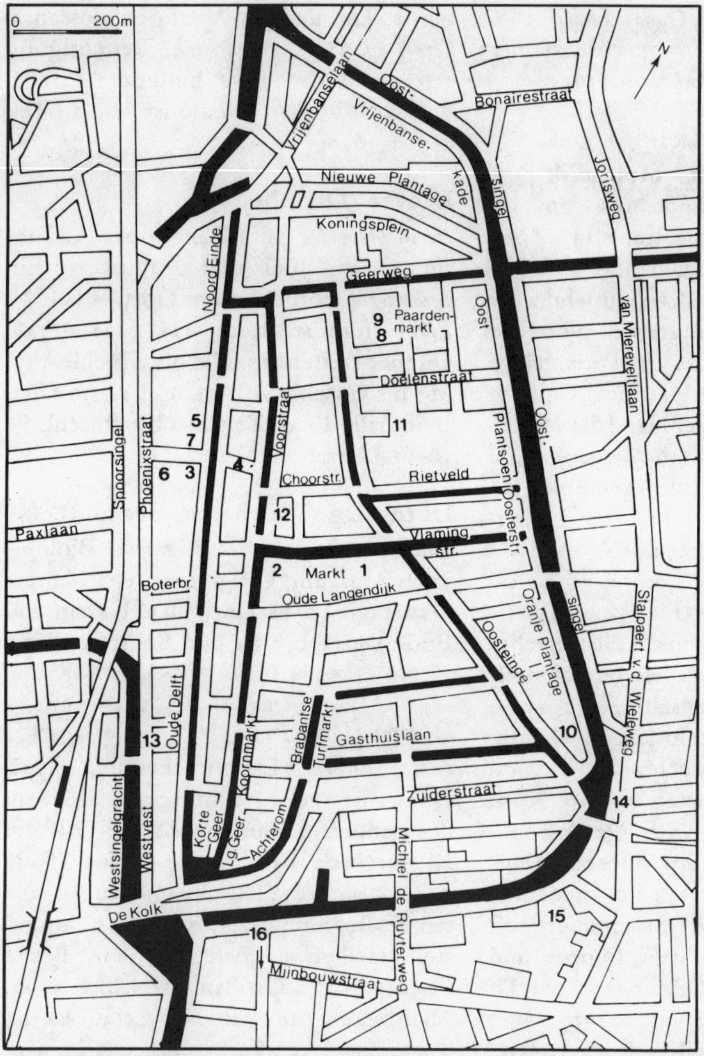

Delft

1 Nieuwe Kerk
2 Stadhuis
3 Prinsenhof Museum
4 Oude Kerk
5 Huis Lambert van Meerten Museum
6 'Nusantara' Ethnological Museum
7 'De volle Maan'
8 Hofje van Gratie
9 Hofje van Pauw
10 Klaeuwshofje
11 Stadsdoelen
12 Postamt
13 Polizei
14 Oostpoort
15 T.T.C. Technical Exhibition Centre
16 'De Porceleyne Fles'

Volkenkundig Museum Nusantara, Agathaplein 4: Volkskundliches aus Indonesien. Öffnungszeiten: Mo bis einschl. Sa 10–17 Uhr; So und Feiertage 13–17 Uhr. – *Nieuwe Kerk*, Markt. Öffnungszeiten Mo bis einschl. Sa 10–16 Uhr; April bis Okt. Sa 9–17 – *Oude Kerk mit Grabmal des Maarten Hapertsz. Tromp* (Rombout Verhulst 1658), Piet Heyn, Denkmal Anthonie van Leeuwenhoek, Fenster von Joep Nicolas. Öffnungszeiten: April–Nov.: 12–16 Uhr. – * *VVV-Büro:* Markt 85,

Tel. 015–126100. – *Oude Delft* 167, Delftlands Deichamt, hervorragender typischer Delfter Giebel von 1563.

Denekamp (Overijssel)

Het Huis Singraven, Molendijk 37: Möbel und Gegenstände aus dem 17. und 18. Jh. Öffnungszeiten: 15. April bis 1. Okt. 10.30–17 Uhr; So und Mo geschlossen. Auf dem Landgut steht die Wassermühle von Singraven, von der eine Darstellung im Louvre, Paris, hängt und eine andere in der National Gallery, London. Sie sind von der Hand des Malers Meindert Hobbema (1638–1709). Die Getreide-, Öl- und Holzsägemühle, die bereits 1448 erwähnt wird, kann besichtigt werden und arbeitet noch.

Deventer (Overijssel)

Museum de Waag, Brink: Historisches Museum mit einem Fahrrädersaal. Öffnungszeiten: Di bis einschl. Sa 10–12.30 und 14–17 Uhr; geschlossen zu Ostern, Pfingsten und Weihnachten sowie am 1. Jan., Himmelsfahrtstag und 30. April (Königinnentag). – *Huis 'De drie Haringen'*, Brink 55: Dieses hübsche Haus von 1575 (mit Stuckwerk im Vredeman de Vries-Stil) besitzt Stilzimmer mit Spielzeug, Miniaturmöbeln, Puppen und Puppenhäuser usw. Öffnungszeiten: Di bis einschl. Sa 10–12 und 14–17 Uhr; Ostern, Pfingsten, Weihnachten, 1. Jan., Himmelfahrtstag und Königinnentag (30. April) geschlossen. – *Museum für mechanisches Spielzeug*, Noordenbergstraat 9: Mechanisches Spielzeug von 1880 bis heute. Öffnungszeiten: Di bis einschl Sa 10–12.30 und 14–17 Uhr; Ostern, Pfingsten, Weihnachten, Himmelfahrtstag, 1 Jan. und 30. April geschlossen. – *Grote of St. Lebuinuskerk*, Besichtigung erfragen: Kleine Poot, hinter der Kirche. – + *VVV-Büro:* Stationsplein 2, Tel. 05700–16200

Diever (Drenthe)

Freilichttheater mit Shakespeare-Aufführungen im Juni und August. – Ein *Hünengrab* nördlich vom Dorf. – *VVV-Büro:* Hoofdstraat 44, Tel. 05219–1748. Öffnungszeiten: 15. Mai bis einschl. Aug. Mo bis einschl. Sa 9–12 und 14–17 Uhr; außerhalb dieser Zeit Mo bis einschl. Fr 10–12 Uhr.

Domburg (Walcheren, Zeeland)

Orangerie des Schlosses Westhove: Biologisches Museum, Öffnungszeiten: Mai bis Okt. tägl. 10–18 Uhr; Okt. bis einschl. Ende Dezember Sa und So 10–18 Uhr.

Doorn (Utrecht)

Huis Doorn, Langbroekerweg. Huis Doorn ist seit 1950 Museum, nachdem der geflohene deutsche Kaiser Wilhelm II. dort von 1919 bis zu seinem Tode 1941 wohnte. Viele Erinnerungen aus seiner Regierungszeit sind dort ausgestellt, teilweise noch aus dem Besitz Friedrichs des Großen. Er selbst ist im Mausoleum im Park beigesetzt. Es ist das einzige frühere Schloß, das im Gebiet des Kromme Rijn zu besichtigen ist. Öffnungszeiten: 15. März bis 1. Nov., Mo bis einschl. Sa 9–12.30 und 13.30 bis 17 Uhr; So 13–17 Uhr; am 1. Oster- und 1. Pfingsttag geschlossen. – *VVV-Büro:* Dorpsstraat 45, Tel. 03430–2015 oder 2618.

Doornenburg (Flußgebiet – Gelderland)
Schloß Doornenburg. In einer besonders schönen Ecke am Pannerdener Kanal steht die feste Burg Doornenburg. Zu Anfang ein Schloß aus dem 14. Jh., in den letzten 50 Jahren zweimal ganz neu aufgebaut: zuerst wurde das ganz zerfallene Schloß bis 1963 völlig restauriert; dann wurde es 1944 von den abziehenden Deutschen gesprengt. Nun hat es wieder das Äußere eines wehrhaften Schlosses. Öffnungszeiten: Führungen: 15. Mai bis 31. Aug.; Di bis einschl. Sa 13.30–15 Uhr; So und Feiertage 14.30–15.30 und 16.30 Uhr. 1. April–15. Mai und 1. Sep.–31. Okt.: So und Feiertage 15.00 Uhr.

Doorwerth (Flußgebiet – Gelderland)
Het Nederlands Jachtmuseum, Schloß de Doorwerth. Öffnungszeiten: tägl., ausgen. Di 10–17 Uhr; So und Feiertage 13–17 Uhr, 25. Dez. und 1. Jan. geschlossen.

Dordrecht (Zuid-Holland)
Dordrechts Museum, Museumstraat 40 (in der ehem. Irrenanstalt): Malerei, hauptsächlich der Künstler aus Dordrecht, See- und Flußstücke aus dem 17. Jh., Landschaften, Genres. Ary Scheffer-Sammlung, Haager Schule, moderne niederländische Kunst. Öffnungszeiten: Mo bis einschl. Sa 10–17 Uhr, So und Feiertage 13–17 Uhr., 25. Dez. und 1. Jan.

Dordrecht 1 Groothoofdspoort 2 Catharinapoort 3 Stadhuis 4 Hof 5 Augustijnenkerk 6 Grote Kerk 7 Nieuwe Kerk 8 St. Bonifatiuskerk 9 Arend Maartenshof

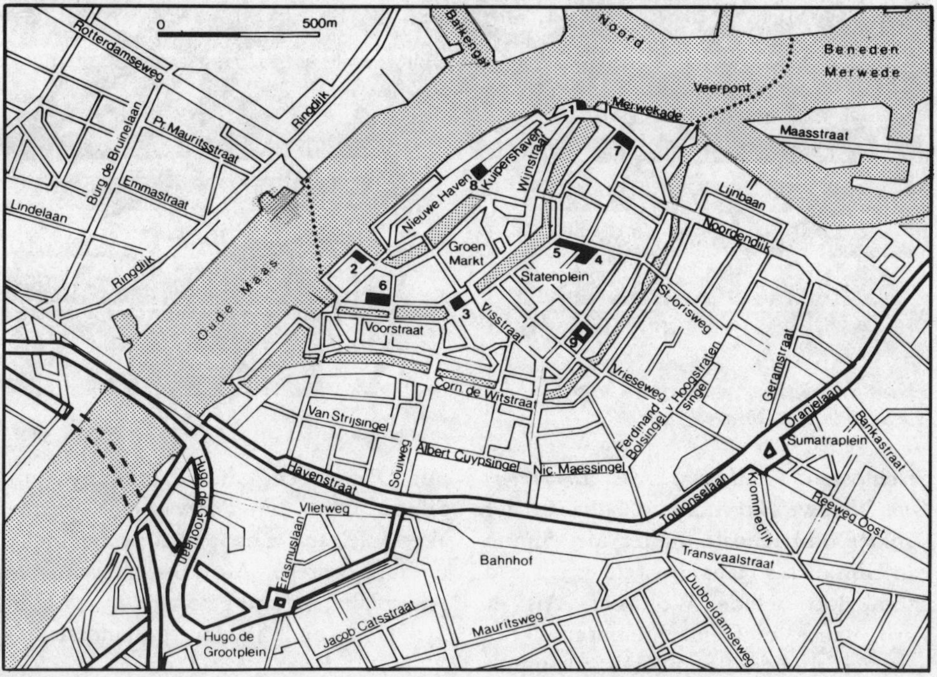

Die Synode von Dordrecht 1619

geschlossen. – *Museum Mr. Simon van Gijn*, Nieuwe Haven 29: 1864 kaufte der Bankier und Kunstsammler Mr. Simon van Gijn dieses Haus, richtete es ein und nahm dort seinen Wohnsitz. Als er starb, wurde es Gemeentemuseum. Sehenswert sind die Louis XIV-Stilzimmer mit Teppichen, die Sammlung von Silber-, Glas- und Tonwaren, Kostüme, altes Spielzeug, 24.000 historische Stiche. Öffnungszeiten: Mo bis einschl. Sa 10–17 Uhr; So und Feiertage 13–17 Uhr; 25. Dez. und 1. Jan geschlossen. – + *VVV-Büro:* Stationsweg 1, Tel.

078–32800. – *Onze Lieve Vrouwekerk:* Mai bis einschl. Sept., Di bis einschl. Sa 10–12 und 14–16 Uhr, Küster: Lange Geldersekade 2.

Dreischor (Schouwen-Duiveland, Zeeland)
Kleiner Ort mit eigener Atmosphäre auf Schouwen-Duiveland mit einer gotischen *Kirche* aus dem 14. Jh. In dieser Niederländisch-Reformierten Kirche stehen einige pompöse Grabmonumente aus dem 18. Jh. Während der Sommermonate zu besichtigen: Mo bis einschl. Sa 10–17 Uhr; So 13–17 Uhr.

Driebergen-Rijsenburg (Utrecht)
Im Rijsenburger Teil des Doppeldorfes Driebergen-Rijsenberg der kleine *Empire-Platz* wurde 1806 von Pieter Jodocus van Oosthuyse, Lieferant der Uniformen der Armee Napoleons, angelegt. Er ließ von einem Architekten aus Den Haag ein ganzes Dorf als Miniaturnachahmung französischen Städtebaus entwerfen. Um einen halbkreisförmigen Platz herum standen die kleinen Häuser der Schneider, Mützenmacher, Knopfdreher, Strumpfmacher. Die Franzosen paradierten hier in glänzenden Uniformen, denn es gab für sie nichts weiter zu tun, sie waren mehr eine Sehenswürdigkeit für die Holländer. Ihr Befehlshaber ließ, um sie zu beschäftigen, einen Sandhügel zu Ehren Napoleons nach seinem Feldzug nach Ägypten 1804 aufwerfen. Nach der Schlacht bei Austerlitz nannte man den Hügel die Pyramide von Austerlitz.

Dronten (Oostelijk Flevoland)
Die Gemeinde Dronten besteht seit 1972 und ist sehr ausgedehnt: 35.195 ha. Biddinghuizen und Swifterbant gehören auch dazu. Von der Hand des Architekten Frank van Klingeren stammt das multifunktionale *Gesellschafts- und Kulturzentrum de Meerpaal*, eine riesige überdachte Halle, eine ‘Agora’, in der sich u.a. ein Theater und ein Café-Restaurant befinden. – *VVV-Büro:* De Rede 19, Tel.: 03210–2211.

Drunen (Noord-Brabant)
Anton Pieck, bekannt durch seine Bebilderung von Märchenbüchern, entwarf den Komplex der *Lips Autotron*, wo die Sammlung des Schiffsschraubenherstellers Lips von 220 alten Autos und anderen Fahrzeugen – die alle noch fahrtüchtig sind – untergebracht ist. Öffnungszeiten: letztes Wochenende im März bis einschl. erstes Wochenende im Nov., tägl., ausgen. Mo 10–18 Uhr; So 12–18 Uhr (Juni, Juli, Aug. auch Mo). In den Wintermonaten nur am Wochenende geöffnet, Sa 10–18 Uhr, So 12–18 Uhr.

Dwingelo (Drenthe)
Dorf mit einem hübschen Dorfplatz, gotische *Kirche* mit birnenförmiger Spitze aus dem 17. Jh. Im Süden, am Rand der Dwingeloose Heide mit den Davidsseen, einige *Grabhügel*, Radioteleskop. – *VVV-Büro:* Brink 4a, Tel.: 05219–1331, 2597 oder 1954.

Edam (Noord-Holland)
Edam ist ein freundliches Städtchen. Am Damsluis das *Edamer Museum*, ein spätgotisches Haus (16. Jh.) mit waterländischem Mobiliar und Gegenständen

aus dem 16.–19. Jh. Öffnungszeiten: April bis einschl. Okt. tägl. 10–12 und 14–17 Uhr. – *VVV-Büro:* Kleine Kerkstraat 5, Tel. 02993–71543.

Eersel (Noord-Brabant)

Kempischer *Marktplatz* mit Lindenbäumen, Steinpumpe und Kapelle aus dem 15. Jh., Onze Lieve Vrouwekapel. – Im modernen *Rathaus* steht die Statue des ›Contente Mens‹, deren Repliken ein besonders beliebtes Andenken sind. Sie stellt den gemütlichen Brabanter vor, zufrieden, aus seinen Taschen quellen die Tabakwaren hervor.

Eindhoven (Noord-Brabant)

Stedelijk van Abbemuseum, Bilderdijklaan 10: Gebäude: A. Kropholler (1936), Bildhauer: John Raedecker. Bedeutende moderne Kunstsammlung, darin vertreten: Kubismus, Konstruktivismus, De Stijl, Ecole de Paris, Materiemalerei, Cobra, Zero, Post painterly abstraction, Minimal Art, Conceptual Art. Öffnungszeiten: tägl. 10–17 Uhr, So und Feiertage 13–17 Uhr, 25. Dez. geschlossen. – *Evoluon*, Noord-Brabantlaan 1a. Öffnungszeiten: tägl. 9.30–17.30 Uhr; Sa 10–17 Uhr; So und Feiertage 12–17 Uhr, 25. Dez. und 1. Jan. geschlossen. –

Die St. Catharinakerk in Eindhoven

't Karregat, das Zentrum von de Geestenberg – ein experimentelles Wohnviertel. Architekt: Frank van Klingeren, der auch das erste multifunktionale Gebäude in den Niederlanden entwarf, den Meerpaal in Dronten. Hier handelt es sich um ein soziales, kulturelles, medizinisches und pädagogisches Zentrum. – *Römisch-katholische Kirche St. Catharina*, neugotische Kreuzbasilika mit zwei Türmen, 1860–67 erbaut von P. J. H. Cuypers, eine der besten von den ca. 300 Kirchen, die er gebaut hat. In der Kerkstraat. – *Rathaus*, Stadhuisplein 1, gebaut 1969 (van der Laan), mit Skulpturen und Wanddekorationen von niederländischen Künstlern. – + *VVV-Büro:* Stationsplein 24, Tel. 040–449231/449363.

Elst (Flußgebiet – Gelderland)

Elst verbirgt unter dem Boden seiner reformierten Kirche ein *Museum* mit den Funden, die durch die Zerstörung der Kirche im Zweiten Weltkrieg entdeckt wurden: die Überbleibsel zweier Gallo-Römischer Tempel. In der Eingangshalle steht ein Modell. Besichtigung nach Verabredung: Tel. 08819–1693, Grote Molenstraat 2.

Emmen (Drenthe)

Elf *Hünengräber*, wobei das Grab auf der Schimmer-es ein Langgrab ist, das zwei Grabkeller innerhalb eines langgezogenen Steinkranzes umfaßt. – Modernes *Wohnviertel Emmerhout* (ca. 10 Jahre alt) mit kleinen Höfen und unterirdischem Geschäftszentrum, das 5 Jahre ältere *Angelso*. – In der Nähe des Wohnviertels Emmerschans ist das Land-Art-Werkstück des Robert Smithson zu besichtigen: Der zerbrochene Kreis. – *Der Noorderdierenpark*, Hoofdstraat 18, hat eine Afrika-Savanne und ist Mo bis einschl. So geöffnet von 9–17 Uhr, im Mai, Juni und der zweiten Hälfte des Aug. von 9–18 Uhr, Juli und die erste Hälfte des Aug. von 9–19 Uhr. Zweimal am Tage (ausg. Sonntag) macht der 'Turfbus' eine Rundfahrt durch das Moor. – *Veenmuseumdorp 't Aole Compas*, siehe: Bargercompascuum. – + *VVV-Büro:* Raadhuisplein 2, de Weiert, Tel.: 05910–13000.

Enkhuizen (Noord-Holland)

'Rijksmuseum 'Zuiderzeemuseum', Wierdijk 18. Öffnungszeiten: Mo bis einschl. Sa 10–17 Uhr; So und Feiertage 12–17 Uhr; 1. Jan. geschlossen. – *Stedelijk Waagmuseum*, Kaasmarkt 8. Öffnungszeiten: So 14–16 Uhr; 1. Okt. bis einschl. 1. Mai nur nach Verabredung: Tel. 02280–3382. Außer der Ärztezunftkammer und einer medizinischen Bibliothek Kräuterbücher Raritätenkabinett, alte medizinische Instrumente, auch eine Waagenabteilung, mit Käsepresse und Käsetragen. – *Museum für historische und moderne Waffen*, Zwaanstraat. Im Stadtgefängnis (1612) ca. 550 Gegenstände – vom Steinfaustkeil bis zu der heutigen Bewaffnung. Öffnungszeiten: Ostern und Pfingsten 13.45–17 Uhr; 15. Mai–15. Aug. 13.45 bis 17 Uhr; 15. Aug.–30. Sept. nur So 13.45–17 Uhr; Sa geschlossen. – *Rathaus:* zu besichtigen 9.30–10.45 Uhr und 14.30 bis 15.45 Uhr; Sa und So geschlossen. – *VVV-Büro:* 15. Mai–Aug., Meidenmarkt 2, Tel. 02280–3164.

Enschede (Overijssel)
Rijksmuseum Twente, Lasondersingel 129. Öffnungszeiten: Di bis einschl. Sa 9–13 Uhr und 14–17 Uhr; So und Feiertage 14–17 Uhr. 1. Jan. und Mo geschlossen. – *Oudheidskamer*, Lasondersingel 129. Öffnungszeiten: siehe Rijksmuseum Twente. – *Twents-Gelders Textielmuseum*, Espoortstraat 182. U.a. Geräte vom alten Bauernbetrieb bis zur modernen Textilindustrie, Textilien und Spitzen. Öffnungszeiten: Di bis einschl. Sa 10–12 und 14–17 Uhr; So 14–17 Uhr, 1. Ostertag, 1. Pfingsttag, 1. Weihnachtstag, Neujahrstag, Himmelfahrtstag und Königinnentag geschlossen. – Im Volkspark das *Kriegsdenkmal* aus Bronze von Mari Andriessen (geb. 1897), bestehend aus einer Reihe von gesonderten Bildern und Gruppen. – + *VVV-Büro:* Markt 31, Tel.: 053–323200.

Franeker (Friesland)
Planetarium von Eise Eisinga, Eise Eisingastraat 3 (Abb. 118). Öffnungszeiten: 1. April bis einschl. 30. Sept., Mo bis einschl. Sa 9–12 und 14–18 Uhr; 1. Okt. bis 31. März; Mo bis einschl. Sa 9–12 und 14–17 Uhr. Am 30. April, 2. Ostertag, Himmelfahrtstag und 2. Pfingsttag 14 bis 18 Uhr. – *Museum Coopmanshûs*, Voorstraat 49. Öffnungszeiten: 1. Mai bis einschl. 30. Sept.; Mo bis einschl. Sa 9–12 und 14–18 Uhr, 1. Okt. bis einschl. 30. April; Mo bis einschl. Sa 10–12 und 14–17 Uhr. – *Reformierte Martinikerk*, zu besichtigen durch Küster A. Hoekstra, Breedeplaats 1. – *VVV-Büro:* Waaggebouw, Tel. 05170–4613, vom 1. April bis einschl. 30. Sept.

Garmerwolde (Groningen)
Nied. Reformierte Kirche aus dem 13. Jh., mit Deckenmalereien.

Gieten (Drenthe)
Westlich vom Ort ein *Hünengrab*, nordwestlich bei Eext, *zwei Hünengräber*. – Südlich bei Gasselte, *Het Nije Hemelriek:* Sonnenstrände, Planschbecken und Spielwiesen.

Godlinze (Groningen)
Nied. Reformierte Kirche aus dem 13. Jh. Inneneinrichtung aus dem 16. und 17. Jh., Gewölbemalereien aus dem 15. Jh. Schlüssel: Herr K. Dijkhuizen, Stelterweg 14.

Goes (Zuid-Beveland, Zeeland)
Museum für Zuid- und Noord-Beveland, Singelstraat 13. Öffnungszeiten: 10–12 und 13.30–17 Uhr, Di bis einschl. Sa. – + *VVV-Büro:* Westsingel 1, Tel. 01100–27600.

Gorinchem (Flußgebiet – Gelderland)
Bei Gorinchem (ausgesprochen: Gorkum) kommen Linge, Waal und Merwede zusammen. Der ältere Teil des Städtchens ist denn auch ganz vom Wasser umgeben. Die Hafenaktivitäten sind jetzt zur Merwedeseite verlegt. Dort hat sich auch ein Industriezentrum mit Schiffs- und Maschinenbau entwickelt. Früher, als die Linge noch lebhaft befahren wurde, lag der Hafen an der Lingeseite. Dort ist die Stadt noch besonders hübsch, mit kleinen Sträßchen, die zum Hafen führen, gut restaurierten und bepflanzten Wällen (auf den Ba-

stionen noch zwei *Wallmühlen* aus dem 18. Jh.). Um den *Markt* herum stehen einige Renaissance-Häuser. – Das *Museum 'Dit is in Bethelehem'* ist in einem Renaissancehaus mit reich verziertem Giebel von 1566 untergebracht, Gasthuistraat 25. Öffnungszeiten: Mai bis einschl. Okt.: 10–12 und 14–17 Uhr; So und Feiertage geschlossen. – *VVV-Büro:* Groenmarkt 3, Tel.: 01830–31525.

Gorredijk (Friesland)

In der gut erhaltenen Moorkolonie Gorredijk sind im *Archäologischen und Naturhistorischen Museum 'De Zuid- Oosthoek'*, Hoofdstraat 59, Torfgräbergeräte und der Faustkeil von Ureterp zu finden. Öffnungszeiten: Mo bis Fr 13.30–17 Uhr. Morgens nach Vereinbarung.

Gouda (Zuid-Holland)

St. Janskerk, Achter de Kerk 15. Öffnungszeiten: Mo bis einschl. Sa 9–12.30 und 14–17 Uhr; den 1. von jedem Doppelfeiertag, 2. Weihnachtstag und 1. Jan. geschlossen. – *Stedelijk Museum 'Het Catharina Gasthuis'*, Achter de Kerk 14. Öffnungszeiten: 10–17 Uhr; So und Feiertage 12–17 Uhr. – *Stedelijk Museum 'De Moriaan'*, in einem Tabak- und Kräuterladen, Westhaven 29: Pfeifen, Tonwaren, Kacheln. Öffnungszeiten: 10 bis 12.30 und 13.30–17 Uhr; So und Feiertage 12–17 Uhr. – + *VVV-Büro:* Waag, 1. Stock, Tel. 01820–13298.

Groningen (Groningen)

Provinzhauptstadt. – *Groninger Museum*, Praediniussingel 59: Porzellan des Fernen Ostens, Gemälde (u.a. ›De Ploeg‹), Warftkultur. Öffnungszeiten: Di bis einschl. So 10–17 Uhr; 1. Jan. und 30. April geschlossen. – *Niemeyer Nederlands Tabacologisch Museum* und *Noordelijk Scheepvaart Museum*, beide vereint im Gotischen Haus, Brugstraat 24. Im Tabak-Museum gibt es einen historischen Überblick über die Geschichte des Tabaks und dessen Genuß in den Niederlanden seit ca. 1500–1925. Weiter Kräuterbücher, Pfeifen, Tabakdosen, Kacheln usw. Das Schiffahrtmuseum zeigt Schiffsmodelle, Karten usw. Öffnungszeiten: Mo bis einschl. Sa 10–17 Uhr; So 14–17 Uhr; 28. Aug., 30. April, 1. Jan. und 5. Dez. geschlossen. – *Volkenkundig Museum Gerardus van der Leeuw*, Nieuwe Kijk in 't Jat Straat 104, (neben der

Groningen
1 Noorder Plantsoen 2 Nieuwe Kerk 3 Academisch Ziekenhuis 4 Provinciehuis 5 Martinikerkhof 6 Rathaus 7 A-kerk 8 Museum

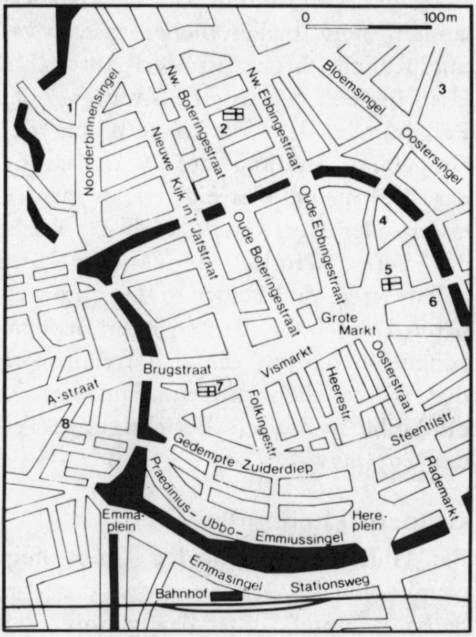

theologischen Fakultät): 7.000 Gegenstände u.a. aus Indonesien, Neu-Guinea, Neu-Seeland. Öffnungszeiten: Di bis einschl. Fr 10–16 Uhr. – * *VVV-Büro:* Grote Markt 23, Tel. 050–139700.

Gronsveld (Limburg)

Mitten im Dorf, einen Steinwurf von der Kirche entfernt, steht das weiße, operettenhafte zierliche *Schloß* (1833, nicht zu besichtigen), erbaut auf den Resten eines älteren Schlosses. Einige Mauerreste stehen noch im Park. Das Schloß gehörte im 15. Jh. den Herren von Bronckhorst-Batenburg, wie im nahegelegenen kleinen *Kirchlein* an den Wappen auf der Orgel und den Hoch- und Seitenaltären zu sehen ist. Die Kirche hat eine schöne Orgel und eine gute Akustik. – Die monumentale *Hügelgetreidemühle* (1622), die einzige noch bestehende Turmmühle in den Niederlanden, steht bedauerlicherweise etwas unglücklich direkt an der Autobahn. Ursprünglich war es eine Zwangs- oder Bannmühle, d.h. die Bauern aus der Umgebung mußten auf Veranlassung des Herrn ihr Getreide dort mahlen lassen. Der Herr erteile auch das Recht des freien Windes: der Müller hatte aufzupassen, daß keiner in der unmittelbaren Umgebung Bauten oder Bepflanzungen errichtete, die den freien Weg des Windes behinderten. Samstags ist die Mühle in Betrieb. Besichtigung: Tel. 043–19326.

Gulpen (Limburg)

Bei Gulpen, im Tal der Gulp, liegt prunkvoll das *Schloß Neubourg*, (jetzt vornehmes Hotel) mit dazugehörendem Vorhof (Abb. 7). Es liegt an der früheren römischen Heerstraße auf Wittem. Teile des Mauerwerks stammen noch aus dem Mittelalter, der quadratische Eckturm und die Kugelspitze sind aus dem 17. Jh. Die Flügel, aus dem 18. Jh., wahrscheinlich von J.C. Schlaun (siehe Eys und Wittem). Ende des 18. Jh. restaurierte Bartholomé Digneffe die Nordseite nach dem Stil des Schlosses von Amstenrade; Couven veränderte die Vorburg, und Anfang des 19. Jh. wurde nach dem Entwurf Matthias Soirons ein stattliches Einfahrtstor gebaut. Das Schloß kann nur von Hotelgästen besichtigt werden.

Den Haag (Zuid-Holland)

Provinzhauptstadt. – *Het Haags Gemeentemuseum*, Stadhouderslaan 41. Öffnungszeiten: Mo bis einschl. Sa 10–17 Uhr; So und Feiertage 13–17 Uhr; Mi Abend 20–22 Uhr. – *Regierungsgebäude und Rittersaal*, Binnenhof 8a. Öffnungszeiten: Mo bis einschl. Sa 10–16 Uhr; So geschlossen; Juli und Aug. Mo bis einschl. Sa 9–16 Uhr. – *Koninklijk Kabinet van Schilderijen 'Mauritshaus'*, Plein 29. Öffnungszeiten: Mo bis einschl. Sa 10–17 Uhr; So und Feiertage 11–17 Uhr, 1. Jan. geschlossen. – *Schilderijenzaal Prins Willem V.*, Buitenhof 35. In der Gastwirtschaft aus dem 18. Jh., die 1774 zu 'Gallerey voor Syne Hoogheids Schilderyen' umgebaut wurde, befindet sich in der Hauptsache holländische Malerei aus dem 17. Jh. Öffnungszeiten: Mo bis einschl. Fr von 11–14 Uhr. – *Rijksmuseum Meermanno Westreenianum*, Prinsessegracht 30. Öffnungszeiten: Mo bis einschl. Sa 13–17 Uhr. – *Museum Bredius*, Prinsengracht 6: Kunsthand-

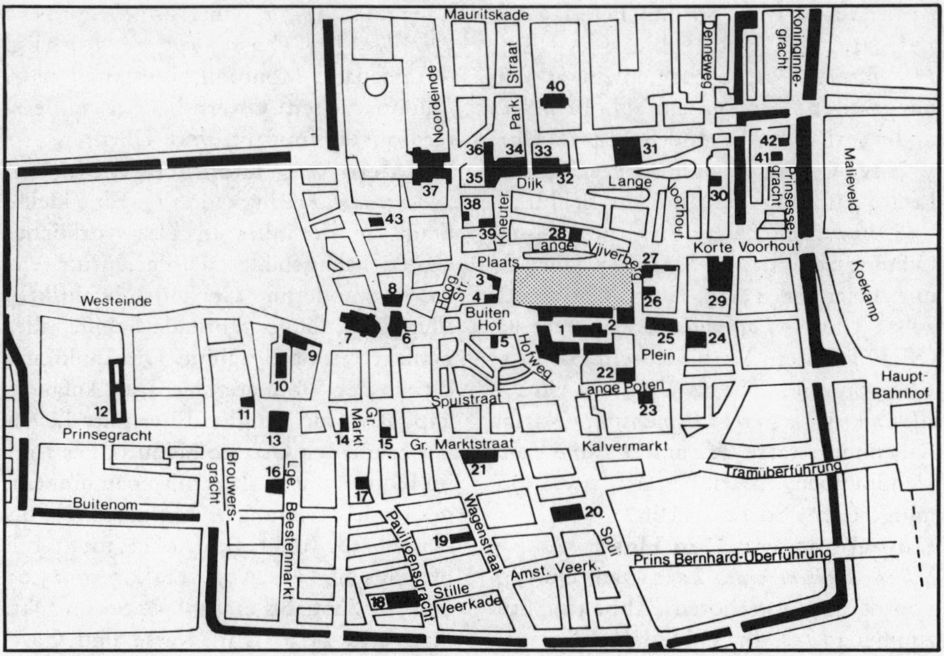

Den Haag

1 Binnenhofkomplex 2 Mauritshuis 3 Gevangenpoort 4 Huis Wederholt 5 Hoofdwacht 6 Oud Stadhuis 7 Grote Kerk 8 Voorm. Kantoor de Nederlanden van 1845 9 Britische Botschaft 10 St. Theresiakerk 11 Hooftshofje 12 Hofje van Nieuwkoop 13 Korenhuis 14 Groot Boterhuis 15 'De Volharding' 16 Hofje v. Cornelia van Wouw 17 Ev. Lutherse Kerk 18 Heilige Geesthofje 19 Grote Synagoge 20 Nieuwe Kerk 21 'De Bijenkorf' 22 Justizministerium 23 Verteidigungsministerium 24 Außenministerium 25 Societeit de Witte 26 Kabinett der Königin 27 St. Sebastiaansdoelen 28 Deutsche Botschaft 29 Kon. Schouwburg 30 Paleis Lange Voorhout 31 Kon. Bibliotheek 32 Pageshuis 33 Kloosterkerk 34 Finanzministerium (Huis Oldenbarneveldt) 35 Finanzministerium (Huis Wassenaer-Obdam) 36 Gotische Zaal 37 Oude Hof 38 Waals-Herv. Kerk 39 Jan de Witthuis 40 St. Jacobuskerk 41 Portug.-Israel. Synagoge 42 Museum Meermanno-Westrenianum 43 Oud Katholieke Kerk

werk und Gemälde der holländischen Schule aus dem 17. Jh. Öffnungszeiten: Mo bis einschl. Sa 10–17 Uhr; So und Feiertage 13–17 Uhr; Mi abends 20–22 Uhr. – *Rijksmuseum Hendrik Willem Mesdag*, Laan van Meerdervoort 7f: Malerei des 19. Jh., Haager und Barbizon-Schule. Öffnungszeiten: Mo bis einschl. Sa 10–17 Uhr; So und Feiertage 13–17 Uhr; 1. Jan. geschlossen. – *Panorama Mesdag*, Zeestraat 65 B. Öffnungszeiten: 1. Mai–Ende Sept.: Wochentage 10–17 Uhr; 1. Okt.–Ende Nov.: Wochentage 10–16 Uhr; 1. März–Ende

April: 10–16 Uhr; So und Feiertag eab 12 Uhr; 1. Dez.–Ende Febr. 10–15 Uhr. – *Het Vredespaleis*, Carnegieplein 2. Öffnungszeiten: Mo bis einschl. Fr 10–12 und 14–16 Uhr; Sa und So 14–16 Uhr; 1. Nov.–Ostern Sa und So geschlossen. Letzte Führung 30 Min. vor Schluß. – *Trachtenmuseum*, Lange Vijverberg 14–15. Öffnungszeiten: Mo–Sa 10–17 Uhr; So und Feiertage 13–17 Uhr; Mi Abends 20–22 Uhr. – *Postmuseum*, Zeestraat 82. Öffnungszeiten: Mo bis einschl. Sa 10–17 Uhr; So und Feiertage 13–17 Uhr. – *Museum Voor Het Poppenspel*, Nassau Dillenburgstraat 8: antike und alte Handpuppen, Marionetten usw. Öffnungszeiten: So 12–14 Uhr.

Umgebung von Den Haag

Schloß Duivenvoorde, Laan van Duivenvoorde 4, Voorschoten (Abb. 57). Stilzimmer 17./18. Jh., chinesische Tapeten. Führungen: 1. April–1. Okt., Di, Do und Sa 10.00, 11.30, 14.00 und 15.30 Uhr. – *Huygens Museum 'Hofwijck'*, Westeinde 2, Voorburg. Landhaus des Dichters und Staatsmannes Constantijn Huygens (1596–1687), Entwurf von Jacob van Campen und Pieter Post, mit Erinnerungen an den Besitzer und dessen Sohn, den Naturforscher und Astronomen Christiaan Huygens. Öffnungszeiten: Di bis einschl. So (auch an Feiertagen) 13–16 Uhr. – *Tierpark Wassenaar*, Rijksstraatweg 667, Wassenaar. Tägl. geöffnet von 8.30–18.00 Uhr. – *Het Nationaal Automobielmuseum*, Veursestraatweg 280, Leidschendam. Historische Kraftwagen, Motorräder, Fahrräder, Feuerspritzen, Fahrzeuge und was damit in Verbindung steht. Öffnungszeiten: 1. April bis einschl. 31 Okt. 9–17 Uhr; So 11–17 Uhr. – *Freizeitpark Drievliet,* Jan Thijssenweg 16, Rijswijk. – Lunapark, Monorail, Riesenrad usw. Öffnungszeiten: Ostern bis einschl. letzter Sonntag im Sept. 9–18 Uhr.

Auf dem Weg nach Scheveningen

Madurodam, Haringkade 175. Eine kleine Stadt, in der alles in 1/25 wirklicher Größe nachgebildet wurde: historische sowie moderne Gebäude, Fabriken, Flughäfen, Züge, fahrende Schiffe, alles naturgetreu nachgeahmt. Die Einkünfte dienen der Wohltätigkeit. Das Anfangskapital wurde von den Eltern des Leidener Studenten George Maduro, der 1945 im Konzentrationslager Dachau umkam, gespendet. Öffnungszeiten: 23. März bis einschl. 30. Juni tägl. 9.30–22.30; 1. Juli bis einschl. 31. Aug. tägl. 9.30–23.00 Uhr; 1. Sept. bis einschl. 1. So im Okt. tägl. 9.30–21.30 Uhr. Kasse und Gaststätte schließen eine halbe Stunde früher. – + *VVV-Büros:* Tel. 070–546200, Kon. Julianaplein 8 (beim Hauptbahnhof) und am Groenmarkt.

Haarlem (Noord-Holland)

Provinzhauptstadt. – *Frans Halsmuseum*, Groot Heiligland 62. Auch Kunsthandwerk, Stilzimmer, Puppenhaus, Costeriana und eine Abteilung moderner Kunst. Öffnungszeiten: Mo bis einschl. Sa 10–17 Uhr, So und Feiertage 13–17 Uhr; 25. März bis einschl. 15. Mai Sa und Mo abends 20.30–22.30, 15. Juli bis einschl. 3. Sept. nur Sa abends. – *Teylers Museum*, Spaarne 16. Öffnungszeiten: Di bis einschl. Sa 10–17 Uhr; 1. So des Monats 13–17 Uhr (Okt. bis einschl. Febr. 10–16 Uhr und 13–16 Uhr), Febr. geschlossen; Himmelfahrtstag 13–17 Uhr.

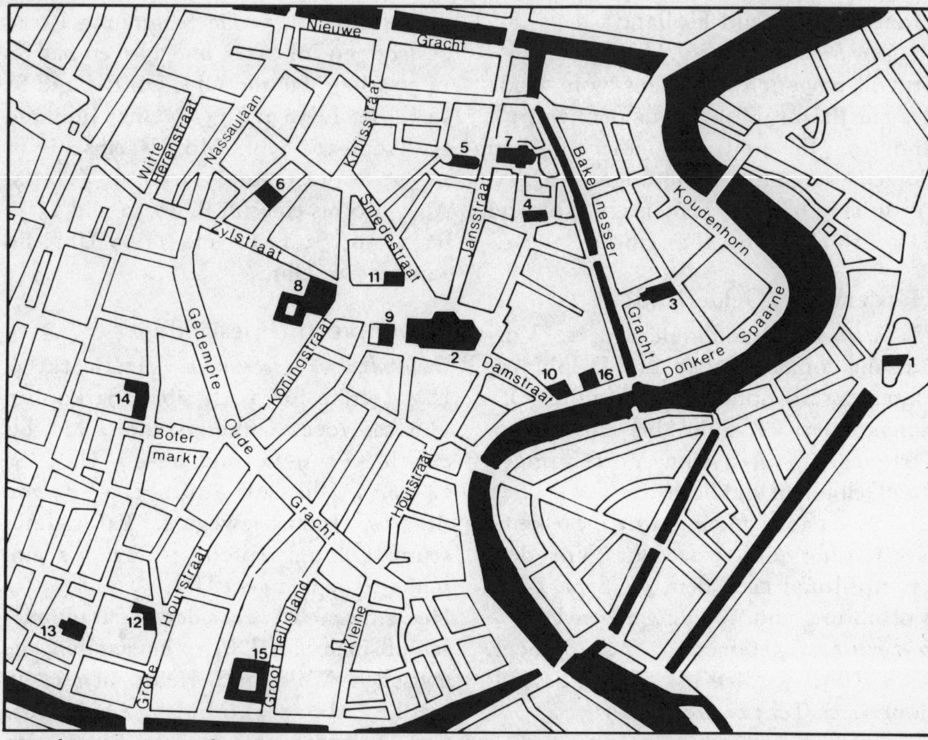

Haarlem 1 Amsterdamse poort 2 Grote Kerk 3 Bakenesser Kerk 4 Waalse Kerk 5 Janskerk 6 St. Anthoniuskerk 7 St. Josephskerk 8 Stadhuis 9 Vleeshal 10 Waag 11 Hoofdwacht 12 St. Adriaansdoelen 13 Nieuwe Kerk 14 St. Jorisdoelen 15 Frans Halsmuseum 16 Teylers Museum

– *Museum Enschede,* Klokhuisplein 5. Sammlung zur Geschichte der niederländischen Letterngießerei und Druckkunst (u.a. Druck von Wertpapieren). Nur nach Verabredung Mo bis einschl. Fr 10–12 und 14–16 Uhr. – *Rathaus,* Grote Markt 2. Mo bis einschl. Fr 9–12 und 14–16 Uhr. – *Grote Kerk (St. Bavo),* Grote Markt, Geöffnet: täglich 9–17 Uhr. – *De Hallen,* Grote Markt. Nebengebäude des Frans Halsmuseums: wechselnde Ausstellungen moderner Kunst. – + *VVV-Büro:* Stationsplein 1, Tel: 023–319059.

Haarlemmermeer, Vijfhuizen (Noord-Holland)

Museum 'De Cruquius', Cruquisweg 32. Öffnungszeiten: April bis einschl. Sept. tägl. 9–17 Uhr; Okt. und Nov. täglich 9–16 Uhr; Dez.–März: nur nach Vereinbarung: Tel. 023–285704.

Haarzuilens (Utrecht)

Schloß de Haar, Kasteellaan 1. Führungen: 15. Febr.–15. Aug. und 15. Okt.–15. Nov.: Di bis einschl. Sa 9–11.45 und 13.30–16.45 Uhr, So 13.30–16.45 Uhr.

Haastrecht (Zuid-Holland)

Museum Bisdom van Vliet, Hoogstraat 166. Stilvoll eingerichtetes Haus vom Ende des 19. Jh. mit Möbeln aus dem 17., 18. und 19. Jh. und mit einer reichen Porzellansammlung. Öffnungszeiten: 15. April–15. Okt.: Di bis einschl. Do und Sa 10–16 Uhr; So 14–17 Uhr.

Harderwijk (Gelderland)

Dolfinarium, Strandboulevard 1. Vorführung von Schwertwal und Delphinen, Unterwasserpanorama, Robarium. Öffnungszeiten: 25. Febr. bis einschl. 29. Okt. tägl. 9–17.30 Uhr. Vorführungen von Delphinen und Seelöwen: 10 – 11.30 13.00 – 14.30 – 16.00 – 17.30, So keine Vorführung um 10.00 Uhr. Vor dem 15. April und nach dem 10. Sept. keine Vorführung um 10. und 17.30 Uhr. – *Veluwestrand:* geöffnet 15. April–15. Sept. 8–18 Uhr. – + *VVV-Büro:* Strandboulevard, Tel.: 03410–12929

Hattem (Gelderland)

Museum Oud-Hattem, Achterstraat 48. Historisches Museum u. a. mit Gemälden (IJssellandschaften) von Jan Voerman. Öffnungszeiten: Mo bis einschl. Sa 10–12 und 14–17 Uhr.

's Heerenberg (Gelderland)

In dem schönen Städtchen in den Montferlander Hügeln liegt in der Stadtmitte *Huis Bergh*, ein Schloß, das im 16. Jh. umgebaut wurde. Das ursprüngliche Schloß stammte aus dem 12. Jh. Das völlig vernachlässigte Gebäude wurde 1912 von dem Textilfabrikanten aus Twente, dem Kunstsammler Van Heek gekauft, restauriert und stilgemäß eingerichtet. Die wertvolle Sammlung ist zu besichtigen im März und November So 14.30 Uhr; Mai und Okt. Di, Do und Sa 14.30; So 14.30 und 15.30 Uhr; Juni und 15. Aug.–30. Sept. Mo bis einschl. Fr 14.30; So 14.30 und 15.30; 1. Juli–15. Aug. Mo bis einschl. Fr 10.30 und 13.30 bis 15.30; Sa 14.30 und 15.00 Uhr; So 14.00–15.30 Uhr.

Heerenveen (Friesland)

Oudheidkamer Heerenveen, Vleesmarkt 9. U.a. Geräte für Torfgräber, Sarkophag von ca. 1000. Öffnungszeiten: Mo bis einschl. Fr 9–12 und 14–17 Uhr; Sa 14–16.30 Uhr, auf Anfrage. – *Batavus Museum*, Industrieweg 4. Fahrradmuseum. Öffnungszeiten: 1. Mai bis einschl. 30. Sept. 14–17 Uhr.

Heerenveen ist aus dem Zusammenschluß mehrerer Dörfer entstanden, die zwischen Wald und Heide liegen. In Katlijk (Abb. 113), Mildam, Oudehorne und Nieuwehorne stehen neben den Kirchen Glockenstühle.

Heerlen (Limburg)

Thermen Museum, Coriovallumstraat 9. In diesem Museum: die ausgegrabenen Fundamente der römischen Therme. Weiter archäologische Funde der Römerzeit und Modelle mittelalterlicher Bauwerke. Öffnungszeiten: Di bis einschl. Fr 10–17 Uhr; Sa 10–13 Uhr. – + *VVV-Büro:* Burg. van Grunsvenplein 2, Tel. 045–716200.

Heino (Overijssel)

Schloß Nijenhuis (Abb. 105). Stiftung 'Hannema-de Stuers Fundatie'. Zu der Zeit, als Dr. D. Hannema Direktor im

Museum Boymans-Van Beuningen in Rotterdam war, wurde dort das berühmte Werk von Han van Meegeren angekauft: die ›Emmausgänger‹ von Vermeer. (Für diejenigen, die sich nicht daran erinnern: Han van Meegeren fand keine Anerkennung für seine eigenen Gemälde, jedoch für seine 'Vermeers'. Er hat sich selbst als Fälscher angezeigt. Weil es jedoch unmöglich war, einen Unterschied zwischen seinen und den echten Vermeers zu finden (er verwandte sogar gleiche Farben), ließ man ihn in absoluter Abgeschiedenheit noch einen Vermeer machen, und auch dieser war makellos). Jetzt stellt die Stiftung unter der Leitung von Dr. D. Hannema in der vornehmen Havezate ihre niederländischen, französischen und italienischen Gemälde aus dem 17. Jh. aus. Unter Ihnen hat Dr. Hannema zwar keine Vermeers entdeckt, jedoch einige Werke von Schülern des Malers. Öffnungszeiten: täglich 10–17 Uhr.

Hellevoetsluis (Zuid-Holland)

Nationaal Brandweermuseum, Gallasplein 5. Öffnungszeiten: tägl. 10–16 Uhr; So und Feiertage 11–16.30 Uhr; Okt.–April Mo geschlossen; die ersten vierzehn Tage im Okt. geschlossen. – *VVV-Büro:* Rijksstraatweg 30, Tel. 01883–2318.

's Hertogenbosch (Noord-Brabant)

St. Janskathedraal, Parade. Zu besichtigen: Ostern bis einschl. Aug. tägl. 10–12 und 13.00–17.00 Uhr; Sept.–Ostern: tägl. 10–12 und 14–17 Uhr. – *Rathaus*, Markt. Wandmalereien von Antoon Dèrkinderen, Ratssaal mit Gobelins, Gemälde von Theodor van Tulden. Geöffnet während der Bürostunden. – *De Moriaan*, Markt. Das erste Haus der Stadt aus Backstein (1220). Jetzt + *VVV-Büro*, Markt 77, Tel. 073–123071. – *Noordbrabants Museum*, Bethaniestraat 4. Öffnungszeiten: Mo bis einschl. Fr 10–17 Uhr; Sa und So 13–17 Uhr, 1. Ostertag und 1. Weihnachtstag geschlossen. – *Zwanenbroederhuis*, Hinthamerstraat 94, u.a. Musikbücher aus dem 15. und 16. Jh. Öffnungszeiten: frei ab 11–15 Uhr, Aug. geschlossen. – Am Stadtrand beim 'Zuiderplas' das 103,5 m hohe *Provinciehuis* (H. Maaskant, 1968–1971) mit Werken von u.a. Arthur Spronken, Pieter d'Hont, Karel Appel, Edith Imkamp. – *Museum Slager*, Choorstraat 16. Werke der Malerfamilie Slager: von P.M. Slager (1841–1912) bis Tom Slager (geb. 1918) mit sechs Familienmitgliedern dazwischen. Öffnungszeiten: Di bis einschl. Fr 14–17 Uhr.

Heusden (Noord-Brabant)

Das ganze Festungsstädtchen wurde und wird weiter restauriert, um es wieder in den ursprünglichen Zustand von 1581 zurückzuführen. Im letzten Jahr des Zweiten Weltkrieges wurde es schwer zerstört, als das abziehende deutsche Heer das Rathaus (mit 134 Bürgern darin) zusammen mit anderen Gebäuden sprengte. Durch die Restaurierung bekam das Städtchen eine etwas unwirkliche Atmosphäre. Die Steine der Häuser aus dem 16. und 17. Jh. und die hübsche *Visbank* (Abb. 29) (1796) sind neu und haben eine helle Farbe, während die Wälle an der Maas mit den drei frisch gestrichenen *Wallmühlen*, die über das grüne Land jenseits des Flusses

Ausschau halten, das Städtchen doch sehr altertümlich anmuten lassen. – *VVV-Büro:* Vismarkt 8, Tel. 04162–2100, geöffnet Apr. bis einschl. Okt.

Hilvarenbeek (Noord-Brabant)

Am Vrijthof, einem schönen Beispiel eines Kempischen Dorfplatzes, die *Röm. Kath. Kirche*, eine spätgotische Kirche mit drei Schiffen von ungleicher Breite. Sie hat einen prachtvollen kempisch-gotischen Turm. – *VVV-Büro:* Vrijthof 12, Tel. 04255–1934. Nur geöffnet von Ostern bis 15. Okt.

Hilversum (Noord Holland)

Radio- und Fernsehstadt. Das *Rathaus* (Naarderweg) ist ein berühmtes Werk des Architekten W.M. Dudok von 1928–31 (In der Halle ein Fenster von Joep Nicolas), eines der hervorragendsten Funktionalisten, deutlich unter dem Einfluß von Frank Lloyd Wright. – Das *Avrostudio*, 's Gravelandseweg 52, ist auch ein Werk des Funktionalismus, genau wie das *Hotel* und *Theater Gooiland* (1936), Emmastraat 2, von J. Duiker (der auch das Cineac und die Freiluftschule in Amsterdam baute). – + *VVV-Büro:* Stationsplein 1–3, Tel.: 035–11651.

Hindelopen (Friesland)

Hidde Nijland Museum, Dijkweg 1. Öffnungszeiten: 15. März bis einschl. 14. Okt. Mo bis einschl. Sa und Feiertage: 9–12 und 13.30 und 17 Uhr; So 13.30–17 Uhr. – *VVV-Büro:* Nieuwe Weide 14, Tel. 05142–1271.

Hoensbroek (Limburg)

Vom eindrucksvollsten Schloß zwischen Maas und Rhein, *Hoensbroek* (Abb. 1), Klinkerstraat 118, ist nur noch der runde Eckturm mittelalterlich. Tief in diesem Turm gibt es einen jahrhundertealten Kerker. Durch einen 5 m langen schrägen Schlitz in der 3 m dicken Wand dringt etwas Tageslicht hinein. Vier Furchen der Finger in der glattgeschliffenen Fensternische erzählen genug von der Qual des an einen schweren Balken geketteten Häftlings. Das enorme Schloß, ein Hauptgebäude mit zwei Vorburgen, steht auf drei von Gräben umgebenen Inseln. Obgleich in verschiedenen Phasen gebaut und zwischen 1928 und 1943 gründlich restauriert, stammt es zum größeren Teil etwa von 1650. Nur der rechte Flügel des Wohnschlosses ist sichtbar 18. Jh. mit seinen breiten, niedrigen Fenstern und gibt dem Limburger *Schutterijenmuseum* Unterkunft, das täglich von 10–12 und 13.30–17.30 Uhr geöffnet ist. Vom 1. Mai bis einschl. 1. Sept. 10–17.30 Uhr.

Hooghalen (Drenthe)

Westlich vom Dorf dehnen sich die prächtigen Wälder aus, in den sich während des Zweiten Weltkrieges das Konzentrationslager Wersterbork befand. Jetzt ist dort eine jüdische Gedenkstätte. Im gleichen Wald die 14 größten Radioteleskope Europas. – *VVV-Büro:* de Drift 12a, Tel. 05939–300

Hoorn (Noord-Holland)

Westfries Museum, Rode Steen 1 (Farbt. 43). Öffnungszeiten: April bis einschl. Sept. Mo bis einschl. Sa 10–17 Uhr; So und Feiertage 12–17 Uhr; Okt.

bis einschl. März Mo bis einschl. Sa 10–12 und 14–17 Uhr; Okt. und März So 14–17 Uhr. – Gegenüber der Kirche (in der jetzt ein Geschäft ist) steht am Kerkplein das *St. Jans Gasthuis* oder *Boterhal*. Hinter der sehr hübschen Fassade von 1563 befindet sich eine Dépendance des Westfriesischen Museums, wo wechselnde Ausstellungen stattfinden. – + *VVV-Büro:* Rode Steen 2, Tel. 02290–18193.

Hulst (Zeeuws Vlaanderen, Zeeland)
Entlang der Wälle führt ein Spaziergang zum *Gentse Poort* (1780) vorbei am Monument des Vos Reinaerde (Reineke Fuchs), der Hauptfigur des mittelalterlichen humoristischen Tierepos ›Van den Vos Reinaerde‹. Die Abenteuer des Fuchses und Isegrims des Wolfes, Bruuns des Bären, Tibaerts des Katers und König Nobels sollen sich in dieser Gegend abgespielt haben. Die Betonkuppel des Turms der R.K. *St. Willibrorduskerk* mitten im Ort überragt die Bäume und Wälle. Der Turm wurde nach der Zerstörung von 1944 neu errichtet. Das Stockwerk unter der Kuppel wurde im vorigen Jahrhundert von Architekten Cuyper auf den noch bestehenden achtkantigen Turm (1402) des Genters Laurens van Leyen gebaut. Am Bau der Kirche waren verschiedene Baumeister aus dem 15. und 16. Jh. beteiligt: u.a. Mr. Everaert Spoorwater aus Antwerpen (siehe Bergen op Zoom), Herman (St. Jacobskerk in Antwerpen) und Dominicus Waghemakere sowie einer der Keldermans aus Mechelen: Laurens. Es ist die einzige Kirche in den Niederlanden mit Vierungsturm, was in Westflandern häufiger vorkommt. – *VVV-Büro:* Grote Markt 21, Tel. 01140–3755.

Janum (Friesland)
Kerkmuseum, Außenhof des Friesischen Museums. Geöffnet 9–17 Uhr.

Kaatsheuvel (Noord-Brabant)
Am Rande der Dünen von Loon und Drunen, wo einst nur Ödland mit Pulversand war, liegt jetzt ein ausgedehntes Wander- und Reitgebiet. Da ist *Kaatsheuvel* mit dem von Anton Pieck entworfenen Märchenwald – eine niederländische Version des Disneyland – der *Efteling*, das Land, wo die Abfalleimer in der Gestalt von Pandabären um Papier bitten. Öffnungszeiten: 26. März bis einschl. 8. Okt. täglich von 10–18 Uhr.

Kampen (Overijssel)
Rathaus, Oudestraat 133 (Abb. 112). Führungen: Mo bis einschl. Do 10 – 11 – 14 – 15 Uhr, Fr nur 10–11 Uhr. – + *VVV-Büro:* Oudestraat 160, Tel. 05202–3500.

Kerkrade (Limburg)
Östlich von Kerkrade die ehemalige *Abtei Rolduc* mit ihrer romanischen Kreuzbasilika aus dem 17. Jh. inmitten von Klostergebäuden aus dem 17. und 18. Jh. In Krypta und Schiff romanische Kapitelle und Sockel. In einem Flügel der Abtei das *Bergwerksmuseum*, das auf angenehme Art einen Eindruck von der Entwicklung und der Blüte des ehemaligen niederländischen Bergbaus vermittelt. Öffnungszeiten: 1. Mai–15. Sept.:

Di bis einschl. Sa 9–17 Uhr, 15. Juli–15. Aug.: auch So 13.30–17 Uhr, 15. Sept. bis 1. Mai: Di bis einschl. Fr 13.00–16.30 Uhr, und jeden 2. Sa des Monats 13.00 bis 16.30 Uhr. – In *Kaalheide*, einem Teil von Kerkrade, in einem kleinen Park an der Krichelstraat und dem Kapelweg, unweit der Kirche von Kaalheide: der rekonstruierte Grundriß einer römischen Villa. – *VVV-Büro:* Hoofdstraat 69, Tel. 045–452434.

Ketelhaven (Gemeinde Dronten, Oostelijk Flevoland)

Museum voor Scheepsarcheologie (Schiffsmuseum), Vossemeerdijk 21. Mitten in der großen Halle steht das Wrack eines Schiffes, das ca. 1650 in der Zuiderzee versank. Jede Stunde geht eine Sirene, dann wird das Schiff naß gespritzt zwecks Konservierung. Weitere Reste ausgegrabener Schiffe, Schiffsinventare von der Vorgeschichte bis zum 20. Jh. Öffnungszeiten Mo bis einschl. Sa 9–17 Uhr; So und Feiertage 10–18 Uhr; 1. Weihnachtstag und 1. Jan. geschlossen.

Keukenhof (Lisse, Zuid-Holland)

Tulpenpark. Öffnungszeiten 23. April bis 21. Mai, 8–20.00 Uhr.

Laren (Noord Holland)

Singer Museum, Oude Drift 1. Bildende Kunst, hauptsächlich aus dem 19./20. Jh. An den Feiertagen geschlossen, ausgenommen. 2. Ostertag, 2. Weihnachtstag und Himmelfahrtstag. Regelmäßige Kunstauktionen von Christie.

Leek (Groningen)

Nationaal Rijtuigmuseum (Fahrzeugmuseum), Landgut Nienoord. Öffnungszeiten: ab Karfreitag–1. Okt. täglich 9–17 Uhr.

Leens (Groningen)

Borg Verhildersum, eine kleine Burg aus dem 14. Jh. Darin *Het Ommelander Museum*, Heimatmuseum. Öffnungszeiten ab Karfreitag–1. Nov.: Di bis einschl. So 11–18 Uhr.

Leerdam (Flußgebiet – Zuid-Holland)

In diesem Städtchen der Glasbläser, wo die Glasindustrie im 18. Jh. aufkam, befindet sich das *Nationaal Glasmuseum*, Lingedijk 28. In der Sammlung, die hauptsächlich Gebrauchsgläser und Glaskunst des 20. Jh. umfaßt, befindet sich sowohl niederländisches wie auch ausländisches Glas, prächtige Kreationen u.a. von de Bazel, Berlage und Frank Lloyd Wright. Öffnungszeiten: Mo bis einschl. Fr 9.45–12.30 und 13.30–17 Uhr; April bis einschl. Okt. Sa 9.45–17 Uhr; So und Feiertage 13–17; Nov. bis einschl. März Sa und So geschlossen. – *Hofje van Aerden*, Kerkstraat 67a, ein Beispiel eines südholländischen Wohnhofs, in dessen Regentensaal eine Gemäldesammlung (Frans Hals, Ph. Koninck, Terborch, Ruysdael und Familienporträts) untergebracht ist. Öffnungszeiten: Di 14–16 Uhr, Do 14–16 Uhr.

Leermens (Groningen)

Nied. Reformierte Kirche aus dem 11. und 13. Jh., Schlüssel: Herr Pijper, Rondweg 41.

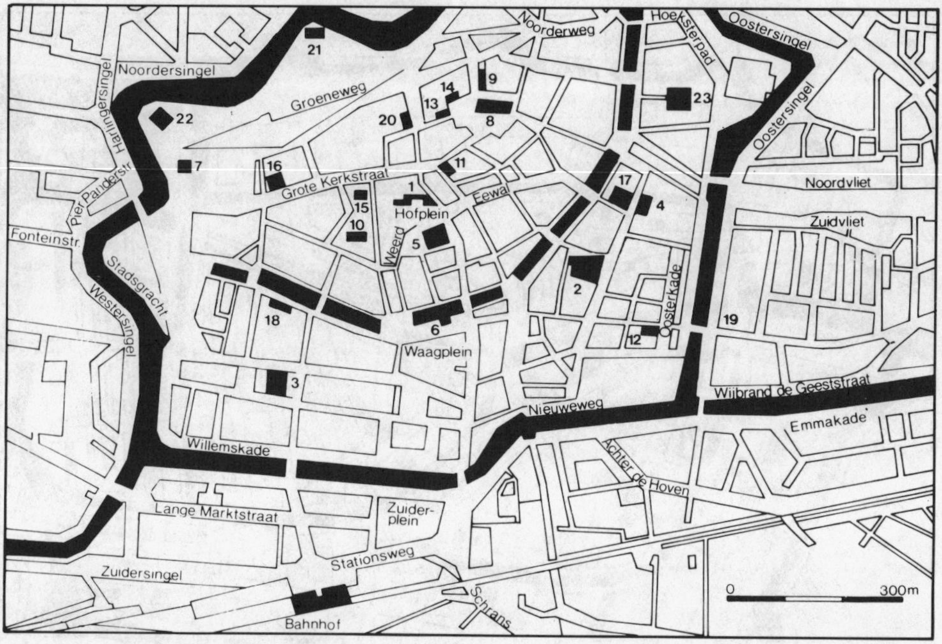

Leeuwarden

1 Stadhouderlijk hof 2 Provinciehuis 3 Justizpalast 4 Voorm. kanselarij 5 Stadhuis 6 Waag 7 Oldehove-Turm 8 Grote oder Jacobijnerkerk 9 Kosterij 10 Westerkerk 11 Waalse Kerk 12 Lutherse Kerk 13 Poortje Nieuwe Stadsweeshuis 14 Poortje Boshuizengasthuis 15 Poortje Diaconiehuis 16 Prinsessehof 17 Friesisches Museum 18 Popta poortje 19 Poortje Gabbema gasthuis 20 Poortje Anthonygasthuis 21 Museum Prinsentuin 22 Pier Pander tempeltje 23 St. Bonifatiuskerk

Leeuwarden (Friesland)
Provinzhauptstadt. – *Fries Letterkundig Museum en Dokumentatiecentrum*, Beijerstraat 12/Ecke Grote Kerkstraat, auf der Höhe der Warft Nijenhove gelegen, in 'Mata Hari's Haus', wo die legendäre Tänzerin Mata Hari, (Margaretha Geertruida Zelle) ihre Mädchenjahre verbrachte. – *Fries Museum*, Turfmarkt 24. Öffnungszeiten: Mo bis einschl. Sa 10–17 Uhr, So 13–17 Uhr. – *Gemeentelijk Museum Het Princessehof*, Grote Kerkstraat 9–15. Öffnungszeiten: Mo bis einschl. Sa 10–17 Uhr, Fr 10–22 Uhr; So und Feiertage 14–17 Uhr. – *Pier Pander Museum*, Park Prinsentuin. Öffnungszeiten: Di bis einschl. Sa 10–13 und 14–17 Uhr. – *Grote oder Jacobijnerkerk*, zu besichtigen 1. Mai bis einschl. 30. Sept., Di bis einschl. Sa 10–12.30 und 14–17 Uhr. So geschlossen. – * *VVV-Büro:* Stationsplein 1, Tel. 05100–32224.

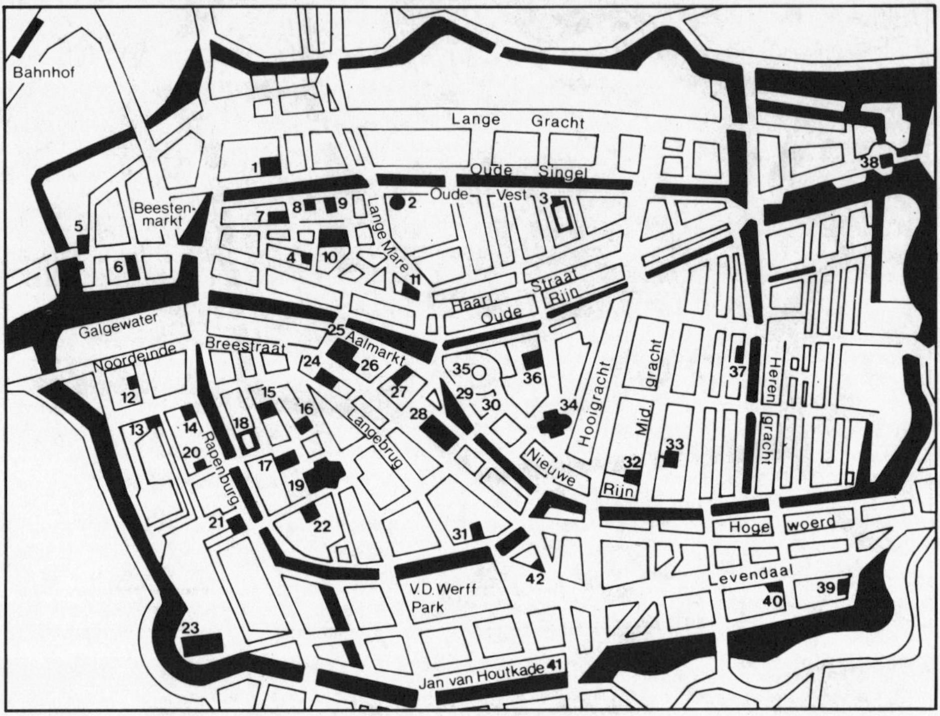

Leiden

1 'Lakenhal' 2 Marekerk 3 Hofje Meermansburg 4 Sionshofje 5 Morschpoort 6 Stadstimmerwerf 7 St. Elisabethsgasthuis 8 Voorm. Waals Weeshuis 9 Schouwburg 10 St. Caecilia Gasthuis 11 R.-K. Hartebrugkerk 12 Loridanshofje 13 Doelenport 14 Bibliotheca Thysiana 15 Hofje van Broekhoven 16 Latijnse School 17 Gravensteen 18 Rijksmuseum 19 Pieterskerk 20 Hofje v. Eva van Hogeveen 21 Academie 22 Jean Pesijnshofje 23 Sterrenwacht 24 Gemeenlandshuis 25 Stadsgehoorzaal 26 Waalse Kerk 27 Waag 28 Stadhuis 29 Fontein 30 Korenbrug 31 Lodewijkskerk 32 St. Annahofje 33 Schachtenhofje 34 St. Pancras- oder Hooglandse Kerk 35 Burcht 36 Herv. Weeshuis 37 Geref Kerk 38 Zijlpoort 39 Tevelingshof 40 Bethlehemshof 41 Turm Oostenrijk 42 Synagoge

Leiden (Zuid-Holland)

Academisch Historisch Museum, Universiteitsplein, Rapenburg 73, Tel. 071–122044. Geöffnet Di und Fr 14–17 Uhr, morgens nach Absprache.

Hortus Botanicus der Rijksuniversiteit, Rapenburg 73, Universiteitsölein. Korrespondenzanschrift: Nonnensteeg 3. Tel. 071–148333 (App. 6684 u. 6688). Geöffnet: 1. April bis 30. Sept.: 9–17 Uhr. So.

durchgehend 10–16 Uhr; Kasse Sa und So geschlossen. 1. Okt.–31. März: 9–12 und 13.30–16 Uhr. So geschlossen. Kasse Sa geschlossen. Eintritt für Besucher: Rapenburg 73, Universiteitsplein. Führungen: Rechtzeitige Anfrage erforderlich. Tel. 071–148333 (Apperat 6684 und 6688).

Molenmuseum 'De Valk', 2de Binnenvestgracht 1 (direkt am Bahnhof). Tel. 071–121537. Geöffnet: Di bis einschl. Sa 10–17 Uhr, So und Feiertage 13–17 Uhr, Mo geschlossen.

Windkornmühle aus Stein von 1743. Erdgeschoß: Müllerswohnung mit Einrichtung von etwa 1900; Müllerswerkstatt und Schmiede. Oben: Ausstellungsräume mit Mühlen-Modellen und zur Mühle gehörenden Gegenständen, Teile von Mühlen sowie des natürlichen Antriebsmechanismus mit Mühlensteinen.

Koninklijk Nederlands Leger- en Wapen Museum 'Generaal Hoefer', Pesthuislaan 7, Tel. 071–134241. Geöffnet: Mo bis einschl. Fr 9–17; So 13–17 Uhr; 25. Dez., 1. Jan., 30. April und 3. Okt. geschlossen. Filmvorführungen u. a. über den Zweiten Weltkrieg: täglich 10.30 und 14.30 Uhr.

Pilgrim Fathers Documentatie Centrum, Eingang Boisotkade 2a, Tel. 071–120191 und 134421. Geöffnet: Mo bis einschl. Fr 9–12 und 14–16.30 Uhr. 3. Oktober und anerkannte Feiertage geschlossen. Eintritt gratis. Die Pilgrim Fathers waren eine Gruppe Engländer, Flüchtlinge wegen ihrer religiösen Überzeugung, die sich 1609 in Leiden niederließen. 1620 zogen sie mit der Mayflower nach Amerika, wo sie am 19. November auf Kap Cod landeten. Im Dokumentationszentrum sind Fotos von Archivstücken und Stadtansichten jener Zeit ausgestellt, die ein Bild davon vermitteln, wie und wo im damaligen Leiden diese Leute gelebt haben.

Rijksmuseum van Geologie en Mineralogie, Hooglandse Kerkgracht 17, Tel. 071–124741. Geöffnet: Mo bis Fr. 10–12 und 14–17 Uhr; 1. Jan. 3. Okt. und an anerkannten Feiertagen geschlossen. Eintritt gratis. Gruppenführungen auf Anfrage. Erster Stock: Ausstellung von Mineralien, Meteoriten, Tektiten und Edelsteinen; Steine mit fluoreszentischen Eigenschaften; Petrologie und Vulkanologie, mit Hilfe von Modellen, Abbildungen und Beispielen. Zweiter Stock: Ausstellung der Geologie der Niederlande; Geschichte des Lebens auf der Erde, Entwicklung der Lebensformen im Pflanzen- und Tierreich und die geologischen Prozesse (in Vorbereitung).

Rijksmuseum van Oudheden, Rapenburg 28, Tel. 071-146246. Geöffnet: Mo bis einschl. Sa 10–17 Uhr, So und Feiertage 13–17 Uhr; 1. Jan. und 3. Okt. geschlossen. Gruppenführungen auf Anfrage. Erläuterungen mittels Projektionen und Tonbändern. Das Museum enthält Funde aus Ägypten, Mesopotamien, dem Mittleren Osten, aus Griechenland, Italien und dem Römischen Reich. Die Archäologie Hollands wird vertreten durch Funde aus der Vorzeit, der römischen

Zeit und des frühen Mittelalters. Im Museum ist ein kompletter ägyptischer Tempel aufgebaut worden. Es handelt sich um den Tempel von Taffeh aus dem vom Wasser des Nil-Stausees südlich von Assuan überfluteten Gebiet, der aus der Zeit des Kaisers Augustus stammt. Ein Geschenk Ägyptens an die Niederlande.

– '*Museum Boerhaave*', Steenstraat 1 a, Tel. 071–123084. Geöffnet: 1.10. bis 1.6.: Mo bis einschl. Sa 10–16 Uhr, So 13–16 Uhr; 1.6.–1.10.: Mo bis einschl. Sa 10–17 Uhr, So 13–17 Uhr.; 1. Jan., 3. Okt. und allgemeine Feiertage geschlossen. Gruppenführungen auf Anfrage. Sammlungen auf den Gebieten der Mathematik, Naturwissenschaften und Heilkunst sowie Teleskope, Mikroskope, chirurgische Instrumente.

Rijksmuseum voor Volkenkunde, Steenstraat 1, Tel. 071–132641. Geöffnet: Mo bis einschl. Sa 10–17 Uhr, So und Feiertage 13–17 Uhr; 1. Januar und 3. Oktober geschlossen. Gruppenführungen auf Anfrage. Das Museum enthält Kunst- und Gebrauchsgegenstände aus sämtlichen außereuropäischen Gebieten; Vorderasien, Indien, Ostasien, Indonesien, Stiller Ozean, polare Gebiete von Amerika und Asien, Nord-, Mittel- und Südamerika, Surinam und Afrika. –

Stedelijk Museum 'De Lakenhal', Oude singel 28–32, Tel. 071–144044. Geöffnet: 1. März bis 1. Nov. Sammlung von Gemälden: (Lucas van Leyden, Rembrandt, Jan Steen, Jan van Goyen u.a.) Stilzimmer aus dem 17. bis 19. Jh. Bildhauerkunst, Kunstgewerbe (u.a. Stadtsilber aus dem 17. Jh.). Historische Abteilung: Archäologische Funde; zeitweilige Ausstellungen auf dem Gebiet der alten und der modernen Kunst. Bibliothek geöffnet Mo bis einschl. Sa 10.30–12.30, Mo und Mi 14–17 Uhr. Führungen auf Anfrage. –

Prentenkabinett der Rijksuniversiteit, Rapenburg 65, Tel. 148333 (App. 7126). Geöffnet: Mo bis einschl. Fr 14–17 Uhr. Besichtigung der Dauerausstellung der Sammlung Geschichte der Fotografie (Kameras und Fotos) zu den angegebenen Stunden. Die Sammlung der Kupferstiche, Zeichnungen und Fotos kann nach vorheriger Anfrage studiert werden. Gruppenführungen auf Anfrage (rechtzeitig!). Schulkinder ohne Begleitung nur Mi nachmittags 14 Uhr zur Besichtigung der Sammlung Geschichte der Fotografie. – + *VVV-Büro:* Stationsplein 210, Tel. 071–146846.

Lelystad-Haven (Oostelijk Flevoland)

Informationszentrum 'Nieuw-Land', Oostvaardersdijk. Öffnungszeiten: tägl. 10 bis 17 Uhr; 1. Weihnachtstag u. 1. Jan. geschl. – Östl. von Lelystad: *Observatorium voor de Zonnewende,* ein Kunstwerk von Robert Morris, Swifterringweg-Houtribeveg.

Loevestein (Flußgebiet – Gelderland)

Im äußersten Winkel von Bommelerwaard steht das *Schloß Loevestein*, Gemeinde Poederoyen. Im 17. Jh. war das Schloß Staatsgefängnis der Republik und im 19. Jh. Festung. Es wurde 1853 in diesem Sinne umgebaut. In den Niederlanden ist es deswegen gut bekannt, weil Hugo de Groot 1619 zu lebenslänglicher Haft im Schloß Loevestein verurteilt wurde. Drei Jahre später entkam er in einer Bücherkiste. Anschließend zog er nach Paris. Mit seinem wichtigsten Werk ›De iure belli ac pacis‹ wurde er der Begründer des Volksrechts. Er wurde zur Haft verurteilt in dem gleichen großen Prozeß (Dordtse Synode), in dem der 72jährige Staatsmann Johan van Oldenbarneveldt zum Tode verurteilt wurde. Ihr ganzes Vergehen bestand darin, daß sie beide in dem Religionsstreit zwischen Remonstranten und Kontra-Remonstranten die Partei der ersteren wählten. Öffnungszeiten: 1. März–1. Nov.: 9–17 Uhr. – Von Loevestein führt eine Fähre für Fußgänger nach dem brabantischen kleinen Festungsort *Woudrichem*, einem reizvollen historischen Städtchen, wo das ehemalige Rathaus (1620) jetzt ein *Restaurant* beherbergt.

Loosdrecht (Utrecht)

Schloß-Museum Sypesteyn, Nieuw Loosdrechtsedijk 150, Nieuw-Loosdrecht. Alte Kunst und Kunstgewerbe, darunter chinesisches und altholländisches Porzellan aus Loosdrecht, Glas und Silber. Öffnungszeiten: 1. Mai–15. Sept. Führungen Di bis einschl. Sa 10.15, 11.15, 14.00, 15.00 und 16.00; So 14.00, 15.00 und 16.00 Uhr.

Loppersum (Groningen)

Nied. Reformierte *Kirche*. Schlüssel: Nieuwstraat 4, Herr Aslander.

Maastricht (Limburg)

Plan: s. S. 368

Provinzhauptstadt – *Schatzkammer der St. Servaaskerk*, Keizer Karelplein 6. Öffnungszeiten: 1. Mai bis einschl. Ende Okt.: 10–17 Uhr; So und Feiertage 14–17 Uhr. Juli und Aug. Führungen auf Anfrage. – *Schatzkammer der Basilika Onze Lieve Vrouwekerk*, O.L. Vrouweplein 7. Öffnungszeiten: 1. Juni–15. Sept. 10.30–17.30 Uhr, So 12.30–17.30 Uhr. Führungen auf Anfrage. – *Bonnefantenmuseum*, *Limburgs Museum voor Kunst en Oudheden*, Dominicanerplein 5. Öffnungszeiten: Mo bis einschl. Fr 10–17 Uhr; Sa, So und Feiertage 14–17 Uhr; geschlossen am 1.1., Karneval, Karfreitag und 25. Dez. Führungen auf Anfrage. – *Rathaus:* nach Verabredung: Tel. 841311, App. 270, Herr Vromans. – + *VVV-Büro:* Vissersmaas 5, Tel. 043–19363.

Margraten (Limburg)

Amerikanischer *Kriegsfriedhof* von 1944. Es liegen dort 8301 gefallene amerikanische Soldaten.

Marken (Noord-Holland)

Die kleinen Häuser in Marken, einer ehemaligen Insel, sind auf warftartige Hügel und Holzpfähle gebaut, denn der Ort wurde öfter überschwemmt. Für den Fall, daß sie bei einer Überschwemmung weggespült würden, versah man die Toten an den Ohren und den Zehen mit Plomben. Die Schiffsreisen nach England, Schottland und Skandinavien erklären die bunten Motive in den Kleidertrachten und der Einrichtung der Häuser.

Marssum (Friesland)

Popta-Slot oder *Heringa-State*. Zu be-

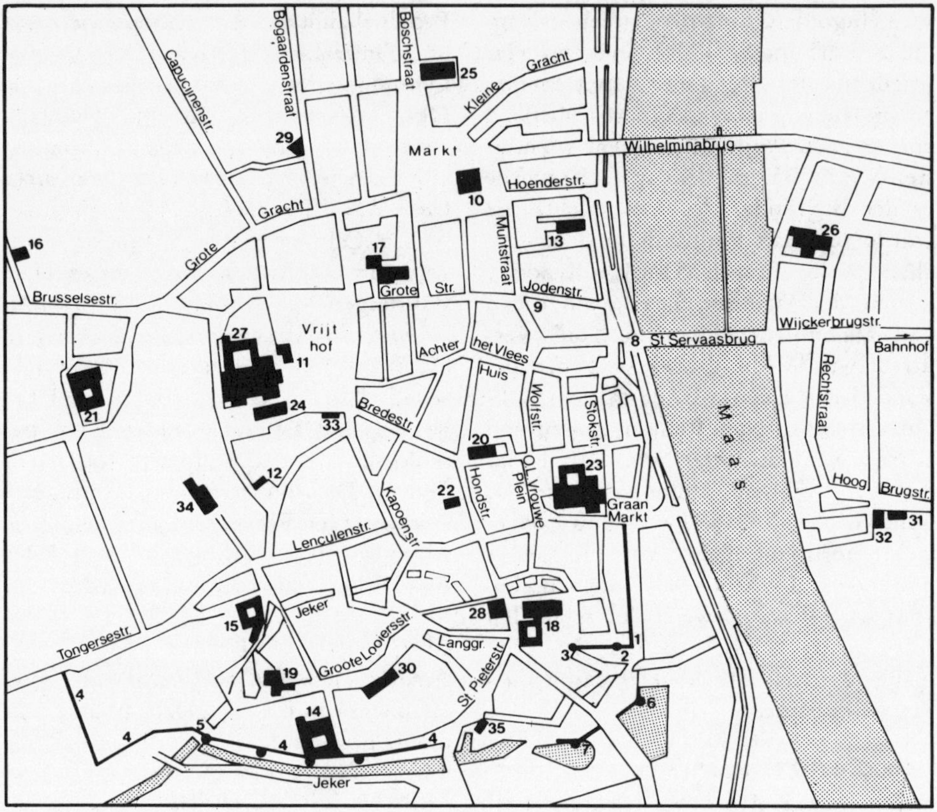

Maastricht

1 Erste Ummauerung mit Ecktürmen 2 Helpoort 3 Pater Vinktoren in der zweiten Mauer 4 Zweite Mauer 5 Waterpoort 'De Reek' 6 'De Vijf Koppen' 7 'Haat en Nijd' 8 St. Servaasbrug 9 Dinghuis 10 Stadhuis 11 Voorm. Hoofdwacht 12 Voorm. Wachthuis 13 Voorm. Augustijnenkerk 14 Voorm. Begijnhof (Nieuwenhof) 15 Bonnenfantenklooster 16 Kapel v. h. Cellebroedersklooster 17 Dominicanenkerk en -klooster 18 Franciscanenkerk en -klooster 19 Grauwzustersklooster 20 Vorm. Jezuitenkerk (Schouwburg) 21 Kruisherenklooster 22 Lutherse Kerk 23 O.L. Vrouwekerk 24 St. Janskerk 25 St. Mathiaskerk 26 St. Martinuskerk 27 St. Servaaskerk 28 Waalse Kerk 29 Synagoge 30 Voorm. Armenhuis 31 Hospitaal van St. Gilles 32 Refugie van Meerssen 33 Spaans oder Brabants Gouvernement 34 Justizpalast 35 Leeuwenmolen

sichtigen 1. Mai bis einschl. 30. Sept. nach rechtzeitiger vorheriger Verabredung: Tel. 05107–231.

Medemblik (Noord-Holland)

Im *Schloß Radboud* ist die Outheytkamer tot Medenblik untergebracht. Zu besichtigen So 14–17 Uhr, Juni bis einschl. Aug. täglich 10–17 Uhr.

Meerssen (Limburg)

In dem kleinen Ort, wo nichts mehr an den Hof des fränkischen Kaisers des 9. Jh. erinnert, steht eines der elegantesten und üppigsten Beispiele der Maasgotik: die Röm. Kath. *Kreuzbasilika* aus dem 14. Jh. Die Kirche gehörte einer von St. Remy in Reims abhängigen Benediktinerpropstei. Für eine Propsteikirche, zu der also nur ein paar Mönche gehörten, ist diese Kirche sehr groß. Das erklärt sich vielleicht aus dem Umstand, daß es sich hier um einen Wallfahrtsort handelte, zu dem viele Pilger um zweier Sakramentswunder willen zogen, die hier angeblich stattgefunden haben: das Wunder des Heiligen Blutes – 1225 floß aus einer Hostie in den Meßkelch Blut, als der Priester den Meßwein vergessen hatte – und das Brandwunder von 1565: bei einem Brand konnte das Heilige Sakrament aus den Flammen gerettet werden. Das reich geschmückte Sakramentshäuschen (späte brabantische Gotik), nach Dr. Cuypers eines der schönsten in Europa, wurde im 16. Jh. im Chor aufgestellt.

Middelburg (Walcheren, Zeeland)

Siehe Fig. S. 370

Provinzhauptstadt. – *Zeeuws Museum, Kannunikenwohnungen,* Abteikomplex. Zu der ziemlich ausgedehnten Sammlung zu Kultur und Geschichte von Zeeland gehören auch 6 Wandteppiche aus dem 16. Jh., sorgfältig restauriert, mit Seeschlachten aus dem Achtzigjährigen Krieg. Öffnungszeiten: Mo bis einschl. Fr 10–12.30 und 13.30–17 Uhr. Am 2. von doppelten Feiertagen 14–17 Uhr. – *Rathaus,* Markt (Farbt. 21). Öffnungszeiten: 23. März–Okt., Di, Mi und Fr 10–12 und 13.30–16 Uhr, Do 10–12.30 und 13.30–17 Uhr. Jede halbe Stunde Führungen. Abteikomplex: Klostergänge und Abteiplatz können frei besichtigt werden. – *Nieuwe Kerk-Trouwkerk-Koorkerk.* Zum Besuch anmelden beim Kirchenbüro, Onder den Toren; zu besichtigen Mo bis einschl. Fr 9–12 und 14–17 Uhr, Do 9–17 Uhr. – *Miniatuur-Walcheren* – Riesenmodell von Walcheren – 1/20 der wirklichen Größe, mit allen bekannten Gebäuden (über 200), Straßen, Häfen, Deichen und Dünen. Öffnungszeiten: 23. März–1. Okt., tägl. 9.30–17.30 Uhr. – * *VVV-Büro:* Lange Delft 23, Tel. 01180–28051.

Midwolde (Groningen)

Nied. Reformierte Kirche mit großem Grabmal von Rombout Verhulst (1669). Schlüssel: Oldebertweg 11, Leek, Herr R. Heys.

Muiden (Noord-Holland)

Rijksmuseum Muiderslot, Herengracht 1. Führungen: April bis einschl. Sept. 10–17 Uhr, Okt. bis einschl. März 10–16 Uhr, So und Feiertage ab 13 Uhr.

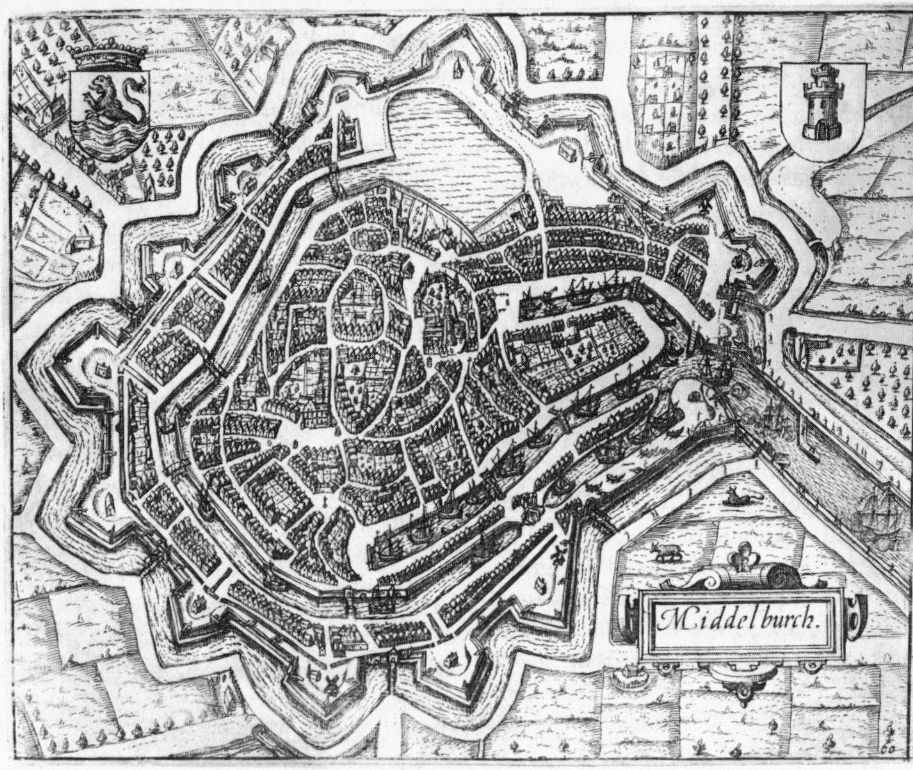

Die Stadtanlage von Middelburg

Naarden (Noord-Holland)
Das Festungsstädtchen Naarden ist eine der besterhaltenen Festungen der Niederlande (Abb. 92). 1675–85 wurden von Adriaan Dortsman im Auftrag des Statthalters Willem III. die Wälle mit Bastionen und Vorschanzen angelegt, und seitdem wurden keine wesentlichen Änderungen vorgenommen. In der Bastion Turfpoort gibt es ein kleines Festungsmuseum zur Festung Naarden. Und im Comenius Museum findet man Erinnerungen an den tschechischen Theologen, der 1670 in Naarden starb. In der *Reformierten Kirche* ist das Holzgewölbe mit biblischen Bildern von 1518 bemalt. – *Rathaus*, 1601, zierliche Renaissance. – *Historisch Vestingmuseum*, Westwalstraat, Bastion Turfpoort. Öffnungszeiten: Mai bis einschl. Sept., Mo bis einschl. Fr 10–16.30, Sa und So 12–17 Uhr (in dieser Zeit während der Schulferien auch täglich). – *Comenius Museum*, Turfpoortstraat 7, Öffnungszeiten: Di bis einschl. So 14–17 Uhr. – *VVV-Büro:* Marktstraat 11, Tel. 02159-42836.

Neercanne (Limburg)
Im Tal der Jeker bei Kanne – gerade noch auf belgischem Gebiet, mit seiner kleinen Replik der Heiligen Grabkirche von Jerusalem – liegt das eindrucksvolle *Kasteel Neercanne* (1698) an den Cannerberg gelehnt. Hier war Zar Peter der Große 1717 Gast bei dem dort beheimateten General von Döpf; dem wurden freilich die Strapazen des Besuches des immer hastenden Monarchen zuviel; er wurde krank und starb im nächsten Frühling. Seinen Untertanen war er ein guter Herr, im Gegensatz zu seiner Frau, die sich ein satanisches Vergnügen daraus machte, mit Pferd und Kutsche auf die Kirchgänger einzufahren. Während eines Gewitters stellte sie sich in einem Steinbruch unter und wurde dort mitsamt Kutscher, Bonne und den zwei Kindern von der Bevölkerung mit Knüppeln totgeschlagen. Im Schloß befindet sich z. Z. ein renommiertes *Restaurant*.

Nieuwpoort aan de Lek (Zuid-Holland)
Es ist das kleinste Städtchen der Niederlande, um das man in 12 Minuten herumlaufen kann. Der Grundriß ist ein Rechteck von 240–340 m. Die Umwallungen aus dem 17. Jh. sind mit sechs Bastionen versehen und mit Bäumen bepflanzt. Das *Rathaus* mit der *Waage* stammt von 1697. Kurz vor Nieuwpoort geht die Fähre nach Schoonhoven.

Nieuw-Vossemeer (Noord-Brabant)
Das *Molenmuseum Nederland*, Assumburgermolen, Veerweg 1. Öffnungszeiten: 15. Mai–15. Sept., Sa, So und Feiertage 14–17 Uhr.

Nijmegen (Flußgebiet – Gelderland)
Rijksmuseum G. M. Kam, Museum Kamstraat 45. Bedeutende römische Funde. Öffnungszeiten: täglich 10–17 Uhr, So und Feiertage 13–17 Uhr. – Die *St. Stevenskerk* (ref.), entstand aus den Umbauten während dreier Jahrhunderte aus der römischen Kreuzkirche. Jetzt ist sie deutlich niederrheinisch. Der obere Teil des Kirchenbogens, zwischen dem Stevenskerkhof und dem Grote Markt ist ein deutliches Beispiel der holländischen Renaissance im Hans Vredeman de Vries-Stil. – Im *Rathaus* – ursprünglich von 1554–55, 1944–45 fast völlig zerstört, jedoch 1951–53 wieder ganz aufgebaut – befinden sich drei Reihen Wandteppiche aus dem 17. Jh. die während der Zerstörungen zur Reparatur ausgelagert waren. – Auf dem Valkhof die sechszehneckige *St. Nicolaaskapel* aus dem 11. Jh. und die Ruine der spätrömischen *St. Maartenskapel*. – + *VVV-Büro:* Keizer Karelplein 33, Tel. 080–225440. – *Nijmeegs Museum 'Commanderie van St. Jan'*, Franse Plaats. Historisches Museum. Öffnungszeiten: Mo bis einschl. Sa 10–17 Uhr; So und Feiertage 13–17 Uhr.

Noordwijk aan Zee (Zuid-Holland)
Mondäner Badeort mit breitem schönen Strand (Abb. 58).

Norg (Drenthe)
Schlichte kleine *Kirche* aus dem 13. Jh. am Anger, der von einigen niedersächsischen Bauernhöfen aus dem 17. Jh. umgeben ist. – Südlich, bei Westervelde, ein *Hünengrab*. – Westlich, bei Een, die *Zwartendijker Schans*, Teil der von 1593

stammenden Fries-Groningse Wasserlinie. – Östlich das *Noordse Veld* mit Grabhügel. An der Straße nach Zeyen ein *Hünengrab*.

Odoorn (Drenthe)

In der waldreichen Umgebung acht *Hünengräber*, eines direkt nördlich von Odoorn, eines nördlich von Exloo, eines südlich von Exloo und fünf im Umkreis von Valthe. An der Straße Odoorn-Valthe der *Eppiesberg*, ein großer Grabhügel der Steinzeit. – + *VVV-Büro:* Zuiderhoofdstraat 6, Exloo, Tel. 05919-9182 oder 9335.

Oirschot (Noord-Brabant)

(Aussprache: Oors-chot. Es gibt mehrere Ortsnamen in Noord-Brabant mit *oi*, was immer *oo* ausgesprochen wird).– *St. Pieterskerk*, Markt; zu besichtigen Juni bis Sept. 9–12 und 14–17 Uhr.

Oldenzaal (Overijssel)

Die *Röm. Kath. Plechelmuskerk* (Abb. 131, 132) ist eine romanische Kreuzbasilika vom Ende des 12. Jh. aus Bentheimer Sandstein. Eine der wenigen ganz steinüberwölbten romanischen Kirchen in den Niederlanden. Die Kirche hat einen eindrucksvollen schweren Turm. Zum Kirchenschatz gehören die herrlich vergoldete silberne Reliquiebüste des St. Plechelmus vom Ende des 15. Jh. Es ist sehr schwierig, Einlaß in die Kirche zu bekommen. – + *VVV-Büro:* Plechelmusplein 3, Tel. 05410-4023.

Oosterland (Noord-Holland)

Oosterland ist sehr einsam, und noch einsamer steht auf einer kleinen Warft die kleine romanische *Kirche*, vom Bautyp der friesischen Kirchen. Im *Pfarrhaus* wohnte zu Ende des Ersten Weltkriegs der deutsche Kronprinz.

Ootmarsum (Overijssel)

Auf dem hübschen Marktplatz steht die romanisch-gotische westfälische *Pseudobasilika*, deren Längsschiff aus der Mitte des 13. Jh. stammt. Das Querschiff wurde etwas später gebaut. Der Westturm wurde 1842 abgerissen. Die Gewölbe des Schiffes und des Querschiffes sind kuppelförmig mit Zierrippen. – In der Umgebung schöne *Bauernhöfe* des Typs Hallenhaus mit Fachwerk wie in Twente: das Gebälk aus Eichenholz ist aufgefüllt mit Bentheimer Sandstein oder Backstein. Auf dem Scheunendach befindet sich oft das Giebelzeichen, aus einem Stück Holz geschnitten: Pferd, Sanduhr, Lebensbaum, aber auch religiöse Motive wie Kreuz, Hostie oder Kelch.

Orvelte (Drenthe)

Altsächsisches Dorf, daß sorgfältig restauriert wird. Vermietung von Planwagen und Rundfahrten: W. J. Bobbink, Brugstraat 2, Tel. 05934-231.

Otterlo (Gelderland)

Rijksmuseum Kröller-Müller, gelegen im Nationaal Park Hoge Veluwe, Zutrittskarten gelten für beides. Der Park ist das ganze Jahr hindurch geöffnet von 8 Uhr bis Sonnenuntergang. Öffnungszeiten des Museums: täglich (außer 1. Jan.) 10–17 Uhr, So und Feiertage 11–17 Uhr (1. Nov.–1. Apr. 13–17 Uhr). Statuenpark 1. April–1. Nov. 10–16.30; So und Feiertage 11–16.30 Uhr. – Das *Jagdschloß St. Hubertus* ist nur auf Anfrage und nur

Das Rathaus von Oudewater, 1866

für Gruppen zu besichtigen, Apeldoornseweg 250, Hoenderloo, Tel. 05768–441. – *'It Noflik Sté'*, Eikenzoom 10. Fliesenmuseum. Alte und moderne Kacheln, einzelne Fliesen und Fliesen-Tableaus; Bücher, Zeitschriften usw. Öffnungszeiten: Di bis einschl. Sa 10–12 und 14–17 Uhr; So und Feiertage 14–16 Uhr; 1. Jan. geschlossen.

Oudenbosch (Noord-Brabant)

Basilika der Hl. Agatha und Barbara, Markt. Kopie der St. Peterskirche in Rom in verkleinertem Maßstab, 1865–1880 erbaut von Cuypers. Geöffnet: täglich 9–18 Uhr.

Oudewater (Utrecht)

Ein niedliches Städtchen mit einem Kern aus dem frühen 17. Jh. Darin die Hexenwaage, wo man zur Zeit der Hexenverfolgungen gewogen und hoffentlich nicht zu leicht befunden wurde. *Heksenwaag:* Leeuweringenstraat 2. Öffnungszeiten:

April bis einschl. Sept. 9.30–17.30 Uhr, Okt. bis einschl. März: nach Verabredung mit dem Waagmeester: Tel. 03486–1833.

Oud Zuilen (Gemeinde Maarssen, Utrecht)

Slot Zuylen, Tournooiveld 1. Öffnungszeiten des Schlosses: 15. März bis einschl. 15. Nov., Di bis einschl. Sa 9–12.30 und 13.30–17 Uhr. Außer Erinnerungen an Belle van Zuylen auch eine Sammlung von Mobiliar, Gläsern usw.

Overloon (Noord-Brabant)

Het Nationaal Oorlogs- en Verzetsmuseum Overloon (Kriegs- und Widerstandsmuseum), Museumpark 1. Öffnungszeiten: 1. Mai–1. Okt., 9–18 Uhr; 1. Okt.–1. Mai 9.30–17 Uhr, 24., 25., 26., 31. Dez. und 1. Jan. geschlossen.

De Rijp (Noord-Holland)

Rijper Museum 'In 't Houten Huis', Jan Boonplein 2. Ein schönes historisches Museum. Öffnungszeiten: Ostern bis einschl. Okt. jedes Wochenende, Juli und Aug., täglich außer Do, 11–17 Uhr.

Roden (Drenthe)

Nederlands Museum Kinderwereld, Brink 31. Altes Spielzeug und alte Lernmittel. Öffnungszeiten: Mo bis einschl. Sa 10–12 und 14–17 Uhr; So 14–17 Uhr; Sept. bis einschl. März am Mo geschlossen. – In der Umgebung südlich ein *Hünengrab*. – *VVV-Büro:* Brink 31, Tel. 05908–18851 oder 19227.

Roermond (Limburg)

Gemeentemuseum Hendrik Luyten – Dr. Cuypers, Andersonweg 8. Öffnungszeiten: Di bis einschl. Sa 10–12 und 14–17 Uhr; So 14–17 Uhr. – + *VVV-Büro:* Kloosterwandstraat 12, Tel. 04750–13205.

Rolde (Drenthe)

Zwei *Hünengräber*, eins davon (zerfallen) sehr hübsch gelegen, nordwestlich von Ballo (Farbt. 57). Westlich, auch von Ballo, bei Kampsheide ein Grabhügelwald und ein Gräberfeld. Ballooerkuil, an der Asserstraat, ist der im Wald gelegene Gerichtsplatz. – An der Straße von Loon nach Taarlo, nördlich von Ballo, ein weiteres Hünengrab.

Rotterdam (Zuid-Holland)

Museum Boymans-Van Beuningen, Mathenesserlaan 18–20. Öffnungszeiten: Mo bis einschl. Sa 10–17 Uhr; So und Feiertage 11–17 Uhr; 1. Jan. und 30. April geschlossen. – *Belastingsmuseum* (Steuermuseum) *Prof. Dr. v.d. Poel*, Parklaan 14–16. Öffnungszeiten: Mo bis einschl. Fr 9–16.30 Uhr. Feiertage geschlossen. – *De Dubbelde Palmboom* (Dépendance des Historisch Museum), Voorhaven 12. Interessantes historisches Museum u.a. Hafenarbeit wie Säcketragen usw., Ziegel, Glas und Silber, Interieurs, Tapeten, Täfelungen aus dem 18. Jh. und Holzschnitzerei. Öffnungszeiten: Mo bis einschl. Sa 10–17 Uhr; So und Feiertage 11–17 Uhr; 1. Jan. und 30. April geschlossen. – *Maritiem Museum 'Prins Hendrik'*, Burg. 's Jacobplein 8. Öffnungszeiten: Mo bis einschl. Sa 10–17 Uhr; am 2. von doppelten Feiertagen 11–17 Uhr. 1. Jan. und 30. April geschlossen. Schiffsmodelle, Karten, Gemälde usw. – *Stichting Atlas van Stolk*, Aelbrechtskolk 12. Bildgeschichte der

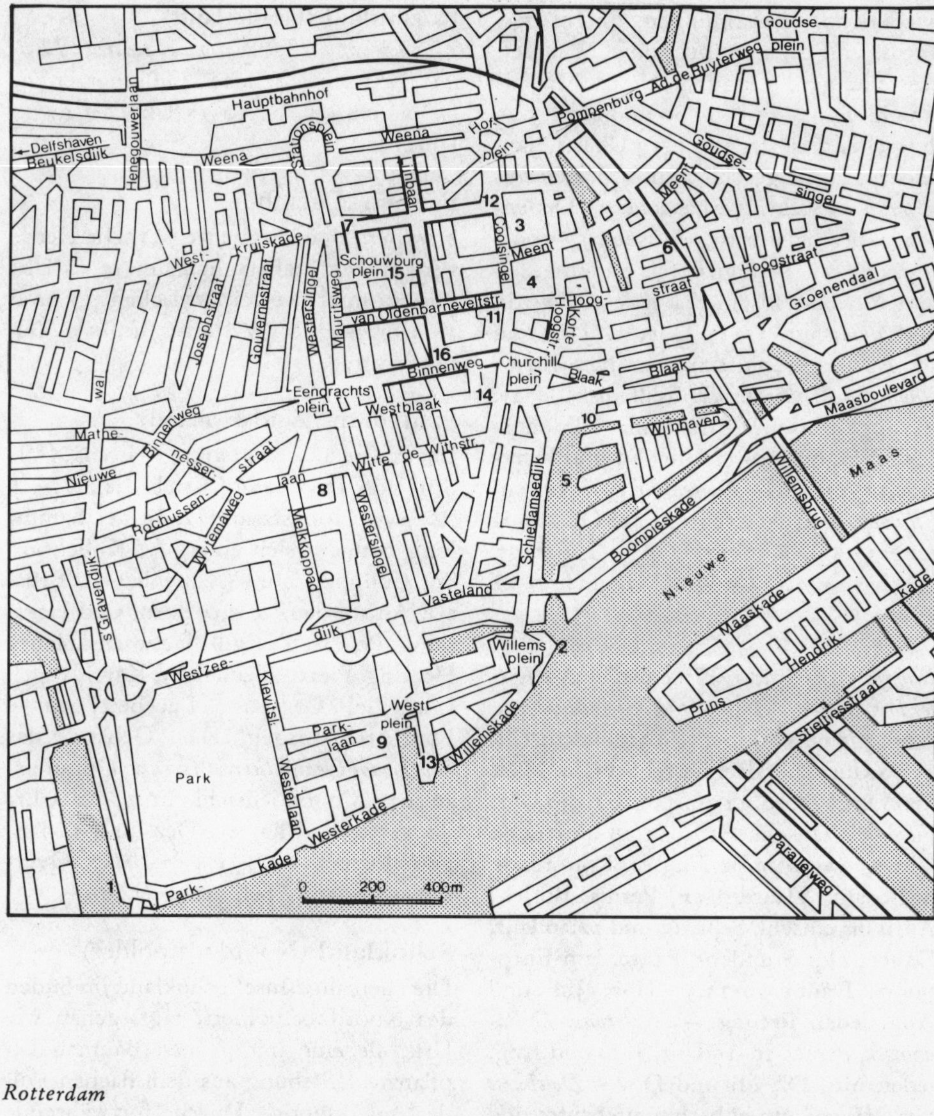

Rotterdam

1 Euromast 2 Spido 3 Stadhuis 4 Beurs 5 Leuvehaven 6 Grote oder St. Laurenskerk 7 De Doelen 8 Museum Boymans-Van Beuningen 9 Belastingmuseum 10 Denkmal ›Die zerstörte Stadt‹ von Ossip Zadkine 11 ›Construction‹ von Naum Gabo (1957) 12 Kriegsgefangenen-Denkmal von Mari Andriessen (1957) 13 Caland-Denkmal von A. Evers und A. W. M. Odé (1907) 14 ›Monsieur Jacques‹ von C. O. Wenckebach (1959) 15 ›L'homme qui marche‹ von Auguste Rodin 16 Kinetische Plastik von George Rickey

Niederlande, Zeichnungen, Flugblätter, Fotos, von ca. 1500 bis heute. Wechselausstellungen. Öffnungszeiten: Mo bis einschl. Sa 10–17 Uhr; So und am 2. von doppelten Feiertagen 11–17 Uhr; 1. Jan. und 30. April geschlossen. – *Zakkendragerhuisje* (Sackträgerhäuschen; Dépendance des Historisch Museum), Voorstraat 13–15. Zinngießerei. Öffnungszeiten: Mo bis einschl. Sa 10–17 Uhr; So und Feiertage 11–17 Uhr; 1. Jan. und 30. April geschlossen. – *Museum voor Land- en Volkenkunde*, Willemskade 25. Ethnographisches Museum. Öffnungszeiten: täglich 10–17 Uhr; So und Feiertage 11–17 Uhr. – *Dierentuin* (Tiergarten) *Blijdorp*, Van Aerssenlaan 49. Öffnungszeiten: tägl. 8.30–17 Uhr. – *Euromast*, Parkhaven 20. Geöffnet: täglich 9–22 Uhr.

Rundfahrten, Spido, Willemsplein. – *Rotterdam-Hafen:* Dauer 1¼ Stunde; tägl. April bis einschl. Sept. 9.30 bis einschl. 15.30 Uhr, jede dreiviertel Stunde. März und Okt.: 10.00, 11.30, 13.00, 14.30 Uhr. Nov. bis einschl. Febr. 11.00 und 14.00 Uhr. – *Ausgedehntere Fahrten:* Rotterdam, Schiedam, Vlaardingen, Pernis, Botlek: April bis einschl. Sept. 10 und 12.30 Uhr, Dauer 2¼ Stunden. Rotterdam-Europoort, Dauer 10–15.30 Uhr; Juli und Aug. jeden Freitag. – *Rotterdam-Deltaanlagen*, Dauer 10–19 Uhr, Juni und Aug. jeden Mo, Di, Mi und Do. – *Deichamt von Schieland*, ein hübsch umgebautes und restauriertes Haus aus dem 18. Jh. in der Korte Hoogstraat.

+ *VVV-Büro:* Stadhuisplein 19, Tel. 010–136000, und am Hauptbahnhof, Tel. 136006.

Rozendaal (Gelderland)

Museum van het Internationaal Kastelen Instituut, Kasteel Rosendael. Öffnungszeiten: Di bis einschl. Sa 10–17 Uhr, So 13–17 Uhr.

Ruinen (Drenthe)

Schafstall, Bendersche weg 38. Die Herde verläßt den Stall täglich um 10.30 Uhr und kommt zurück zwischen 17 und 18 Uhr. – + VVV-Büro: Brink 3, Tel. 05221–1750.

Schiedam (Zuid-Holland)

Im *St. Jacobsgasthuis* (strenger Louis XVI-Stil) von 1787 befindet sich das *Stedelijk Museum*, Hoogstraat 112. In der Sammlung befindet sich eine gute Kollektion der Gruppe Cobra (Kopenhagen, Brüssel, Amsterdam; Asger Jorn, Carl Hemming Pedersen, Egill Jacobsen, Henry Heering, Pierre Alechinsky, Karel Appel, Corneille, Constant, Lucebert) sowie Pop Art. – Im gleichen Gebäude das *Nationaal Gedistilleerd Museum:* Öffnungszeiten: Mo bis einschl. Fr 10–17 Uhr; So 12.30–17 Uhr; 25. Dez. und 1. Jan. geschlossen. – + *VVV-Büro:* Overschiesestraat 1, Tel. 010–266000.

Schokland (Noordoostpolder)

Die ehemalige Insel Schokland im Süden des Noordoostpolders, ragt, genau wie Urk, als eine mit grünen Bäumen bepflanzte Erhebung aus dem flachen Polderland empor. Durch fortwährende Überschwemmungen war die Insel im 19. Jh. unbewohnbar geworden. Im früheren *Middelbuurt*, inmitten einer Baumgruppe, in der ehemaligen kleinen *Kirche*, befindet sich das *Museum voor de*

IJsselmeerpolders, ein kleines historisches Museum. Öffnungszeiten: Mo bis einschl. Sa 9–17 Uhr; So 10–18 Uhr; 1. Weihnachtstag und 1. Jan. geschlossen.

Schoonebeek (Drenthe)
Führung durch das Ölgebiet mit dem Bus. – *VVV-Büro:* Boekhandel Woldrik, de Pallert 26, Tel. 05242–1428, geöffnet Di bis einschl. Sa 8.30–12 Uhr und 13–18 Uhr.

Schoonhoven (Zuid-Holland)
Die Überquerung des Lek (von der Südseite zur Nordseite) bietet einen schönen Ausblick auf das Städtchen mit seinen mit hohen Bäumen bepflanzten Wällen aus dem 17. Jh. In der *Reformierten Kirche* mit ihrem schrägen Turm liegt unter einen hübschen Sarg Olivier van Noort (1558–1627), der Schoonhovener, der als erster Niederländer und als vierter Mensch über die Magellanstraße die Welt umsegelte. – *Nederlands Goud-, Zilver- en Klokkenmuseum*, Havenkazerne, Oude Haven 7. Gegenstände aus Gold und Silber aus dem 17.–20. Jh., Werkzeuge von Silberschmieden, Sonnenuhren usw. aus dem 16.–20. Jh., Uhrmacherwerkzeuge. Öffnungszeiten: Di bis einschl. Sa 10–17 Uhr; So 13–17 Uhr; 1. Oster-, Pfingst- und Weihnachtstag geschlossen. – *VVV-Büro:* Mai–Sept. Waag, Dam, Tel 01823–2959.

Schoonoord (Drenthe)
Freiluftmuseum *De Zeven Marken*, Transtraat 73. U.a. Plaggenhütten und Imkereigegenstände. Öffnungszeiten: Palmsonntag bis einschl. Okt., Mo bis einschl. Sa 9–18 Uhr.

St. Geertruid (Limburg)
Kleine *Kirche* aus Mergelstein: Turm aus dem 14. Jh. und Chor aus dem 15. Jh., Grabkapelle des 16. Jh. Zwischen dem Triptychon aus dem 17. Jh. und Skulpturen aus dem 16. und 17. Jh. die polychrome Plastik des sitzenden St. Eligius von 1587. Dieser Bischof zog 650 predigend umher und wurde als Schutzherr der Edel- und Hufschmiede betrachtet. Er thront in vollem Ornat auf dem reich geschmückten Sessel; auf dem Rücken des Sessels der Kopf eines römischen Kriegers in einem Medaillon, umgeben von Renaissance-Motiven. Die Skulptur ist wieder an Ort und Stelle, nachdem sie gestohlen und in Köln wiedergefunden wurde. – Hinter der malerischen kleinen Kirche steht das *Stenen Huis*, ein spätgotisches Mergelsteinwohnhaus mit Treppengiebel.

St. Oedenrode (Noord-Brabant)
Das St. Paulus-Spital in der Kerkstraat ist als *Museum* eingerichtet. Das Altenheim für Frauen von 1434 beherbergt jetzt (bien ètonné de se trouver ensemble) eine *Sammlung archäologischer Funde* von der Steinzeit bis zum Mittelalter und brabantische Hauben und Muffs. – Im Oktober alljährlich eine Börse für Holzschuhe. – Das *St. Paulus Museum* ist geöffnet vom 1. April bis 1. September, täglich 13.30–16 Uhr, vom 1. Juli–15. Aug. auch von 10–12 Uhr. – *VVV-Büro:* St. Paulusgasthuis, Kerkstraat 20, geöffnet April bis einschl. Aug.

Sittard (Limburg)
Britischer *Kriegsfriedhof* Haagstraat-Kromstraat, 239 Gräber. – *Streekmuseum*

'De Tempel', Gruizenstraat 27. Öffnungszeiten: 9–12 Uhr, 14–18 Uhr, So 14–18 Uhr, Feiertage geschlossen. – *VVV-Büro:* Wilhelminastraat 18, Tel. 04490-12041.

Slagharen (Overijssel)

Shetland Ponypark Slagharen, Zwartedijk 37. Hier kann man reiten, Trampolinspringen und sich im Lunapark amüsieren. Öffnungszeiten von Mai bis Mitte September tägl. 9–18 Uhr.

Sleen (Drenthe)

Bei Noordsleen zwei *Hünengräber*. An der Straße nach Schoonoord das 1958 in der ursprünglichen Form restaurierte *Hünengrab De Papeloze Kerk*, zu besichtigen 15. Mai–15. Aug.: tägl. 11–18 Uhr, Ostern bis 15. Mai und 15. Aug. bis einschl. Sept. jeden Nachmittag 13.30–17.30. Außer dieser Zeit Schlüssel erhältlich Slenerweg 118 (ausgenommen Mo).

Sliedrecht (Zuid-Holland)

Baggermuseum, Molendijk 204. Baggerwerkzeuge usw. Öffnungszeiten: Di bis einschl. Sa 14–17 Uhr. – *Sliedrechts Museum*, Kerkbuurt 99. Geräte für die Bearbeitung von Korbweiden, Seilen usw. Geöffnet: Mi und Sa 14–17 Uhr.

Slochteren (Groningen)

Fraeylemaborg, Hoofdweg 32. Öffnungszeiten: 1. Okt.–1. Apr., Di bis einschl. So 10–12 und 13–16 Uhr; 1. Apr.–1. Okt. 10–12 und 13–17 Uhr; an sämtlichen Feiertagen geöffnet. Den ganzen Januar geschlossen.

Sneek (Friesland)

Im Wassersportzentrum Sneek ist die *Waterpoort* von 1613 sehenswert, ebenso das *Rathaus* mit seinem Rokoko-Giebel. – *Fries Scheepvaart Museum*, Kleinzand 12–14. Öffnungszeiten: Mo bis einschl. Sa 10–12 und 13.30–17 Uhr. Rundfahrten und Elfmeren-Wanderungen sind möglich. – *VVV-Büro:* Martiniplein 13a, Tel. 05150-14096.

Stein (Limburg)

Südwestlich von Sittard liegt das Dorf Stein an der Maas auf historischem Boden. Bei der Untersuchung von bandkeramischen Niederlassungsspuren wurde 1963 ein Galeriegrab gefunden. Ein Galeriegrab besteht aus einer rechteckigen Grube mit schweren Steinplatten entlang den Wänden. In den Grabkellern fand man die Feuerbestattungsreste von etwa 30–37 Personen. Das und weiteres über die Vorgeschichte von Stein und Umgebung ist zu besichtigen im *Archeologisch Reservaat*, das um den Grabkeller herumgebaut wurde, an einer etwas anachronistischen Stelle im Neubau an der Straße Stein-Elsloo, Schepergats 6. Öffnungszeiten: 1. Mai bis 1. Okt. täglich 16–18 Uhr; in den anderen Monaten nur Sa und So. – In der Nähe, unweit des Dorfes, auf dem Gelände der Paters Missionarissen van het Heilig Hart steht von Grün überwuchert die romantische *Ruine des Schlosses Stein:* Reste eines schweren Schloßturms und zweier Seitenflügel von ca. 1200 auf einem Hügel mit Gräben darum. Von außen durch ein Gitter zu sehen. Nähere Besichtigung nur mit Genehmigung der Patres.

Stellendam (Goeree Overflakkee, Zuid-Holland)

Delta-Ausstellung, Haringvlietdam. Öffnungszeiten: April bis 15. Okt.: tägl. 10–17 Uhr.

Steyl-Tegelen (Limburg)

Missie Museum Steyl, Missiehuis St. Michael, St. Michaelstraat 7. Eine der netten Abteilungen dieses Museums ist die einmalige naturhistorische Ausstellung ausgestopfter Tiere, u.a. Ratten, Wölfe, Eisbären und viele andere. Auch eine Sammlung von Faltern und Käfern. Öffnungszeiten: Mo bis einschl. Fr 10–12 und 14–18 Uhr; So und Feiertage 11–12 und 14–18 Uhr. Führungen auf Anfrage. – Tegelen: *Pottenbakkers Museum*, Rathaus, Raadhuislaan 11, Eingang Industriestraat. Öffnungszeiten: Sa und So 14–16 Uhr, weiter auf Verabredung mit Herrn J. Bartels, Tel. 077–31104. – *VVV-Büro:* Tegelen, Spoorstraat 10, Tel. 077–31624.

Susteren (Limburg)

Auskünfte und Führungen in der ehemaligen *Abteikirche* von Susteren: Herr J. Cremers, Wijnstraat 5, Susteren, Tel.: 04499–1359.

Ter Apel (Groningen)

Museum Klooster, Boslaan. Öffnungszeiten: Di bis einschl. Sa 9–12 und 13.30–17.30 Uhr; So und Feiertage 13.30 und 17.30 Uhr.

Texel (Watteninsel)

+ *VVV-Büro:* Groenplaats 9, Den Burg, Tel. 02220–2844.

Tholen (Zeeland)

Die ganze Insel Tholen hatte schwer unter der Überschwemmungskatastrophe in der Nacht vom 31. Jan. auf den 1. Febr. 1953 zu leiden. Sie besteht aus typisch holländischem, flachem und stark parzelliertem Land mit modernen Bauernhöfen, durch das sich die alten Deiche mit ihren hohen Bäumen winden. – In dem kleinen Ort *Tholen* steht wiederum ein Beispiel Brabanter Gotik, die *Onze Lieve Vrouwekerk* aus dem 15. Jh., deren Südfassade am schönsten ist. Weiter ein hübsches *Rathaus* aus der gleichen Zeit sowie einige *Häuser* mit Treppengiebeln. – *Sint Maartensdijk* hat einen hübschen Dorfplatz; *Stavenisse* (wo mehr als 160 Menschen bei der Katastrophe umkamen) kann stolz sein auf ein prächtiges *Grabmal* (1669) von Rombout Verhulst; *Oud-Vossemeer* ist die Geburtsstätte der seeländischen Vorfahren des Präsidenten Roosevelt, die ca. 1600 nach Amerika auswanderten. Als Eleanor Roosevelt nach dem Tode des Präsidenten einen Besuch in Holland machte, wurde sie von mehr als 50 dortigen Roosevelts willkommengeheißen.

Thorn (Limburg)

Das weiße Städtchen, ehemaliges Fürstentum und adeliges Stift. *Abteikirche* aus dem 14. Jh., eine gotische Kreuzbasilika. In ihrer Krypta, dem ehemaligen Kapitelsaal und den Archivkammern befindet sich das *Museum* der Stiftskirche. Öffnungszeiten: 1. März–1. Nov.; tägl. 9–18 Uhr und auf Anfrage. – *VVV-Büro:* Gemeentehuis, Tel. 04756–1456.

Tilburg (Noord-Brabant)

Die Stadt der Wolle ist als Ganzes zweitrangig, hat aber einige schöne moderne Viertel. Tilburg war der bevorzugte Wohnsitz des Königs Willem II. (1792–

1849), der mit der Schwester des Zaren Alexander I., Anna Paulowna, verheiratet war. 1847 ließ er einen weißen Palast im neo-gotischen Tudorstil bauen. Er starb jedoch 1849, bevor der Bau fertig war, in seinem einfachen tilburgischen Haus. Das Interieur des Schlosses, jetzt *Rathaus* (Stadhuisplein), wurde in den dreißiger Jahren eingehend geändert (Spitzbogenfenster). Gegenüber dem Gebäude steht ein Phantasiebau: die *Heikese Kerk* (Abb. 30), Oude Markt, teilweise eine Wasserstaatskirche von 1828 mit einem Turm aus dem 15. Jh., der nach der Restauration von 1895 wie neu scheint. Der Wasserstaatsstil ist eine holländische Form des Neo-Klassizismus, meistens mit Säulenvorhalle mit einem Fronton und einer kleinen Kuppel oder einem kleinen Turm. Während der Regierungszeit Willems II. (1814–1840) waren die Ingenieure des Wasserbauamt für die öffentlichen Gebäude verantwortlich, darunter die Kirchen, und das war denn auch die Zeit, in der in Brabant wieder Kirchen gebaut wurden. – Das *Nederlands Textielmuseum*, wofür Tilburg der geeignetste Ort in den West-Niederlanden ist, ist auf dem Gasthuisring 23. Öffnungszeiten: Mo bis einschl. Fr 10–17; Sa und So 14–17 Uhr, Mo abends 19–22 Uhr. – Das *Schrift- en Schrijfmachine Museum* befindet sich im oberen Stock des Fraterhauses, Gasthuisring 54. Die Sammlung von Schreibmaschinen, Federn, Tintenfässern und Schreibutensilien sowie eine ausgedehnte Bibliothek wurden von einem der Fratres zusammengetragen. Öffnungszeiten: nur nach Verabredung, Tel. 013–424323 oder 424312. – *Erholungsgelände Beekse Bergen*, bei Hilvarenbeek: Öffnungszeiten Safaripark: Jan., Febr., Okt., Nov. 10–16 Uhr; März 10–16.30 Uhr; Apr. 10–17.30 Uhr; Mai bis einschl. Aug. 10–18 Uhr; Sept. 10–17.30 Uhr; Dez. 25. 12. geschlossen) 10–15.30 Uhr. Öffnungszeiten Strandpark: 23. März bis einschl. 24. Juni: 10–19 Uhr; 25. Juni bis einschl. 13. Aug. 9–19 Uhr; 14. Aug. bis einschl. 24. Sept.: 10–19 Uhr (22. und 23. April geschlossen). – + *VVV-Büro:* Spoorlaan 440, Tel. 013–436131.

Uithuizen (Groningen)

Menkemaborg, Menkemaweg 2. Öffnungszeiten: 1. Okt.–1. Apr., Di bis einschl. So 10–12 und 13–16 Uhr. Sämtliche Feiertage geöffnet. Den ganzen Januar geschlossen. 1. April–1. Okt., Mo bis einschl. So 10–12 und 13–17 Uhr.

Urk (Overijssel, Noordoostpolder)

Ehemalige Insel, jetzt ruhiger, malerischer kleiner Fischerort. Fischereiausstellungsgebäude '*Hulp en Steun*' Westhavenkade. Historisches Fischereimuseum. Öffnungszeiten: Mai–Okt. 9–18 Uhr., So und Feiertage und 2. Woche im Febr. geschlossen.

Utrecht (Utrecht)

Provinzhauptstadt. – *Centraal Museum*, Agnietenstraat 1. Öffnungszeiten: Di bis einschl. Sa 10–17 Uhr; So und Feiertage 14–17 Uhr. Eine Abteilung darin das *Provinciaal Oudheidkunding Museum* mit vorgeschichtlichen, römischen und frühmittelalterlichen Funden. – *Rijksmuseum 'Het Catharijne Convent'*, jetzt noch im Centraal Museum, ab Ende 1979 jedoch Catharijne Convent,

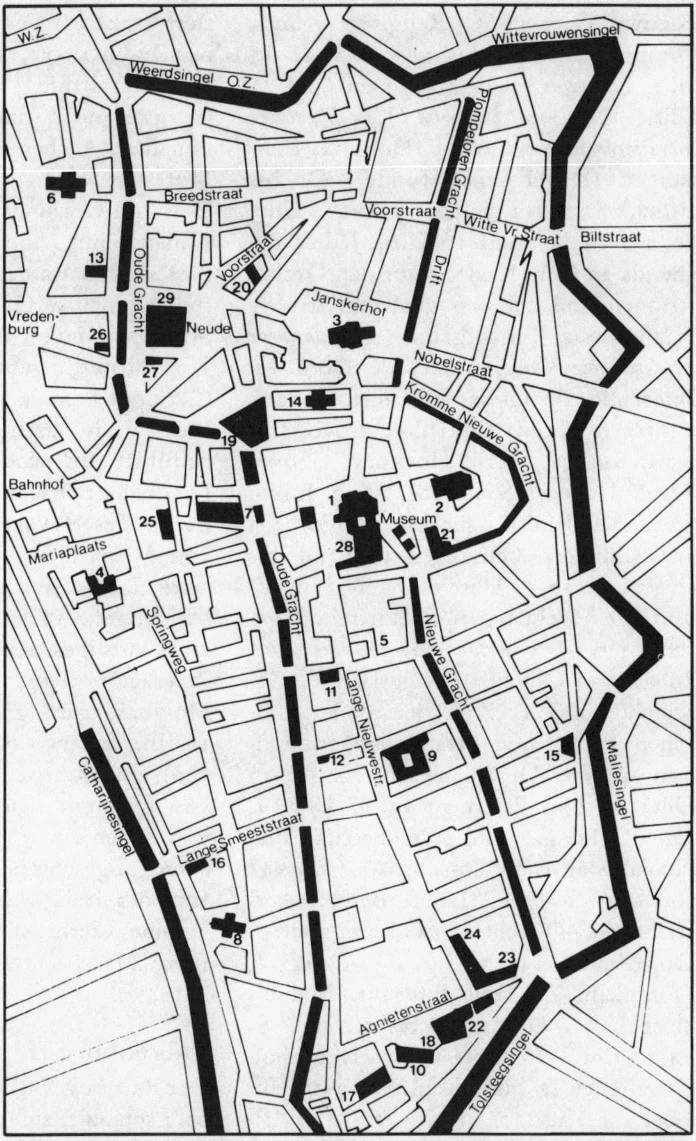

Utrecht

1 Domkerk und Turm 2 Pieterskerk 3 Janskerk 4 Kloostergang van St. Marie 5 Reste der Paulusabdij 6 Jacobikerk 7 Buurkerk 8 Geertekerk 9 St. Catharinakerk 10 Klaaskerk 11 Lutherse Kerk 12 Doopsgezinde Kerk 13 St. Augustinuskerk 14 St. Willibrorduskerk 15 Gasthuis Leuwenberg 16 Bartholomeigasthuis 17 St. Nicolaasklooster 18 Agnietenklooster 19 Stadhuis 20 Vleeshuis 21 Paushuize 22 Fundatie van Renswoude 23 Hofje van Pallaes 24 Beyerscameren 25 Huis Zoudenbalch 26 Huis Oudaen 27 Huis Drakenburg 28 Universität 29 Hoofdpostkantoor

Nieuwe Gracht 63. Religiöse Kunst. Öffnungszeiten: Di bis einschl. Sa 10–17 Uhr, So 14–17 Uhr, Di abends 20–22 Uhr. – *Nationaal Museum 'Van Speeldoos tot Pierement'*, Achter de Dom 12. Führungen (Dauer eine Stunde): Di bis einschl. Sa 11, 12, 13, 14, 15 und 16 Uhr; So 13, 14, 15 und 16 Uhr. Jeden Do abends 20 Uhr: Konzert auf den Orchestrionen und auf den großen Kirmes-, Straßen- und Tanzorgeln. – *Museum voor Hedendaagse Kunst*, Achter de Dom 14. Internationale moderne Kunst aus den siebziger Jahren: Eduardo Arroyo, Edward Ruscha, David Hockney, George Segal, Howard Kanovitz, Allen Jones, Siet Suyderland, Roger Raveel. Wechselausstellungen. Öffnungszeiten: Di bis einschl. So 12–17 Uhr; 1. Oster-, Pfingst- und Weihnachtstag und Karfreitag geschlossen. – *Nederlands Spoorwegmuseum*, Johan van Oldenbarneveldtlaan 6. Geschichte und Technik der niederländischen Eisen- und Straßenbahnen. Öffnungszeiten: Di bis einschl. Sa 10–17 Uhr; So und Feiertage 13–17 Uhr; 1. Oster-, Pfingst und Weihnachts- und Neujahrstag geschlossen. – *Historisch Kostuum Centrum*, Loeff Berchmakerstraat 50. (Trachten). Öffnungszeiten: Do, Fr, Sa 13–17 Uhr. – *Domkerk*, Domplein. Zu besichtigen: 1. Mai bis einschl. 30. Sept.: Di bis einschl. Sa 14–16 Uhr. – *Pieterskerk*, Pieterskerkhof. Zugänglich Di bis einschl. Sa 10–17 Uhr über die Küsterei in Nr. 5. – *VVV-Büro: Smakkelaarsveld 3, Tel. 030-318377.

Vaals (Limburg)

Wer an deutschem Klassizismus interessiert ist, kann in Vaals, einem lauten kleinen Industrieort, nach einigem Suchen das palastartige *Von Clermonthaus* (von Clermontplein) finden. Es wurde 1761 von dem Aachener Architekten Joseph Moretti für den aus Aachen stammenden J.A. von Clermont gebaut. Das hübsche Gebäude mit seinen reich geschmückten Fassaden ist Rathaus. An der Tentstraat stehen noch zwei Häuser im ähnlichen Stil. Eins davon ist der *Cereshof*, auch von Moretti gebaut. Die lutherische Clermont-Familie, die die industrielle Blüte Vaals durch den Tuchhandel herbeiführte, ließ sich auch einige hübsche Landhäuser bauen, wie das Hauptgebäude des *Pensionats Blumenthal* (auch von Moretti) und den Landsitz *Vaalsbroek*. Leider sind diese Bauten nicht zu besichtigen. – Die *Lutherische Kirche*, ein merkwürdiges, achteckiges Gebäude mit Zeltdach von 1737, besitzt ein hübsches Mobiliar, zum größten Teil aus dem 18. Jh., darunter eine Kanzel (von Couven), ein Altartisch von 1738, eine Orgel von 1765 und eine Reihe Herrenbänke, von denen einige ganz mit Glasfensterchen abgeschlossen werden können. Eine der drei Rokoko-Bänke war für die Familie Clermont reserviert. – *VVV-Büro:* Maastrichterlaan 51, Tel. 04454-2918.

Valkenburg (Limburg)

Der Reiz von Valkenburg ist unverkennbar: schmale, sich neigende kleine Straßen mit Häuschen aus Mergelstein, der kleine Fluß Geul, der quer durch den Ort strömt, Überreste einer mittelalterlichen Umwallung, zwei Stadttore aus Mergelstein, das kleine Schloß Den Halder aus dem 17. Jh., wo jetzt der * *VVV* seinen Sitz hat, Tel. 04406–13993. – Valkenburg ist ein lebhaft besuchter Touristenort, vor allem für Niederländer. Es sieht so aus, als hätte das Zentrum mehr Gaststätten und Hotels als Wohnhäuser. Von der romantisch gelegenen, mittelalterlichen *Schloßruine* kann man auf die Flut der Touristen schauen: das Städtchen wurde nämlich buchstäblich am Fuß des auf dem Berg gelegenen Schlosses angelegt. Das Bergschloß, das einzige der Niederlande, wurde zum ersten Mal 1339 von den Lüttichern zerstört. 1568 war es wechselweise im Besitz der Spanier und der Holländer. 1672 wurde es von den Franzosen besetzt, anschließend wurde es von den holländischen Armeen gestürmt und gründlich zerstört. Bei einer Restaurierung kamen die geheimen Fluchtgänge zum Vorschein, die in den Mergelbergen sehr leicht zu graben waren. Das erklärt auch die Wunderkraft, die die Angreifer den Herren von Valkenburg zuschrieben: einmal erschienen sie während des Kampfes auf den Wällen der Burg, dann standen sie wieder ganz vorne, um die Truppen anzufeuern. – In dem Berg gibt es Mergelhöhlen. Während des Zweiten Weltkrieges versteckten sich die Valkenburger in der *Gemeindehöhle*. Eingang Cauberg. Öffnungszeiten: Ostersamstag bis 1. Okt.: tägl. 9–18 Uhr; 1. Juli–1. Aug. auch eine Abendführung um 20.00 Uhr; 1. Okt. bis Ostern täglich Führungen um 15.00 Uhr. Die *Katakomben*, eine Nachahmung in Mergel von vierzehn römischen Katakomben von der Hand des Architekten P. J. H. Cuypers, sind während der Saison täglich von 10–17 Uhr geöffnet. – Die *Zeche* von Valkenburg ist eine naturgetreue Nachahmung einer Zeche in Mergelstein; während der Saison täglich geöffnet von 9–17 Uhr. Eingang Daelhemmerweg 31, Richtung Sibbe.

Oud-Valkenburg an der Straße nach Gulpen, war wahrscheinlich der erste Sitz der Herren von Valkenburg, bevor sie das Bergschloß bauten. Das *Schloß Genhoes* aus dem 15. Jh. ist wunderbar gelegen zwischen welligen Äckern und Wäldern. Nahebei liegt das *Schloß Chaloen*, teilweise spätgotisch und teilweise aus dem 17. Jh. Die neugotischen Dachkapellen verleihen ihm das Äußere eines Märchenschlosses. Von der vernachlässigten, als Landschaftsgarten gedachten Bepflanzung hat man einen herrlichen Blick auf das Nachbarschloß. – + *VVV-Büro:* Th. Dorrenplein 5, Tel. 04406–13364.

Valkenswaard (Noord-Brabant)

Südlich Valkenswaard, gerade an den stillen Malpie-Fennen (Moorseen) vorbei, befindet sich das *Freizeitzentrum Eurostrand*, wo man schwimmen, segeln, wasserradeln, windsurfen, Mini-Golf spielen, bowlen usw. kann. Dieses Zentrum liegt auf dem Gebiet der Gemeinde *Westerhoven*. Täglich geöffnet von 9–17 Uhr.

Veendam (Groningen)

Het Veenkoloniaal Museum, Kerkstraat 18. Öffnungszeiten: Mo bis einschl. Sa 14–17 Uhr.

Veenklooster (Friesland)

Das *Landhaus Fogelsanghe State* ist eine

Dépendance des Friesischen Museums mit Porzellan, Glas, Kinderspielzeug, einer alten Küche und einem Jagdzimmer. Öffnungszeiten: Mai bis einschl. Sept. 10–12 und 14–17 Uhr. Juli–Aug. auch So 14–16 Uhr.

Veere (Walcheren, Zeeland)

Die *Schotse Huizen* (Schottenhäuser; Abb. 34), Kade 25–27. Öffnungszeiten: 15. Mai bis einschl. 15. Sept. Mo bis einschl. Sa 10–12 und 14–17 Uhr. – *Rathaus*, Markt 5. Der wertvollste Besitz ist ein 56,5 cm hoher vergoldeter Silberpokal, Geschenk von Maximilian von Burgund. Ein Amerikaner bot dafür eine halbe Million, aber es ist testamentarisch festgelegt, daß der Pokal weder verkauft noch sonstwie veräußert werden darf. Öffnungszeiten: 15. Juni–15. Sept., Mo bis einschl. Sa 10–12 und 14–17 Uhr. – *Onze Lieve Vrouwekerk*, zu besichtigen 15. Mai bis einschl. 15. Sept., Mo bis einschl. Sa 10–17 Uhr, So 13–17 Uhr. – *VVV-Büro:* Markt 21, Tel. 01181–365

Velsen (Noord-Holland)

Museum Beeckestijn, Rijksweg 136, Velsen-Zuid. In dem Haus Beeckestijn (18. Jh.) Stilzimmer aus dem 18. Jh. Öffnungszeiten: Di bis einschl. So 14–17 Uhr, Juni bis einschl. Sept. auch Di bis einschl. Sa 10–12.

Venlo (Limburg)

Venlo, das Handels- und Gartenzentrum im nördlichen Limburg, hat trotz der starken Zerstörungen im Zweiten Weltkrieg noch einige hübsche Häuser im Zentrum, wie das *Römerhaus*, ein Muster der reinen Backsteingotik, und das stattliche *Renaissance-Rathaus* von etwa 1600 mit seinen ungleichen Ecktürmen. Ursprünglich war das Erdgeschoß eine Markthalle mit Eingängen rund herum. Jetzt befindet sich dort das Gemeindearchiv. – *Das Gemeentelijk Museum van Bommel-Van Dam*, Deken van Oppensingel 8, zeigt hauptsächlich niederländische Malerei des 20. Jh.: u.a. Leo Gestel, Jan van Herwijnen, Melle, Eugène Brands, Jan Schoonhoven; internationale Graphik, chinesische Plastik, japanische Stiche. Öffnungszeiten: Mo bis einschl. Fr 10–12 und 14–17 Uhr; Sa und So 14–17 Uhr. – Im *Goltziusmuseum*, historisches Stadt- und Heimatmuseum, Goltziusstraat 2, u.a. archäologische Funde, Stilzimmer aus dem 19. Jh., Münzen. Öffnungszeiten: Mo bis einschl. Fr 10–12 und 14–17 Uhr; Sa und So 14–17 Uhr. – + *VVV-Büro:* Keulsepoort 3, Tel. 077–11241.

Venray (Limburg)

Die Kirche *St. Petrusbanden* aus dem 15. Jh. wurde im Zweiten Weltkrieg völlig zerstört, jedoch danach in der alten Form wieder aufgebaut. In dem hohen Raum befinden sich ein Schatz niederrheinischer Skulptur aus dem 15. und 16. Jh.: vor Säulen stehende, italienisch anmutende Apostelfiguren (16. Jh.) und eines der schönsten Chorpulte in den Niederlanden (Ende 15. Jh.). – *VVV-Büro:* Kulturzentrum, Henseniusplein, Tel. 04780–2468. – (vgl. Farbt. 4)

Vianen (Zuid-Holland)

Vianen ist am meisten durch die kilometerlangen Autoschlangen bei der Brücke über den Lek in der täglichen Hauptverkehrszeit bekannt. Das *Rathaus* (Abb. 38) ist ein bemerkenswertes Gebäude.

Vlaardingen (Zuid-Holland)

Vlaardingen, die viertgrößte Hafenstadt der Niederlande, mit 2000 See- und 18000 Binnenschiffen im Jahr, hat etwa 200 industrielle Niederlassungen (Seife, Fette, Öle, Kunstdünger, Werkzeuge, Milch, Möbel, usw.). Bis zum Zweiten Weltkrieg war es ein Zentrum der Heringsfischerei, mit einigen verwandten Betrieben wie Schiffsbau, Faßbinderei, Lohgerberei, Reepschlägerei. Ein großer Brand zerstörte den alten Kern der Stadt stark. Der *Fischmarkt* (1778), das *Renaissance-Rathaus* (1650) und die *Reformierte Kirche* kontrastieren mit den hohen Etagenwohnhäusern der neuen Viertel. – Das *Visserijmuseum, Instituut voor de Nederlandse Zeevisserij*, Westhavenkade 53–54, bietet Anschauungsmaterial bezüglich Seefischerei und Waljagd aus der Zeit, als Vlaardingen zusammen mit Scheveningen, Katwijk und IJmuiden die großen Fischereiflotten aussandte. Fangtechniken bis zum heutigen Tage werden gezeigt, Schiffsmodelle, Karten, Geräte und Gemälde. Öffnungszeiten: Mo bis einschl. Sa 10–17 Uhr; So und Feiertage 14–17 Uhr; 25. Dez. und 1. Jan. geschlossen. – Am Wasser bietet das *Deltahotel* vom Restaurant im oberen Stock aus einen prachtvollen Ausblick auf den Nieuwe Waterweg und den Flammenwald von Pernis.

Voerendaal (Limburg)

In der Nähe von Voerendaal liegen einige ländliche kleine Schlösser, von denen nur Cortenbach und Rivieren zu besichtigen sind. – *Schloß Cortenbach* (1776) ist jetzt Hotel. Ein Blick durch das hübsche Tor des Schloßhofes (1649) mit dem fremdartigen Zwiebelturm zeigt, daß das Gebäude bewohnt ist (Abb. 4). – *Schloß Rivieren* ist ein kleines Schloß aus Mergelstein aus dem 16. Jh., mit gotischem Treppengiebel. Vor allem die Hinterfront sieht aus wie eine kleine Burg auf einer Insel, mit dem von Gräben umgebenen Vorhof durch eine kleine Brücke verbunden. Man verkauft dort Möbel, die teilweise draußen ausgestellt sind. Das stört die Atmosphäre freilich ein wenig.

Volendam (Noord-Holland)

Obgleich Volendam sehr touristisch eingestellt ist, mit Souvenirläden und der Möglichkeit, sich in der Volendamer Tracht fotografieren zu lassen, ist es doch reizend, am Hafen mit seinen Fischerbooten und grün angemalten Häuschen zu verweilen, besonders am Montag, dem nationalen Waschtag, wenn die weißen Laken lustig im Winde wehen. Oder wenn die Leute am Sonntag (die Bevölkerung ist katholisch) aus der Kirche kommen, teilweise in ihren Trachten, und sich langsam in Gruppen auflösen. Der geräucherte (oder auch frische) Aal ist nicht zu verachten. – Volendam hat auch hervorragende Fußballer (die Gebrüder Willie und René van de Kerkhof) und Popgruppen wie The Cats. – *VVV-Büro:* Haven 27, Tel. 02993–63747.

Vollenhove (Overijssel)

Ein reizender kleiner Ort mit einigen Renaissance-Fassaden. Auf dem Kerkplein das ehemalige *Rathaus* aus dem

17. Jh. (jetzt Restaurant), die *Latijnse School* (1621), jetzt Bibliothek und die spätgotische *St. Nicolaaskerk.*

Vries (Drenthe)
Eine kleine romanische *Kirche* aus dem 12. Jh. mit gotischem Chor. – Bezüglich Hünengräber und Grabhügel in der Umgebung siehe: Norg, Rolde und Zuidlaren.

Vught (Noord-Brabant)
In Vught, einem freundlichen Villendorf südlich von 's Hertogenbosch, der *See De IJzeren Man*, wundervoll gelegen zwischen Bäumen und Stränden, wo man schwimmen, rudern und segeln kann in einer prachtvollen Umgebung. – Das kleine *Schloß Maurick*, ziemlich neugotisch restauriert, war einmal das Hauptquartier der Gebrüder van Oranje, als sie 's Hertogenbosch 1629 belagerten: zuerst von Prinz Maurits und anschließend von Frederik Hendrik. Das Gebäude wird jetzt als Konferenzstätte verwendet; in einem der Seitenflügel ist ein Restaurant.

Waalwijk (Noord-Brabant)
Nederlands Museum voor Schoenen, Leder en Lederwaren, Grotestraat 148. 1. Apr. bis 1. Okt. Mo bis einschl. Sa 10–12 und 14–17 Uhr. So und Feiertage geschlossen. Dem glücklichen Umstand, daß es in Waalwijk Kühe gab, geeignetes Wasser zum Gerben und auch das geeignete Eichenholz, verdankt Waalwijk seinen Aufstieg zum Zentrum der Lederindustrie und sein kurioses Schuhmuseum mit Fußbekleidung aus allen Zeiten und allen Kulturen, vom gewöhnlichsten Schuhwerk bis zu bulgarischen Hochzeitspantoffeln. – Das *Rathaus* (1931) von A. Kropholler hat zu beiden Seiten der Vortreppe die Skulptur einer Kuh und eines Ochsen; so wurde den Tieren gehuldigt, die ihre Haut den Lohgerbern liefern. Die *Kirche St. Jan de Doper* (1926) des Architekten H. Valk, hat eine hohe kupferne Kuppel und rundherum kleine Kuppelkapellen und auch auf dem Turm ein kupfernes Kuppeldach. Die Gemälde aus dem 19. Jh. in der Kirche sind sehenswert, ebenso wie die Kreuzwegstationen in Terracotta von Charles Eyck. – Das *Kriegerdenkmal* stammt von John Raedecker. – *VVV-Büro:* Gistestraat 245, Tel. 04160–32228.

Warffum (Groningen)
Museum 'Het Hogeland', Hoofdstraat 17. Das Freiluftmuseum besteht aus einer Anzahl authentischer Häuser, teilweise wieder aufgebaut als Teil des Dorfes. Einige Häuser sind auch bewohnt. Öffnungszeiten: März bis einschl. Okt. Führungen um 13.30 und 15.30 Uhr. Dauer 1½ Stunde.

Weert (Limburg)
Das Städtchen Weert, an der Grenze zu Noord-Brabant, beherbergt *Nederlands Tram Museum*, ein Straßenbahnmuseum, im Besitz eines Liebhabers, der es mit Gesinnungsgenossen zusammengetragen hat (Kruisstraat 6). Außer einer Haltestelle mit alten Straßenbahnwagen gibt es 15000 Bilder von Straßenbahnen zu sehen und 350 Bücher über Straßenbahnen. Öffnungszeiten: Di bis einschl. Sa 14–18 Uhr; So 12–18 Uhr. – Aus der Vergangenheit des Städtchens gibt es

nur Überreste an den Singels um den Stadtkern herum. Vereinzelt findet man dort auch Häuser aus dem 17. Jh. Am meisten fällt die spätgotische *Hallenkirche* aus dem 15. und 16. Jh. ins Auge. Der Oppositionsführer Philips Montmorency, Graf van Hoorn, der von Alba zusammen mit dem Grafen van Egmont 1568 in Brüssel enthauptet wurde, liegt dort begraben. Von seinem Schloß, Schloß Horn (nicht zu besichtigen), fast an der Maas gegenüber Roermond, sind nur noch die schweren Türme und eine Ringmauer noch ursprünglich mittelalterlich.

Wieuwerd (Friesland)

Mumienkeller: geöffnet: April bis einschl. 30. Sept., Mo bis einschl. Sa 8–12 und 13–18 Uhr; 1. Okt. bis einschl. 31. März, Mo bis einschl. Sa 10–12 und 13.30–16.30 Uhr.

Wijlre (Limburg)

('Wilre' ausgesprochen). Auf der Straße nach Wittem ist das *Huis Cartils* noch eben durch das Gitter zu sehen, ein hübsches Gebäude aus Mergelstein, wo fast nichts mehr auf den ursprünglichen Bau von 1500 hinweist. Die doppelte Wassermühle (1776) hat zwei Räder im Wasser der Geul, sie wird zum Erzeugen von Elektrizität verwendet. Sie dürfte die schönste im südlichen Limburg sein. Das hübsche *Huis Wijlre* aus dem 17. Jh. möchte man selbst bewohnen. Das Haus ist so üppig bewachsen, daß von den Speckschichten – Backstein und Mergelstein – kaum noch etwas zu sehen ist. Das ganze Haus ist übrigens schwierig zu sehen, denn es befindet sich inmitten eines nach französischer Art angelegten, prachtvollen Gartens. In der teilweise neo-klassizistischen *Kirche* (1835–39 von Aloys Klausner aus Aachen) befindet sich u.a. eine Madonnenfigur aus Holz (16. Jh.), von der Hand des anonymen 'Meisters von Elsloo', so genannt nach seiner Figur der hl. Anna selbdritt in Elsloo. Ein produktiver Mann, dieser Meister von Elsloo, denn Werke seiner Hand sind in ganz Limburg zu finden und sogar in den angrenzenden Gebieten von Belgien und Deutschland. – *VVV-Büro:* Dorpsstraat 28, Tel. 04450–1572.

Willemstad (Noord-Brabant)

Rundfahrten: Reederij Otter, Pr. Christinastraat 61, Teil 01687–2464 oder 2814. – *VVV-Büro:* Stadhuis, Willemstad Tel. 01687–2350.

Workum (Friesland)

In der *Waag* (1650) ist sowohl '*Warkums Erfskip*' als auch das *VVV-Büro* untergebracht, Tel. 05151–1300. Öffnungszeiten: 16. Mai bis einschl. 15. Sept., Di bis einschl. Sa 10–12, 13–17 Uhr; So 13–17 Uhr. – Kirche *De Doopsgezinde Vermaning* (Abb. 114). Schlüssel erhältlich Noard 102. – *St. Gertrudiskerk.* Schlüssel erhältlich Sud 1.

Ysselsteyn (Limburg)

Deutscher *Soldatenfriedhof* aus dem Zweiten Weltkrieg.

Zaanstad – Koog aan de Zaan (Noord-Brabant)

Molenmuseum, Museumlaan 18. Von den verschiedenen Mühlenmuseen in den

Niederlanden ist dieses das größte. Öffnungszeiten: Di bis einschl. So 14–17 Uhr. – *Oliemolen 'Het Pink'*, Pinkstraat. April bis einschl. Okt., 1. Sa des Monats: Mahlnachmittag von 14 bis 17 Uhr, Juni und Juli auch 3. Sa.

Zaanstad – Zaandam (Noord-Holland)

Zar-Peter-Häuschen, Krimp 24. Öffnungszeiten: täglich 10–13 und 14–17 Uhr; Mo und 3. So des Monats geschlossen. – *De Zaanse Schans*, Kraaienest 2 (Abb. 82). Öffnungszeiten: 10–12 und 14–17 Uhr. Der einfachste Weg, die Zaanse Schans zu finden ist, die A 8 in der Richtung Zaandam zu fahren, anschließend auf die A 7 abzubiegen und bei der nächsten Abzweigung Richtung Westzaan zu fahren. Die Zaanse Schans liegt dann bei Zaanijk. Ab Zaandam kennzeichnen kleine grüne Schildchen mit der Abbildung der Schans die Strecke.

Zaanstad – Zaandijk (Noord-Holland)

An der Zaan, gegenüber der Zaanse Schans, die *Zaanlandse Oudheidkamer*, Lagedijk 80. Öffnungszeiten: Di bis einschl. Fr 10–12 und 14–16 Uhr, Sa und So 14–16 Uhr. Darin u. a. ein Mobile in der Art Calders, mehr als 200 Jahre alt, ein harpunierter Wal, den spielerisch vier bemannte kleine Schaluppen treiben. – + *VVV-Büro:* Stationsstraat 89, Tel. 075–162221.

Zaltbommel (Flußgebiet – Gelderland)

Das *Maarten van Rossumhuis*, Nonnenstraat 5. Öffnungszeiten: Mai bis einschl. Juni tägl. 14–16 Uhr; Juli und Aug. tägl. 10–12 und 14–16 Uhr. Sept.–April. Mi und Sa 14–16 Uhr.

Zandvoort (Noord-Holland)

Reizender Badeort mit breitem Strand, eine Autorennstrecke, ein Casino und eine *Delphin-Schau* – Delphine und Seelöwen. Vorführungen 1. April bis einschl. Ende Sept. tägl. 10.30, 12.00, 14.00 und 16.00 Uhr. Di, Fr und Sa auch abends 21.00 Uhr. Ab Ende Oktober bis 1. April: Mi, Sa und So um 12.00, 14.00 und 16.00 Uhr; im Oktober täglich um 12.00, 14.00 und 16.00 Uhr. – + *VVV-Büro:* Schoolplein 1, Tel. 02507–7947.

Zeist (Utrecht)

Schloß Zeist, Zinzendorflaan 1. Führungen: Sa und So 14.30 und 16.00 Uhr. 1. Mai bis einschl. 31. Aug., falls ausreichendes Interesse, auch Di bis einschl. Fr 10.30 und 14.30 Uhr (Dauer 1 Stunde). – + *VVV-Büro:* Slotlaan 321, Tel. 03404–12174.

Zierikzee (Schouwen-Duiveland, Zeeland)

Gemeentemuseum, Rathaus, Meelstraat 8. Öffnungszeiten: 1. Mai–1. Okt. Mo bis einschl. Fr 10–12 und 13.30–16.30 Uhr. – *Maritiem Museum,* Noordhavenpoort 1, mit u. a. Schiffsmodellen, Funden aus der Osterschelde. Öffnungszeiten 15. Juni–15. Aug., Mo bis einschl. Fr. 10–17 Uhr. *Burgerweeshuis*, Poststraat 45, Öffnungszeiten: täglich auf Anfrage, Tel. 01110–2683. *VVV-Büro:* Havenpark 29, Tel. 01110–2450.

Zuidlaren (Drenthe)
Großes Angerdorf. Das *Rathaus* (17. Jh.) *De havezate Laarwoud*, Laarstraat 6, ist während der Bürostunden zu besichtigen. – Im Norden, bei Midlaren, *zwei Hünengräber*. Das nördliche liegt schon in der Provinz Groningen. Südwestlich, bei Tynaarloo, *ein Hünengrab*. – Zuidlaardermeer: Wassersport, Vermieten von Ruder-, Segel- und Motorbooten. – *VVV-Büro:* Brinkstraat 1, Tel. 05905–2333.

Zutphen (Gelderland)
Librije der St. Walburgkerk, Kerkhof. Mittelalterliche Handschriften, Wiegendrucke, hauptsächlich auf theologischem Gebiet. Führungen: an Wochentagen Mai–Sept. 10.00, 1.00, 14.00, 15.00 und 16.00 Uhr. – *Museum Henriette Polak*, Zaadmarkt 88. Moderne Kunstsammlung. Öffnungszeiten: Di bis einschl. Fr 10–12.30 und 14–17 Uhr; Sa 10–12.30; So 15–17 Uhr; Karfreitag, Himmelfahrt, 1. Jan. und Königinnentag (30. Apr.) geschlossen. – *Stedelijk Museum voor Zutphen en de Graafschap*, im ehemaligen Brüderkloster an der Rozengracht 3. U.a. alte Apotheke, alte Küche, Gebrauchsgegenstände. Öffnungszeiten: Di bis einschl. Fr 10–12.30 und 14–17 Uhr; Sa 10–12.30; So 15–17 Uhr; 1. Oster-, Pfingst- und Weihnachtstag, 1. Jan. Himmelfahrt, Karfreitag und 30. April geschlossen. – + *VVV-Büro:* Wijnhuis, Markt, Tel. 05750–19355.

Zwolle (Overijssel)
Provinzhauptstadt. – *Provinciaal Overijssels Museum*, Melkmarkt 41. Historisches Museum – Neogotische Stile, Biedermeier- und Empirestilzimmer, Kupferstichkabinett, Silber und Keramik. Öffnungszeiten: Mo bis einschl. Sa 10–17 Uhr; So und Feiertage 14–17 Uhr; Karfreitag, Himmelfahrt und 30. Apr. 14–17 Uhr; 1. Oster-, Pfingst-, Weihnachtstag und 1. Jan. geschlossen. – *Windmühle De Passiebloem*, Vondelkade. 1. Mai bis einschl. 30. 9., Mo bis einschl. Fr 10–17 Uhr. – + *VVV-Büro:* Bethelehems Kerkplein 35, Tel. 05200–13900.

»Richtig reisen«: Amsterdam

Von Eddy und Henriette Posthuma de Boer. 256 Seiten mit 50 farbigen und 142 einfarbigen Abbildungen, Stadtplänen und Karten, 60 Seiten praktischen Reisehinweisen

»Die schönste, verrückteste, fröhlichste Stadt der Welt ist für die beiden Autoren ihre Heimatstadt Amsterdam. Sie bieten dem Touristen mit diesem Reiseführer die Möglichkeit, das Besondere von Amsterdam zu erleben, wie es ihm sonst bei einem kurzen Aufenthalt gar nicht möglich wäre. Ihr Angebot an Adressenmaterial berücksichtigt noch die entlegensten Interessengebiete und erschließt damit eine Stadt in ihrer ganzen Vielseitigkeit.«

Architektur & Wohnen

DuMont Kunst-Reiseführer

»Kunst- und kulturgeschichtlich Interessierten sind die DuMont Kunst-Reiseführer unentbehrliche Reisebegleiter geworden. Denn sie vermitteln, Text und Bild meist trefflich kombiniert, fundierte Einführungen in Geschichte und Kultur der jeweiligen Länder oder Städte, und sie erweisen sich gleichzeitig als praktische Führer.«

Süddeutsche Zeitung

Alle Titel in dieser Reihe:

- Ägypten
- Äthiopien
- Algerien
- Arabien
  - Reisen in Arabia Deserta
  - Entdeckungsreisen in Südarabien
- Belgien
- Bundesrepublik Deutschland
  - Das Bergische Land
  - Bodensee und Oberschwaben
  - Franken
  - Hessen
  - Köln
  - München
  - Münster und das Münsterland
  - Zwischen Neckar und Donau
  - Der Niederrhein
  - Oberbayern
  - Oberpfalz, Bayerischer Wald, Niederbayern
  - Ostfriesland
  - Die Pfalz
  - Der Rhein von Mainz bis Köln
  - Schleswig-Holstein
  - Sylt, Helgoland, Amrum, Föhr
  - Der Westerwald
- DDR
- Dänemark
- Frankreich
  - Auvergne und Zentralmassiv
  - Die Bretagne
  - Burgund
  - Côte d'Azur
  - Das Elsaß
  - Frankreich für Pferdefreunde
  - Frankreichs gotische Kathedralen
  - Korsika
  - Languedoc-Roussillon
  - Das Tal der Loire
  - Die Normandie
  - Paris und die Ile de France
  - Périgord und Atlantikküste
  - Die Provence
  - Licht der Provence
  - Savoyen
  - Südwest-Frankreich
- Griechenland
  - Athen
  - Die griechischen Inseln
  - Alte Kirchen und Klöster Griechenlands
  - Tempel und Stätten der Götter Griechenlands
- Kreta
- Großbritannien
  - Schottland
  - Süd-England
- Guatemala
- Holland
- Indien
  - Ladakh und Zanskar
- Indonesien
- Iran
- Irland
- Italien
  - Apulien
  - Elba
  - Das etruskische Italien
  - Florenz
  - Ober-Italien
  - Von Pavia nach Rom
  - Rom
  - Das antike Rom
  - Sardinien
  - Sizilien
  - Südtirol
  - Toscana
  - Venedig
- Japan
  - Nippon
- Der Jemen
- Jugoslawien
- Kenya
- Marokko
- Mexiko
  - In den Städten der Maya
- Nepal
- Österreich
  - Kärnten und die Steiermark
  - Salzburg, Salzkammergut, Oberösterreich
  - Tirol
  - Wien und Umgebung
- Portugal
- Rumänien
- Sahel: Senegal, Mauretanien, Mali, Niger
- Die Schweiz
- Skandinavien
- Sowjetunion
  - Kunst in Rußland
  - Sowjetischer Orient
- Spanien
  - Die Kanarischen Inseln
  - Katalonien
  - Mallorca – Menorca
  - Zentral-Spanien
- Südamerika
- Thailand und Burma
- Tunesien
- Türkei
- USA – Der Südwesten

»Diese Einführungen in Kunst, Kultur, Geschichte und Landschaft eines Landes gehören zum Besten, was man heute zur Vorbereitung einer Reise in die Hand nehmen kann. Der Informationswert liegt sehr hoch, die vielen Abbildungen geben Anregung und Erinnerung. Selbst auf einen Teil mit mehr praktischen Hinweisen wurde nicht verzichtet.«

Literaturreport

Alle Bände mit vielen, zum Teil farbigen Abbildungen; dazu Zeichnungen, Karten, Grundrisse, praktische Reisehinweise.

»Richtig reisen«

»Richtig reisen«: Algerische Sahara
Reise-Handbuch
Von Ursula und Wolfgang Eckert. 330 Seiten mit 42 farbigen und 151 einfarbigen Abbildungen

»Richtig reisen«: Amsterdam
Von Eddy und Henriette Posthuma de Boer. 256 Seiten mit 50 farbigen und 142 einfarbigen Abbildungen

»Richtig reisen«: Bangkok
Von Stefan Loose und Renate Ramb. 326 Seiten mit 58 farbigen und 286 einfarbigen Abbildungen

»Richtig reisen«: Ferner Osten
Von Charlotte Peter und Margrit Sprecher. 302 Seiten mit 14 farbigen und 120 einfarbigen Abbildungen

»Richtig reisen«: Florida
Von Manfred Ph. Obst. Fotos von Werner Lengemann. 334 Seiten mit 45 farbigen und 170 einfarbigen Abbildungen

»Richtig reisen«: Griechenland
Delphi, Athen, Peloponnes und Inseln
Von Evi Melas. 344 Seiten mit 45 farbigen und 124 einfarbigen Abbildungen

»Richtig reisen«: Griechische Inseln
Reise-Handbuch
Von Dana Facaros. 344 Seiten mit 50 farbigen und 142 einfarbigen Abbildungen

»Richtig reisen«: Großbritannien
England, Wales, Schottland
Von Rolf Breitenstein. 284 Seiten mit 58 farbigen und 140 einfarbigen Abbildungen

»Richtig reisen«: Ibiza/Formentera
Von Ursula von Kardorff und Helga Sittl. 248 Seiten mit 52 farbigen und 153 einfarbigen Abbildungen

»Richtig reisen«: Istanbul
Von Klaus und Lissi Barisch. 257 Seiten mit 28 farbigen und 173 einfarbigen Abbildungen

»Richtig reisen«: Kalifornien
Von Horst Schmidt Brümmer und Gudrun Wasmuth. 408 Seiten mit 59 farbigen und 295 einfarbigen Abbildungen

»Richtig reisen«: Kanada und Alaska
Von Ferdi Wenger. 325 Seiten mit 39 farbigen und 118 einfarbigen Abbildungen

»Richtig reisen«: Kopenhagen
Von Karl-Richard Könnecke. 200 Seiten mit 32 farbigen und 118 einfarbigen Abbildungen

»Richtig reisen«: London
Von Klaus Barisch und Peter Sahla. 251 Seiten mit 18 farbigen und 189 einfarbigen Abbildungen

»Richtig reisen«: Los Angeles
Hollywood, Venice, Santa Monica
Von Priscilla und Matthew Breindel. 344 Seiten mit 75 farbigen und 256 einfarbigen Abbildungen

»Richtig reisen«: Malediven
Reise-Handbuch
Von Norbert Schmidt. 207 Seiten mit 43 farbigen und 64 einfarbigen Abbildungen

»Richtig reisen«: Marokko
Reise-Handbuch
Von Michael Köhler. 387 Seiten mit 38 farbigen und 170 einfarbigen Abbildungen

»Richtig reisen«: Mexiko und Zentralamerika
Von Thomas Binder. 330 Seiten mit 32 farbigen und 119 einfarbigen Abbildungen

»Richtig reisen«: Moskau
Von Wolfgang Kuballa. 268 Seiten mit 36 farbigen und 150 einfarbigen Abbildungen

»Richtig reisen«: München
Von Hannelore Schütz-Doinet und Brigitte Zander. 365 Seiten mit 63 farbigen und 272 einfarbigen Abbildungen

»Richtig reisen«: Nepal
Kathmandu: Tor zum Nepal-Trekking
Von Dieter Bedenig. 288 Seiten mit 37 farbigen und 97 einfarbigen Abbildungen

»Richtig reisen«: New Mexico
Santa Fe – Rio Grande – Taos
Von Gudrun Wasmuth u. a. 320 Seiten mit 65 farbigen und 200 einfarbigen Abbildungen

»Richtig reisen«: New York
Von Gabriele von Arnim und Bruni Mayor. 312 Seiten mit 61 farbigen und 178 einfarbigen Abbildungen

»Richtig reisen«: Nord-Indien
Von Henriette Rouillard. 332 Seiten mit 36 farbigen und 121 einfarbigen Abbildungen

»Richtig reisen«: Paris
Von Ursula von Kardorff und Helga Sittl. 277 Seiten mit 34 farbigen und 178 einfarbigen Abbildungen

»Richtig reisen«: Peking und Shanghai
Von Uli Franz. 334 Seiten mit 46 farbigen und 138 einfarbigen Abbildungen

»Richtig reisen«: Rom
Von Birgit Kraatz. 360 Seiten mit 70 farbigen und 296 einfarbigen Abbildungen

»Richtig reisen«: San Francisco
Von Hartmut Gerdes. 248 Seiten mit 33 farbigen und 155 einfarbigen Abbildungen

»Richtig reisen«: Südamerika 1
Kolumbien, Ekuador, Peru, Bolivien
Von Thomas Binder. 252 Seiten mit 35 farbigen und 121 einfarbigen Abbildungen

»Richtig reisen«: Südamerika 2
Argentinien, Chile, Uruguay, Paraguay
Von Thomas Binder. 330 Seiten mit 37 farbigen und 110 einfarbigen Abbildungen

»Richtig reisen«: Südamerika 3
Brasilien, Venezuela, die Guayanas
Von Thomas Binder. 332 Seiten mit 38 farbigen und 117 einfarbigen Abbildungen

»Richtig reisen«: Tokio
Von Frank und Ceci Whitford. 270 Seiten mit 49 farbigen und 120 einfarbigen Abbildungen

»Richtig reisen«: Wien
Wachau, Wienerwald, Burgenland
Von Wolfgang Kuballa und Arno Mayer. 320 Seiten mit 66 farbigen und 172 einfarbigen Abbildungen

Ortsregister

Personenregister

Hotels und Restaurants in historischen Gebäuden

(Zur Karte in der hinteren Umschlaginnenklappe. Die Aufstellung berücksichtigt nur das historische Gebäude, nicht aber die Qualität von Hotel oder Restaurant)

Limburg

- Gulpen: *Kasteel Neubourg*, Rijksweg 1 (Autostraße Maastricht–Vaals), Tel. 04450–1222. Hotel in einem Schloß
- Hoensbroek: *Kasteel Hoensbroek*, Klinkertstraat 110, Tel. 045–213976. Restaurant in einem der Nebengebäude des Schlosses
- Kerkrade: *Kasteel Erenstein*, Oud Erensteinerweg 6, Tel. 045–456335. Restaurant in einem Schloß des 13. Jh.
- Maastricht: *Au Coin des Bons Enfants*, Ezelmarkt 4, Tel. 043–12359. Restaurant in einem alten Wirtshaus
- Maastricht: *Kasteel Neer-Canne*, Cannerweg 800, Tel. 043–13406. Restaurant in einem Schloß
- Reuver: *Kasteel Waterloo*, Rijksweg 12, Tel. 04704–1691. Hotel in einem Schloß
- Voerendaal: *Kasteel Cortenbach*, Cortenbach Allee, Tel. 04446–1313. Hotel-Restaurant in einem Schloß
- Wahlwiller: *'Klauwes'*, Oude Baan 1, Tel. 04451–548. Restaurant in einem Bauernhof des 18. Jh.
- Wittem: *Kasteel Wittem*, Wittemer Allee 3, Tel. 04450–1208. Hotel-Restaurant in einem Schloß des 15. Jh.

Noord-Brabant

- Geertruidenberg: *Weeshuys*, Markt 52, Tel. 01621–3698. Restaurant in einer Kapelle des 15. Jh.
- Grave: *De Witte Molen*, Rijksweg 76, Tel. 08860–2093. Restaurant in einer Mühle des 19. Jh.
- 's Hertogenbosch: *Raadskelder*, Markt 1a, Tel. 073–136919. Restaurant im Ratskeller des 16. Jh.
- Son en Breugel: *Gertruda Hoeve*, v. d. Elsenstraat 23, Tel. 04990–1037. Restaurant in einem Bauernhof des 17. Jh.

- VUGHT: *Kasteel Maurick*, Maurick 3, Tel. 073–579108. Restaurant in einem Nebengebäude des Schlosses
- WOUDRICHEM: *Oude Raedthuys*, Hoogstraat 47, Tel. 01833–1883. Restaurant in einem Rathaus des 16. Jh.

Zeeland

- MIDDELBURG: *De Abdij*, Abdij 5, Tel. 01180–14685. Restaurant in der alten Abtei
- MIDDELBURG: *Kasteel ter Hooge*, Koudekerkerweg 200, Tel. 01180–13319. Hotel-Restaurant in einem Schloß im Park
- SLUIS: *In de Molen van Sluis*, Nieuwstraat 26a, Tel. 01178–1257. Restaurant in einer Mühle
- VEERE: *De Campveerse Toren*, Kade 2, Tel. 01181–291. Restaurant in einem Turm des 15. Jh.

Zuid-Holland

- CAPELLE AAN DE IJSSEL: *Johanna Hoeve*, 's-Gravenweg 347, Tel. 010–503800. Restaurant in einem Bauernhof des 17. Jh.
- DELFT: *Prinsenkelder*, Schoolstraat 11, Tel. 015–121860. Restaurant im großen überwölbten Saal beim Prinsenhof
- DEN HAAG: *Hof van Brederode*, Grote Halstraat 3, Tel. 070–646455. Restaurant im Ratskeller des 16. Jh.
- DEN HAAG: *Bajazzo*, Vos in Tuinstraat 2a, Tel. 070–659567. Restaurant im Stil von 1900
- DEN HAAG-WASSENAAR: *Hoogwerf*, Zijdelaan 20, Tel. 070–833100. Restaurant in einem Bauernhof des 17. Jh.
- MAASSLUIS: *Ridderhof*, Sportlaan 2, Tel. 01899–13828. Restaurant in einem Bauernhof des 17. Jh.
- NOORDWIJK-BINNEN: *Cleyburch*, Herenweg 225, Tel. 01719–12966. Restaurant in einem Bauernhof des 16. Jh.
- OEGSTGEEST: *De Beukenhof*, Tel. 071–153188. Restaurant in einem alten Wirtshaus
- RHOON: *Kasteel van Rhoon*, Dorpsdijk 63, Tel. 01890–8896. Restaurant in der Dépendance des Schlosses
- ROTTERDAM-NORD: *Herberg*, Overschiese Kleiweg 591, Tel. 010–652471. Restaurant in einem Wirtshaus des 19. Jh.
- ROTTERDAM-OST: *In den Rust Wat*, Honingerdijk 96, Tel. 010–134110, Restaurant in einem Haus des 16. Jh.
- SCHIEDAM: *Gasterij De Kleine Visser*, Lange Haven 26, 1. Stock, Tel. 010–263898. Restaurant in einem Haus des 18. Jh.

Noord-Holland

- Amsterdam-Amstelveen: *Molen de Dikkert*, Amsterdamseweg 104a, Tel. 020–411378. Restaurant in einer Mühle des 17. Jh.
- Bovenkarspel: *Roode Hert*, Hoofdstraat 235, Tel. 02285–11412. Restaurant in einem Wirtshaus des 16. Jh.
- Hoorn: *De Waag*, Roode Steen 8, Tel. 02290–15195. Restaurant in einer Waage des 17. Jh.
- Medemblik: *Twee Schouwtjes*, Oosterhaven 27, Tel. 02274–1956. Restaurant in einem Haus des 16. Jh.
- Velsen: *Taveerne Beeckestijn*, Rijksweg 136, Tel. 02550–14469. Restaurant in einem Nebengebäude von Huis Beeckestijn
- Zaandijk, auf der Zaanse Schans: *De Hoop op d' Swarte Walvis*, Kalverringdijk 15, Tel. 075–165629. Restaurant in einem typischen Haus des 18. Jh.

Overijssel

- Enter: *Twentse Hoeve*, Langevoortsweg 12, Tel. 05408–1441. Restaurant in einem Bauernhof
- Geesteren: *Erve Booyman*, Denekamperweg 14, Tel. 05492–393. Restaurant in einem Bauernhof des 18. Jh.
- Markelo: *Kop'ren Smorre*, Holterweg 18, Tel. 05476–1344. Restaurant in einem alten Bauernhof
- Vollenhove: *Seidel*, Kerkplein 3, Tel. 05274–1262. Restaurant in einem Rathaus des 17. Jh.

Gelderland

- Arnhem, im Sonsbeek-Park: *Boerderij*, Parkweg 2, Tel. 085–424396. Restaurant in einem Bauernhof des 19. Jh.
- Borculo: *Stenen Tafel*, Het Eiland 1, Tel. 05457–2030. Restaurant in einer Wassermühle
- Doesburg: *De Waag*, Koepoortstraat 2, Tel. 08334–2461. Restaurant in einer Waage des 17. Jh.
- Doorwerth: *Kasteel Doorwerth*, Fonteinallee 4, Tel. 08373–333420. Restaurant in einem Nebengebäude des Schlosses
- Hoevelaken: *Gasterie De Klepperman*, Oosterdorpstraat 11, Tel. 03495–4120. Restaurant in einem Bauernhof des 19. Jh.
- Nijmegen: *Belvédère*, Kelfkensbos 41, Tel. 080–226861. Restaurant in einem Turm des 16. Jh.
- Vaassen: *Koetshuis*, Maarten van Rossumplein 1, Tel. 05788–1501. Restaurant in einem Nebengebäude des Schlosses

Utrecht

- ABCOUDE: *Molenrestaurant Groene Pouw*, Winkeldijk 19a, Tel. 02946–1498. Restaurant in einer Mühle
- HARMELEN: *Kloosterhoeve*, Kloosterweg 2, Tel. 03483–1561. Restaurant in einem Bauernhof des 13. Jh.
- IJSSELSTEIN: *Les Arcades*, Weidstraat 1, Tel. 03408–3901. Restaurant in einem überwölbten Rathauskeller des 16. Jh.
- SOEST: *'t Hoogje*, Kerkstraat 10, Tel. 02155–15660. Restaurant in einem Bauernhof des 19. Jh.
- WIJK BIJ DUURSTEDE: *Duurstede*, Maleborduurstraat 7, Tel. 03435–2946. Restaurant im alten Rathaus
- ZEIST: *Kerckebosch*, Arnhemse Bovenweg 31, Tel. 03404–14772. Hotel-Restaurant in einem Schloß

Groningen

- APPINGEDAM: *Ekenstein*, Alberdaweg 70, Tel. 05960–22715. Hotel-Restaurant in einem Nebengebäude eines Landhauses des 19. Jh.
- LEEK: *Nienoord*, Café auf dem Gelände des Landguts
- LEENS: *Verhildersum*, Teestube im Nebengebäude eines Schlosses aus dem 14. Jh.
- MIDWOLDA: *Ennemaborg*, Café in der Remise eines Landhauses aus dem 17. Jh.
- UITHUIZEN: *Memkemaborg*, Café im Nebengebäude eines Schlosses aus dem 15. u. 16. Jh.
- WARFFUM: *De Breedenburg*, Dreede 1, Tel. 05950–2127. Hotel-Restaurant in einem Gebäude des 17. Jh.

Friesland

- BEETSTERZWAAG: *Lauswolt*, van Harinxmaweg 10, Tel. 05126–1245. Hotel-Restaurant in einem modernen Schloß
- LEEUWARDEN: *Waag*, Nieuwestad 148b, Tel. 05100–37250. Restaurant in der Waage des 16. Jh.

Drenthe

- HAVELTE: *De Hilde*, Kosterijstraat 2, Tel. 05214–1514. Restaurant in einem Bauernhof des 19. Jh.
- HOOGEVEEN in Pesse: *Oude Jachthuis*, Eursinge 12, Tel. 05281–333. Restaurant in einem alten Wirtshaus
- WAPSERVEEN: *De Drentse Krent*, Schipslotweg 7, Tel. 05213–398. Restaurant in einem alten Bauernhof
- ZUIDLAREN: *Quatre Saisons*, Stationsweg 41, Tel. 05905–3288. Restaurant in einem Bauernhof des 18. Jh.